AtV

TAMARA DOMENTAT, 1959 in Berlin geboren, ist Schriftstellerin und Journalistin. Studium an der FU Berlin und an der Indiana University. Tätigkeit als Übersetzerin und Sprachlehrerin, zahlreiche Beiträge für verschiedene Tageszeitungen, Magazine und den Rundfunk. 1993 erhielt sie den Ullstein-Preis. Im Aufbau-Verlag sind erschienen: *Hallo Fräulein. Deutsche Frauen und amerikanische Soldaten* (1998) und *Heimlich im Kalten Krieg. Die Geschichte von Christina Ohlsen und Bill Heimlich* (2000).

Prostitution in Deutschland, heute weder verboten noch sittenwidrig, etabliert sich zunehmend als sexuelle Dienstleistung. Mit einem Jahresumsatz von über sechs Milliarden Euro ist sie ein beträchtlicher Wirtschaftsfaktor und hat sich in den letzten 10 bis 15 Jahren aus den Sperrbezirken herausbewegt. Die Frauen haben sich von ihren Zuhältern emanzipiert, Straßenprostitution wird von »Hausbesuchen« und weiblich geführten Bordellen verdrängt. Aber nicht nur auf der Anbieterseite, auch auf Kundenseite ist ein Wandel eingetreten. Seriöse Studien zeigen, daß viele Freier bewußt eine kompetente und professionelle Dienstleistung in Anspruch nehmen und bereit sind, entsprechend zu bezahlen. Tamara Domentat stellt in ihrem Buch die Prostitution in den Kontext einer medial durchsexualisierten Gesellschaft und demontiert den gängigen, von den unterschiedlichsten Lagern verbreiteten Mythos, daß Prostitution ausschließlich auf Ausbeutung und ungleichen Machtverhältnissen basiert. Sie führt uns in eine fremde Welt, die viel normaler ist, als wir uns das bislang vorgestellt haben.

Tamara Domentat

Laß dich verwöhnen

Prostitution in Deutschland

Aufbau Taschenbuch Verlag

Für W. H.

ISBN 3-7466-7046-2

1. Auflage 2004
Aufbau Taschenbuch Verlag GmbH, Berlin

Einbandgestaltung Torsten Lemme
unter Verwendung eines Fotos von Getty Images
Druck GGP Media GmbH, Pößneck
Printed in Germany

www.aufbau-taschenbuch.de

INHALT

ANHANG

VORWORT

1. Bücher und Dirnen kann man ins Bett nehmen.
2. Bücher und Dirnen verschränken die Zeit ...
3. Büchern und Dirnen sieht es keiner an, daß die Minuten ihnen kostbar sind ...
4. Bücher und Dirnen – ›Alte Betschwester – junge Hure‹. Wie viele Bücher waren nicht verrufen, aus denen heute die Jugend lernen soll![1]

Walter Benjamin, 1928

Sex und Geld haben etwas gemeinsam: Die Nachfrage scheint das Angebot stets zu übersteigen. Doch wenn das eine zur Geschäftsbasis des anderen wird, beherrschen statt Fakten immer noch Klischees die Auseinandersetzung. Im Sommer 1998, als ich zum ersten Mal ein Bordell von innen sah, lernte ich selbst etwas über die Macht der Vorurteile. Nichts von dem, was ich in diesem interessanten kleinen Mikrokosmos beobachtete und hörte, entsprach den üblichen Klischees über Bordelle, Prostituierte oder die Sexarbeit im allgemeinen. Mit den Äußerlichkeiten fing es an. Plüschiger Kitsch? Marmor- und Whirlpool-Ambiente? Nicht die Spur. In der weiträumigen Berliner Altbauwohnung herrschte der kreative, unbürgerliche Stilmix einer Studenten-WG. In einem Zimmer wucherten Grünpflanzen in Hängeampeln über einem balinesischen Bambusbett. Im nächsten flackerten Lichterketten an silbrig schimmernden Wänden über einer Matratzenlandschaft. Nebenan appellierte ein mit S/M-Inventar wohnlich ausdekoriertes »schwarzes Kabinett« an devote Phantasien. Hier hatten Frauen mit einfachen Mitteln und viel Phantasie mal eben die gehobene Bordellästhetik neu definiert. Die Betreiberin des hochpreisigen Ladens, trotz moderner Lebenseinstellungen fest in der libertären Ethik der Hippie-Ära verwurzelt, paßte weder ins Klischee der cleveren Geschäftsfrau noch der strengen »Puffmutter«. Die Mehrheit der Frauen, denen der Laden seinen exklusiven Ruf verdankt, hätten sich weder auf dem Cover von *Playboy* noch von *Cosmopolitan* wiedergefunden. Sie sahen aus wie du und ich, d. h. sie waren weder blutjung, gertenschlank noch umwerfend schön. Alle arbeiteten aus eigenem Antrieb und weitgehend selbstbestimmt. Einige hatten bürgerliche Berufe aufgegeben, um in diesem verrufenen und verkannten Metier nicht nur Geld zu verdienen, sondern ihre eigenen sexuellen Neigungen auszuleben. Sie sahen sich selbst nicht als Opfer, sondern als Akteure, die Sexarbeit als bewußt gewählte Tätigkeit mit vielen Vor- und wenigen Nachteilen und die Gäste als Kunden (oder Freunde), die sich sexuell und emotional meist gut steuern ließen. In der kleinen Parallelwelt dieses Berliner Wohnungsbordells bildeten feministisch inspiriertes Bewußtsein und prostitutiver Sex keine unversöhnlichen Gegensätze, sondern eine faszinierende, avantgardistische Einheit, eine gelebte, wenn auch nicht konfliktfreie Utopie.

Diese Beobachtung war der Motor für die Entstehung dieses Buches, die ebenfalls alles andere als konfliktfrei ablief. Was die Frauen erzählten, schien mir nach zwei Jahrzehnten Interview-Erfahrung stimmig und glaubwürdig. Doch mit dieser Einschätzung stand ich besonders vor dem juristischen Ende der Sittenwidrigkeit ziemlich allein da. Innen- und Außenwahrnehmung zum Thema Prostitution klafften auch in meinem relativ aufgeschlossenen sozialen Umfeld völlig auseinander. Wann und wo immer ich die positiven Eindrücke meines ersten Bordellbesuchs zum besten gab, wiegten die Männer bedenklich den Kopf, und die Frauen riefen »Also ich könnte das nicht!« – als ob ich ihnen gerade einen Berufswechsel nahegelegt hätte. Obwohl niemand außer mir und den Ladies im Bordell die unmittelbare Interview-Situation miterlebt hatte, war sich jede und jeder sicher, daß meine »happy hookers« mir und sich selbst etwas in die Tasche gelogen hatten. Daß sich Frauen in der Prostitution gut aufgehoben fühlten, durfte nicht sein. Diese Möglichkeit schien auf beunruhigende Weise in Frage zu stellen, was für das festgefügte Selbstbild bürgerlicherer Zeitgenossen identitätsstiftend ist: die Suche nach einer erfüllenden Liebesbeziehung, sexueller Treue, einer aufwärtsmobilen Karriere in den angeseheneren Segmenten des Arbeitsmarktes, einem respektablen Platz in der Mitte unserer Gesellschaft.

So gerät man unter Druck, seine nicht gerade konsensfähige Position mit Fakten und Argumenten zu untermauern. Der inspirative Mehrwert meines ersten Bordellbesuchs zog ca. 140 weitere Befragungen und Gespräche mit Prostituierten und Kunden, ExpertInnen aus Projekten, Sozial- und Sexualwissenschaftlern nach sich. Das Resultat von drei Jahren Recherche und Auseinandersetzung mit sexuellen Tauschgeschäften gibt den Eindrücken meines ersten Bordellbesuchs recht. Daß die Prostitution in vielen Segmenten freiwillig, selbstbestimmt und gleichberechtigt abläuft, ist weder Fiktion noch Schönfärberei, sondern alltägliche Realität. Doch in den von Kritikern und Gegnern der Prostitution dominierten Debatten finden »happy hookers«, anders als ihre weniger privilegierten Kolleginnen, kaum Gehör. Daran hat auch das neue Gesetz wenig geändert.

Offiziell ist die Prostitution nicht mehr sittenwidrig. Sexarbeiterinnen können ihre Honorare einklagen und sich wie andere Arbeitnehmerinnen sozialversichern lassen. Doch die Buchstaben des Gesetzes werden eine Weile brauchen, um die Köpfe und Herzen der Menschen zu erreichen. Weil zwischen neuen Realitäten und alten Vorurteilen oft Welten liegen, wird es Zeit für eine Neubewertung der Prostitution, die neben der Ehe die bedeutendste soziale Institution ist, in der sich Männer und Frauen sexuell begegnen. Deshalb ist es überfällig, sie nicht länger als problembeladenen Lebensentwurf zu dämonisieren, sondern als sexualisierten Lebensstil anzuerkennen, als Recht des einzelnen auf Freiheit und Selbstverwirklichung.

Grund genug also, in diesem Buch 70 Klischees rund um

die Prostitution »gegen den Strich« zu bürsten. Grund genug, die Sexarbeit in ihrem neuen emanzipatorischen Gewand mit den Möglichkeiten und Grenzen des klassischen Arbeitsmarktes und unserer brüchigen Beziehungskultur zu konfrontieren. Grund genug, nach ihrer gesellschaftlichen Funktion zu fragen, nach globalen Entwicklungen, sexuellen Diskursen, der geschlechtsspezifischen Verteilung finanzieller Ressourcen, der Rolle der Moral in einer scheinbar grenzenlos liberalen Gesellschaft. Dabei kann nicht oft genug wiederholt werden, wer im Mittelpunkt dieser Betrachtungen steht: Frauen, die in den letzten Jahrzehnten die Spielregeln des Rotlichtmilieus erfolgreich auf den Kopf gestellt und bewiesen haben, daß das Geschäft mit der Lust auch ohne Ausbeutung, ungleiche Machtverhältnisse oder Begleitkriminalität funktioniert. Sie sind es, die dazu beigetragen haben, daß sich die moderne Sexarbeit von der klassischen Rotlichtprostitution emanzipieren konnte, die immer noch die Außenwahrnehmung einer ganzen Branche prägt.

Warum sind die Protagonisten dieses Buches ausnahmslos heterosexuell? Ich bin davon überzeugt, daß man den spannenden und komplexen Szenarien der homosexuellen, transsexuellen und lesbischen Prostitution nicht wirklich gerecht wird, wenn man sie hier und da erwähnt, um den politisch korrekten Schein zu wahren. Gleiches gilt für Prostitutionsbiotope mit speziellen Bedingungen: Beschaffungsprostitution, die Devisen- bzw. von der Staatssicherheit instrumentalisierte Prostitution in der DDR. Wenn diese Spezialszenarien nicht paritätisch berücksichtigt wurden, dann nicht, um sie auszugrenzen, sondern weil sie mehr Aufmerksamkeit verdienen, als im Rahmen meiner Fragestellungen möglich war. Mir ging es vor allem darum, neue Bezüge zwischen der selbstbestimmten Prostitution und den Mechanismen herzustellen, die in unserer Gesellschaft die Ungleichheit zwischen Männern und Frauen Tag für Tag fortschreiben: das Primat der romantischen Liebe und sexuellen Treue, das Frauen in rollenkonforme Muster drängt, das erstaunlich stabile Einkommensgefälle zwischen Männern und Frauen, das sich vom ersten Arbeitsmarkt bis in diverse Armutsszenarien hinein fortsetzt, die Fiktion einer privaten Liebesbeziehung als kommerzfreier Zone.

Das Thema auf die heterosexuelle Prostitution zu beschränken macht durchaus Sinn, wenn man bedenkt, daß die Sexarbeit eine lukrative Leerstelle zwischen einer immer darwinistischer ablaufenden Partnersuche und der Verödung der Sexualität in Ehen und Beziehungen besetzt. Die Kavernen der Lust gleichen sozialen Chill-Out-Zonen, in denen Männer ihre bürgerlichen Sozialmasken ablegen, um sich von der Last der Sachzwänge, Pflichten und Konventionen zu befreien, die ihnen unsere Leistungsgesellschaft und »Beziehungsleitkultur« auferlegt. Aber auch bisherige Vorstellungen von männlicher und weiblicher Sexualität werden dort gesprengt, indem Frauen nicht nur ihre eigene Libido ausleben, sondern auch ein vorfeministisches Bewußtsein sexueller Macht. In unserer medial durchsexualisierten Gesellschaft sind Sex, Konsum und Kommerz untrennbar miteinander verbunden, und jede Trennung zwischen privaten und kommerziellen Lustsphären ist zutiefst willkürlich und ideologisch motiviert. Die selbstbestimmte Sexarbeit stellt daher eine unterschätzte Möglichkeit der Umverteilung finanzieller Ressourcen dar, die zwischen den Geschlechtern weltweit extrem ungleich gewichtet sind. Männer und Frauen können sich durch sexuelle Tauschgeschäfte, die in gegenseitigem Einvernehmen und zu fairen Bedingungen ablaufen, das Leben gegenseitig erleichtern: Die einen haben mehr Sex, die anderen mehr Geld.

Ohne ein Stipendium des Förderprogramms Frauenforschung wären die Recherchen und die Arbeit an diesem Buch nicht möglich gewesen. Dem Programm, meiner Lektorin Dr. Annette C. Anton sowie allen Frauen und Männern, die ihre Erfahrungen mit mir teilten, möchte ich sehr herzlich danken. Da wir (noch) nicht in einer vorurteilsfreien Welt leben, wurden sämtliche Bordellbetreiber(innen), Sexarbeiterinnen und ihre Kunden anonymisiert. Das gleiche gilt für Expertinnen aus der Projekteszene, die fürchteten, mit der Veröffentlichung ihrer unbequemen Wahrheiten ihren Arbeitsplatz bzw. weitere Förderungen zu riskieren, ihre Veröffentlichungszusagen ohne Angabe von Gründen rückgängig machten oder plötzlich veränderte Fakten und Einstellungen präsentierten, als sie die möglichen Konsequenzen einer Veröffentlichung ihrer Äußerungen realisierten. Es wäre kontraproduktiv gewesen, um einer offiziellen Autorisierung willen ihre ursprünglichen Statements im Sinne ihrer individuellen oder Projektinteressen zu verändern. Last but not least geht ein Dank an die unbekannte Straßenprostituierte, die mit ihrer Aufforderung »Laß dich verwöhnen«, ohne es zu ahnen, diesem Buch zu seinem Titel verhalf. Wir sind ihr für diesen Spruch wirklich dankbar. Was, vordergründig betrachtet, »nur« ihrer Selbstvermarktung dient, betont für uns die Qualität erotischer Dienstleistungen und verweist auf die Defizite im Privat- und Beziehungsleben vieler Männer, ohne die es die Prostitution nicht gäbe.

Tamara Domentat *November 2002*

I LICHT UND SCHATTEN

> Die erfolgreichsten Prostituierten sind unsichtbar. Es ist ja gerade ein Kennzeichen ihres Erfolgs, daß sie sich ihrer Umwelt komplett anpassen. Sie sind zu clever, zu raffiniert, um unangenehm aufzufallen oder sich Ärger einzuhandeln. Sie haben ihr Leben im Griff und Kontrolle über ihre Klienten.[2]
>
> *Camilla Paglia*

Das erste Mal: Laura

Als ich beschloß, mit Sex mein Geld zu verdienen, lagen fünfzehn Berufsjahre in der faszinierenden, aber komplizierten Welt der Medienbranche hinter mir. Abgesehen von den Inhalten meiner Arbeit bestand mein Alltag vor allem aus Hektik, Konkurrenzdruck, Mißgunst und Ausbeutung. Erschwerend kam hinzu, daß ich mich damals fast ausschließlich über meinen Beruf definierte. Meine letzte Beziehung war kurz vor meinem 39. Geburtstag zerbrochen, und was immer sich danach an sexuellen Kontakten abspielte, schien auf halbherzige Affären oder One-Night-Stands hinauszulaufen. Auch wenn kein Geld im Spiel war: Im Grunde genommen hatte ich damals schon oft das Gefühl, wie eine Prostituierte behandelt zu werden.

Als ich begriff, daß meine Lebensqualität durch die Partnersuche nicht zu-, sondern abnahm, stellte sich die Frage nach Alternativen. Die Vorstellung, meine sexuellen Energien in zenbuddhistischen Gleichmut zu verwandeln oder als Workaholic erotisch zu verkümmern, bedrückte mich mehr als die Aussicht, weiterhin allein zu leben. Um mich von meiner Fixierung auf eine Beziehung zu lösen, fing ich an, Swingerclubs zu besuchen. Wie man sich unschwer vorstellen kann, herrscht an diesen Orten eine rege Nachfrage nach Frauen, die bereit sind, ihre Sexualität neu zu definieren. Heerscharen von Aspiranten sind gewillt, 200 Mark und mehr pro Abend zu zahlen, um ihnen dabei behilflich zu sein. Und obwohl sich die typische Swingerclub-Atmosphäre dadurch auszeichnet, daß sexuelle Kontakte ohne die üblichen sozialen Präliminarien zustande kommen, geht die Gemeinschaft der multiplen Sexpartner für mein Empfinden höflicher und sensibler miteinander um, als ich es während der gesamten Zeit meiner Partnersuche erlebt hatte. Die Männer zeigen sich dankbar für jede Geste der Zuwendung und revanchieren sich mit freundlichen Worten, Massagen und sexuellen Gefälligkeiten. Manchmal fand ich in den Clubs sogar ein Lebensgefühl wieder, wie ich es aus meiner Jugend kannte, als der Promiskuität noch ein erweiterter Liebesbegriff anhaftete.

Im Prinzip hätte nichts dagegen gesprochen, mein Sexualleben permanent in die schummerigen Matratzenlandschaften des Swinger-Kosmos auszulagern. Auf dem Partnermarkt mochte man mich als Auslaufmodell betrachten, in den Clubs jedoch schien mein Typ durchaus gefragt. Meine Einstellung änderte sich erst, als ein Gast irgendwann beiläufig meinte: »Eigentlich hängt doch der Erfolg des Ladens von Frauen wie dir ab.« Wochenlang ging mir diese Bemerkung nicht aus dem Kopf. Im Umkehrschluß bedeutete seine Logik nämlich nichts anderes, als daß – zumindest materiell betrachtet – der Clubbesitzer von der sexuellen Verfügbarkeit der Frauen profitierte, und zwar zu 100%. Während sich die männlichen Gäste der Illusion eines Privatkontakts hingaben, unterschied sich seine Geschäftsgrundlage praktisch kaum von der eines Bordellbetreibers, auch wenn er die Frauen zu nichts nötigte. Aber das tun kluge Bordellbetreiber heute ja auch nicht mehr.

Danach fügte sich für mich alles mühelos zusammen. Die Erweiterung meiner sexuellen Spielräume eröffnete eine Ressource, die – wenn es so lief, wie ich es mir vorstellte – mich beruflich und privat unabhängiger machen konnte. Durch gelegentliche Einkünfte als Escort ließen sich die finanziellen Risiken der Freiberuflichkeit abfedern, von der ich schon lange träumte. Es bot sich die Möglichkeit, meine Festanstellung, nicht jedoch meinen Beruf aufzugeben, mich sexuell auszuleben, ohne gleichzeitig auf eine Beziehung angewiesen zu sein.

Eher beiläufig und mit dem Vorsatz, mir auch die Option eines Rückzugs offenzuhalten, formulierte ich eines Tages eine Annonce als unabhängige Prostituierte. Wenig später meldete sich mein erster Kunde. Am Telefon tauschten wir die nötigen Kontaktinformationen aus und verabredeten uns in seinem Hotelzimmer.

Als ich am selben Abend an seine Tür klopfte, öffnete mir ein Mann mittleren Alters in einem weißen Frotteebademantel. Um einen höflichen und kultivierten Eindruck bemüht, half er mir aus der Jacke und bot mir ein Glas Courvoisier an. Er erzählte, daß er Mediziner sei, gerade eine Fachtagung besuche und sich ein bißchen einsam fühle. Er trug einen Ehering, doch über sein Privatleben verlor er kein Wort. Als ich ihn nach seinen erotischen Wünschen fragte, wirkte er peinlich berührt und gestand, dies sei für ihn das erste Mal mit einer Prostituierten. Ihm war selbst nicht ganz klar, was er zu erwarten habe. Daß es mir ähnlich ging, verschwieg ich lieber. Bestrebt, einen professionellen Eindruck zu vermitteln, erbat ich das Honorar, auf das wir uns geeinigt hatten. Ich hatte das Szenario der Geldübergabe in meiner Phantasie bereits ein paarmal durchgespielt und befürchtet, daß es mir unangenehm sein könnte. Doch als er mir das Geld überreichte, kehrte sich die Situation um: Entgegen aller Erwartung wirkte er unsicher, und ich fühlte mich stark und souverän.

Mit Würde und freundlicher Ironie gelang es uns, auch unsere restlichen Unsicherheiten zu überspielen. Als ich mich auszog, zündete er ein Teelicht an, das wie aus dem Nichts auf der Nachttischablage aufgetaucht war und unserem Treffen fast eine romantische Note verlieh. »Das Hotel ist für alle Situationen gerüstet«, kommentierte er den Fund, knipste die Lampe aus, warf den Bademantel über den Sessel, und eine Sekunde später lag er im Kerzenschein ausgestreckt auf dem Bett. Von einem Massageprofi im Swingerclub hatte ich mir Elemente einer Entspannungsmassage angeeignet, die ich jetzt zur Anwendung brachte. Ungefähr zehn Minuten lang massierte ich unter einem im Prinzip überflüssigen Erfolgsdruck vor mich hin, bis er den Kopf hob und fragte, ob er nun mich massieren dürfe.

Angenehm überrascht, akzeptierte ich den Rollentausch. Leider massierte er ziemlich dilettantisch, noch dazu für einen Arzt. Meine Schulter- und Nackenmuskeln warteten umsonst auf Entspannung. Wenigstens war er kein schlechter Liebhaber. Der Übergang von der Massage zum Verkehr lief irgendwie organisch und spielerisch-konventionell ab, ohne Hast, spektakuläre Extrawünsche oder Verhaltensauffälligkeiten, hin und wieder unterbrochen von Nachfragen und kleinen verbalen Nettigkeiten. Was die Ebene der sexuellen Intimität angeht, unterschied sich unser Tauschgeschäft kaum von einem (angenehmen) Privatkontakt. Gentlemanlike kümmerte er sich zuerst um mein Vergnügen, und nachdem er selbst zum Orgasmus gekommen war, küßte er mein Gesicht ab. Man hätte meinen können, er habe eine lange Phase sexueller Askese hinter sich.

Klischee Nr. 1:
Prostitution bedeutet Rotlichtmilieu.

Glaubt man dem Klischee, so ist die Prostitution in den abgeschotteten Glitzerwelten der Rotlichtviertel zu Hause, wo hinter neonblinkenden Fassaden das Faustrecht regiert. Das Geschäft mit der Lust wird von Zuhältern organisiert, die die Frauen in frühkapitalistischer Manier ausbeuten. Nach einer Vielzahl unpersönlicher Sexkontakte sind diese irgendwann abgestumpft, bitter und beziehungsunfähig. In der Vorstellung vieler Menschen ist das tragische Dasein einer Hure durch eine frühe Mißbrauchserfahrung vorprogrammiert und findet seine selbstzerstörerische Fortsetzung in emotionalen Abhängigkeiten – von Drogen, Alkohol oder Zuhältern. Letztere profitieren als einzige vom Tauschgeschäft Sex gegen Geld. Wir verurteilen ihre Skrupellosigkeit und bedauern die Prostituierte um ihre verpaßten Chancen. Reflexhaft reagieren wir mit Unbehagen und Empörung auf einen Lebensstil, der halbseidene Existenzen zu Profiteuren und Frauen zu Opfern macht.

Doch das Klischee entspricht längst nicht mehr den

komplexen Realitäten des Gewerbes. In den letzten zwei, drei Jahrzehnten haben sich immer mehr Frauen den Spielregeln des Rotlichtmilieus entzogen und dessen ungeschriebene Gesetze in zuhälterfreien Zonen außer Kraft gesetzt. Ob als unabhängige Escorts, in Bordellen, Studios oder Agenturen – die Pionierinnen der neuen Sexarbeit organisierten einen Arbeitsalltag, der beweist, daß sexuelle Tauschgeschäfte nicht zwangsläufig an Ausbeutung, persönliche Abhängigkeit oder eine Verstrickung in kriminelle Milieus gekoppelt sind. Die Arbeitgeberinnen unter ihnen setzten neue Standards der Berufsausübung: Die Frauen können wählen, welche Dienstleistungen sie anbieten, wie oft und an welchen Tagen sie arbeiten. Sie können Kunden ablehnen und sind weder durch die Chefin noch durch die Gäste weisungsgebunden. Sie arbeiten freiwillig, ohne erzwungenen Alkoholkonsum und häufig in einem angenehmen Ambiente. Viele behalten den Löwenanteil der Einnahmen, zumindest aber die Hälfte für sich. Keine von ihnen ist gezwungen, körperliche oder emotionale Toleranzgrenzen zu überschreiten. Die Pionierinnen der neuen Sexarbeit zeigten, daß sich das Geschäft mit der Lust in erster Linie über Sexualität und nicht über ungleiche Machtverhältnisse definiert. Mit Erfolg: Kundenbedürfnisse und humanisierte Arbeitsplätze erwiesen sich nicht nur als kompatibel, sondern als höchst einträgliche Bedürfnisschnittmengen.

Nicht nur die Kunden sollen zufrieden sein, sondern auch die Frauen: Evelin / Bordellbetreiberin

Als ich meinen Laden eröffnete, wurde mir oft prophezeit: »Wenn du den Frauen keine Getränkeprovision zahlst, wirst du ganz schnell pleite gehen. So, wie es bei dir läuft, kann es nicht funktionieren.« Aber die Frauen, die bei mir arbeiteten, waren gar nicht so erpicht darauf, mit den Männern großartig Champagner zu trinken. Zu mir kommen ja auch Frauen, die in anderen Läden mal davon gelebt haben, so viel zu trinken, und die negativen Auswirkungen dort zu spüren bekamen. Die sind nicht hier, weil sie saufen wollen, sondern weil sie mit den Männern aufs Zimmer gehen wollen, jedenfalls mit denen, die sie akzeptieren. Das findet meine volle Unterstützung. Ich habe den Frauen immer gesagt: »Ihr könnt einem Mann, der euch nicht gefällt, gern mal einen Korb geben.« Davon haben sie auch reichlich Gebrauch gemacht – mit dem Effekt, daß die unangenehmen Leute gar nicht erst wiedergekommen sind. Die angenehmen dagegen brachten Freunde mit und empfahlen uns weiter. So ist der Schnitt der Männer bei uns eigentlich immer recht attraktiv. Das wirkt sich wiederum auf die Arbeitsmoral der Frauen aus. Die arbeiten gerne und mit Spaß, und so spürt auch der Mann, daß die Frau nichts unter Druck macht, und kommt gerne wieder. Meine Geschäftsphilosophie lautet: Nicht nur die Kunden sollen zufrieden sein, sondern auch die Frauen. Die Männer hingegen bestätigen mir immer wieder, wie sehr sie es genießen, hier nicht bedrängt zu werden. Das Angebot zum Sex muß bei uns vom Gast kommen, und ich glaube, daß mein Laden deshalb auch so gut läuft. Hinzu kommt, daß ich im Gegensatz zu Läden, wo die Frauen auf Provision trinken, zivile Getränkepreise anbieten kann. Das heißt, die Männer können auch mal auf ein Bierchen vorbeikommen und einen Freund mitbringen, ohne sich gleich zu mehr verpflichtet zu fühlen. Früher sind die Männer entweder ins Bordell gegangen oder in die Kneipe. Für manche ist mein Laden inzwischen zur Stammkneipe geworden. Sie wissen: Man kann, wenn man will, aber keiner nötigt einen.

Klischee Nr. 2: Die Sexarbeit spielt sich stets am Rand der Gesellschaft ab.

Wie konnte sich eine soziale Institution, die ja nicht völlig grundlos zum Inbegriff weiblicher Leidenswege wurde, in vergleichsweise kurzer Zeit so grundlegend wandeln? Was wie eine harmlose Frage klingt, bringt bereits die Lunte zum Glimmen, die zum explosiven Kern der Kontroverse führt: der Annahme einer unausweichlichen wesenhaften Konstante sexueller Tauschgeschäfte in Form von Abhängigkeit, Ausbeutung, Ehrverlust und psychischer Deformation. Dabei genügt ein Minimum an historischem Sachverstand, um anzuerkennen, daß sich der Alltag, das Selbstverständnis und gesellschaftliche Ansehen einer hochgebildeten griechischen Hetäre im vorchristlichen Athen von dem eines über 2000 Jahre später nach Pattaya verschleppten südchinesischen Bauernmädchens ziemlich elementar unterscheiden sollte.

Das Sexgewerbe wäre nicht das älteste der Welt, wenn es sich zeitlichem Wandel nicht immer wieder neu und oft sehr erfolgreich anpassen würde. Beispiel Nachkriegsdeutschland: Kaum eroberten in den fünfziger Jahren Automobile den Massenmarkt, entstand in vielen deutschen Großstädten der erste Autostrich. Als eine Welle des Wohlstands und Konsums das Land in den sechziger Jahren überrollte, inserierten die ersten Luxus-Callgirls in den Tageszeitungen. Und im selben Maß, wie Fernreisen in den siebziger Jahren erschwinglich wurden, hoben die ersten Sexbomber Richtung Fernost ab und importierten auf dem Rückflug Asiatinnen für deutsche Bordelle. Auch wenn die Prostitution ins gesellschaftliche Abseits gedrängt wurde – in einem sozialen Vakuum befand sie sich nie.

Daß die Sexarbeit überhaupt in die Grauzonen des Rotlichts abdriften konnte, ist zumindest teilweise eine Folge staatlicher Moralapostelei, die in Sperrbezirksverordnungen ihren juristischen Niederschlag findet. Diese Regelungen erlauben es den Kommunen, Prostitution in bestimmten Stadtteilen oder der ganzen Stadt, zu bestimmten Tages- oder Nachtzeiten zu verbieten. Ihrem Grundgedanken nach sollen sie die Bevölkerung, vor allem aber die Jugend und die Geschäftswelt, vor den vermeintlich demoralisierenden und geschäftsschädigenden Auswirkungen sexueller Tauschgeschäfte schützen – mit dem Resultat, daß diese dann in ausgewiesene Toleranzzonen abgeschoben werden: geschlossene Bordellstraßen in innerstädtischen Rotlichtvierteln, Großbordelle in zersiedelten Vorstadtregionen, Autobahnauffahrten oder Industriebrachland.[3] Doch die Verdrängung der Prostitution in amtlich definierte erogene Stadtzonen hat für die Frauen fatale Konsequenzen. Begrenzte Standplätze in der Straßenprostitution verstärken die Konkurrenz untereinander. Das Verhängen von Bußgeldern führt dazu, daß noch mehr angeschafft wird, um die Bußgeldschulden begleichen zu können. Und vor allem in abgelegenen städtischen Randzonen erhöht sich das Sicherheitsrisiko der Frauen eklatant.

Die staatlich verordnete Ausgrenzung des käuflichen Sex begünstigt genau das, was sie verhindern möchte: darwinistische Rotlicht-Szenarien mit geballter krimineller Energie und Konkurrenzdruck. Die künstliche Verknappung legaler Freiräume und die immense Nachfrage nach sexuellen Dienstleistungen ruft Zuhälter und gierige Betreiber auf den Plan, die das Geschäft mit dem käuflichen Sex kontrollieren und vorhandene Möglichkeiten zur Profitmaximierung effektiv ausschöpfen. Hinter den blinkenden Fassaden vieler Spaßmeilen herrscht eine eindeutige Rollenverteilung: Die einen schaffen an, die anderen kassieren ab. Die Sperrgebietsverordnungen, ursprünglich als Maßnahmen zum Schutz des öffentlichen Anstandsgefühls erdacht, erweisen sich praktisch überall als Arbeitsbeschaffungsmaßnahme für Zuhälter. Und deren Machtmonopole sorgen dafür, daß es in den Toleranzzonen für die Frauen meist alles andere als tolerant zugeht. Im Endeffekt gehen die mit erheblichem Polizeiaufwand umgesetzten Sperrbezirksverordnungen also aus wie das Hornberger Schießen.

Wenn sich der Wandel von der Sexsklaverei zur selbstbestimmten Sexarbeit im ehemaligen West-Berlin besonders schnell und konsequent vollzog, dann vor allem deshalb, weil Sperrbezirke und Toleranzzonen in der Inselstadt Fremdworte waren. Für eine Neudefinition des Begriffs Prostitution erwies sich der aus den Zeiten alliierter Behördenkontrolle stammende sittenrechtliche Sonderstatus als absoluter Standortvorteil. Die für Hamburg oder Frankfurt typischen Laufhäuser, geschlossene Bordellstraßen oder Straßenprostitution an unzugänglichen Autobahnauffahrten – Berlin hat sie nie gesehen. Da es weder räumlich noch zeitlich begrenzte Toleranzzonen gab, in denen Zuhälter nach Belieben schalten und walten konnten, fuhren Polizei und Gesundheitsämter eine vergleichsweise liberale Linie, setzten auf Kooperation und Kontrolle anstatt auf Vertreibung. Was die juristischen Rahmenbedingungen und die Polizeipraxis in Sachen käuflicher Sex anging, so durfte sich ganz West-Berlin von Reinickendorf bis Neukölln, von Spandau bis Kreuzberg als eine einzige Toleranzzone betrachten. Bereits in den siebziger Jahren florierten hier Alternativen zur klassischen Rotlichtprostitution.

Entspannte Berliner Tradition: Annika / Bordellbetreiberin

Verglichen mit Städten wie Hamburg oder Frankfurt hat Berlin eine entspannte Tradition, was das Gewerbe angeht. Manche Gäste aus Westdeutschland erwarten immer noch einen Zuhälter hinter dem Vorhang und sind erstaunt zu hören, daß mein Laden auch ohne männlichen »Schutz« sehr gut läuft. Aber in Berlin konnten die Frauen schon in den siebziger Jahren ihr eigenes Ding machen und mußten sich niemandem beugen oder sich in irgendeine fremdbestimmte Ordnung einfügen. Die lockere Atmosphäre zog auch Frauen aus Westdeutschland an, die sich ohne Druck in der Sexarbeit verwirklichen wollten. Zwar gab es auch hier Zuhälter, aber einzeln arbeitende Frauen oder Frauen, die einen Etagenpuff führten, sind von denen so gut wie nie belästigt worden. Im Gegenteil: Es gab sogar die eine oder andere freundschaftliche Verbindung. Bei Problemen konnten sich die Frauen an sie wenden, ohne ihre Autonomie aufzugeben. Die Zuhälter betrachteten es als eine Ehrenpflicht, einem Mädel zu helfen. Sterbende Löwen, diese Generation.

Auf diese Weise entstand abseits neonblinkender Rotlichtclubs eine separate, informelle Szene von Frauen, die einzeln, mit Freundin(nen) oder in lockeren Netzwerken Sex gegen Geld tauschten – als Escorts, in Wohnungen oder unabhängig auf der Straße. Aus manchen dieser Kooperationen entwickelten sich Bordelle, nicht selten unter weiblicher Leitung, die sich bewußt von den Zwangs- und Ausbeutungsszenarien im Rotlichtmilieu abgrenzten und die Prostitution im Sinne eines Arbeitsverhältnisses umdefinierten. Hier wurde der Grundstein gelegt für die Debatte um die Anerkennung der Prostitution als Beruf. In den Biotopen unabhängiger Sexarbeit wurde die Prostitution de facto neu erfunden – unbehelligt von Zuhältern und Moralwächtern. Ausgerechnet Berlin, laut Durex Global Sex Survey 1999 eine der unerotischsten Metropolen der Welt, präsentierte den telegenen Glitzerwelten von St. Pauli & Co. eine weniger sichtbare, aber sexualpolitisch definitiv korrektere Alternative: eine Sexarbeit, die die Spielregeln der klassischen Rotlichtmilieus auf den Kopf stellte und gerade deswegen kommerziell erfolgreich wurde.

Wenn das Stichwort Prostitution nicht mehr ausnahmslos und automatisch Assoziationsketten auslöst, in denen großspurige Luden handgreiflich werden und milieugeschädigte Huren mit schmerbäuchigen Freiern im Akkord »Falle schieben«, dann liegt das aber nur bedingt am Privileg einer sperrbezirklosen Stadt. Alle am sexuellen Tauschgeschäft beteiligten Akteure haben sich verändert. Wenn Sexarbeiterinnen wie betriebswirtschaftlich kalkulierende Geschäftsfrauen auftreten (und ausbeutende Zuhälter mehr denn je gesellschaftlich geächtet werden), dann wegen der Veränderungen, die die Frauenbewegung mit ihren Debatten um berufliche Unabhängigkeit (und Männergewalt) lostrat. Der Zugriff männlicher Nutznießer wurde aber auch durch ein Phänomen gelockert, das in großem Stil erstmals in den siebziger Jahren aufkam: die Beschaffungsprostitution. Die Kinder vom Bahnhof Zoo setzten ihre Sexhonorare schneller in Drogen um als irgendein Zuhälter die Hand aufhalten konnte. Die sexuelle Revolution schuf ein öffentliches Bewußtsein für die anatomischen und physiologischen Gegebenheiten weiblicher Sexualität. Wenn Prostitutionskunden heute bestrebt sind, ihren Dienstleisterinnen Orgasmen zu verschaffen, dann verdanken alle Beteiligten diese Entwicklung einer Etikette, die Frauen auch im Hinblick auf ihr sexuelles Erleben mit Männern gleichstellte.

Mit den Menschen haben sich auch die gesellschaftlichen Einstellungen verändert. Der bereits 1973 im Zuge der Strafrechtsreform entsorgte Kuppelei-Paragraph löste das Gewerbe ein Stück weiter aus der Kriminalisierung heraus und erleichterte damit dessen Kommerzialisierung. Gemeint ist nicht allein die boomende Sexindustrie, die ihre mediale Dauerpräsenz inszeniert und von einem Freizeitverhalten profitiert, das zunehmend konsumorientiert abläuft. Eine helfende Hand reichen auch Medien und die Werbung »seriöser« Branchen, denen es immer wieder gelingt, sexuelle Tabus in Trends zu verwandeln: Bevor sie den Mainstream eroberten, galten Stiefel, High-Heels, Strapse und Dessous als die Mode-Codes der Prostitution, Piercings und Latex-Outfits als Erkennungszeichen der S/M-Szene. Und auch der Identitätswandel westlicher Industriestaaten hin zu Dienstleistungs- und Wissensgesellschaften förderte ein Bewußtsein für bezahlten Sex als qualifizierte Dienstleistung.

Während sich die Gesellschaft im Umgang mit verschiedensten Sexualitäten zunehmend liberaler zeigte, machte die Prostitution eine Art Privatisierungsprozeß durch, der einen ganz eigenen Beitrag dazu leistete, die Grenzen des Rotlichtmilieus zu sprengen. Die Sexarbeit verlagerte sich von der Straße und dem stadtbekannten Bordell zunehmend in diskretere Privatwohnungen. Einst die Domäne von Berufshuren, erweiterte sie sich um Hausfrauen und Studentinnen, die gelegentlich oder phasenweise ihr Budget mit Sex aufbesserten. Dem in alle Richtungen ausufernden Gewerbe waren die Kontrollmechanismen der traditionellen Rotlichtkieze nicht länger gewachsen. Schließlich setzen Abhängigkeit, Einschüchterung und Gewalt eine gewisse physische Nähe voraus. Doch in den siebziger und achtziger Jahren mußten Kiezfürsten und Zuhälter erleben, wie das Gewerbe sich außerhalb ihrer Einflußsphären breitmachte, zusehends von feministischem Gedankengut unterwandert wurde und gänzlich neue Standards der Sexarbeit definiert wurden:

Freiwilligkeit statt Zwang:

Die Frauen arbeiten bewußt und aus eigenem Antrieb und nicht, weil jemand sie unter Vortäuschung falscher Tatsachen zur Prostitution überlistet bzw. gegen ihren Willen oder ihr Ehrgefühl dazu nötigt.

Persönliche Freiheit und Wahlmöglichkeiten statt Sklaverei:

Sie können sich frei bewegen, befinden sich weder persönlich noch als Arbeitskraft in existentiellen Abhängigkeiten und werden nicht als Ware verkauft. Sie entscheiden, ob sie autonom oder in arbeitnehmerartigen Verhältnissen arbeiten wollen, und können ihre Arbeitsbedingungen (mit)gestalten.

Arbeitgeber statt Zuhälter:

Der Bordellalltag wird von Menschen organisiert, die sich an den Gepflogenheiten und zivilen Umgangsformen regulärer Arbeitgeber orientieren. Häufig haben die Betreiberinnen von Bordellen und Agenturen eigene Prostitutionserfahrungen.

Arbeitnehmerrechte statt Dirigierbarkeit:

Die Frauen können frei entscheiden, an welchen Tagen sie arbeiten, welche Dienstleistungen sie erbringen und ob bzw. wann sie aus der Prostitution aussteigen wollen. Niemand zwingt sie, z. B. ohne Kondome zu arbeiten, bei extremer Witterung auf der Straße zu stehen oder sieben Tage lang 12-Stunden-Schichten zu ertragen.

Faire Abgabepolitik statt Ausbeutung:

Anstatt wie im Rotlichtmilieu üblich zwischen 80–100% der erwirtschafteten Honorare an einen Zuhälter bzw. andere Profiteure abzuliefern, zahlen die Frauen meist Abgaben in Höhe von 30–50%, aus denen die Betreiber von Bordellen, Studios oder Agenturen ihre Unkosten wie Miete, Werbung, Reinigung, Telefon etc. decken.

Milieuferner Arbeitsplatz statt kriminelles Umfeld:

Im Umfeld des Arbeitsplatzes gibt es keine Begleitkriminalität bzw. Querverbindungen zu organisiertem Frauen-, Waffen- oder Drogenhandel.

Selbstbestimmte Kundenpolitik statt »Der Kunde ist König«:

Die Frauen haben das Recht, Freier abzulehnen, ihre eigenen emotionalen und physischen Grenzen zu definieren, z. B. auf Kondombenutzung zu bestehen oder bestimmte Dienstleistungen abzulehnen.

Ausleben eigener Lust statt passives Lustobjekt:

Während es in der Rotlichtprostitution als professionell galt, die eigene Libido konsequent von der Dienstleistung zu trennen, z. B. keine Küsse auf den Mund zuzulassen, können sich die Frauen in der neuen Sexarbeit sinnlich und sexuell ausleben, ohne sich als unprofessionell abgestempelt zu fühlen. Im Gegenteil: Dienstleistungen wie z. B. erotische Massagen oder dominante Rollenspiele profitieren vom Abgleichen eigener sexueller Energien mit denen des Gegenübers.

Fließende Grenzen zwischen Geschäfts- und Privatbeziehungen statt erzwungene Distanz zum Kunden:

Wenn die Grenzen zwischen kommerziellen und privaten Lustsphären aufweichen, können aus Kundenbeziehungen private Liebesbeziehungen und sogar Ehen entstehen, ohne daß Dritte diese Entwicklung hintertreiben. Anders in der klassischen Rotlichtprostitution: Zuhälter, die mit gehandelten Frauen arbeiten, tauschen diese oft regelmäßig aus, damit sie keine Bindungen zu Stammkunden entwickeln und leichter zu kontrollieren sind.

Und so zeichnet sich seit zwei, drei Jahrzehnten in weiten Teilen der Sexarbeit ein klarer Paradigmenwechsel ab: weg von der Lustsklaverei, hin zu normalisierten, humanisierten, selbstbestimmten Arbeitsplätzen. Dieser gewerbeinterne Quantensprung mußte das Klischee von der Prostitution als sozialem Problem zwangsläufig in Frage stellen. Nicht nur im Hinblick auf das Ansehen der Branche macht es einen Unterschied, ob die Sexarbeit als Sammelbecken problematischer Frauenbiographien betrachtet wird oder als eine Form der Erwerbstätigkeit, die durch unterschiedliche Arbeitsbedingungen ihr spezifisches Gesicht erhält. Letztere Sichtweise gesteht den Frauen Handlungskompetenzen und Entscheidungsfreiräume zu. Und wenn aus Opfern Akteure werden, kann sich vieles verändern.

Klischee Nr. 3: Prostitution ist grundsätzlich entwürdigend.

Mit dem Streit um die Schließung des *Café Pssst!* erreichte die Saga der neuen Sexarbeit ihren bislang wohl folgenreichsten juristischen Showdown. Es war im Oktober 1998, als die Kluft zwischen neuen Realitäten und viktorianischen Rechtsnormen aufbrach und eine gesellschaftliche Debatte um eine Neubewertung sexueller Tauschgeschäfte entfachte, die nicht nur die Existenz des *Café Pssst!* mitbestimmen sollte, sondern die Zukunft der ganzen Branche. Was die Platzhirsche der Rotlichtprostitution trotz jahrzehntelanger Kungeleien mit ranghohen Politikern sämtlicher Parteien nicht geschafft hatten, setzte eine idealistische und kämpferische Berliner Bordellbetreiberin in weniger als drei Jahren um: die Prostitution vom Makel der Sittenwidrigkeit zu befreien. Der medienträchtige Konflikt machte Felicitas Weigmann zur wohl bekanntesten Bordellchefin Deutschlands und zu einer modernen Ikone des Gewerbes.

Was als Gesetz endete, hatte als Provinzposse begonnen: Im gutbürgerlichen Wilmersdorf betrieb Felicitas Weigmann offiziell ein Nachtlokal und eine Zimmervermietung – eine gewerberechtliche Konstellation, die einen absurden bürokratischen Kleinkrieg auslöste. Im Rotlichtmilieu hatte es sich bis dato eingebürgert, die Gaststättenlizenz und die gewerbliche Zimmervermietung auf zwei Konzessionsträger zu verteilen und damit die Existenz des Bordellbetriebs zu verschleiern. Die Ordnungsbehörden, denen diese Tarnmanöver in der Regel bekannt waren, bestanden dennoch auf deren Einhaltung und duldeten somit auch Läden mit dubiosen Betreibern und undurchsichtigen Arbeitsedingungen. Als Inhaberin beider Lizenzen stellte Felicitas Weigmann diese Praxis in Frage – aus Sicht des Bezirksamts eine offene Provokation. Als sie sich weigerte, eine der Lizenzen an einen Strohmann abzugeben, drohte das Amt, ihr die Gaststättenlizenz zu entziehen – mit der Begründung, daß durch die Anbahnungsgespräche im *Café Pssst!* die Prostitution gefördert und der Unsittlichkeit Vorschub geleistet würde. Selbst Beamte des für organisierte Kriminalität zuständigen Landeskriminalamtes 212, die das *Café Pssst!* im Gericht wegen seiner vorbildlichen Arbeitsbedingungen lobten, bissen bei den Moralwächtern vom Bezirksamt auf Granit. Als sie dem Betrieb bescheinigten, »aus kriminalpolizeilicher Sicht wünschenswert« zu sein, da durch die dortigen Arbeitsbedingungen »dem Abgleiten dieser Branche in den Bereich der organisierten Kriminalität besser entgegengewirkt wird«,[4] verteidigte das Bezirksamt seine Law-and-Order-Linie mit der Begründung, es sei … »absolut unerheblich, ob es sich um ›saubere Bordelle‹ handelt oder um Bordelle, in denen organisierte Kriminalität stattfindet«. Im Gegenteil: Das Problem seien nicht die schlechten, sondern die guten Arbeitsbedingungen: »Die überaus günstigen Bedingungen, die Ihre Mandantin in ihrem Betrieb für die Prostitutionsausübung schafft«, so das Amt, »bewirken letztlich ein großes psychologisches Hindernis für die Frauen, die sich aus dieser Art des Einkommenserwerbs lösen möchten. Es ist nicht auszuschließen, daß Prostituierte in ein Abhängigkeitsverhältnis geraten.«[5]

Ein Abhängigkeitsverhältnis? In den folgenden Monaten tauchten immer wieder Frauen aus dem *Café Pssst!* in den Medien auf und erklärten, daß sie sich in dem kleinen Puff keineswegs reglementiert fühlten – weder im Hinblick auf ihre persönliche Freiheit noch auf ihre sexuelle Selbstbestimmung. Sie arbeiteten dort völlig zwanglos, auf eigene Rechnung und könnten jederzeit vom Barhocker aufstehen und gehen, sobald sie sich aus dem Sexgewerbe zurückziehen wollten. Niemand würde sie mittels körperlicher Gewalt, Nötigung, Drohungen oder Erpressungen gefügig machen und zu sexuellen Handlungen zwingen. Im Gegensatz zu vertraglich geregelten Arbeitsverhältnissen bräuchten sie auch keine Kündigungsfristen einzuhalten. Die vom Bezirksamt beschworenen Gefahren drohten jedoch im Falle einer Schließung des *Café Pssst!*. Dann wären sie nämlich gezwungen, in Läden auszuweichen, in denen sie unter Umständen weniger Freiräume hätten.[6] Was die Frauen aus dem *Café Pssst!* berichteten, überzeugte auch ein szenefremdes Medienpublikum, daß mit Felicitas Weigmann ausgerechnet an einer Betreiberin ein Exempel statuiert werden sollte, die sich in ihrem Selbstverständnis, Führungsstil und der Gestaltung der Arbeitsbedingungen fundamental von klassischen Zuhältern und ausbeuterischen Betreibern unterschied. In Talkshows und öffentlichen Veranstaltungen schlug der Bordellchefin mehr Sympathie als verletztes Moralempfinden entgegen. Das warf aber auch die Frage auf, ob die Anbahnungsgespräche im *Café Pssst!* überhaupt noch gegen die guten Sitten verstießen, die das Reichsgericht anno 1901 als das »Anstandsgefühl aller billig und gerecht Denkenden« definiert hatte.

Anstatt sich an Urteilen zu ähnlich gelagerten Fällen zu orientieren, machte das Gericht genau diese Frage zu einem Kernstück seiner Urteilsfindung. Wie dachte die deutsche Bevölkerung im ausklingenden 20. Jahrhundert über sexuelle Tauschgeschäfte? Um das herauszufinden, holte der vorsitzende Richter Percy MacLean Statements von fünfzig gesellschaftlich relevanten Gruppen und Einzelpersonen ein, darunter Wissenschaftler und Kirchenvertreter, Verbände und Gewerkschaften. Das Ergebnis sprach für sich: Die Mehrheit der Befragten beurteilte eine in freier Verantwortung ausgeübte Prostitution ohne Begleitkriminalität als nicht sittenwidrig und erkannte freiwillig erbrachte sexuelle Dienstleistungen, sofern sie nicht mit Strafrecht oder Jugendschutz kollidieren, nüchtern als gesellschaftliche Realität an.[7] Und so befreite das Berliner Verwaltungsgericht mit gesellschaftlichem Rückenwind im Dezember 2000 erstmals in der deutschen Rechtsgeschichte die Prostitution vom Makel der Sittenwidrigkeit. »Die Antworten«, heißt es in der Urteilsbegründung, »belegen in eindrucksvoller Weise, daß die in sexuellen Fragen bevormundend enge und von Doppelmoral geprägte Sichtweise der 50er und 60er Jahre, als sogar noch männliche Homosexualität, Ehebruch und das Übernachtenlassen eines Verlobten bei der eigenen Tochter strafbar waren und Beamte, die ihre Frau betrogen, mit Entlassung aus dem Dienst zu rechnen hatten, endgültig der Vergangenheit angehört und sich das gesellschaftliche Bewußtsein in der Bundesrepublik Deutschland gewandelt hat in Richtung Pragmatismus und Ehrlichkeit sowie Toleranz, Respekt und Fürsorge.«

Wenn am 1. Dezember 2000, dem Tag der Urteilsverkündung, nicht nur im *Café Pssst!* die Sektkorken knallten, dann deshalb, weil das kleine Bordell einen Erfolg errungen hatte, der weit über die Wilmersdorfer Bezirksgrenzen hinauswirkte. Das spektakuläre Urteil wies den Weg für das »Gesetz zur Verbesserung der rechtlichen und sozialen Situation der Prostituierten«. Seit Januar 2002 ist die Prostitution nicht länger sittenwidrig. Wie alle anderen Arbeitnehmer haben auch Prostituierte Anspruch auf Kranken-, Renten-, Arbeitslosenversicherung und Umschulungen. Es ist nicht mehr strafbar, Sexarbeiterinnen zu vermitteln oder ihnen angenehme Arbeitsbedingungen zu ermöglichen. Prostituierte können ihre Honorare einklagen und brauchen keine Kündigungsfristen einzuhalten. Niemand kann Ansprüche wegen angeblicher Schlechtleistung gegen sie geltend machen. Menschenhandel, Zwangsprostitution, Zuhälterei im engeren Sinne und die Zuführung Jugendlicher zur Prostitution bleiben weiterhin strafbar. Zwei bis drei Jahrzehnte nachdem die ersten Sexarbeiterinnen die Definitionsmacht darüber, was Prostitution bedeutet, wofür sie steht und wie sie organisiert ist, nicht länger der kriminellen Unterwelt überließen, schreibt das Gesetz ihre Bemühungen fest. Es nötigt dem Milieu mehr Transparenz ab und schafft den gesetzgeberischen Rahmen, um die Rotlichtprostitution weiter aus dem Bannkreis der organisierten Kriminalität herauszulösen. Das Gesetz macht Schluß mit Scheinheiligkeit und Doppelmoral. Zumindest theoretisch.

Klischee Nr. 4:
Prostitution? Alles kein Problem mehr!

Und praktisch? Ist die Prostitution plötzlich ein Job wie jeder andere, weil sie inzwischen Rechtsgleichheit genießt? Läuft sie deshalb weniger prekär ab? Haben ein paar neue Paragraphen die Realitäten im Sexgewerbe so nachhaltig verändert, daß sie uns zur Revision unserer Meinungen oder Wertvorstellungen zwingen, wenn wir nicht als prüde Moralapostel dastehen wollen? Eine einigermaßen integre Antwort muß lauten: Jein. Wenn die neuen Paragraphen und gesellschaftlichen Debatten im Vorfeld überhaupt etwas zur Bewußtseinsbildung beigetragen haben, dann wohl erstens die Erkenntnis, daß es *die* Prostitution nicht gibt, und zweitens die Notwendigkeit, daß wir in puncto Prostitution differenzierter denken lernen.

Doch genau das fällt selbst Experten mitunter schwer. Während einer Podiumsdiskussion auf einem Sexologenkongreß in Berlin prallten im Sommer 2000 die EU-intern wohl krassesten Positionen in Sachen Prostitution aufeinander. Angereist waren eine sozialdemokratische Abgeordnete des schwedischen Parlaments und ein Justizbeamter aus den Niederlanden. Beide hatten – quasi als Legitimation für ihre gegensätzliche Prostitutionspolitik – je eine Sexarbeiterin als Sekundantin im Schlepptau. Während die schwedische Prostituierte tränenerstickt ein Martyrium im

Sumpf der skandinavischen Unterwelt schilderte, beschrieb ihre niederländische Kollegin die Stationen ihrer Sexarbeitskarriere nüchtern als freie und selbstbestimmte Berufsentscheidung. Während der aufgepeitschten Debatte danach leiteten beide Frauen ihre Beiträge mit einem »Ich respektiere deine Erfahrung, aber …« ein, um letztere dann überhaupt nicht mehr respektvoll als Selbstbetrug oder Sell-Out im Dienste einer Mainstream-Ideologie zu demontieren. Der verbale Showdown der Huren gab den Ton vor für eine nicht minder emotionale Debatte zwischen den beiden Regierungsvertretern, die darin kulminierte, daß beide sich gegenseitig Menschenrechtsverletzungen vorwarfen. Zum Blitzableiter avancierte schließlich ein junger Sexologe, der eine grundsolide empirische Studie über Prostitution in Flensburg vorstellte und von einer Aktivistin gemaßregelt wurde, daß seine akademische Karriere auf Kosten der Frauen stattfinde und er als Mann ohnehin keinen Schimmer von der Sexarbeit habe. Nichts scheint schwieriger, als der Versuchung zu widerstehen, die subjektiven Standpunkte zu verabsolutieren und einer simplen Erkenntnis gelassen zu begegnen: daß die Prostitution viele Gesichter hat, hinter denen sehr verschiedene Wahrheiten darauf warten, erzählt zu werden.

Auch im Deutschland des frühen 21. Jahrhunderts ist die Sexarbeit, um es mit Fontane zu sagen, ein weites Feld. Allein in ihrer gängigsten Variante (Frauen als Dienstleisterinnen, Männer als Kunden) differieren die Erscheinungsformen, Arbeitsbedingungen und Lebensstile der einzelnen Teilbereiche so eklatant, daß sich leicht das Gefühl einstellt, nicht mehr über ein und dieselbe Tätigkeit zu sprechen. Interessant ist, daß diese Vielfalt, die im Fall der Sexarbeit immer wieder für Verwunderung sorgt, in anderen Berufsgruppen für völlig normal gehalten wird. Ein Journalist kann als Kriegsreporter sein Leben riskieren oder eine Nachmittags-Talkshow moderieren, als Pauschalist der Sklave der Redaktion sein oder sich als Chefredakteur viele Freunde und Feinde machen. Der Alltag und die Erfahrungen eines Klinikarztes unterscheiden sich genauso grundlegend von denen eines niedergelassenen Arztes wie die einer Bordellmitarbeiterin von denen eines unabhängigen Callgirls. Schwer vorstellbar ist allerdings, daß Journalisten oder Ärzte ihre unterschiedlichen Berufsbiographien öffentlich gegeneinander ausspielen und sich dadurch gegenseitig abwerten.

Es ist weder ein Rätsel, noch benötigt man ein soziologisches Diplom, um zu ergründen, wie diese Vielfalt im Spektrum der käuflichen Sexualität zustande kommt: Die Buchstaben des Gesetzes, die jeweilige Polizeipraxis, die Wirtschaftslage und herrschende Sexualmoral, die Nationalität, Biographie, Motivation, familiäre und Partnerschaftssituation und das Profil des jeweiligen Arbeitsplatz überlagern und beeinflussen sich gegenseitig, wenn sie das Erleben der Frauen prägen und uns mit einer Fülle subjektiver Prostitutionserfahrungen erstaunen.

Die Realität einer deutschen Studentin, die gelegentlich Sex gegen Geld tauscht, um den Computer zu finanzieren, auf dem sie ihre Abschlußarbeit schreibt, ist nicht dieselbe wie die ihrer »illegalen« ausländischen Kollegin, die täglich arbeitet, um mit dem kleineren Teil ihrer Einkünfte eine Familie in der Heimat zu ernähren, und in ständiger Angst vor Razzien und Abschiebung lebt. Auf Anhieb leuchtet auch ein, daß unabhängige Escorts oder Kolleginnen in seriös geführten Bordellen der Prostitution selbstbestimmter nachgehen als Frauen, die für einen klassischen Zuhälter arbeiten. Eine Drogenprostituierte hingegen dürfte für einen Zuhälter uninteressant sein, da ihre Einnahmen und ihr Lebensstil unter allen Umständen dem Diktat der Droge gehorchen. Mit vernebeltem Bewußtsein und unter dem Druck, ständig Geld für Stoff auftreiben zu müssen, ist sie Nötigungen zu unsafe sex und Gewaltsituationen wehrloser ausgesetzt als Kolleginnen mit klarem Kopf oder mit verantwortungsbewußtem Zuhälter. Teilzeitprostituierte sind gegenüber Vollzeitprofis durch eine zusätzliche bürgerliche Berufsidentität sozial oft im Vorteil. Prostituierte in Bayern verdienen im Durchschnitt besser als ihre Kolleginnen in Berlin, sind dafür aber stärkeren Kontrollen durch Gesundheitsämter und Polizei ausgesetzt.

Auch die geordnete Welt des Hamburger Rotlichtmilieus ist, weder real noch medial aufbereitet, für ganz Deutschland repräsentativ. Während »Der Kaiser von St. Pauli« im deutschen Fernsehen lief und eine überschaubare, beinahe folkloristische Kiez-Welt mit klaren Regeln und hartem, aber herzlichem Umgangston modellhaft inszenierte, hatten transkontinantale Migrationsströme, der Kollaps der kommunistischen Systeme Osteuropas und die Vertreterinnen einer emanzipierten Sexarbeit die Enden des deutschen Marktspektrums bereits ein wenig vielfältiger definiert. Globalisiert, differenziert, polarisiert: So präsentiert sich die Branche des käuflichen Sex seit den achtziger Jahren, und auch heute noch leben wir faktisch in einem Land mit einer Zweiklassenprostitution: Die Sollbruchstelle verläuft zwischen Sexarbeiterinnen mit deutschem Paß, Gelegenheitsprostituierten und Frauen, die autonom oder zu fairen Bedingungen arbeiten, und ausländischen Prostituierten ohne Aufenthaltsrecht, Drogenkonsumentinnen und Frauen mit Zuhältern. Daran ändert auch das neue Gesetz nichts.

Wie könnte es auch? Insbesondere die von Profiteuren kontrollierte osteuropäische Armutsprostitution hat es verstanden, sich den arbeitsteiligen und globalisierten Strukturen der Wirtschaft mehr oder weniger perfekt anzupassen. Dieses Business ist per Definition international angelegt und die Gewinnspannen so lukrativ, daß es sich für die Akteure lohnt, kalkulierte Risiken einzugehen. Immerhin ist es weniger gefährlich, mit vier jungen Frauen die Grenze zu passieren als mit einem Dutzend Kalaschnikoffs oder einem Kilo Koks. Nach EU-Schätzungen werden jährlich rund 120000 Frauen in die Rotlichtmilieus der Mitgliedsländer geschleust, das US-Außenministerium schätzt die Zahl der Opfer weltweit auf mindestens 700000, inklusive Dunkelziffer auf zwei Millionen.[8]

Schlepper und Schleuser organisieren die Anreise der Frauen aus den jeweiligen Heimatländern. Inhaber und Betreiber von Großbordellen kassieren einen Großteil der Prostitutionshonorare über die Zimmermiete ab. Zuhälter bereichern sich am Rest. Ohne EU-Zugehörigkeit laufen Sexmigrantinnen Gefahr, sich mit dem Eintritt in die hiesige Prostitution mitunter (aber längst nicht immer) in ein System der Schuldknechtschaft zu begeben. Obwohl sich ihre Situation materiell dennoch oft verbessert, ist die Sexarbeit – zumindest nach unseren Maßstäben eines guten Lebens – für sie ein Verlustgeschäft.

Der osteuropäische Frauenhandel mit Zielort Deutschland wird überwiegend von deutschen, türkischen und slawischen Tätern organisiert. Rund die Hälfte von ihnen arbeitet nach Erkenntnissen des BKA in stabilen, organisierten Strukturen. »Organisiert« steht in diesem Zusammenhang nicht zwangsläufig für hierarchische Befehlsketten nach Mafia-Manier, sondern für ein arbeitsteiliges, international vernetztes Vorgehen durch eingespielte Akteure. Die logistische Kette der Täter und ihrer Helfershelfer beginnt in den Heimatländern der Opfer, wo sie nach außen hin ausgerechnet als Import/Export- oder Reiseunternehmer in Erscheinung treten. In Annoncen oder durch direkte Ansprache werben sie die Frauen an. Schleuser, Kuriere und Fälscher von Pässen bzw. Heiratsdokumenten organisieren ihre Einreise. Kontaktpersonen in Deutschland verteilen die Slawinnen auf unterschiedliche Bordelle. Es kommt vor, daß einige ihrer neuen »Arbeitgeber« ihnen die Pässe abnehmen, sie in Wohnungen einsperren, ihnen und ihrer Familie mit Gewalt und Racheakten drohen, falls sie in irgendeiner Form aus der Reihe tanzen. Von getrennten Wohn- und Arbeitssphären, Kontakten zur Bevölkerung geschweige denn Integration können viele nur träumen. Die Profiteure nutzen ihre Hilflosigkeit im fremden Land, ihren Mangel an Deutschkenntnissen und den ungesicherten Aufenthaltsstatus oft gezielt aus und erpressen ihren Gehorsam mit der Behauptung, gute Kontakte zur Polizei zu haben. Die

Frauen haben keinen Grund, das anzuzweifeln, denn Korruption und Machtmißbrauch gehören in vielen Herkunftsländern zum Behördenalltag. Hoch verschuldet durch die Kosten der Migration und als Best- oder Alleinverdienerinnen ganzer Familien fürchten sie, die einzige Verdienstquelle zu verlieren, ergeben sich in ihr Schicksal und versuchen, das Beste daraus zu machen.

Während die einen in Illegalität und feudalistischen Abhängigkeiten gefangen sind, prägen auf der anderen Seite des Spektrums Freiberuflichkeit, ein selbstbewußtes Unternehmertum und normale Arbeitnehmerverhältnisse das Bild der Branche. Die Prostitution ist also vielfältig. Und? Was folgt daraus? Erstens: Die Verpflichtung zum genauen Hinsehen, die Präsentation von Fakten, die sich überblikken lassen, und das Eingeständnis, daß man vom Gesamtpanorama trotzdem weit entfernt ist. Und zweitens: eine Infragestellung der gängigen Opferrhetorik. Denn wer meint, für die Opfer zu sprechen, indem er die Sexarbeit pauschal diffamiert, kann mit demselben Recht die andere große soziale Institution diffamieren, in der Männer und Frauen sich sexuell begegnen: die Ehe. Auch sie kann Frauenleben bereichern oder in Opferbiographien verwandeln. Ausschlaggebend sind die Faktoren, die in den beiden Institutionen wirksam sind, und nicht deren Respektabilität. Ergo: Es gibt »happy hookers« und glückliche Ehefrauen, Leidenswege in der Prostitution und in der Ehe.

Prostitution läßt sich nicht repräsentativ erfassen: Prof. Dr. Reinhard Wille und Dr. Thomas-Jens Hansen / Sexualwissenschaftler

Weder wissenschaftlich noch erkenntnistheoretisch erscheint es überhaupt möglich, das Gesamtphänomen der »käuflichen Liebe« einigermaßen repräsentativ zu erfassen. Allein schon wegen der heimlichen (klandestinen) Prostitution ist nicht einmal eine bundes- oder gar europaweite Momentaufnahme der Prostitutionsszene denkbar. Sie scheitert schon an den nichtrepräsentativen Stichproben und dem Facettenreichtum bis hin zu definitorischen Abgrenzungsproblemen. Selektive Wahrnehmung nach Alter und Geschlecht, nach konservativer oder progressiver Einstellung, aber auch nach dem erfaßten Teilausschnitt müssen zu völlig gegensätzlichen Aussagen führen. Man glaubt mitunter, daß es sich um verschiedene Städte und Situationen handelt, je nachdem, ob man die Prostituierten selbst befragt, bei den Freiern eine repräsentative Stichprobe nimmt, die Betreuer im Gesundheitsamt über ihre jahrelangen Erfahrungen sprechen läßt oder nur in der Nähe der »sündigen Meilen« stationierte Taxifahrer.[9]

So weit, so gut. Aber wie beurteilen die einzelnen Akteure die Sexarbeit? Welche Hoffnungen und Ängste tragen Frauen mit sich herum, die in die Sexarbeit einsteigen wollen? Wie sieht der Alltag einer Prostituierten aus? Welche Formen der Arbeitsorganisation bringen ein Höchstmaß an persönlicher Autonomie und ein Maximum an Sicherheit? Wie wirkt sich die Arbeit psychisch aus? Warum werden Männer zu Prostitutionskunden, und mit welchen Erwartungen suchen sie eine Sexarbeiterin auf? Welche Perspektiven verbergen sich hinter den beiden Akteuren, die das Tauschgeschäft Sex gegen Geld mit ihren ureigensten Interessen, Einstellungen und Erwartungen unmittelbar definieren, den Sexarbeiterinnen und ihren Kunden?

II ANGEBOT UND NACHFRAGE

Die Prostitution ist nicht einfach das »älteste Gewerbe«, sondern ihre Wurzeln reichen weiter zurück. Es gibt viele Tiere, die Sex gegen Ressourcen austauschen. Das extremste Beispiel ist wohl das Weibchen der Tanzfliege, das Sex gegen Nahrung tauscht. Das Männchen der Tanzfliege muß, um Gelegenheit zur Paarung zu erhalten, zunächst eine Mücke aus einem Mückenschwarm fangen. Findet er ein wartendes Weibchen, bietet er ihr seine Beute an. Während sie ihre Mahlzeit verspeist, darf er sie begatten. Es gibt Arten, deren Weibchen als Prostituierte so erfolgreich sind, daß sie selbst nie auf Nahrungssuche gehen müssen.[10]

Robin Baker

1 Die Frauen

Jobprofil Sexarbeit: Eine Einstiegsberatung

Wie verdiene ich mit Sex Geld? Wie rede ich am Telefon mit einem Freier? Wie bringe ich ihn dazu, vorher zu duschen? Über all diese Fragen haben Stephanie und Daniela noch nie nachgedacht. Für die beiden Frauen war Sex ohne gleichzeitige Liebesbeziehung bislang nur in ihrer Phantasie eine Option. Nach vertagter Entscheidungsfindung sind sie jetzt an einem Punkt, wo sie sich informieren wollen – über Chancen und Risiken der Sexarbeit. Und wo ginge dies besser als auf einer Huren-Fachtagung? Passend zum Thema ist es heiß und schwül an diesem Junitag. Mangels klimatisierter Räume findet das »Seminar für Neueinsteigerinnen« im Schatten einer überdachten Open-Air-Bühne statt. Aber noch hat die kreisförmige Sitzordnung ihre integrative Wirkung nicht entfaltet. Stefanies Blick durchbohrt den Boden, ihre Arme sind verschränkt. Danielas Lächeln wirkt etwas bemüht. Ist es der bevorstehende Abgleich von Phantasie und Realität, der die Neueinsteigerinnen in spe verunsichert? Die Ahnung, daß ein Einstieg in die Sexarbeit ihr Leben stärker verändern könnte als ein Jobwechsel innerhalb des bürgerlichen Spektrums? Oder die Konfrontation mit den vier erfahrenen Sexarbeiterinnen und Hurenaktivistinnen, die ihnen vergleichsweise entspannt gegenübersitzen und weder vom Kleidungsstil noch vom Make-up, so vorhanden, dem Klischee barbiesker Straßenhuren entsprechen?

Die Vorstellungsrunde beginnt bei Daniela. Ein bißchen unsicher kommt die ernst wirkende Frau um die Vierzig auf ihre Finanzlage zu sprechen. Mit ihrem Medienjob verdient sie nach zwölf Arbeitsjahren nicht wesentlich mehr als zu Beginn ihres Berufslebens. Zugenommen haben einzig und allein ihre Gefühle des Ausgebranntseins. Das Hamsterrad des Lebens dreht sich ohne erkennbare Highlights und Perspektiven. »Geld war mir nie besonders wichtig», beteuert sie und wirkt plötzlich peinlich berührt von dem Gewicht, das die Geldthematik in ihrer kurzen Selbstdarstellung erhält, »aber wenn ich ans Alter denke, wird mir bewußt, daß sich irgend etwas in meinem Leben ändern muß.« Mit Anfang zwanzig sind für Stefanie weder die Altersvorsorge noch die Zwänge der Existenzsicherung ein Thema – Bafög sei Dank. Im Gegensatz zu ihrem »Liebesleben, das den Namen Liebe kaum verdient«. Desillusioniert und mit leisem Spott skizziert die reserviert wirkende Studentin das Spektrum bindungsunwilliger Männer, die sich durch ihr Bett und ihren Kühlschrank geschnorrt und anschließend vom Acker gemacht haben: Straßenmusiker auf Durchreise, Kommilitonen im Examensstreß, affärenerprobte Ehemänner. »Unterm Strich blieb ein Berg Abwasch«, resümiert sie trocken, »auf dem Strich hätte ich wenigstens Geld verdient.« Was sie bislang davon abhielt, in die Prostitution einzusteigen, fragt eine der Sexarbeiterinnen. Stefanie muß nicht lange überlegen. »Bei dem Gedanken, es mit jedem treiben zu müssen«, entgegnet sie schaudernd, »könnte ich kotzen.«

»Es ist aber ein Irrgaube, daß man nicht nein sagen kann«, widerspricht Lydia. »Das gibt es nur in schlecht geführten Bordellen und auf dem Drogenstrich.« Von den vier anwesenden Sexarbeiterinnen repräsentiert sie den Bordellbereich. Umstandslos und sachorientiert präsentiert sie die Eckdaten ihres Arbeitsalltags: Die meisten ihrer Kolleginnen arbeiten an zwei bis vier Tagen in der Woche, jeweils neun Stunden täglich, in dem kleinen Wohnungsbordell in einem Berliner Innenstadtbezirk. Die Dienstleistungspreise sind zeitlich gestaffelt. Zwanzig Minuten kosten 70–80 DM, 30 Minuten 100 DM, eine volle Stunde schlägt für den Gast mit 200 DM zu Buche. 30% der Einnahmen gehen an die Chefin – für Miete, Nebenkosten und Werbung. »Spinner oder Alkoholiker wimmeln wir mit dem Argument ab, daß alle Räume besetzt sind«, kommt Lydia auf die Ausgangsfrage zurück. »Und außerdem gibt es viele diplomatische Ausreden. Meistens sucht sich der Gast ohnehin eine Frau aus, die bei der Vorstellung signalisiert, daß sie ihn sympathisch findet.« Angst vor Übergriffen hat sie nicht, schließlich sind immer Kolleginnen in der Nähe. Nur wenn sie allein arbeitet, was an manchen Wochenenden vorkommt, trägt Lydia im Beisein des Gastes demonstrativ einen Hundeknochen in die Küche und geht grundsätzlich hinter ihm ins Zimmer.

»Die Gefahren lauern eher im Krimi als in der Realität«, meint auch Renate, zuständig für den Bereich »Haus und Hotel«. Jahrelang bestimmten Besuche in fremden Wohnungen und Hotelzimmern die Rhythmen ihres Arbeitsalltags. »Die meisten Männer wirken zunächst eher schüchtern und zeigen sich von ihrer besten Seite, wahrscheinlich von einer besseren als bei ihrer Freundin«, bilanziert sie ihre langjährige Erfahrung als Callgirl. »Sie haben ihre Wohnungen geputzt und aufgeräumt und wollen sich zunächst einfach nur unterhalten. Ganz selten wird man mal reingezogen und gleich ins Bett gezerrt.« Trotz ihrer überzeugend wirkenden Gelassenheit legt die Hurenaktivistin und Sozialarbeiterin den Neueinsteigerinnen einen Sicherheits-Check nahe: »Falls ein ungutes Gefühl aufkommt, vereinbart im Vorfeld mit der Agentur oder einer Person eures Vertrauens ein Codewort«, weiht sie die Frauen in die branchenüblichen Security-Rituale ein. »Wenn ihr beim Kunden eintrefft, gebt ihr seinen Namen und die Adresse telefonisch durch und vereinbart einen Rückruf gegen Ende des Treffens. Falls ihr Hilfe braucht, nennt ihr dann einfach das Codewort.« Anders als in vielen Bordellen gibt es bei Haus- und Hotelbesuchen keine 20- oder 30-Minuten-Preise. »Die Mindestverweildauer beträgt eine Stunde«, so Renate. »Da braucht man ein gutes Zeitmanagement. Die letzten 15 bis 20 Minuten solltet ihr für den Sex einplanen. Wenn man den Ablauf nämlich nicht bewußt steuert, kommt man ins Reden, und das Wichtigste bleibt auf der Strecke.«

Sex findet bei Lady Verona nicht statt. Wie in professionellen Studios nicht unüblich, bietet die damenhafte Domina ausschließlich traditionelle S/M-Dienstleistungen an: Rollenspiele, Bondage, körperliche Züchtigungen aller Art. »Eine amerikanische Domina sagte einmal: Das Handwerk einer Domina kann jede Frau erlernen«, zitiert sie die Kollegin. »Aber eine wirklich gute Domina zeichnet sich dadurch aus, daß sie die Fähigkeit besitzt, die Psyche eines Mannes zu kontrollieren und zu beherrschen.« Auch Lady Verona setzt die subtile Kraft weiblicher Dominanz ein, schon beim Vorgespräch, wenn sie den Mann dazu bringt, seine Phantasien zu offenbaren und ihre Bedingungen zu akzeptieren. Aber auch bei einer körperlichen Abstrafung ist die »Konsequenz der Herrin«, wie sie es ausdrückt, mindestens so entscheidend wie das handwerkliche Geschick. In der Praxis heißt das: »Wenn 150 Hiebe vereinbart wurden, müssen 150 Hiebe erteilt werden – auch wenn der Gast seine Schmerzgrenze überschritten hat. Um ihn nicht zu überfordern, kann ich die restlichen Schläge zum Beispiel auf Handflächen und Fußsohlen plazieren.« Stefanie kann sich nicht vorstellen, wie S/M-Kunden zum Orgasmus kommen. »Der stellt sich entweder von alleine ein«, erwidert Lady Verona, »oder sie befriedigen sich selbst. Berühren dürfen sie mich nicht.«

In Larissas Arbeitsalltag ging es früher ausschließlich um Berührungen. In ihren erotischen Massagen verbindet die ehemalige Musikstudentin, die inzwischen überwiegend als Sozialarbeiterin in einem Hurenprojekt tätig ist, Elemente aus dem Shiatsu, der Tantralehre und der klassischen Massage. Die sinnliche Körperarbeit ist für sie eine Kunstform, in der Musik, Bewegung und erotische Energie eine ästhetische Einheit bilden. Für jeden Gast wählt sie die passende Musik, je nach Persönlichkeit und Stimmung. »Mein Körper ist für mich ein Instrument, das die musikalischen Schwingungen in Bewegungen übersetzt«, beschreibt Larissa ihre Rolle als Medium zwischen Musik und Mann. Ihre Arbeit hat auch eine praktische Seite:

Um Ölspuren auf Dessous und Strümpfen zu vermeiden, verzichtet sie auf »Arbeitskleidung«. Bis auf zwei Ohrringe trägt sie keinen Schmuck. Es stört den Energiefluß, wenn Armreifen klappern oder Ringe über die Haut des Gastes streifen. »Wenn ich ihn von Kopf bis Fuß durchmassiert habe, kann es passieren, daß er so entspannt ist, daß ich die Erektion wieder herbeiführen muß«, beschreibt sie die abschlaffenden Nebenwirkungen der Massage. »Das mache ich entweder mit der Hand oder indem ich seinen Penis zwischen meinen Brüsten massiere. Vor dem Verkehr wische ich das Öl mit einem Tuch von seinem Penis, damit sich das Kondom später nicht auflöst.«

Larissas Vortrag beendet die Vorstellungsrunde der Sexarbeiterinnen. Nach dieser Anhäufung von Fakten gehen Momente der Stille ins Land. Es wird Tage, wenn nicht Monate dauern, bis die Infos durchdacht und persönlich ausgewertet sind. Trotz der vertraulichen Du-Form scheint immer noch eine unsichtbare Grenze die braven von den bösen Mädchen zu trennen. Die Neueinsteigerinnen wirken interessiert, aber auch skeptisch und bekümmert. Es ist Daniela, die das Schweigen mit einer eher praktischen Frage bricht: »Wie bringt man die Männer eigentlich dazu, vorher zu duschen?« Die Frauen haben da so ihre Tricks. »Wir sagen immer: ›Das ist bei uns Tradition‹«, meint Nadja. »Du kannst auch sagen: ›Eine heiße Dusche ist gut, um abzuschalten‹«, rät Larissa. Und Renate erklärt die gemeinsame Dusche einfach zum Teil des Programms. »Es ist erstaunlich, wie viele Männer geradezu entzückt reagieren, wenn ihr Penis gewaschen wird«, überrascht sie die angehenden Kolleginnen. »Ich war schon immer der Ansicht, daß Sexarbeit und Mütterlichkeit nah beieinanderliegen.«

Halb angeregt, halb beunruhigt durch den unkonventionellen Vergleich, tauen Stefanie und Daniela langsam auf. Daß gewohnte Rollenbilder ins Wanken geraten, scheint den Weg zu ebnen für eine Debatte über die psychischen Auswirkungen der Prostitution. Stefanie hat Angst davor, was »das« mit ihr machen könnte. »Das« ist der unverblümte, unverklärte Tausch Sex gegen Geld mit Männern, die keine Partner, sondern Kunden sind. Wenn der Mensch das Produkt seiner Arbeit ist, wie fühlt man bzw. frau sich dann als Produkt der Sexarbeit? Die Frauen beschönigen nichts. »Meine Stimmung hängt ganz von meiner Tagesform ab«, meint Lydia, die sich bewußt für lange Arbeitsphasen von vierzig Wochenstunden und mehr entschieden hat, die sie routiniert durchzieht. »In diesen Zeiten sage ich mir immer: ›Ich bin total durchlässig.‹ Und wenn ich meine, ich muß mich auffangen, dann gehe ich einmal die Woche zur Therapie und zur Heilpraktikerin.« Für Larissa sind Phasen der Erschöpfung die Kehrseite ihrer intensiven Konzentration auf den Sexpartner und ein Signal, die Kundenfrequenz zu senken. Zwei bis drei Massagekunden pro Tag sind für sie das Maximum, danach weichen Inspiration und Sensibilität einem Gefühl der Leere und Erschöpfung in ihren Händen. Qualität und Quantität schließen sich für sie gegenseitig aus. Gegen Kopfschmerzen oder prämenstruelle Stimmungsschwankungen hat sie eine eigene Selbstschutzmethode entwickelt: »Wenn es mir an einem Tag nicht gut geht, sage ich mir einfach: ›Ich gehöre der Musik und nicht dem Mann.‹«

Apropos Mann: Endlich rückt auch Stefanie mit den Bedenken heraus, die ihre Miene schon seit längerem verdüstern. »Ich kann mir irgendwie nicht vorstellen«, beginnt sie stockend und tonlos, »daß ich jemals einen Partner finde, wenn ich mich für diese Art von Arbeit entscheide.« Die unsichtbare Moralgrenze materialisiert sich allmählich. Aber bedeutet ihr Überschreiten wirklich den sicheren sozialen Tod, und, falls ja, wäre das das Ende der Welt? »Viele Frauen praktizieren ja die serielle Monogamie mit dem Gedanken im Hinterkopf, daß der Traumprinz noch kommen wird«, entgegnet Lady Verona. »In der Prostitution kann man aber auch lernen, wie befreiend es sein kann, mit Männern Sex zu haben, ohne automatisch mehr zu erwarten.« Und wo steht geschrieben, daß sich die Sexarbeit auf unverbindliche Kontakte beschränken muß? »Manche Frauen lernen im Bordell ihre zukünftigen Partner kennen«, meint Lydia. Es klingt, als spreche sie aus Erfahrung. Im gleichen Moment surrt ihr Handy. Kein Partner, sondern ein Kunde ist am Apparat. Vom didaktischen Wert seines Anrufs ahnt er nichts. »Ich bin 1,68 Meter groß, leicht gebräunt, habe kurze rote Haare und eine gute Handvoll Oberweite«, beschreibt Lydia ihr Erscheinungsbild. Es folgen Preisinformationen, die Adresse des Bordells, eine Zeitabsprache. Im Handumdrehen ist die Verabredung getroffen, das Gespräch beendet. Als es gleich danach wieder surrt, streckt Lydia ihr Handy den Neueinsteigerinnen entgegen. Sind sie bereit für ihre erste Lektion in puncto Kundenakquise? Ein Minipraktikum nach dem Motto »Learning by Doing«? Doch weder Stefanie noch Daniela bringen dafür schon genügend Mut auf.

Klischee Nr. 5:
Eine Prostituierte bietet Männern Sex gegen Geld ohne emotionale Bindung.

»Jeder von uns braucht im Schnitt in seinem Familienstammbaum nur bis in die 1820er Jahre, also sieben Generationen, zurückzugehen«, so der Evolutionsbiologe Robin Baker, »um auf einen Vorfahren zu stoßen, der von einer Prostituierten geboren wurde.«[11] Die meisten von uns tragen demnach die Gene einer Sexarbeiterin in sich, auch wenn die öffentliche Meinung die Prostitution immer noch gern zu einem Randphänomen erklärt. Etwa 400000 Frauen sollen nach Einschätzung von Projekten derzeit in Deutschland der Prostitution nachgehen, szeneferne Experten sprechen dagegen nur von 40000–200000 Frauen. Sämtliche Experten räumen ein, daß der hohe Anteil illegaler, Teilzeit- oder Gelegenheitsprostituierter jeden Versuch einer halbwegs realistischen Einschätzung in Windeseile in eine Milchmädchenrechnung verwandelt. Das Dunkelfeld läßt Spekulationen in alle Richtungen zu, und es ist kein Geheimnis, daß das Spiel mit den Zahlen nicht frei von Interessen ist.[12] Letztlich weiß niemand so genau, wie viele der in Deutschland aktiven Sexarbeiterinnen welcher Nationalität sind, wie viele regelmäßig oder nur zeitweise Sex gegen Geld tauschen. Aber was genau beinhaltet dieser Tausch eigentlich?

Werfen wir einen Blick in den Brockhaus. Das Lexikon definiert Prostitution als eine »Form des Sexualverkehrs, bei der eine Person gegen Geld oder materielle Vorteile ihren Körper oder bestimmte Praktiken anderen Personen zu deren sexueller Befriedigung anbietet. Die Beziehung zwischen den Kunden (›Freier‹) und den Prostituierten ist meist unverbindlich und ohne gefühlsmäßige Bindung«.[13] Wie die meisten Definitionen laboriert auch diese mit einem Faktorenmix aus sexuellem Verkehr, Vergütung, Promiskuität und emotionaler Unverbindlichkeit. Doch wie konsensfähig ist diese Begriffsbestimmung? Ist eine Telefonsex-Honorarkraft, die keinen Verkehr praktiziert, sondern ihre Phantasie, Intuition und Stimme für die Dienstleistung einsetzt, bereits eine Prostituierte? Eine Domina, die weder Vaginal-, Oral- noch Analverkehr gewerblich praktiziert? In den USA unterstützen Surrogatpartnerinnen mit ihrem Körpereinsatz Sextherapie-Klienten bei der Bewältigung sexueller Funktionsstörungen. Wertet der therapeutische Nutzwert die einen zu einer Art medizinisch-sexueller Assistentin auf, während die anderen in den profanen Niederungen unqualifizierter Sexarbeit vor sich hin dümpeln? Wenn der Kunde sich für sein Geld aussprechen möchte, ist sein Gegenüber dann eine Prostituierte oder eine Art Gesprächstherapeutin? Was ist mit Pornodarstellerinnen, Playmates und Fotomodellen, die das Abbild ihres Körpers mit dem Wissen vermarkten, daß sich die Mehrheit der Betrachter bei ihrem Anblick selbst befriedigen wird? Mit Marketing-Strategen, die (halb)nackte Frauen in der Werbung einsetzen, um die Libido ihrer Zielgruppe zu kitzeln?

Ist eine Geliebte, die Geschenke oder Geld erhält, eine Prostituierte? Camilla Parker-Bowles, von Prinz Charles im Laufe ihrer langjährigen Beziehung reichlichst beschenkt, wäre über diesen Vergleich wohl wenig amüsiert. Christine Deviers-Joncours, Ex-Mätresse von Frankreichs Ex-Außenminister Roland Dumas, nannte sich in ihrer Autobiographie »die Hure der Republik«, und das, obwohl *sie* es war, die Roland Dumas im Auftrag des Elf-Konzerns mit Luxusschuhen und Antiquitäten beschenkte! Ist eine Frau, die ein einziges Mal Sex gegen Geld getauscht hat, bereits eine Hure? Wie oft muß das Tauschgeschäft vollzogen sein, bevor sie die Bezeichnung »verdient«? Manchmal behaupten Menschen, sie prostituierten sich, wenn sie das Gefühl haben, ihre Arbeitskraft zu unwürdigen Bedingungen zu vermarkten. Was würde eine Luxusprostituierte entgegnen, die mit ihren erotischen und sozialen Kompetenzen die oberen Preisgrenzen des Gewerbes definiert? Wie ist das Verhalten halbverhungerter deutscher Nachkriegsfrauen zu bewerten, die sich mit alliierten Soldaten amüsierten und für ihre sexuellen Gefälligkeiten Nylons, Kaugummi und Zigaretten akzeptierten? Wie beurteilen wir Frauen, deren Lebensstandard durch eine Beziehung oder Ehe deutlich sichtbar steigt? Promisk lebende Frauen, in deren Beziehungen zu Männern weder Geld noch Sachwerte die Besitzer wechseln? Gelegenheitshuren mit ein, zwei treuen Stammkunden? Sind Beziehungen zwischen Huren und Stammkunden ohne gefühlsmäßige Bindung überhaupt denkbar? Und wie steht es um die Libido der Prostituierten? Was macht sie mehr zur Hure: die Anwesenheit oder die Abwesenheit eigener Lust? Früher galten Sexarbeiterinnen als professionell, wenn es ihnen gelang, die eigenen sexuellen Reaktionen während der Arbeit abzublocken. Bis in die sechziger Jahre hinein galt es aber auch als unproblematisch und insofern normal, wenn »ehrenwerte« Frauen den Geschlechtsakt passiv und lustlos ertrugen. Niemand kam auf die Idee, sie als Prostituierte zu bezeichnen, wenn sie sich emotional unbeteiligt zeigten. Im Gegenteil: Das Hurenstigma traf und trifft bevorzugt Frauen, die erotische Signale aussenden, die für eine starke Libido sprechen.

Halten wir fest: Die Prostitution gehört zu den Formen menschlicher Sexualität, die immer wieder hitzig diskutiert werden, obwohl über den Gegenstand der Debatte ebensowenig Einigkeit besteht wie über das, was Frauen zu Prostituierten macht. Ebenso unklar ist, wo die Definition aufhört und das Stigma beginnt. Frauen in Kriegsregionen, Musliminnen ohne Kopftuch, junge Mädchen und Frauen, die ihre Sexualität selbstbestimmt ausleben oder einfach ohne Begleitung nachts durch die Straßen einer Stadt laufen – sie alle erleben tagtäglich, daß die Definitionsmacht nicht allein beim Brockhaus liegt. In den USA geraten Naturwissenschaftler, die sexuelle Tauschgeschäfte bei Tieren beobachten, immer wieder ins moralische Kreuzfeuer, wenn sie das Verhalten der Tiere völlig leidenschaftslos als Prostitution bezeichnen. Um das Thema aber greifbar zu machen, müssen wir das, was wir meinen über die Materie zu wissen, von der Metapher trennen. Solange die Prostitution reflexhaft als Leidensweg wahrgenommen wird, ist das Stigma am Werk. Erst wenn sie primär als eine Dienstleistung, ein Einkommenserwerb verstanden wird, bei dem sexuelle, aber auch emotionale, kreative und intellektuelle Ressourcen freigesetzt werden, zeichnen sich die Mechanismen ab, die aus ein und derselben Aktivität einen Traumjob oder ein Martyrium machen können.

Klischee Nr. 6: Geldnot treibt Frauen in die Prostitution.

Seit einigen Jahren unterhalten vor allem Privatsender ihr Publikum mit inszenierten »unmoralischen Angeboten«. Ein Reporter pirscht sich vor versteckter Kamera an Frauen in Cafés, Bars oder Diskotheken heran und bietet ihnen eine Summe x, falls sie einverstanden sind, mit ihm bzw. einem Unbekannten die Nacht zu verbringen. Manche lehnen das Angebot kategorisch ab. Andere stimmen dem Tauschgeschäft zögernd zu. Wenn der Schwindel auffliegt, flüchten manche entsetzt aus dem Blickfeld der Kamera. Was im verborgenen bleibt, sind die Motive der Privatsender. Andererseits wird deutlich, wie schnell die Frau von nebenan bereit sein kann, die unsichtbare Grenze zu überschreiten.

Warum sagen die einen nein und die anderen ja? Klar – bei dieser Frage schwingt nicht nur voyeuristische Neugier mit, sondern auch die Annahme, daß die Ja-Sagerinnen die Welt ihrer anständigen, ehrenwerten Geschlechtsgenossinnen verlassen. Um zu erklären, warum Frauen ohne äußeren Zwang, manche sogar ohne Not, gesellschaftliche Ausgrenzung riskieren, bemühten Experten bis vor kurzem noch eine ganze Armada psychischer Defizite: zerrüttete Familienverhältnisse, Nymphomanie, geringe Intelligenz, Labilität, lesbische Neigungen, eine Anfälligkeit für Neurosen und Psychosen aller Art.[14] Die Angst vor dem Stigma einer psychischen Störung führte nicht selten dazu, daß Sexarbeiterinnen sich akzeptierter fühlen, wenn sie Geldgründe als Einstiegsmotiv angaben. Aus der Arbeit von Projekten ist jedoch bekannt, daß Frauen in unterschiedlichsten Lebenslagen und mit unterschiedlichsten Motiven in die Prostitution einsteigen. »Der Anlaß ist meist Geld, der Grund kann ein anderer sein«, so Larissa, die nach ihrem Ausstieg aus der Prostitution als Sozialarbeiterin bei einem bekannten deutschen Hurenprojekt arbeitet. »Lust auf Sex, auf das Experimentieren, den eigenen Körper kennenlernen, Lust auf Männer, vielleicht auch der Reiz der Unterwelt, des Tabus, des Rotlichts, der Nachtarbeit, des Verbotenen, der Gefahr.«

»Obwohl finanzielle Gründe das am meisten genannte Motiv für die Aufnahme der Prostitutionstätigkeit sind, kann davon ausgegangen werden, daß häufig eine Vermischung mehrerer sozialer und psychischer Motive vorliegt«, schreiben auch die Prostitutionsforscherinnen Elfriede Steffan und Beate Leopold. Viele ihrer Probandinnen gaben finanzielle Engpässe als Haupteinstiegsgründe an, nannten aber gleichzeitig Gründe wie sexuelle Neugier, Tabubruch, Bestätigung, neue Erfahrungen etc.[15] »Ich habe mir schon als ganz junges Mädchen vorgestellt, daß ich mal Prostituierte sein würde«, so auch die Bordellbetreiberin Evelin. »Damals hatte ich noch gar keine genauen Vorstellungen von dem Beruf. Ich habe Bücher wie *Fanny Hill* gelesen und war davon fasziniert. Als ich dann auf der Straße anfing zu arbeiten, habe ich mich in erster Linie ansprechen lassen, um Geld zu verdienen, aber eine gewisse Abenteuerlust war auch dabei.« Ältere Frauen kennen die Prostitution noch als sinnlich-vitalen Gegenentwurf zu den sexualfeindlichen Anstandsnormen einer bürgerlichen Gesellschaft. Hurenaktivistin Stefanie Klee: »Da wurde gefeiert, da wurde gelebt, und da hat man sich auch ausgelebt. Das hat mir gut gefallen. Ich wollte auch, daß die Männer Lust hatten, mit mir Sex zu machen. Das fand ich klasse. Das war das Verbotene überhaupt.«[16]

Die unsichtbare Grenze verläuft quer durch die weibliche Bevölkerung. Unter den Ja-Sagerinnen sind Frauen aller Altersstufen und sozialen Hintergründe. Einer deutschen Studie zufolge stiegen 75% der Frauen bis zum 25. Lebensjahr in die Prostitution ein. Der Anteil der Probandinnen ohne Schulabschluß lag mit 15% nur leicht über dem gleichen Wert für Frauen in der Gesamtbevölkerung. Über die Hälfte hatte eine abgeschlossene Berufsausbildung. Je höher das Einstiegsalter, desto qualifizierter waren die Schul- und Ausbildungsabschlüsse der Frauen.[17] Obwohl mehrheitlich jüngere Frauen die unsichtbare Grenze überschreiten, wagen auch Frauen jenseits des 40. oder 50. Lebensjahres diesen Schritt. »Ich bin jetzt 40, und es hat zwanzig Jahre gebraucht, mich endlich zu trauen«, so eine Frau aus einem Studio in Süddeutschland. »Ich hatte so viele Bedenken, Vorurteile und auch Angst. Jahrelang war es mein Beruf, als Trainerin Menschen zu coachen, wie sie ihre Ziele verwirklichen können. Nur mir selbst habe ich lange versagt, das zu tun, was mich selbst so sehr gereizt hat. Zum Glück habe ich die Kurve dann doch noch gekriegt!«

2 Der Alltag – Arbeitsplätze und Dienstleistungen

Erotische Massagen im Bordell: Larissa / Prostituierte und Sozialarbeiterin in einem Hurenprojekt

Mein Arbeitstag beginnt meist um 10 Uhr vormittags. Als erstes ziehe ich mich um: Da es vorkommt, daß wir längere Zeit herumsitzen, und mir leicht kalt wird, trage ich im Gegensatz zu meinen Kolleginnen keine Dessous, sondern ein langes Kleid. Wenn ich gerade keinen Kunden habe, sitze ich also im Aufenthaltsraum, unterhalte mich oder gehe ans Telefon, wenn es klingelt. Unser Tagesablauf hängt von der Anzahl der Kunden ab. In manchen Monaten, zum Beispiel im Januar oder in den großen Ferien, ist einfach weniger los, als wenn Messen oder Kongresse stattfinden.

Wenn ein Mann bei uns vor der Tür steht, wird er von unserer Wirtschafterin begrüßt. Sie ist so erfahren, daß sie auf Anhieb einschätzen kann, welche Ansprache er braucht. Will er mütterlich geführt werden, oder braucht er diskrete Distanz? Will er gesiezt oder geduzt werden? Sie bringt ihn in ein freies Zimmer, bietet ihm einen Platz in einer Sitzecke, ein paar Kekse und einen nicht-alkoholischen Drink an: Kaffee, Cola, Wasser oder Orangensaft. Dann erfragt sie seinen Dienstleistungswunsch. Wünscht er zum Beispiel eine Massage, dann werden sich nur Massage-Frauen bei ihm vorstellen. Oft kommen die Männer aber ohne feste Vorstellungen zu uns und wollen sich erst mal einfach nur alle Frauen ansehen. Wählen sie eine Frau anstatt einer Dienstleistung, kann es zu Komplikationen kommen. Sagen wir, er entscheidet sich für ein klassisches Schmusemodell. Auf dem Zimmer bittet er sie dann um eine Massage. Da sie aber nur mittelmäßig massieren kann, ist er enttäuscht. Das ist ein typisches Problem von Läden, die verschiedene Dienstleistungen anbieten. Deshalb ist die Wirtschafterin immer bestrebt, vom Gast die gewünschte Dienstleistung zu erfahren.

Normalerweise stellen sich zwei bis sechs Frauen bei jedem Gast vor. Wir nennen unsere Namen, manchmal erwähnen wir auch, was wir anbieten. Im Vordergrund steht der visuelle

Eindruck. Nach der Vorstellung fragt die Wirtschafterin nach, für wen er sich entschieden hat. Meist sind die Männer so aufgeregt, daß sie sich nicht an die Namen, sondern eher an ein äußeres Detail erinnern. Entscheidet sich ein Kunde für mich, gehe ich ins Zimmer, setze mich zu ihm und frage nach seinen Vorstellungen. Viele sind schüchtern und haben Schwierigkeiten, ihre Wünsche zu benennen. Ich hatte aber auch einmal einen Gast, der freiheraus sagte: »Ich hätte gern eine Massage mit Analdehnung, Verbalerotik und einem Golden Shower.«

Wenn der Gast zahlt, nehme ich das Geld an mich, stehe auf und führe ihn zum Bad. Während er duscht, bringe ich die Scheine in den Aufenthaltsraum, lege sie, für alle gut sichtbar, auf den Tisch und trage die Summe, meinen Namen, das Zimmer und die Uhrzeit ins Buch ein. Bei Stammkunden schreibe ich ein großes S an den Rand, bei Neukunden ein N und gegebenenfalls ein I für Internet oder ein Kürzel für die Zeitung, aus der er von unserem Laden erfahren hat. Dann lege ich das Geld in mein Portemonnaie und schließe es in mein Spindfach ein. Ich gehe zurück ins Zimmer, lege eine CD ein, breite ein Badehandtuch auf dem Bett aus und kontrolliere, ob noch genug Massageöl in der Flasche ist. Wenn es Zeit wird, den Gast aus der Dusche zu holen, gehe ich zurück ins Bad. Im Spiegel überprüfe ich mein Aussehen und lege vielleicht noch etwas Make-up nach. Wenn ich kalte Hände habe, halte ich sie eine Zeitlang unter warmes Wasser. Dann bringe ich den Gast ins Zimmer, meist legt er sich umgehend aufs Bett.

Normalerweise liegt er auf dem Bauch. Über seinem Gesäß kniend, verteile ich das Öl in meinen Handflächen. Riecht er angenehm, benutze ich ein neutrales Körperöl. Ist das nicht der Fall, so nehme ich eine Ölmischung mit Zitronengrasanteil. Nachdem ich das Öl auf seinem Rücken verteilt habe, variiere ich die Streichbewegungen: mal parallel, mal gegenläufig, mal sanfter, mal dynamischer. Nach ein paar Minuten frage ich nach, ob ihm meine Berührungen gefallen. Ich kann aber auch an seiner Atmung und seinem Muskeltonus erkennen, ob er sich entspannt. Auch ich lasse mich stark von der Musik leiten. Wenn ich einen Gast habe, der mir gefällt, wenn die Musik schön ist, wenn es mir an dem Tag gut geht, kann ich mich selbst in Stimmung massieren und eine Verschmelzung erreichen.

Wenn ich den Mann von Kopf bis Fuß massiert habe, rolle ich mit Brüsten und Bauch über seinen Rücken, bis mein Körper seinen ganz und gar bedeckt. Einige Momente verharren wir beide in einer Art inniger Umarmung. Manchmal fühlt sich diese Umarmung mehr energetisch als sexuell an. Dann können wir entweder den Bewegungen nachspüren und auf Sex verzichten, oder ich führe seine Erektion zum Beispiel durch eine Handmassage wieder herbei. Nach dem Verkehr liegen wir meist noch ein paar Minuten beisammen, ehe wir uns ankleiden und verabschieden. Dann bringe ich das Badehandtuch in die Wäsche, mache Ordnung im Zimmer und gehe zurück zu meinen Kolleginnen. Der weitere Tagesverlauf hängt davon ab, wieviel Gäste uns besuchen bzw. ob Verabredungen mit Stammkunden anliegen. Wenn meine Schicht vorbei ist, zähle ich meine Einnahmen. 40% davon gehen an die Chefin. Diesen Betrag lege ich in einen Briefumschlag, schreibe meinen Namen und das Datum darauf und werfe ihn in einen hausinternen Briefkasten.

Klischee Nr. 7:
Sexarbeit bedeutet Ausbeutung und Risiko.

Sexuelle Tauschgeschäfte sind in unserer Gesellschaft so allgegenwärtig wie Supermärkte. Sie finden überall statt: in Luxushotels und Absteigen, in Bordellen und Privatwohnungen, in Autos und Parkanlagen, Ehebetten und Büroräumen, in Sexkinos und auf Kasernenpritschen. Der Ort des Geschehens ist aber nicht der einzige Faktor, der die persönliche Autonomie und den Grad an Sicherheit, die Verdienstmöglichkeiten und den sozialen Status innerhalb der Prostitutionshierarchie beeinflußt. Die Arbeitsorganisation ist mindestens ebenso ausschlaggebend. De facto haben sich drei unterschiedliche Modelle der Arbeitsorganisation eingespielt: Prostituierte können als Arbeitnehmerinnen,

Selbständige oder als Arbeitgeberinnen auftreten. Grundsätzlich gilt: Je vermittelter das Tauschgeschäft abläuft, desto mehr Abgaben fallen an. Dafür entstehen in der Regel keine Werbungskosten, und zumindest theoretisch ist für einen sicheren Rahmen gesorgt. Wird der Kontakt direkt angebahnt, entfallen zwar die Abgaben, dafür liegen Werbung, Preispolitik, Infrastruktur und die persönliche Sicherheit in der eigenen Verantwortung.

Modell Arbeitnehmerin

In den vermittelten Prostitutionsformen übernehmen Betreiber von Bordellen, Studios und Agenturen die Kundenakquise und stellen die Infrastruktur. Die Prostituierte profitiert von der Vermittlung von Kunden und/oder der Nutzung von Arbeitsräumen. Die Dienstleistungspreise sind meist vorgegeben – für Frauen mit wenig Verhandlungsgeschick oft ein Vorteil. Bordellbetreiber dürfen ihre Beschäftigten jedoch nicht anweisen, bestimmte Dienstleistungen für bestimmte Kunden zu erbringen. Ein relativ hoher Organisationsgrad bringt schon in kleineren Häusern Arbeitszeitabsprachen mit Kolleginnen und Betreibern mit sich. Die Verhältnisse in gut geführten Bordellen – sanitäre Anlagen, Rückzugsmöglichkeiten in Aufenthaltsräumen Kommunikation mit Kolleginnen, soziale Kontrolle und Sicherheit sowie vertretbare Abgaben bzw. Sozialversicherungsbeiträge erinnern von allen Prostitutionsformen zumindest organisatorisch am ehesten an einen bürgerlichen Berufsalltag.

In puncto Abgabepolitik existieren unterschiedliche Modelle. In Großbordellen, wo auf einer Etage mehr als ein Dutzend Frauen im Gang Spalier stehen und sich schlecht nachvollziehen läßt, wieviel der einzelne Freier zahlt, verlangen die Betreiber häufig eine pauschale Zimmermiete, z. B. 200 DM pro Tag. Für Getränke und Snacks müssen die Frauen einen Hausdienst zu überhöhten Preisen in Anspruch nehmen. In überschaubaren Wohnungsbordellen wird meist eine prozentuale Abgabe pro Freier bzw. Zeiteinheit entrichtet. Neben der Sexarbeit nimmt die Frau Telefonate an und macht Termine aus. Um Werbung, Möblierung, Glühbirnen und Vorräte an Klopapier kümmert sich entweder eine Wirtschafterin oder der Betreiber. Dieses Modell hat für beide Seiten Vor- und Nachteile.

Über das Zusammenspiel von Motivation, Abgaben und Arbeitsethos: Julia

Es liegt an den Frauen selbst. Wenn sie nicht bereit oder in der Lage sind, selbst etwas zu investieren, sagen viele mehr oder weniger widerwillig: »O. k., dann zahl ich dir eben 50% von meinem Umsatz.« Das rechnet sich natürlich nicht, und deshalb wissen viele Frauen auch: Manchmal komm ich, manchmal nicht. Wegen der hohen Fluktuation bleiben Zimmer ungenutzt, dem Betreiber entstehen Ausfälle, mit denen er wiederum seine 50%-Abgabe rechtfertigt. Wenn eine Frau sechs Tage in der Woche arbeiten will, dann wird sie das nicht auf 50%-Basis tun, sondern das Zimmer anmieten und ihre Werbung selber machen. Da hat der Betreiber eine feste Einnahmequelle und verlangt die Zimmermiete für eine gewisse Zeit im voraus.

Escort-Agenturen verlangen ebenfalls meist eine prozentuale Abgabe. Frauen, die nicht als Inserentin in Erscheinung treten oder nur zeitweise als Callgirl arbeiten wollen, halten die Zusammenarbeit mit einer Agentur im Vergleich zur Freiberuflichkeit oft für die bessere Alternative. Wie seriös die Vermittler die vereinbarte Abgabepolitik einhalten, zeigt sich oft erst, wenn bekannt wird, wieviel der Kunde an die Agentur überwiesen hat, und die Frau den Betrag, den sie selbst erhält, dagegenrechnet. Nicht immer sind die Erfahrungen positiv.[18] Der Vorteil einer Agenturvermittlung liegt jedoch in einer erhöhten Sicherheit, da integre Betreiber ihre Kunden vorher einem Screening auf finanzielle und persönliche Seriosität unterziehen.

Expandierende Kleinanzeigenmärkte in Presse und Internet, die massenhafte Verbreitung von Handys und die Möglichkeit, ohne Chef zu arbeiten, machen die selbständige Prostitution trotz einiger Diskretions- und Sicherheitsrisiken für viele Frauen zu einer interessanteren Option als eine wie auch immer regulierte Festanstellung. Diese Variante ist auch bei Gelegenheits- bzw. Teilzeitprostituierten beliebt, die nicht ständig inserieren oder nur mit wenigen Stammkunden arbeiten. Eine selbständige Sexarbeiterin kann, während sie auf Kundenanrufe wartet, nebenbei arbeiten, studieren, Kinder erziehen oder eine Doktorarbeit schreiben. Ihr Weg zum Kunden führt über eigene Inserate im Internet, in der Tagespresse, in Stadt- und einschlägigen Kontaktmagazinen und die physische Anwesenheit in Hotelbars oder auf der Straße. Wer im Hotel oder auf der Straße anschafft, hat eine Form der Werbung gefunden, die ohne Zeilengeld auskommt. Ein hoher Grad an persönlicher Autonomie und Einnahmen ohne Abgaben motivieren viele Frauen, der unabhängigen Straßenprostitution nachzugehen. »Erstens hast du das ganze Geld für dich alleine«, so Nadja, die schon in Clubs, Wohnungen und in Fünf-Sterne-Hotels angeschafft hat. »Du brauchst nicht auf die Zeit zu gucken, sondern kannst sie dir frei einteilen. Wenn ich einen Gast nett finde und sage, mit dem möchte ich eine Tasse Kaffee trinken, dann geh ich mit dem eine Tasse Kaffee trinken. Im Bordell mußt du die Zeit einhalten, oder er muß doppelt zahlen. Und wenn du keinen Bock mehr hast, auf der Straße zu stehen, dann gehst du einfach nach Hause.«

Daß die Straßenprostitution nicht notwendigerweise mit Zuhälterdruck einhergehen muß, bestätigt auch Larissa: »Es gibt Frauen, die auf der Straße durchaus ihren Platz finden. Sie sind so stark, daß sie in Ruhe gelassen werden. Oft kennen sich die Frauen und unterstützen sich gegenseitig, schreiben die Kennzeichen der Wagen auf oder sagen auch mal: ›Steig nicht in das Auto ein, der Mann ist nicht ganz in

Ordnung.‹« Die Straße ist allerdings auch der Bereich, in dem die Frauen am wenigsten geschützt sind – vor Hitze, Regen, Autoabgasen und Übergriffen. Je anonymer der Kunde, desto geringer ist die Hemmschwelle für potentielle Gewalttäter. In den fünfzehn Jahren ihrer Tätigkeit hat die selbständige Prostituierte Julia, die in ihrem eigenen Haus arbeitet, nie Gewalt erlebt. Spezielle Sicherheitsvorkehrungen trifft sie nicht, mögliche Risiken schließt sie schon bei der Kontaktanbahnung aus.

Der private Kontakt ist sehr gefragt: Julia

Ich habe die Arbeit zu Hause bewußt gewählt, weil ich keine Lust hatte, 8-10 Stunden pro Tag in einem Zimmer im Laufhaus zu sitzen. Bei mir gibt es keine Sicherheitsvorkehrungen, aber es läuft auch nicht so ab, daß einer anruft und ich sage: »Kommen sie in die Straße x und klingeln Sie bei Meyer oder Lehmann«, und dann steht plötzlich ein wildfremder Mann auf der Matte. Um mit mir in Kontakt zu treten, müssen gewisse Hürden überwunden werden. Ich inseriere grundsätzlich mit Chiffre-Nummer. Das heißt, der Kunde schreibt mir einen Brief, der seine Telefon- oder Handynummer, manchmal auch die Postanschrift enthält. Dem Schriftbild, der Formulierung und der Telefonstimme kann ich entnehmen, auf welchem Niveau er sich bewegt, ob ich meine, mit ihm zurechtzukommen, und ob er Wünsche hat, die ich erfüllen möchte. Die Freier wissen, sie sind nicht anonym. Jeder halbwegs clevere Polizeibeamte könnte anhand der Unterlagen nachvollziehen, wer den Brief geschrieben hat. Diese Form der Anbahnung minimiert zwar das Sicherheitsrisiko, ist aber auch aufwendig für mich, denn auf den Brief folgt ein unverbindliches Vorgespräch bei mir zu Hause, von dem ich ja vorab nicht weiß, ob es zu einer Dienstleistung kommt oder nicht. Allerdings habe ich in all den Jahren auch noch nie einen Übergriff erlebt. Meine unangenehmste Erfahrung war ein Gast, der Schweißausbrüche und zittrige Hände bekam und fluchtartig meine Wohnung verließ, weil er sich überschätzt hatte.

Meine Arbeit unterscheidet sich nicht grundsätzlich von anderen freiberuflichen Tätigkeiten. Der Vorteil ist wie in jedem freien Beruf, den man zu Hause ausüben kann, daß keine Wege anfallen. Die Zeit, in der kein Kunde da ist, kann man für sich selbst nutzen, das heißt, wenn man mental dazu in der Lage ist. Das ist halt ein Problem, das jeder Freiberufler mit Büro in der Wohnung kennt: Lassen sich Beruf und Privatleben trennen, oder vermischt sich das irgendwann? Mit einem normalen Familienleben läßt sich die Arbeit auf jeden Fall nicht gut kombinieren. Man muß sich auf die Zeiten der Kunden einstellen. Einer kommt vielleicht um 9, der andere um 23 Uhr. Allerdings hat die Arbeit zu Hause auch eine Art Standortvorteil. Der private Kontakt, das Verschwimmen der Grenze zwischen Geliebter und Prostituierter, ist sehr gefragt. Es kostet die Männer viel mehr, zu mir nach Hause zu kommen, als wenn sie ins Bordell gehen. Viele sind sich der Illusion eines privaten Kontakts zwar bewußt, aber es fällt ihnen leichter, sie zu akzeptieren, wenn sie wissen, ich suche mir meine Kontakte auch nach Sympathie.

Modell Arbeitgeberin

Viele Studio- und Bordellbetreiberinnen verhalten sich nicht unbedingt ausbeuterischer als andere Arbeitgeber auch, liefen aber bis vor kurzem Gefahr, wegen Zuhälterei oder Förderung der Prostitution kriminalisiert zu werden, vor allem wenn sie den Frauen angenehme Arbeitsbedingungen ermöglichten. Anders als Prostituierte standen Bordellbetreiber permanent mit einem Fuß im Knast – unabhängig von Führungsstil, Geschäftspraxis und Arbeitsbedingungen. Das Versteckspiel begann bei der offiziellen Benennung des Gewerbes, wenn aus einem Bordell wahlweise eine Modellagentur, Partnervermittlung, Pärchenclub, Zimmervermietung, Sexshop, Gaststätte oder ein Übersetzungsbüro wurde. Das Gesetz und seine Auslegungsspielräume zwangen Betreiber zu Lügen, Halbwahrheiten und anderen kreativen Strategien zur Existenzsicherung und untermauerten damit das bürgerliche Klischee vom zwielichtigen, halbseidenen Milieu. In ihrer Duldungspraxis folgten die Behörden der Maxime: Je verdeckter, desto legaler.

Inzwischen ist es nicht mehr strafbar, Sexarbeiterinnen zu vermitteln oder ihnen angenehme Arbeitsbedingungen zu schaffen. Doch in der Praxis ergeben sich juristische Widersprüche. So dürfen Bordellbetreiber weder Ort, Zeit noch Art der Dienstleistung oder Ausmaß der Arbeit festlegen. Doch was ist ein Arbeitgeber ohne Weisungsrecht? »Es werden nur ganz wenige reguläre Beschäftigungsverhältnisse zustande kommen«, so kommentiert Juanita Henning vom Projekt Dona Carmen in Frankfurt/Main die Gesetzesänderung und prophezeit: »Die Gerichte werden beschäftigt.«[19] Experten und Insider sind sich weitgehend einig, wenn sie den praktischen Wert der Gesetzesänderung als eher gering einschätzen. Die meisten Bordellbetreiber, aber auch ein Großteil der Prostituierten haben an Festeinstellungen, zumindest in großem Stil, wenig Interesse. So werden auch in Zukunft die meisten Arbeitsplätze in Bordellen und Studios in beidseitigem Einverständnis auf Honorarbasis zustande kommen. Aber nicht nur in puncto Einstellungspolitik denken, kalkulieren und handeln Bordellbetreiber ebenso betriebswirtschaftlich wie ihre Kollegen in anderen Branchen, sondern auch, wenn sie zum Beispiel unterschiedliche Betriebskonzepte realisieren.

Rein und raus, zackig, fertig die Nummer und tschüß: Mia / Bordellbetreiberin

Ich habe mich bewußt für einen Tagesbetrieb von 10 bis 19 Uhr entschieden, weil mir nachts zu viele Typen rumlaufen, die Drogen oder Alkohol konsumieren, und das ist nicht mein Fall. Ich selbst bin bestimmt kein Kind von Traurigkeit – meine Damen und ich trinken hier auch öfter mal ein Gläschen Sekt –, aber ich kann nun einmal einfach nicht mit alkoholisierten Männern. Wenn die dann stinken und man Probleme hat, weil sie nicht fertig werden und dann vielleicht ihr Geld wiederhaben wollen und Theater machen! Außerdem lohnt sich ein Animierbetrieb auch nicht, dann wäre mein ganzes Konzept verfehlt. Da ich niedrige Preise nehme, geht das hier rein und raus, zackig, fertig die Nummer und tschüß. Mit Alkoholausschank bleibt der Gast länger. Man sagt: »Ach komm, trinken wir doch noch ein Gläschen Sekt oder einen Cocktail.« Wenn der Gast länger bleibt, müssen wir aber auch andere Preise nehmen. Das ist alles gar nicht nötig, und was hätte ich auch davon? Ruinierte Polstermöbel, weil sie betrunken sind und mit ihren Zigaretten nicht aufpassen oder ihnen übel wird oder sie was auskippen oder hier rumkrakeelen ... Nee, also dann lieber ruhig und im Rahmen dessen, was bezahlt wird, dann ist die Zeit auch da.

In den letzten Jahrzehnten ist der Anteil weiblich geführter Bordelle laut Experteneinschätzung stark gestiegen. Oft blicken die Bordellwirtinnen auf lange Jahre eigener Prostitutionserfahrungen zurück. Viele gehen auch als Arbeitgeberin aktiv der Sexarbeit nach. Andere Frauen mitzubeschäftigen ist jedoch weit mehr als eine Möglichkeit für ältere Prostituierte, sinkende Einkommen aufzufangen. Ein eigenes Bordell oder Studio erhöht die persönliche Autonomie und Sicherheit und bei entsprechendem Kundenaufkommen auch die Einnahmen und die Verantwortung. Doch zunächst entstehen vor allem Kosten. »Ich habe 18- bis 20tausend Mark Unkosten im Monat, davon allein sechseinhalbtausend Mark Miete«, so Mia. Versicherungen, Steuern, Werbung, Möbel, Computer, Wäsche, Kondome – an Rechnungen mangelt es nicht.

In größeren S/M-Studios addieren sich zu Miete und Nebenkosten Investionen in eine Grundausstattung an Instrumenten, Spezialmöbeln und Outfits, die schnell Summen von 30 000 Mark und mehr erreichen. (Dank eilfertiger Sklaven fallen wenigstens keine Reinigungskosten an.) Doch die Zeiten, in denen S/M-Studios die schnelle Mark abwarfen, scheinen vorbei. S/M-Clubs sowie Bordelle und Swingerclubs mit integrierten Folterkammern haben neue

Konkurrenzen geschaffen. Anders als im Bordell zieht eine neue Frau auch nicht automatisch neue Kunden an. Wer sich als Domina durchgesetzt hat und die dominante Sexarbeit zu einer tragfähigen Erwerbsquelle ausbauen konnte, verdankt dies meist einem Kreis treuer Stammkunden. Und Kunden haben es an sich, nur dann wiederzukommen, wenn sie mit der Qualität der Dienstleistung zufrieden sind.

Ein dominantes Rollenspiel: Lady Verona

»Ich höre zu.« Mit diesem Satz eröffne ich gewöhnlich das Vorgespräch. Manche Gäste fangen dann sofort an zu reden, andere verfallen, auf sich selbst zurückgeworfen, in ein nachdenkliches Schweigen. Viele erwidern: »Ich möchte mal was Neues ausprobieren. Immer nur Blümchensex – auf Dauer wird das langweilig.« Da mir meine Zeit aber zu kostbar ist, um im trüben zu fischen, muß ich die Art der gewünschten Dienstleistung in Erfahrung bringen. Schließlich möchte ich wissen, ob ich mich auf das, was in meinem Studio ablaufen soll, auch einlassen kann. »Gut«, sage ich dann, »das ist hier eine kommerzielle Sache. Wenn Sie sicher sind, daß Ihnen das, was Sie hier erleben können, gut tut, und Sie bereit sind, dafür Geld auszugeben, dann werde ich meinen Teil dazu beitragen, daß Sie es nicht zum Fenster rauswerfen. Wenn Sie einfach nur mal wissen wollen, wie das so ist mit der weiblichen Dominanz, dann haben wir jetzt natürlich Hunderte von Möglichkeiten, und es ist ein purer Glücksfall, ob ich die richtige herausfinde. Dabei fühle ich mich nicht wohl, und etwas, wobei ich mich nicht wohlfühle, das mache ich nicht.«

Einer meiner Gäste schlug daraufhin umstandslos vor, ein Rollenspiel zu machen.

»Wer sind Sie in dem Rollenspiel?« fragte ich ihn.

»Ein Junge.«

»Wie alt sind Sie genau?«

»Zwölf.«

»Wer sollte ich in dem Rollenspiel sein?«

»Die Lehrerin.«

»Und was ist die Situation zwischen der Lehrerin und dem Zwölfjährigen?«

»Der Zwölfjährige hat Mist gebaut.«

»Bekommt der Junge Hiebe?«

Der Gast nickte.

»Dürfen Spuren bleiben?«

»Nein.«

»Dann fangen wir gleich mit einem Teil des Rollenspiels an«, schlug ich vor. »Ich werde dich duzen, und du wirst mich siezen. Und jetzt sprechen wir über das Honorar. Du bestimmst mit der Summe, die du aufwendest, die Länge des Rollenspiels. Es gibt keine Nachforderung. Du weißt also vorher, worauf du dich einläßt. Ich wiederum behalte meine Souveränität, die gemeinsame Zeit so zu gestalten, wie ich es für richtig halte. Du mußt dir darüber im klaren sein, daß ich unnahbar bin. Wenn du dich darauf einläßt, dann ist das jetzt deine letzte freie Entscheidung.« Als er wieder nickte, erhob ich mich und verkündete: »Dann geht das Rollenspiel jetzt los.«

Nach dem Vorgespräch führte ich den Gast über den Flur in einen kleinen Umkleideraum. »Hier ziehst du dich aus und hängst deine Sachen in den Spind«, befahl ich und deutete auf eine Keramikschüssel. »Dein Obulus«, sagte ich, »kommt in diese Opferschale, sozusagen als Spende für die Witwen- und Waisenkasse.« Während der Gast unter der Dusche stand, legte ich ein Wärmekissen auf einen Stuhl und deckte es aus Hygienegründen mit einem Tuch ab. Es ist wichtig, die Abstrafungsfläche gründlich anzuwärmen, denn bei guter Durchblutung hinterläßt die Behandlung kaum Spuren. Wenig später trat der Gast nackt, neugierig und etwas nervös über die Schwelle des größten Studioraums und setzte sich auf den Stuhl mit dem abgedeckten Wärmekissen. Mit einem Seil fixierte ich seine Unterarme an der Rückenlehne, um ihn und sein Hinterteil dann erst mal ihrem weiteren Schicksal zu überlassen.

Ich verließ den Raum und sah nach einem Stammkunden, der, an eine Sprossenwand gelehnt, unsichtbar in einem schwarzen Sack kauerte. Mit einem Fuß trat ich leicht gegen die

Konturen seiner Beine, die sich hinter dem groben Leinenstoff abzeichneten. Unter dem Sack wölbten sich zwei Hände um meinen High Heel. »Du kommst schon noch an die Reihe«, beschwichtigte ich ihn, »aber erst, wenn mir der Sinn danach steht.« Während er meinen Fuß hielt, entwickelte ich in Gedanken das Skript für die Abstrafung des neuen Kunden im Nebenraum. Bei einer Auspeitschung bieten sich zahlreiche Varianten an. Für die klassische Schulerziehung drängt sich der Rohrstock als Mittel der Wahl geradezu auf. Wenn es die Situation verlangt, kann ich den Gast aber auch übers Knie legen und mit der Hand verhauen. Ist die Intensität des Schmerzreizes entscheidend, können diverse Schlaginstrumente zum Einsatz kommen. Wichtig ist, die Anzahl der Hiebe weder zu hoch noch zu niedrig anzusetzen. Aus Eitelkeit überschätzen manche Kunden gern ihre persönliche Schmerzgrenze. Was heißt es schon, wenn jemand von sich behauptet, relativ schmerzunempfindlich zu sein? Ich habe Gäste erlebt, die nach zehn Hieben wimmernd vor mir auf dem Boden lagen. Andere tiefstapeln im Vorgespräch, ein paar Hiebe könnten sie schon vertragen, und am Ende hatte ich vom Schlagen einen Tennisarm.

Ein paar Schritte weiter begann das Gesäß des Neukunden langsam zu glühen. Ich band ihn los.

»Steh stramm«, forderte ich ihn auf, »die Hände auf den Rücken.« Ich legte die Hand unter sein Kinn und zwang ihn, mir in die Augen zu blicken. »Du weißt, daß du diese Abstrafung verdient hast«, sagte ich langsam und betont artikuliert, »aber aus deinem Mund will ich jetzt hören, was du falsch gemacht hast. Ich will alles hören. Deine Unaufmerksamkeit. Deine Schlampigkeit. Deine Gleichgültigkeit. Deine Renitenz. Deine Boshaftigkeit.« Meine Stimme klang verdächtig leise und sanft, der Zögling wiegte sich sozusagen in Sicherheit. »Oder könnte es sein, daß deine schmutzigen kleinen Phantasien dich von deinen Pflichten abgelenkt haben?« Plötzlich wurde mein Tonfall schneidend. Angstvoll schüttelte er den Kopf und bekam im nächsten Moment von mir eine Ohrfeige verpaßt. »Ich wiederhole mich ungern. Je öfter du deine Verfehlungen leugnest, desto mehr Hiebe wirst du erhalten. Knie nieder.«

Und nun begann das kunstvolle Spiel mit der Anzahl der Hiebe. Im realen Leben machen Männer oft die Erfahrung, daß Frauen manipulierbar sind. Im Domina-Studio darf der Gast niemals die Achtung vor seiner Herrin verlieren. Um glaubwürdig zu bleiben, muß ich das angekündigte Strafmaß konsequent durchhalten – selbst dann, wenn sich herausstellt, daß er weniger belastbar ist als angenommen. Mit Bedacht wählte ich also auch in diesem Fall die Anzahl der Schläge so, daß er sie in jedem Fall durchhalten würde.

»Ich werde dir heute zwanzig Hiebe geben«, verkündete ich das Strafmaß. »Die ersten drei wirst du mit einer Lederpatsche erhalten.« (Was ich ihm nicht sagte: Statt verräterischer schmaler Streifen hinterläßt die Patsche allenfalls rote Abdrücke auf der Haut, die nach spätestens einer Stunde verblassen.)

»Ich wünsche, daß du jeden Schlag mitzählst, und zwar laut und deutlich.« (Da er die Abstrafung aktiv mittragen und sie nicht wie ein Opferlamm über sich ergehen lassen soll, werde ich den Dialog mit ihm aufrechterhalten. Zu seiner und meiner eigenen Sicherheit will ich mich vergewissern, daß er nicht mitten in der Aktion zusammenklappt.)

»Und falls du dich verzählst, bin ich dir überhaupt nicht böse«, sprach ich weiter, »dann fangen wir einfach wieder von vorn an.« (So schaffe ich mir die Möglichkeit, die Anzahl der Schläge ins Unendliche zu steigern, falls ich merken sollte, daß er mit zwanzig Hieben unterfordert ist.)

Gefügig zählte er jeden Schlag mit, der mit einem knallenden Klatschgeräusch auf sein Gesäß niedersauste.

»Als nächstes Bestrafungsinstrument nehme ich einen Lederstriemer.« (Dank verschiedener Techniken kann ich die Intensität der Schläge steuern und so seine Schmerzempfindlichkeit testen.) »Damit erhältst du zehn Hiebe, und jeden dritten Hieb zählst du doppelt.« Nach einer kleinen Kunstpause fragte ich weiter: »Wieviel Hiebe kriegst du jetzt eigentlich?« Stumm versuchte der Mann, die verunsichernde Rechenaufgabe zu lösen. Der magische Augenblick war gekommen, wo wir beide in dem Spiel und unseren Rollen ganz und gar aufgingen. Zu Beginn der Abstrafung hatte ich ihm befohlen, auf dem Boden niederzuknien. Während er rechnete, spürte er plötzlich, wie ich seinen Kopf zwischen meine Knie klemmte. »Ich werde dir jetzt befehlen, dich aufzurichten, und dann werden wir beide sehen, daß der Grund für deine Abstrafung, deine schmutzigen Phantasien, dazu geführt haben, daß du wieder der geile kleine Junge bist. Komm, richte dich auf.«

Der Gast erhob sich, und tatsächlich – er konnte seine Erektion nicht verbergen. Doppelt entblößt stand er vor mir. Mit dem Finger schnippte ich an seinen Penis.

»Schämst du dich nicht?« fragte ich ihn.

Er schüttelte den Kopf. Mit einer flinken Handbewegung zog ich ein Kondom über seinen Penis. »Du wirst dich jetzt, so wie man das mit unartigen Jungen macht, mit dem Gesicht zur Wand stellen. Heb die Arme hoch, und halt sie hinter deinen Kopf.«

Er verschränkte die Arme hinter seinem Nacken.

»Wie war das jetzt mit der Rechenaufgabe?« hakte ich nach, »oder hast du dich wieder einmal von deinen schmutzigen Gedanken ablenken lassen?«

Während er versuchte, sich an die Aufgabe zu erinnern, packte ich ihn im Genick und sprach mit eiskalter Stimme: »Wenn ich dir eine Aufgabe gebe, dann hast du dich darauf zu konzentrieren, und erlaube dir ja nicht, gedankenlos oder nachlässig zu sein. Die nächsten zehn Hiebe wirst du sehr schmerzhaft spüren. Es sind nämlich nach wie vor zehn Hiebe. Und ich will keinen Laut des Schmerzes hören.«

Ich verabreichte ihm nun einen Schlag nach dem anderen, jedesmal steigerte ich die Intensität. Er konzentrierte sich darauf, keinen Schmerzenslaut von sich zu geben. Doch diese Hiebe taten weh. Ich konnte spüren, wie allmählich die Angst in ihm hochkroch. Unter den Schlägen zuckte er zusammen, schmiegte sich haltsuchend an die Wand, an der er sich unwillkürlich rieb. Die Hiebe, die Angst, das Glühen seines Körpers, das Reiben an der Wand schaukelten seine Lust hoch. Sein Atmen verwandelte sich in ein Keuchen. Und plötzlich – Stille.

»Ich sehe, du hast nicht mitgezählt«, sagte ich beiläufig, »sonst wüßtest du nämlich, daß du deine zehn Hiebe schon erhalten hast. Ich wünsche, daß du dich jetzt besser konzentrierst. Zur Strafe werde ich die letzten sieben Hiebe verdoppeln.« Ich konnte nun gut einschätzen, was er verträgt, und wählte diesen Trick, um die Erfahrung für ihn noch intensiver zu gestalten. »Für diese vierzehn Hiebe werde ich zu meiner persönlichen Freude den Rohrstock wählen«, verkündete ich. Jetzt mußte ich Vorsicht walten lassen. Ein Rohrstock hinterläßt leichter Spuren als ein Lederstriemer. Pfeifend ließ ich ihn durch die Luft sausen. Er zuckte zusammen, und das Spiel mit der Angst, dem Schmerz und der Lust begann von vorne. Nach einigen Hieben – er hatte sicher vergessen, wie viele – stand ich plötzlich dicht hinter ihm, preßte mein Knie zwischen seine gespreizten Beine und drückte ihn mit meinem Körpergewicht weiter an die Wand. An seiner beschleunigten Atmung merkte ich, daß die Aktion sich ihrem Ende näherte. Seine Körperempfindungen und aufgewühlten Emotionen verbanden sich mit dem Geruch meines Parfums und dem Leder meiner Kleidung auf seiner nackten glühenden Haut, und es dauerte nicht lange, bis er ejakulierte. »Du hast natürlich alle 14 Hiebe erhalten«, sagte ich abschließend, »geh davon aus, daß ich dir nicht einen einzigen Schlag schenke.«

Klischee Nr. 8: Eine sexuelle Dienstleistung erfordert keine Qualifikation.

Daß die Dienstleistung im Mittelpunkt des sexuellen Tauschgeschäfts steht, klingt trivial, und doch spielt diese Ebene in der öffentlichen Diskussion selten eine Rolle. Dabei unterscheidet sich die prostitutive von der privat gelebten Sexualität meist nicht nur durch das Spektrum der angebotenen Sex-Varianten, sondern oft auch durch unterschiedliche Bedürfnislagen. Viele Kunden leben in der Prostitution andere Aspekte ihrer Sexualität aus als in ihren Privatbeziehungen. Technisch betrachtet, reicht das Spektrum von der Handentspannung über Vaginal-, Oral- und

Analverkehr, »bizarre« Praktiken wie Natursekt, Kaviar, Fußerotik etc. bis hin zu spezialisierten S/M-Varianten und erotischen Massagen, die einen Teil ihrer Popularität Tantra- und Wellness-Trends verdanken. Wie traditionelle S/M-Dienstleistungen können auch erotische Massagen ohne anschließenden Verkehr den Eindruck sexueller Aktivität ohne gleichzeitige Untreue vermitteln und den Kunden moralisch entlasten. Man(n) hat das Gefühl, nicht wirklich fremdgegangen zu sein, man(n) hat sich schließlich nur entspannt.

Der Bereich der dominanten Dienstleistungen ist, zumindest handwerklich betrachtet, eine Wissenschaft für sich: Er reicht von Brustwarzenklammern, Analdehnungen, Rollenspielen, Fesselungen, körperlichen Abstrafungen über Kliniksex mit Einsatz von Kathetern, Klistieren, Nadeln und Elektrostimulatoren, Fußerotik, Windel- und anderen Spielarten des Fetischismus bis hin zur Ekelerziehung. Das Spektrum an nachgefragten und angebotenen Praktiken ist so breit wie in keinem anderen Bereich des käuflichen Sex. Zugleich sind nirgendwo mehr medizinisches Grundwissen, handwerkliches Geschick und psychologische Kompetenzen erforderlich als in der dominanten Erotik. Auch deshalb gehören S/M-Dienstleistungen mit durchschnittlichen Stundenhonoraren zwischen 200 und 600 Mark zu den kostspieligsten überhaupt.

Viele S/M-Sexarbeiterinnen betrachten sich nicht als Dominas im martialisch strengen Sinn, sondern zelebrieren ausgefeilte, subtile und liebevolle Unterwerfungsspiele. »Eine Domina muß die Menschen in all ihren Eigenheiten lieben«, so die Bordellbetreiberin und Domina Annika. »Sie macht niemanden fertig und entläßt niemanden ohne das Gefühl, seine ganze Würde zurückzuerhalten.« Nicht ein herrisches Wesen, sondern Schauspieltalent und Einfühlung in unterschiedliche Situationen bestimmen den Alltag und oft auch den Erfolg einer Domina. »Eine Domina ist wohl insgesamt gesehen eine Art Wiederholungsmutter«, so Lady Verona. »Sie soll einerseits sehr reizvoll, andererseits aber unberührbar sein. Das entspricht dem Mutterbild des kleinen Jungen in der ödipalen Phase. Ob dieses Bild auf die Lehrerin übertragen wird, auf die Schwester, die erste Freundin, oder ob ich eine anonyme Person bin, spielt oft eine untergeordnete Rolle.« Die strenge Mutter, die unnahbare Respektsperson, die selbstbewußte junge Frau – die Umsetzung weiblicher Dominanz läßt Spielraum für unterschiedliche Persönlichkeiten, Kleidungsstile und Altersstufen. Die für devote Kunden zentrale Bedeutung der Mutter führt jedoch oft zu einer stärkeren Nachfrage nach älteren Frauen als in anderen Sexarbeitssegmenten. Auf St. Pauli galt das Domina-Wesen seit langem als Alterssicherung für Huren. In der geordneten Welt des Hamburger Rotlichtmilieus galt der Grundsatz: »Stiefel darf eine Frau erst ab 35 anziehen.« Doch erotische Kompetenzen sind nicht nur im Bereich sogenannt bizarrer Praktiken gefragt. Ein ehemaliges Callgirl einer amerikanischen Top-Escort-Agentur berichtet:

Den männlichen Körper kontrollieren: Anonymes Callgirl

Was boten wir unseren Kunden? Den besten vaginalen und Oralsex. Klar, das hört sich großspurig an, aber wenn wir Agenturkolleginnen unsere Erfahrungen austauschten, stellten wir fest, daß jede von uns ungefragt Komplimente von Kunden erhalten hatte, die darauf hinausliefen, daß sie mit ihnen den besten Sex ihres Lebens hatten. Der Umstand, daß uns fast alle Kunden über Jahre hinweg die Treue hielten, spricht für sich. Aber wie konnten aus uns solch fabelhafte Sexualathletinnen werden? Auf dieselbe Weise, wie andere Menschen ihre persönlichen Stärken entwickeln: eine Mischung aus Naturbegabung, mentalem und physischem Training und Übung. Anfängerinnen, die sexuell erfahren waren und den strengen Selektionsprozeß der Agentur durchlaufen hatten, wurden nicht als »fertiges Produkt« betrachtet, sondern von den Agenturchefinnen, die ja selber einmal Top-Callgirls waren, kontinuierlich weitergebildet. Dabei wurden wir weder in dunkle Geheimnisse eingewiesen, noch lernten wir das Kamasutra auswendig. Es ging darum, den männlichen Körper zu kontrollieren: ihn langsam und beständig vor sich hinköcheln zu lassen, um ihn dann just in dem Moment zum Kochen zu bringen, in dem wir es wollten.[20]

Erotische Kompetenz, technische Finessen – die Sexarbeit ist aber mehr als ein Handwerk. Das Wesen prostitutiver Dienstleistungen reicht von einer zügigen Triebabfuhr bis zu Formen sexueller Nähe, die Liebesbeziehungen ähneln. Die Kontaktanbahnung, die Vorgespräche, oft auch die Dienstleistung selbst verlangen kommunikatives Geschick, emotionale Präsenz und psychologisches Feingefühl. Wie in anderen sozialen und therapeutischen Helferberufen erfährt die Arbeit durch das Einbringen eigener Gefühlsanteile eine Qualitätssteigerung. Doch emotionale Arbeit wirft immer auch Fragen nach Abgrenzung auf. Wie wirkt sich die Sexarbeit auf das Wohlbefinden der Frauen aus? Gibt es Berufskrankheiten? Birgt die Koppelung von emotionaler und sexueller Nähe psychische Risiken? Werden die Gefahren übertrieben, oder betrügen Frauen, die an der Sexarbeit Gefallen finden, sich selber?

3 Die Auswirkungen

Klischee Nr. 9: Durch Sexarbeit nehmen Frauen psychischen Schaden.

Sexarbeiterinnen sind keine homogene Gruppe – weder von ihren Persönlichkeiten noch von ihrem Arbeitserleben her. Für einige bleibt die Sexarbeit eine Episode, für andere die lebenslang erfüllendste Berufsoption. Für die einen ist sie ein Alptraum, für andere eine Berufung. Manche Frauen durchlaufen mehrere Prostitutionsmilieus, ehe sie ihren Platz im Gewerbe finden, und erleben die Tätigkeit jedesmal neu und anders. Andere pendeln ständig zwischen Sexarbeit und bürgerlichen Berufen. Sexarbeiterinnen arbeiten in unterschiedlichen Umfeldern und erleben in puncto Sicherheit und Autonomie gegenüber Kunden und Arbeitgebern verschiedene und oft sehr komplexe Situationen. Auch die Außenwelt nimmt sie unterschiedlich wahr: Trotz unterschiedlichster Szenarien und Bedingungen trifft die volle Wucht des Stigmas als erstes die Straßenprostitution. Aber auch die Sexarbeit in Innenräumen kennt Statusunterschiede, je nachdem ob die Frau in einer Massage-Klitsche oder einem Nobelbordell, in einem Sex-Kino oder für eine Escort-Agentur arbeitet. Aus alledem folgt: Da es weder *die* Prostitution noch *die* Prostituierte gibt, kann die Sexarbeit auch nicht in gleicher Weise erlebt und psychisch verarbeitet werden.

Die These, daß die Sexarbeit Frauen grundsätzlich psychisch schädigt oder traumatisiert, entbehrt jeder seriösen wissenschaftlichen Grundlage. Studien, die diese Botschaft verkündeten, gingen meist von moralischen Vorannahmen aus, um diese dann in opportunistischen Samples oder einzelnen Prostitutionssegmenten bestätigt zu sehen: in der Regel wenig privilegierten Straßen-, Elends- oder Drogenprostituierten mit speziellen Lebensbedingungen. Beinharte Prostitutionsgegner arbeiten ausgesprochen gern mit solch selektiver Wahrnehmung. So suggerierte eine 1998 erschienene feministische Fünf-Länder-Studie über die psychischen Auswirkungen der Prostitution durch ihre globale Orientierung den Anschein von Repräsentativität, untersuchte aber de facto in allen Ländern – Südafrika, Thailand, Sambia, der Türkei und den USA – nur Elends- und Drogenprostituierte. Die Studie kam zu dem Ergebnis, daß die überwiegende Mehrheit der befragten Prostituierten an posttraumatischem Streßsyndrom litt.[21] Die Verblüffung über diese Resultate hält sich in Grenzen: Angesichts ausgewählter Samples in überwiegend randständigen Ökonomien und patriarchalen Kulturen sind differenzierte Ergebnisse auch eher unwahrscheinlich. Die Schlußfolgerung – Prostitution sei eine Form sexualisierter Gewalt, die Frauen zutiefst traumatisiert – ist in ihrer Undifferenziertheit jedoch unseriös.

Manchmal blendet die selektive Wahrnehmung sogar die aus, um die es zentral geht: die Sexarbeiterinnen. So vergab die Berliner Ärztekammer 1999 einen Preis für die Examensarbeit einer Psychologin über »Prostitution und Gesundheit«, die fast ausschließlich auf Expertenbefragungen basierte. Die Gesprächspartner der Autorin aus Beratungsstellen und Interessengruppen bewerteten die Prostitution als Armuts- und Notlagenproblem. Niemand hätte ernsthaft etwas anderes erwartet, denn schließlich verdanken die Akteure an der Beraterfront ihre Legitimation den weniger privilegierten Prostitutionssegmenten, und ihre Angebote richten sich fast ausschließlich an diese Zielgruppen. Doch wenn eine wissenschaftliche Arbeit auf der Basis indirekter Recherchen mit interessegeleiteten »Experten« zu dem Ergebnis kommt, daß die Mehrheit der Prostituierten nach einigen Jahren in der Prostitution psychisch und physisch geschädigt ist und es daher keine gesundheitlich unbedenkliche Prostitutionsform gibt, sollte die Autorin (und die Ärztekammer) einmal ihre wissenschaftlichen Standards überprüfen.

Seit den neunziger Jahren stellt eine neue Generation von Sexologen und Prostitutionsforschern das Klischee von der grundsätzlich entwürdigenden Sexarbeit weltweit in Frage: empirisch, mit differenzierendem Blick auf unterschiedliche Prostitutionsmilieus und auf die Mechanismen, die die Sexarbeit so variabel gestalten. Ihre Resultate belegen, was Prostituierte und Hurenaktivistinnen seit langem wissen: Wenn Sexarbeiterinnen leiden, dann meist nicht unter dem Tauschgeschäft an sich, sondern unter ungünstigen Arbeitsbedingungen und gesellschaftlicher Ausgrenzung. Was die Arbeitsbedingungen angeht, so zeigen neuere Studien übereinstimmend, daß die Straßenprostitution meist als belastender empfunden wird als das Anschaffen in Innenräumen. Während Straßenhuren in amerikanischen Befragungen und Studien häufiger über psychische Probleme klagten, äußerten sich Bordell- und Escortkolleginnen meist zufriedener und sahen sich selbst eher selten als Opfer.[22] Die australische Soziologin Roberta Perkins befragte eine Gruppe von Sexarbeiterinnen in Sydney, die in Bordellen und als Callgirls arbeiten. Die Mehrheit der von ihr Befragten gab an, die Bedingungen an ihren jeweiligen Arbeitsplätzen selbst gestalten bzw. kontrollieren zu können. Die meisten Frauen waren weder vor noch nach dem Einstieg in die Sexarbeit drogenabhängig oder Opfer sexualisierter Gewalt geworden. Im Gegensatz zum Klischee stumpften sie auch nicht sexuell ab. Im Vergleich zu anderen Frauen erlebten sie sogar mehr Orgasmen in ihrem Privatleben.[23] Und in einer amerikanischen Studie über Dominas gaben jeweils 90% der Befragten an, die Arbeit wirke sich positiv auf ihre Lebensqualität und ihr Gefühlsleben aus.[24]

Vieles weist darauf hin, daß die Lebensumstände vor dem Einstieg stark daran beteiligt sind, in welchem Prostitutionssegment die Frau landet und wie sie die Arbeit erlebt. Eine niederländische Studie über das Wohlbefinden von Prostituierten entdeckte einen aufschlußreichen Zusammenhang zwischen traumatischen Kindheitserlebnissen, materieller Not, ungünstigen Arbeitsbedingungen, psychischem Streß und einer geringen Zufriedenheit mit dem Prostituiertenberuf. Umgekehrt waren Frauen, denen es in der Prostitution gut ging, überwiegend in den Niederlanden geboren, hatten in privaten Beziehungen weniger Mißbrauch und Gewalt erfahren, waren seltener in die Prostitution gezwungen worden oder aus purer Not oder Drogensucht eingestiegen. Die Wahrscheinlichkeit lag höher, daß sie in geschützteren Milieus arbeiteten, einen entspannteren Arbeitsalltag und weniger Gewalt erlebten, weniger Kunden betreuten und pro Kunde mehr verdienten.[25] Aber nicht nur die Einstiegsbedingungen, auch das Einstiegsalter kann eine Rolle spielen. Die Prostitutionsforscherinnen Leopold und Steffan halten ein »hohes« Einstiegsalter, etwa ab 22 Jahren, für den besten Schutz gegen mögliche Negativfolgen der Prostitution. Die Frauen sind in ihrer Persönlichkeit gefestigter, können sich besser wehren und haben in der Regel einen Schul- und Ausbildungsabschluß, so daß sie jederzeit aus der Prostitution aussteigen können, sofern sie dies wünschen.[26]

Anstatt das psychische Leid gleichzeitig zum Ausgangs- und Endpunkt des Erkenntnisinteresses zu machen, konzentrieren sich einige Studien auf Selbstschutzstrategien, die Prostituierte als Masken professioneller Distanz in ihrer Arbeit einsetzen. Viele dieser Strategien ähneln denen anderer Berufsgruppen. Von den Frauen wird berichtet, daß sie nach der Arbeit die Kleidung wechselten und unterschiedliche Schränke und Schubfächer für Arbeits- und Privatkleidung benutzten. Frauen, die in der eigenen Wohnung arbeiteten, hatten getrennte Arbeits- und Wohnbereiche. Rituale des An- und Abschminkens markierten die Übergänge zwischen Arbeits- und Privatsphäre. Für viele Frauen dienten Kondome nicht nur als Krankheitsschutz, sondern auch als psychologische Grenze zwischen dem eigenen und dem Körper des Kunden, ungeschützter Sex war das Privileg des Privatpartners. Mutterwitz und sarkastischer Humor bauten Alltagsfrust ab und stärkten das Gemeinschaftsgefühl von Frauen, die in Bordellen arbeiteten.

Wo die einen klar zwischen Berufs- und Privatsphäre trennten, betonten andere eine positive Einstellung zur Arbeit als wirksamsten Selbstschutz. Wer den sozialen Wert, den therapeutischen Nutzen der eigenen Arbeit kennt und seine berufliche Identität akzeptiert, fühlt sich vor selbstwertmindernden Botschaften besser geschützt als Frauen mit negativem Selbstbild.[27] Bestätigt werden diese Erkenntnisse auch von einer deutschen Studie über Sexarbeiterinnen mit Ausstiegswünschen. »Frauen, die sich beruflich stabil in der Prostitution sahen«, so die Autorinnen der Studie, »wiesen (...) ein Selbstkonzept auf, das durch Vertrauen in die eigene Fähigkeit zur angemessenen Lebensbewältigung, ein gutes Durchsetzungsvermögen und ein positives Selbstwertgefühl gekennzeichnet ist.«[28] Wer aus freien Stücken der Prostitution nachgeht und die Arbeitsbedingungen selbst gestalten kann, leidet oft am meisten unter dem Stigma. Eine bekannte Hurenaktivistin haßt ihren Beruf, »wenn ich erlebe, mit welchen Stigmatisierungen er verbunden ist. Daß ich keineswegs überall sagen kann, daß ich als Hure arbeite, daß ich einen netten Kontakt hatte, der mir Spaß gemacht hat.« Auch Larissa empfand die Auswirkungen der Doppelmoral als größte Belastung während ihrer Zeit als Sexarbeiterin.

Die Prostituierte als Projektionsfläche: Larissa

Das Schwierigste für mich an der ganzen Prostitutionstätigkeit war nicht die Sexarbeit, sondern das Doppelleben und das Gefühl, als pervers abgestempelt zu werden. Die zentrale Frage lautete immer: Darf eine Frau Spaß haben an der Sexarbeit? Für einen Mann ist es in Ordnung, zu einer Prostituierten zu gehen, aber die Prostituierte muß irgendwie abartig sein, wenn sie Spaß an der Arbeit hat. Und weil man Angst hat, daß alle so denken – Familie, Freunde, Arbeitskollegen –, spricht man nicht darüber. Man braucht sehr viel Selbstbewußtsein, um zu sagen, ja, ich hab den Job gemacht, denn man ist Projektionsfigur von A–Z: Vom absoluten Opfer – entweder weil man mal mißbraucht oder dazu gezwungen wurde – bis zum Sexmonster, zur Nymphomanin, die so viel Sex braucht, daß sie deshalb im Puff arbeiten muß. Es gibt kaum realistische Bilder. Also spricht man nicht darüber und trägt ein Geheimnis mit sich herum, das man höchstens mal in der Therapie lüftet. Aber selbst da ist man vor schlechten Erfahrungen nicht sicher. Mein ehemaliger Therapeut hatte mal mit Beschaffungsprostituierten gearbeitet, und das hat sein ganzes Bild von der Prostitution geprägt. Aber das, was er mir an Erkenntnissen aus seiner Arbeit anbot, hatte nichts mit mir und meiner Erfahrung zu tun. Später fragte mich eine Psychologin einmal, was ich beruflich mache. Als ich sagte: »Ich bin Prostituierte«, erwiderte sie entrüstet: »Das ist doch kein Beruf!«

Die Prostitutionsforscherinnen Beate Leopold und Elfriede Steffan kennen das Problem. »Prostituierte mit sozialen und psychischen Problemen haben in der Regel nur wenig Möglichkeiten und Chancen, in allgemeinen Beratungsstellen bei Offenlegung ihrer Tätigkeit kompetente und vorurteilsfreie Beratung und Unterstützung zu erhalten«, so die Wissenschaftlerinnen. »Psychologische und therapeutische Angebote, die sich auf Frauen mit Prostitutionserfahrung einstellen können, sind sehr selten.«[29] Auch die Experten an der Beratungsfront nehmen oft nur den Ausschnitt wahr, mit dem sie selbst konfrontiert sind, vermitteln aber den Eindruck von Allwissenheit. Daß sich ein Großteil der privaten Anzeigen-, Gelegenheits- und Luxusprostitution dem Einflußbereich und der unmittelbaren Wahrnehmung der Ämter und Beratungsstellen entzieht, wird gern kleingeredet. Dabei gehen zahllose Frauen nur dann und wann der Prostitution nach und/oder lassen sich von niedergelassenen Gynäkologen untersuchen, ohne die eigene Prostitutionstätigkeit offenzulegen. Im Sommer 2001 fragte ich eine Amtsärztin, die Prostituierte auf sexuell übertragbare Krankheiten untersucht, nach Zusammenhängen zwischen Arbeitsbedingungen und gesundheitlichen Belastungen in der Sexarbeit. »Es gibt keine Form der Prostitution ohne belastende Wesensveränderungen«, entgegnete sie. Ich gab zu bedenken, daß sie nur Frauen mit Beratungsbedarf sieht. »Wenn Frauen behaupten, daß sie sich in der Prostitution wohl fühlen«, erwiderte sie, »dann muß man das in Frage stellen. Das sind Nachtschattengewächse, die sich isolieren, selbst aufgeben und sich die Wirklichkeit schönreden.« Ein Statement, das irgendwie an den Spruch vom lichtscheuen Gesindel erinnert.

Ich konfrontierte einige Sexarbeiterinnen mit der Ansicht der Expertin. Redeten sie sich die Arbeit schön? Betrogen sie sich selber? »Natürlich gibt es manchmal Kunden, bei denen ich denke, da bist du aber froh, wenn der wieder weg ist«, erwiderte Mia, »aber meinen Sie denn, ich wäre seit 26 Jahren Hure, wenn mir die Arbeit absolut keinen Spaß machen würde? Ich hätte doch auch in meinem Lehrberuf arbeiten können!« Nadja entgegnete: »Also ich denke nicht, daß meine Würde darunter leidet, daß ich der Sexarbeit nachgehe. Im Gegenteil: Ich gehe lieber für Geld anschaffen, als daß ich durch die Diskotheken ziehe und es unentgeltlich mache.« Eine Domina meinte: »Sollen uns die bürgerlichen Frauen ruhig verachten, wir haben eindeutig mehr Spaß.« Und die Sozialarbeiterin Larissa argumentierte: »Sicher wird es Frauen geben, denen es nicht gut geht und die sich das nicht eingestehen wollen, weil sie vielleicht auch keine Alternative haben. Aber es gibt auch viele Frauen, die sich bewußt für die Sexarbeit entscheiden und durchaus berufliche Alternativen haben. Wenn man denen sagt: ›Frauen, ihr tut euch nichts Gutes‹, dann ist das in meinen Augen eine Form der Diskriminierung und Stigmatisierung.« Aus den Antworten geht sonnenklar hervor: Wenn die Sexarbeit zur Belastung wird, dann liegt das nicht an einer ominösen, unveränderlichen »Natur« des sexuellen Tauschgeschäftes, sondern an den konkreten Bedingungen, unter denen sie stattfindet, an mangelnden Wahlmöglichkeiten oder ungünstigen Einstiegsbedingungen. Zwischen den Sexualprojektionen unserer Gesellschaft und dem subjektiven Empfinden vieler Frauen klafft ein Abgrund der Ignoranz und der Vorurteile.

Fragt man umgekehrt, welche Aspekte ihrer Arbeit die Frauen als bereichernd erleben, fallen oft sehr konkrete Gründe, wie eine Forschergruppe um den amerikanischen Sexologen Alfred Kinsey schon in den fünfziger Jahren herausfand. Fast zwei Drittel eines von ihr befragten Prostituiertensamples bereute ihre Berufswahl nicht. Die Frauen berichteten, sie seien in die Sexarbeit eingestiegen, weil diese ein gutes Einkommen bot, eine Möglichkeit, interessante Leute kennenzulernen, weil der Beruf relativ leicht auszuüben sei, Spaß mache und sexuelles Vergnügen bereite. Die Selbstaussagen der Frauen standen in krassem Gegensatz zur damaligen Lehrmeinung, die, beherrscht von der Psychopathologie Freudscher Prägung, Prostituierten wahlweise mangelnde Ich-Stärke oder Frigidität unterstellte.[30] An den Pro-Prostitutionsargumenten der Frauen hat sich bis heute nicht viel verändert. »Mit vergleichsweise geringem Aufwand verdiene ich mehr als früher«, so Laura, »lerne interessantere Männer kennen und habe mehr Spaß.« »Das Spiel mit der Macht kann der eigenen Dominanz viele innere Türen öffnen«, so Lady Verona. »Natürlich erweitert es auch den eigenen Horizont, Menschen ohne bürgerliche Masken zu erleben. Und man kann viel für die eigene Eitelkeit tun, denn eine Domina muß immer das Beste aus sich machen. Es ist ein großer Unterschied, ob ich als Verkäuferin arbeite und mich als kompatibel mit der Firmenphilosophie darzustellen habe oder ob ich eine Domina bin.« Daß das Selbstwertgefühl durch die Sexarbeit einen Aufschwung erfahren kann, hat die Bordellbetreiberin Evelin an einigen Mitarbeiterinnen beobachtet.

Komplimente als Balsam für die Seele: Evelin

Ich will wirklich nichts beschönigen, aber man darf auch nicht einfach verallgemeinern nach dem Motto: Prostitution ist schlecht für die Frauen. Ich habe die Erfahrung gemacht, daß manche Frauen, die jahrelang allein gelebt und für sie unbefriedigende One-Night-Stands hatten, sich in der Prostitution besser aufgehoben fühlten. Ich habe Frauen erlebt, die in einer Form aufgeblüht sind, daß es faszinierend war, diese Entwicklung mitzuerleben. Als sie in meinen Laden kamen, wurden sie sofort von Männern umschwärmt und hörten zum ersten Mal seit langer Zeit und dann auch noch mehrmals am Abend, wie attraktiv sie sind. Das war natürlich Balsam für die Seele. Durch das Geld, das sie dann verdient haben, konnten sie sich schöne Kleider kaufen, häufiger zum Friseur gehen und sich schön machen. Sie haben andere Frauen kennengelernt und sich mit ihnen ausgetauscht und auch dadurch an Selbstbewußtsein gewonnen. Man konnte in wenigen Wochen regelrecht zusehen, wie aus einem häßlichen Entlein ein Schwan wurde.

Klischee Nr. 10: Sexarbeiterinnen sind eine Gefahr für die öffentliche Gesundheit.

Während Lifestyle-Magazine und selbst Krankenkassen nicht müde werden, die gesundheitlichen Vorzüge sexueller Aktivität zu preisen, werden erotische Dienstleistungen nach landläufiger Meinung auch in Zeiten von Safer Sex bevorzugt mit gesundheitlichen Belastungen und Krankheiten in Verbindung gebracht. Anstatt zu fragen, welchen Beitrag sie zur sexuellen Gesundheit unserer Gesellschaft leisten, wird Sexarbeiterinnen nach wie vor unterstellt, daß sie die öffentliche Gesundheit gefährden. Schwer wiegt das Erbe einer repressiven Gesundheitspolitik im kollektiven Bewußtsein, die in der »käuflichen Liebe« nur eine Quelle sexuell übertragbarer Krankheiten sah, der mit gynäkologischen Zwangsuntersuchungen und HWG-Aktenvermerken das Wasser abgegraben werden sollte.[31] Dabei zeigen aktuelle Erfahrungen der Gesundheitsämter und diverse Prostitutionsstudien, daß sich Sexarbeiterinnen mit Ausnahme von Beschaffungsprostitutierten meist konsequenter mit Kondomen schützen als promiske Singles.[32] Während sich der HI-Virus durch die Drogen- und Armutsprostitution in vielen Regionen Afrikas und Osteuropas rasant verbreiten konnte, sind uns Mitteleuropäern ähnliche Schreckensszenarien auch dank breit angelegter Safer-Sex-Kampagnen, in denen sich Prostituierte als Multiplikatoren und Rollenmodelle bewährten, erspart geblieben. Die eigentlichen Gesundheitsrisiken lauern dort, wo sie am wenigsten vermutet werden:

Wacklige Betten größtes Berufsrisiko für Prostituierte / Reuters

Wacklige Bettgestelle und schlecht beleuchtete Treppenhäuser gehören einer australischen Studie zufolge zu den größten Berufsrisiken von Prostituierten, und zwar noch vor Geschlechtskrankheiten. Als weitere Gefahr nannten die Experten sich ständig wiederholende Bewegungsabläufe. Die Behörde für Sicherheit am Arbeitsplatz des australischen Bundesstaates New South Wales veröffentlichte am Montag auf der Basis der Untersuchung eine neue Sicherheits- und Gesundheitsrichtlinie für die Sexindustrie. »Durch Sex übertragene Krankheiten sind zwar Teil des Berufsrisikos, aber ein sehr kleiner Teil«, sagte eine Sprecherin einer Prostituierten-Organisation, die bei der Erstellung der Richtlinie beteiligt war.[33]

Warum sollten sexuelle Tauschgeschäfte das Wohlbefinden der Frauen auch stärker gefährden als z. B. promiske Privatkontakte? Nichts spricht bislang dafür, daß die Sexarbeit irgendwelche gesundheitlichen Risiken birgt, die sich von denen sexuell aktiver Frauen unterscheiden oder die nicht in ungünstigen Arbeitsbedingungen angelegt sind. Wenn illegale Prostituierte, die ständig im Einsatz sind und selten zur Ruhe kommen, unter Erschöpfungszuständen leiden, dann nicht wegen ihrer sexuellen Aktivitäten, sondern weil sie gnadenlos ausgebeutet werden. Julia, die selbst bestimmt, wie viele Gäste sie betreut, kann sich »über negative Folgen der Arbeit nicht beklagen. Die Kunden stehen ja nicht täglich bei mir auf der Matte. Ich habe keinen Achtstundentag, wo ich Stunde um Stunde ein anderes Gesicht sehe. Meine Erholungspausen sind relativ lang, von daher kenne ich auch keine Burn-outs.« Viele Sexarbeiterinnen achten bewußt auf ihre Gesundheit, Fitness und eine perfekte Körperpflege. Kein Wunder: Ihre Körper, ihre Ausstrahlung und Vitalität sind ihr Kapital.

Das Bordell war ein halber Heilpraktikerladen: Larissa

Dadurch, daß es bei uns eine Küche gab, haben wir eigentlich alle recht gesund gelebt. Jede Frau brachte ihren persönlichen Gesundheitstee mit, ich selbst trank gern grünen oder Pu-Errh-Tee. Mittags habe ich mir oft einen Salat bestellt und dazu eine

Kartoffel gekocht. Wenn ich in einer Bar gearbeitet hätte, dann hätte ich tierisch viel Nikotin eingeatmet und vielleicht auch mal ein Bier getrunken. Im Laden tranken wir nur selten Alkohol, höchstens mal ein Schlückchen Sekt, wenn es etwas zu feiern gab. Es war ein halber Heilpraktikerladen bei uns. Überall lagen Gesundheitsbücher herum, jede Menge Tips wurden ausgetauscht. Natürlich war auch die Hautpflege wichtig. Meine Haut war damals weich wie ein Kinderpopo, meine Nägel waren lackiert, die Körperhaare gepflegt. Ich habe mich als Hure viel attraktiver gefühlt als in meinem jetzigen Beruf. Hier gibt es keinen großen Spiegel, in dem ich mich von Kopf bis Fuß betrachten kann. Das Neonlicht auf der Toilette ist gräßlich, geradezu klinikmäßig hart, und der Spiegel verzerrt das Aussehen. Ich kann es nicht mehr ausstehen, wenn alle mitbekommen, daß ich vor dem Spiegel stehe und mich schminke. Im Puff stehen alle vorm Spiegel, da gehört es dazu. Wenn sie sich vorstellen gehen, ziehen sie den Lippenstift nach oder machen sich die Haare. In meinem jetzigen Beruf fühle ich mich nicht besonders erotisch. Manchmal fehlt mir das.

Während die Gefahren der Sexarbeit im Hinblick auf die Frauen gern dramatisiert werden, käme wohl kaum jemand auf die Idee, Prostitutionskunden psychische Folgeschäden zu unterstellen. Welche Logik jedoch dafür sorgt, daß ein gemeinsamer Sexakt automatisch konträr erlebt und verarbeitet wird, sobald ein oder mehrere Geldscheine im Spiel sind, bleibt unklar. Warum sollten Frauen durch unpersönlichen Sex beziehungsunfähig werden, während Männer unverbindlichen Sex und private Bindungen miteinander vereinbaren können? Welche Motive, Defizite, Umstände machen aus Männern Prostitutionskunden? Ist die sprichwörtliche sexuelle Unersättlichkeit von Männern testosteronbedingt, anderweitig in ihrem genetischen Code verankert oder schlichtweg ein Mythos? Sind Vergewaltigung, Mißbrauch und Prostitution graduell abgestufte Formen sexualisierter Gewalt? Warum fährt ein Mann den Babystrich ab, während ein anderer sich lieber fesseln, knebeln und züchtigen läßt? Warum bleibt ein Freier einer Prostituierten jahrzehntelang treu, während ein anderer die Dienstleisterin permanent wechselt? Warum gehen Männer gruppenweise ins Bordell, und wie beschreiben sie ihre erkauften Sexabenteuer? Mit anderen Worten: Wie sieht das sexuelle Tauschgeschäft aus der Perspektive der Nachfrageseite aus?

4 Die Männer

Genuß ohne Folgekosten: Wolfgang

Bis zu meinem 37. Lebensjahr spielte sich mein Sexleben weitgehend in bürgerlichen Bahnen ab. Meine ersten Erfahrungen sammelte ich mit einer Reihe Freundinnen und Tanzbekanntschaften, bis ich meine zukünftige Frau Regine traf und mich auf Anhieb in sie verliebte. Wir schworen uns Treue und heirateten. Ihr zuliebe verbrannte ich sämtliche Fotos meiner Verflossenen, und selbst nach acht Ehejahren erlebten wir nur selten das, was man Routinesex nennt. So dachte ich jedenfalls. Als mir meine Frau eines Tages erzählte, daß sie eine Affäre mit einem Arbeitskollegen angefangen hatte, brach für mich eine Welt zusammen. Schockiert und tief gekränkt, versuchte ich eine Zeitlang, die Situation zu akzeptieren. Ich liebte sie, und außerdem hatten wir eine kleine Tochter. Doch als meine Eifersucht nicht nachließ und wir uns weder versöhnen noch darauf verständigen konnten, wie es weitergehen solle, reichte ich die Scheidung ein.

Zehn bis zwölf Stunden Arbeit am Tag, Alkohol, ein paar unverbindliche Bettgeschichten und tiefschürfende Gespräche mit Kollegen trösteten mich über mein Scheidungstrauma hinweg. Und eine Frau namens Sigrid. Ich lernte sie kennen, als ich eines Abends nach der Arbeit zur Potsdamer Straße fuhr. Sie stand vor einer Stundenpension und unterhielt sich mit Kolleginnen. Durch meine sexuellen Gefühlswallungen hindurch spürte ich eine spontane Sympathie. Ich fing ein Gespräch mit ihr an, fragte nach ihren Preisen, und Minuten später fanden wir uns in einem Zimmer der Pension wieder. Sigrid oder Sigi, wie ich sie bald nannte, entsprach nicht nur optisch genau meinem Typ. Sie verstand ihr Handwerk so gut, daß es mich zwei Jahre lang immer wieder zu ihr zog: in Momenten, wenn ich mich einsam fühlte oder vom Anblick attraktiver Frauen erotisch aufgeheizt oder wenn ein Anflug von Depression nahte. Aber nicht nur sexuell verstanden wir uns wunderbar. Sigi hörte mir zu, wenn ich zum x-ten Mal selbstquälerisch rekapitulierte, wie meine Frau mich betrogen hatte.

Zwischendurch hatte ich auch ab und zu Freundinnen, aber ich spürte schnell, daß ich für eine Beziehung nicht bereit war. In den ersten Jahren nach der Scheidung fühlte ich mich noch zu verwundet, um Risiken einzugehen. Dann folgte eine Phase, in der ich versuchte, mutiger zu sein. Aber spätestens wenn die Damen mir Damast-Tischdecken, Wolken-Stores und ähnliches aufdrängten oder sich im Haushalt unentbehrlich machen wollten, überkam mich ein Gefühl der Panik. Eilig zog ich mich zurück, und wenn sie dieses Signal mißverstanden, erklärte ich die Beziehung offiziell für beendet. In den fünf Jahren nach meiner Scheidung wandelten sich meine Wertvorstellungen und privaten Ziele um 180 Grad. Lange bevor das Wort »Single« aufkam, genoß ich die Vorteile meines neuen Junggesellendaseins in vollen Zügen. Es gab keinen Grund, sich zu binden. Das Leben war lustig, intensiv, abwechslungsreich. Niemand vermißte mich, aber es gab auch niemanden, der mich einengte, bevormundete, kritisierte, in irgendwelche Ordnungssysteme pressen wollte, die ich nicht teilte, jederzeit hinter mir lassen oder neu definieren konnte. Ich fühlte mich endlich frei und war entschlossen, keine emotionalen Katastrophen mehr zu riskieren.

Als ehemaliges Opfer von Täuschungsversuchen stand ich allerdings bald vor einem neuen Dilemma. Wenn ich Frauen kennenlernte, erwarteten sie, daß dem ersten Sex eine Zeit der Verabredungen und des gegenseitigen Kennenlernens vorausging – nach dem Motto: spätere Heirat nicht ausgeschlossen. Oft wußte ich nicht, ob ich meinem natürlichen Hang zur Aufrichtigkeit oder meinem Trieb folgen sollte. Klar war nur: Je länger ich den bindungswilligen Gentleman spielte, desto mehr fühlte ich mich wie ein Betrüger. Anstelle von Liebes- keimten Schuldgefühle auf, und manchmal brach ich die Beziehung zur Verblüffung der Frauen schon ab, bevor ein Grad an Verbindlichkeit erreicht war, der ihnen und mir emotionale Schmerzen verursachen konnte. Bald erschien es mir sinnvoller, meine Libido ausschließlich mit Prostituierten auszuleben. Aus meiner Sicht bot diese Lebensweise nur Vorteile: Ich brauchte meine Lust nicht aufzuschieben. Die Kontaktaufnahme war unkompliziert, die Aushandlung der Konditionen eine Sache von Minuten. Ich ersparte mir und der Frau Versprechungen, die ich nicht halten konnte. Ich durfte meine erotischen Wünsche frei äußern und mußte nicht befürchten, mein Gegenüber zu irritieren oder zu überfordern. Ich ging garantiert kein Risiko ein, noch einmal so tief verletzt zu werden wie in meiner Ehe. Es entstanden weder finanzielle noch emotionale Folgekosten. Im Gegensatz zu einer privaten Beziehung konnte ich sicher sein, daß ich mich an jedem Abend, den ich im Bordell verbrachte, amüsieren würde. Dafür lohnte es sich, ein bißchen mehr zu arbeiten. Die Vorfreude auf meine Abende im Bordell motivierten mich sogar zu Überstunden. Und so hatte ich seit meiner Scheidung vor dreißig Jahren mehr Sex mit Prostituierten als mit privaten Partnerinnen.

Lange Zeit waren sie ein unbeschriebenes Blatt – ihre Motive und Gewohnheiten, ihre Gedanken und Gefühle hinter den sozialen Masken. Daß die Kunden von Prostituierten sich in Schweigen hüllten, kam erschwerend hinzu, und so schlug im Schatten des Tabus die Stunde der Ideologien, der Scham und der Ignoranz. Nachdem jahrzehntelang die Kindheit, das mögliche Infektionspotential und die moralische Integrität der Prostituierten wissenschaftlich und medial ausgeleuchtet wurden, richten sich inzwischen auch vereinzelte erkenntnistheoretische Lichtkegel auf die Nachfrageseite. Doch die Wissenschaft betreibt, wenn überhaupt, nur punktuelle Grundlagenforschung, denn die andere Seite der Gleichung, deren Vertreter – wie Oswalt

Kolle einmal vorschlug – eigentlich »Prostituanden« heißen müßten, rückte erst mit dem Aufkommen von AIDS, dem in den USA allgegenwärtigen Gender-Diskurs und einem neuen Täter-Opfer-Denken im Namen der »political correctness« weltweit verstärkt ins Visier der Wissenschaft. Da es eine Reihe gesellschaftlich relevanter Gründe gab, sich alte Fragen neu zu stellen, flossen plötzlich Forschungsgelder. Und ebenso plötzlich erhalten wir Antworten, die Klischees und ideologisch motivierte Positionen ins Reich der Mythen verbannen. Zum Beispiel:

Klischee Nr. 11: Heute gehen mehr Männer zu Prostituierten als früher.

In seinem 1948 erschienenen Bestseller *Sexual Behavior in the Human Male* schätzte Alfred Kinsey, der Pionier der modernen amerikanischen Sexologie, daß 69% aller männlichen Amerikaner irgendwann in ihrem Leben eine Prostituierte aufsuchten. Neuere amerikanische Untersuchungen sprechen nur noch von 16%.[34] Angesichts der allgemeinen Sittenlockerung scheint dieser Rückgang erstaunlich. Doch gerade die Auswirkungen der sexuellen Revolution werden von Experten als Grund für die Abnahme von Prostitutionskontakten gewertet. Seit den sechziger und siebziger Jahren ermöglichen eine entspanntere Sexualmoral und moderne Verhütungsmethoden den Frauen vorehelichen Sex ohne Ehrverlust, und junge Männer erleben ihr »erstes Mal« in der Regel mit einer Privatpartnerin anstatt mit einer Prostituierten. Höhere Scheidungsraten, gelockerte Einstellungen zur Treue, das Aufkommen von Swinger-Clubs, Seitensprungagenturen, Telefon- und Internet-Sex haben private und kommerzielle Alternativen zur Prostitution geschaffen.[35] Resultat: Die Anzahl der Männer, die gleichzeitig Freier sind, ist in den letzten Jahrzehnten zumindest in der westlichen Welt tendenziell rückläufig. Zwischen 1989 und 1996 lag der Freieranteil an der Gesamtbevölkerung in

Großbritannien bei 6,6%, in Schweden bei 12,7%, in den Niederlanden bei 14,3%, in der Schweiz bei 18,7% und in Spanien bei 38,6%.[36] Unter Prostitutionsforschern ist seit langem bekannt: Die Anzahl der Männer, die gleichzeitig Freier sind, ist in konservativen Kulturen mit repressiver Sexualmoral immer höher als in durchsexualisierten Gesellschaften, in denen Frauen gleiche Rechte genießen und sich die traditionelle Doppelmoral allmählich auflöst. Doch auch in letzteren finden sexuelle Tauschgeschäfte ihren festen Platz in der Alltagskultur.

Hierzulande ging die letzte große Freierstudie von Dieter Kleiber und Doris Velten von einem Prostitutionskundenanteil von 18% der sexuell aktiven männlichen Bevölkerung aus.[37] Hurenprojekten zufolge nutzen allein in Deutschland täglich 1,2 Mio. Männer die Dienste von Sexarbeiterinnen. Demnach wären zwei von drei Männern prostitutionserfahren.[38] Experten bezweifeln dies jedoch, und die Daten aus vergleichbaren Ländern geben ihnen recht. Aber unabhängig davon, ob ein knappes Fünftel oder zwei Drittel der Männer für Sex zahlt (ob szenefremde Forscher die Daten durch statistisch korrekte Stichproben oder Insider durch Gedankenexperimente erhoben haben) – das eigentlich Verblüffende an den Ergebnissen der neuesten Untersuchungen ist zum einen, daß die Prostitution trotz liberaler Sexualmoral, trotz Seitensprungagenturen, Telefon- und Internet-Sex nicht nur überleben, sondern sich an neue Situationen anpassen und behaupten konnte, und zum anderen, daß der weitaus größte Teil der Männer sie in jungen Jahren kennenlernt und fast alle Erstfreier irgendwann wiederkommen oder sogar zu Stammkunden werden. Kleiber und Velten fanden heraus, daß deutsche Männer ihre ersten Prostitutionserfahrungen entweder als Teenager (43,1%) oder zwischen zwanzig und dreißig (48,7%) sammeln. Für keinen einzigen Befragten blieb es bei einem, also dem ersten Besuch. Fast zwei Drittel suchten bis zu 50mal eine Prostituierte auf, 13,9% bis zu 100mal und 24,7% über 100mal.[39] Wenn Freier Täter wären, müßte man wohl von

Wiederholungstätern sprechen. Selbst in den USA, wo Prostitutionskunden genau so, nämlich als Täter, wahrgenommen und behandelt werden, bezeichneten sich in einer Studie mit 700 auffällig gewordenen Freiern nur 17% als »Ersttäter«. Der Rest räumte ein, sexuelle Dienstleistungen häufiger oder regelmäßig zu nutzen.[40]

Klischee Nr. 12: Prostitutionskunden sind Außenseiter.

So unterschiedlich das Freieraufkommen in Deutschland eingeschätzt wird, so einig sind sich die Experten innerhalb und außerhalb der Sexarbeitsszene über das soziale und psychische Profil der »Prostituanden«. Das Zauberwort lautet: heterogen. Die Zielgruppe besteht aus Männern sämtlicher Altersstufen, Einkommensklassen, politischer Überzeugungen, sozialer und ethnischer Hintergründe, Bildungs- und Familienstände. Diese sogenannte »Jedermann-Hypothese« ist auch international mehrfach belegt.[41] Die Nachfrage nach käuflichem Sex, so scheint es, verbindet Männer über kulturelle, soziale und Altersgrenzen hinweg. Um sich in diesem Meer an Vielfalt analytisch orientieren zu können, versuchte man als nächstes, die Freierpopulation nach Persönlichkeit, Lebensstil und Motivationslage zu kategorisieren.[42] In offenen Interviews beschrieben Kunden ihre Motive und ihr Verhalten. Mit Hilfe psychologischer Tests wie dem MMPI-2 oder dem Freiburger Persönlichkeitsinventar loteten die Forscher Parameter wie Gehemmtheit, Aggressivität und Lebenszufriedenheit aus. Der innere und äußere Blick in die Seele wurde ergänzt durch Gespräche mit Prostituierten und Bordellbetreibern. Sie sollten die blinden Flecken im Bewußtsein der durch Schuldgefühle und Rationalisierungen verzerrten Eigenwahrnehmung der Freier korrigieren. Das Ergebnis all dieser Bemühungen lautete nochmals: heterogen. Schon die frühesten Freiertypologien legten nahe, daß Männer aus den unterschiedlichsten privaten und professionellen Umfeldern, mit den verschiedensten Persönlichkeiten und Motivationslagen Prostituierte aufsuchen. Die jüngsten Erkenntnisse stützen die These: Jeder Mann kann ein Freier sein.

Trotz gewisser Abgrenzungsunschärfen und der Gefahr neuer Klischeebildungen hat eine Reihe von Experten drei Idealtypen von Prostitutionskunden ausgemacht. Vorausgeschickt sei, daß die Wissenschaft und die öffentliche Meinung eine Zeitlang der Ansicht waren, die Welt des käuflichen Sex sei das bevorzugte Jagdrevier der Witwer, Hagestolze, sozialen Außenseiter und beziehungsunfähigen Schürzenjäger. Das war und ist bestenfalls ein sozialverträgliches Märchen, eine Beschwichtigungsgeste in Richtung moralische Mehrheit. Eine Reihe neuerer Studien im In- und Ausland weist nach, daß gebundene Männer unter den Freiern mindestens gleich stark vertreten sind oder sogar zahlenmäßig überwiegen.[43] Was die beiden Männergruppen eint, ist die Motivation: Unabhängig vom Familienstand bzw. der sexuellen Versorgungslage nennt die Mehrheit der Männer »sexuelle Unzufriedenheit« als zentrales Motiv für ihre Kontakte mit Prostituierten. Diese Unzufriedenheit kann je nach Lebenssituation unterschiedlich aussehen. Und genau hier kommen die verschiedenen Typen ins Spiel.[44]

Typ 1 ist der »Familienvater«. Vorausgesetzt, daß in seiner Privatbeziehung Sex noch ein Thema ist, sucht er bei Prostituierten entweder sexuelle Abwechslung und Intensität in Form einer neuen Sex-Partnerin, häufigeren Sex oder Varianten, die die Privatpartnerin nicht bedienen möchte oder kann. In den Worten der Bordellbetreiberin Mia: »Die sagen: ›Ich hab zu Hause zwar eine Frau, aber die ist entweder krank, alt, müde, überarbeitet oder hat keine Lust. Das ist eine liebe Frau, die macht mir meine Wäsche und ist ansonsten auch sehr nett, aber mit dem Sex klappt's eben nicht.‹« Typ 2, der »Einzelgänger« mit emotionalen und sozialen Defiziten, wird von einigen Experten recht unverblümt der »Verlierer« genannt. Dieser sehnt sich in erster Linie nach körperlicher und emotionaler Nähe zu einer Frau (nicht gezielt zu einer Hure). Er findet sie bei einer Prostituierten, weil seine Chancen, eine konventionelle Beziehung einzugehen, aufgrund seines Alters, seiner Erscheinung oder Ausstrahlung eher gering sind. Kontaktprobleme und Einsamkeit ebnen ihm den Weg in die Prostitution. Typ 3, der »McSex-Freier«: Für eine konventionelle Beziehung bringt er als Karriere-Single zumindest in bestimmten Lebensphasen weder Zeit noch Energie auf, möchte aber dennoch eine abwechslungsreiche Sexualität kultivieren. Vielleicht hat er gerade eine Beziehung hinter sich gebracht und will weder lange vorarbeiten müssen noch einer Frau die große Liebe vorgaukeln, wenn er eigentlich nur Sex sucht. Diese Subklientel scheint sich aus Workaholics und aus jüngeren Männern zu rekrutieren, die mit einer expandierenden Sex-Industrie aufgewachsen sind und die kommerziellen Möglichkeiten unbefangener und mit weniger moralischen Bedenken wahrnehmen als ältere Freier.

In der Realität des käuflichen Sex sind jedoch komplexere Freierprofile die Norm, und überhaupt stellt sich die Frage, ob die Kriterien mancher Forscher nicht deren eigene Vorurteile und Marktwertannahmen spiegeln. Amerikanische Prostituierte berichten zum Beispiel von beruflich extrem erfolgreichen Kunden, die ein Kontaktproblem entwickeln, weil sie Tag und Nacht vor dem Computer sitzen und in ihrer sozialen Kompetenz eher Typ 2 als Typ 3 entsprechen. Andere erzählen, daß sowohl biedere Familienväter als auch verbitterte Losertypen mit einer selbstgerechten McSex-Anspruchshaltung im Bordell aufkreuzen, obwohl sie in puncto Aussehen und Charisma auf der Marktwertskala eher am unteren Ende zu verorten wären. Bleibt die Erkenntnis: Lebensstil, Persönlichkeit und die Bereitschaft, für Sex zu zahlen, lassen sich nicht eindimensional schematisieren.

Traummänner mit Makel: Laura

Auf mein Inserat hin melden sich vor allem Männer aus dem Ausland, die in Deutschland geschäftlich zu tun haben: Akademiker, Geschäftsleute, Banker, Regierungsbeamte. Was ihren beruflichen Hintergrund und den Schauplatz unserer Tauschgeschäfte angeht, könnte man meinen, es handele sich um so etwas wie Luxusprostitution mit gesellschaftlich anerkannten Traummännern. Doch das ist nur die halbe Wahrheit. Ein Teil meiner Kunden kompensiert mit seinem Einkommen oder Sozialstatus einen Makel oder etwas, das sie dafür halten. Zwei leiden sichtbar an einer Krankheit, ein anderer hat sein Alter unter die magische Grenze von 60 heruntergelogen. Im Grunde genommen ist jeder Versuch einer Kategorisierung nach Marktwert klischeehaft und inhuman, denn was unterscheidet einen sexuell und emotional bedürftigen Unternehmer von einem sexuell und emotional bedürftigen Automechaniker?

Das Typenraster macht aber klar, daß Prostitutionsbesuche je nach Lebenssituation unterschiedliche sexuelle, emotionale oder soziale Mangelzustände ausgleichen können. Gebundene Männer erleben Prostitutionsbesuche häufig als Ergänzung zur Ehe oder Privatbeziehung, als einen Freiraum, in dem sie ungelebte Aspekte ihrer Sexualität verwirklichen. Für einen Teil der partnerlosen Männer ist käuflicher Sex die einzige Möglichkeit, Sex und emotionale Nähe zu erfahren. Und für eine nicht unerhebliche Anzahl Männer sind Prostitutionskontakte eine selbstgewählte Alternative zur klassischen Ehe oder Liebesbeziehung. Offensichtlich erfüllen Prostituierte sehr reale Bedürfnisse nach Spannung und Abwechslung, menschlicher Nähe, Intensität und erfüllter Sexualität, die anderweitig nicht bedient werden. Hält man die Ergebnisse jüngerer Umfragen zu Aspekten männlicher Sexualität dagegen, so wird schnell klar, wo die Ursachen der Defizite liegen könnten. Der Zeitschrift Sexualmedizin zufolge äußerten sich 60% der Männer als unzufrieden mit ihrem privaten Sexleben, 40%

beklagten sexuelle Probleme. Laut einer Repräsentativumfrage der Zeitschrift *Freundin* sehnten sich 50% der Männer danach, häufiger verführt zu werden, und 39% wünschten sich mehr Sex in der Partnerschaft.[45] Demnach ist die sexuelle Bedarfslage der Männer, die in vielen Privatpartnerschaften für Überforderung sorgt, die Geschäftsgrundlage eines Marktes alternativer Befriedigungsmöglichkeiten. Offenbar fängt die Sexarbeit, das Herzstück dieses Marktes, die sexuellen und emotionalen Defizite privater Partnerschaften und Singles in großem Stil auf.

5 Die Erfahrung

Herzklopfen vor dem Bordellbesuch: Philipp / Bordellbesitzer

Es gibt eine gewisse Anzahl von Männern, für die ist schon die Vorstellung, Sex für Geld zu haben, äußerst erotisch. Das Phänomen ist mir selbst immer unerklärlich geblieben, aber ich habe es an meinen Gästen zigfach erlebt. In den ersten Jahren meiner Arbeit als Bordellbetreiber habe ich darin ein immenses moralisches Problem gesehen. Jahrelang habe ich meine Kunden zutiefst verachtet. Erst als ich immer mehr Männer kennenlernte, vor denen ich menschlich große Hochachtung hatte, da habe ich mir gesagt, nach solchen Kriterien kannst du die Leute nicht beurteilen. Es hat eine Weile gedauert, bis ich gelernt hatte zu akzeptieren, daß diese Männer nun einmal so strukturiert sind und trotzdem anständige, vernünftige Leute sein können.

Viele tun sich mit ihrem Freierdasein trotzdem recht schwer. Ein typischer verheirateter Nachmittagsfreier aus einer ländlichen Region muß, um zu einer Prostituierten gehen zu können, zunächst einmal über längere Zeit kleine Beträge ansparen, ohne daß seine Ehefrau etwas bemerkt. Kommt er in die Nähe des erforderlichen Betrags, wählt er die Nummer eines Clubs oder Studios, legt aber sofort auf, wenn auf der Gegenseite der Hörer abgenommen wird. Erst wenn dieses Spiel langsam seinen Reiz verliert, wird er anfangen, so lange tatsächlich Telefongespräche mit Prostituierten zu führen, bis ihm auch das ohne starkes Herzklopfen möglich ist. Der nächste Reiz besteht darin, an den diversen Lokalitäten langsam vorbeizufahren und sogar – falls vorhanden – kurz den Parkplatz anzusteuern. Irgendwann einmal – der erforderliche Betrag ist, wie er von früheren Besuchen her weiß, fast zusammen – wird er mit stark klopfendem Herzen die Schelle eines Etablissements drücken, eine Cola bestellen und fast fluchtartig das Haus verlassen, ehe er diese ganz ausgetrunken hat. Jetzt allerdings wird es nicht mehr lange dauern, bis er bei einem solchen, völlig unverbindlichen Besuch zufällig ein Mädchen entdeckt, und bevor er sie endlich bittet, ihn zu lieben, wird er nicht versäumt haben, sich zu erkundigen, was sie für sein mühsam erspartes Geld zu bieten bereit ist.

Klischee Nr. 13: Freier gehen unbefangen, selbstsicher und zielgerichtet vor, wenn sie Prostituierte besuchen.

Mit den konstatierten Defiziten gehen Männer durchaus unterschiedlich um. Der eine verharrt jahrelang in keuscher Treue, in der Hoffnung auf sinnlichere Zeiten innerhalb der Beziehung. Der nächste lebt seine Bedürfnisse im Internet, in Phantasien, in Swingerclubs aus. Andere nutzen Gelegenheiten für private One-Night-Stands oder suchen sich eine Geliebte. Im kommerzialisierten Reich der Sinne ist die Prostitution nur eine von immer zahlreicheren möglichen Antworten auf ein Gefühl sexueller Frustration. Wenn die Frage lautet, warum Männer Frauen für Sex bezahlen, muß auch gefragt werden, warum sich von zwei sexuell frustrierten Männern einer für und der andere gegen das direkte Tauschgeschäft entschließt.

Die Männer wissen genau, was sie wollen: Laura

Als ich noch Swingerclubs besuchte, verstand ich oft nicht, warum Männer 200 Mark für einen Clubbesuch ausgeben, bei dem sie nicht sicher sein konnten, daß sexuell etwas läuft, wenn sie eine Dienstleistung im Bordell für einen Bruchteil dessen hätten erwerben können. Besonders an Abenden, an denen ein sichtbarer Herrenüberschuß herrschte und die Typen in ihren Unterhosen frustriert durch die Gänge schlichen, war mir diese Prioritätensetzung ein echtes Rätsel. Da man im Club relativ offen über Sexualität sprechen kann, machte ich es mir zur Gewohnheit, die Jungs, mit denen ich ins Gespräch kam, zu fragen, warum sie es vorzogen, sexuell auf sich gestellt zu bleiben, wo ihnen doch jederzeit die Möglichkeit offenstand, in einem Bordell ohne lange Vorrede zur Tat zu schreiten. Die Antworten waren immer die gleichen: Im Club, so die Männer, sei die Atmosphäre angenehmer, persönlicher, und man stünde nicht unter Zeitdruck. Wenn sich etwas ergibt, dann würde das gefühlvoller ablaufen als in einem Bordell. Wenn nicht, dann hätte man immer noch die Möglichkeit, bis in die Nacht hinein das kalte Büffet, die Sauna und den Whirlpool zu nutzen und zwischendurch immer wieder seine Runden zu drehen und in den erotischen Räumlichkeiten die Lage zu peilen.

Manche Männer bezeichneten sich freiheraus als Voyeure. Andere sagten, sie lebten allein, und ihre Sexualität bestehe ohnehin zu 99% aus Selbstbefriedigung. Einer gab zu, sich so an die Umklammerung seiner rechten Hand gewöhnt zu haben, daß er zu einer Penetration überhaupt nicht mehr imstande war. In den Clubs kann man wirklich eine Menge über männliche Sexualität lernen. Und darüber, daß Männer nicht – wie es das Klischee will – einfach wahllos irgendwelchen Penetrationen hinterherhecheln, egal, in welchem Setting und zu welchen Bedingungen, sondern daß sie präzise Kosten-Nutzen-Erwägungen anstellen, ehe sie sich für ein spezialisiertes Angebot entscheiden.

Der Entschluß, Geld gegen Sex zu tauschen, scheint nicht nur für Sexarbeiterinnen, sondern auch für deren Kunden das Endergebnis komplexer Überlegungen und ambivalenter Gefühle anstatt eindimensionaler Reiz-Reaktions-Muster. Sexuelle Impulse, moralische Bedenken, die finanzielle Situation, Befangenheit, Ängste um die Gesundheit, die eigene Sicherheit, die Anonymität und mögliche Konsequenzen für die Privatbeziehung – all das wird anscheinend bedacht und gegeneinander abgewogen. Manchmal können äußere Faktoren in die Entscheidungsfindung hineinwirken. Befindet sich unser Mann in einer fremden Umgebung und muß erst aufwendig recherchieren? Schleppen ihn Freunde oder Kollegen mit in den Puff? Wieviel Alkohol hat er intus? Ergeben sich Gelegenheiten für unbezahlten Sex? Hat er glaubhafte Ausreden, wenn er später als üblich nach Hause kommt? Über die Mechanismen, die Gefühlsambivalenzen in die eine oder andere Richtung beenden können, ist außer anekdotenhaften Informationen wenig bekannt.

Sexarbeiterinnen und Bordellbetreiber spüren die Ambivalenz unter anderem an einer hohen Rate von Fehl- oder reinen Informationsanrufen. »Die Leute sind sehr unsicher«, so Evelin. »Man gewinnt den Eindruck, sie haben das starke Verlangen, in den Laden reinzugehen, aber andererseits sehr große Schwellenangst. Einige erzählen später, daß sie etliche Versuche unternommen haben, hier anzurufen, aber immer wieder aufgelegt haben.« Für den Bordellbetreiber Philipp erinnert die Entscheidungsfindung und Vorbereitung eines Bordellbesuchs eher an eine selbstverordnete Verhaltenstherapie zur Überwindung von Ängsten als an eine simple zielgerichtete Handlung. Für Christiane Howe von Agisra e. V.[46] sind die Bordellbesuche vieler Kunden vergleichbar mit einem bewegenden, manchmal auch durchaus verstörenden Ein- und Austritt in eine Art Parallelwelt: »Das scheint etwas ganz Abgespaltenes zu sein. Wir machen auch Streetwork, und wenn man sieht, wie die Männer sich erst ein paarmal umdrehen, bevor sie ins Bordell gehen, da bekommt man schon den Eindruck, die räumliche Schwellenangst ist auch eine innerpsychische. Beobachtet man umgekehrt, wie sie das Bordell verlassen, manchmal richtiggehend rausfallen und sich orientieren müssen, zum Teil sogar erst mal in die falsche Richtung gehen, dann wirkt das, als ob sie gerade die Grenze zwischen zwei komplett anderen Welten überschritten haben.«

Ich schwebte auf Wolken: Statement eines Wirtschaftswissenschaftlers in der Hydra-Freierstudie[47]

Es gibt sehr perfekte Damen, von denen man wirklich beglückt nach Hause geht, die auch eine emotionale Seite zulassen – das ist natürlich das Höchste, obwohl es gar nicht immer Ziel der Sache ist. Für mich sind gute Prostituierte unglaublich viel wert. Die haben in meinen Augen einen gesellschaftlichen Wert, den manche einfach ignorieren. Was für Neurosen die schon geheilt haben und wie viele Menschen die beglückt haben – Ich bin schon von einer Prostituierten weggegangen, da schwebte ich auf Wolken. Das vermittelt sich ja auch den Mitmenschen, ich bin dann nicht mehr so aggressiv, bin ruhiger, gelassener – das ist doch was Tolles!

Klischee Nr. 14: Prostitutionskunden suchen die schnelle Triebabfuhr und stellen keine Ansprüche an die Qualität der erotischen Dienstleistung.

In der letzten großen deutschen Freierstudie lief für 78,1% der Befragten Sex mit einer Prostituierten auf einen Koitus hinaus, 70,9% verspürten zusätzlich oder als Alternative ein Bedürfnis nach passivem Oralsex, den nicht mal jeder zweite Proband in seiner Privatbeziehung erlebte. Bedürfnisse nach Analverkehr (9,6%), S/M (17,6%) oder Gruppensex (5,1%) fanden in der Prostitution ebenfalls häufiger statt als mit der Partnerin.[48] Deutsche Männer scheinen mit einer gewissen Koitusfixiertheit also einerseits dieselben, andererseits andere sexuelle Praktiken auszuleben als in ihren Ehen und Partnerschaften.

Die scheinbaren Widersprüche der Statistik lösen sich im Gespräch mit Prostituierten und Bordellchefinnen schnell auf. Oft spiegeln die bevorzugten Dienstleistungen die Typologie bzw. Lebenssituationen der Kunden. Es ist kein ungeschriebenes Gesetz, aber während partnerlose Freier mit Prostituierten ihre Basissexualität in Form von Blümchensex abzudecken scheinen, melden sexuell aktive gebundene Männer tendenziell Bedürfnisse an, die sie mit ihrer Partnerin nicht ausleben können oder wollen. Insgesamt sind die Kundenwünsche, ihre Erwartungen und Ansprüche den Frauen an der Basis zufolge in den letzten ein bis zwei Jahrzehnten gestiegen und haben sich dabei in alle möglichen Richtungen ausdifferenziert. Die Generation McSex liebt das Experiment, die Inszenierung, eine Zeitgeist-Sexualität, die nicht zwangsläufig inneren Neigungen, sondern tendenziell Medienbildern und einem konsumorientierten Erlebnishunger folgt. Stellvertretend für viele Kolleginnen beschreibt Julia diesen Wandel:

»Mach mich ekstatisch«: Julia

Die Generation, die heute zwischen 70 und 80 ist, war früher schon aufgeregt und happy, wenn einem der Rocksaum hochrutschte. Die heute Vierzigjährigen haben in jungen Jahren bereits so viel erlebt, daß es zunehmend schwieriger wird, sie mit Normalsex zu begeistern. Dadurch, daß überall soviel Sex gezeigt wird, denken sie, wenn sie normalen Verkehr haben, dann sind sie die Loser. Manche haben ganz unrealistische Vorstellungen. So jemand legt dann das Geld auf den Tisch und sagt: »Mach mich ekstatisch.« Dann frag ich: »Was soll's denn sein?« – »Ja, das weiß ich doch nicht«, erwidert er dann. Wenn er die Ekstase auf Erden will und den Weg dorthin noch nicht mal annähernd kennt, dann weiß ich es natürlich auch nicht. Daß er den Zugang zu seiner Erotik selbst finden sollte, will er von mir natürlich nicht hören. Also sind meinerseits Entertainmentqualitäten gefragt.

Klischee Nr. 15: Prostitutionskunden suchen sexuelle Dominanz bzw. sexuelle Abwechslung.

Zwar können Kunden mit einer offenen Erwartungshaltung die Dienstleisterin unter Erfolgsdruck setzen, andererseits überlassen sie ihr so auch die Gestaltung und Kontrolle über das Programm. Nach Expertenansicht signalisiert die Unentschiedenheit des Kunden sogar so etwas wie eine Aufforderung an die Frau, den aktiven Part zu übernehmen. »Sie erkaufen sich das Recht, passiv zu sein«, formuliert der schwedische Sozialforscher Sven-Axel Mansson das Sexualverhalten vieler Prostitutionskunden.[49] In seinem Freier-Sample gab die Hälfte der Probanden an, daß sie die Frau vor dem Verkehr ausdrücklich darum bitten, »oben« zu sitzen. Die Popularität erotischer Massagen und dominanter Praktiken, die den Kunden in die passive Rolle bringen, stützt Manssons These ebenso wie die subjektiven Eindrücke vieler Sexarbeiterinnen. In dieses Bild paßt auch, daß die Mehrheit der befragten Freier einer Hydra-Studie eher passive Bedürfnisse nach Zärtlichkeit, Nähe, Streicheln, Kuscheln, Unterhaltung und viel Zeit äußerten.[50] Mindestens die Hälfte der Hydra-Probanden suchte zusätzlich oder anstatt sexueller Aktivität das entlastende Gespräch. »Männern wird häufig vorgeworfen, sie wollten nur das Eine und würden dabei zwischen Körper und Gefühlen trennen«, so die Prostitutionsforscherin Sabine Grenz. »Dem widerspricht die Aussage von Rolf, der ein Jahr lang regelmäßig zu einer Sexarbeiterin aus Osteuropa ging, die viel ›warmherziger‹ und ›einfühlsamer‹ gewesen ist als deutsche Frauen: ›Ja, wie gesagt, ich bin nicht hauptsächlich hingegangen wegen Sex. Nähe und Zärtlichkeit waren wichtig.‹«[51] Anders als es das feministische Klischee will, strebt die Mehrheit der Männer in der Prostitution also nicht nach sexueller Dominanz.

In eine ähnliche Richtung geht auch, was Kleiber und Velten über das Partnerwahlverhalten von Prostitutionskunden herausgefunden haben. Freier bevorzugen bei Prostituierten demnach denselben Frauentyp wie in ihrer privaten Partnerwahl: die selbstbewußte, extrovertierte, niveauvolle, charmante und lebenserfahrene Frau, die gleichzeitig offen und authentisch kommuniziert. Lolita-Eigenschaften? Unemanzipierte Verhaltensweisen? Fehlanzeige. Weder die vielbeschworene Spaltung männlicher Frauenbilder in Huren und Heilige konnte durch die Freier-Studie bestätigt werden noch die Annahme, daß die Mehrheit der Männer in der Prostitution einen dominanten Anteil ihrer Sexualität mit »schwachen« Frauen auslebt.

Auch die These, daß Männer in der Prostitution vor allem sexuelle Abwechslung suchen, trifft nur bedingt zu, bedenkt man, daß viele Freier ihrer Dienstleisterin über längere Zeiträume treu bleiben. Obwohl fast drei Viertel der Kleiber/Velten-Probanden sich über den Geschäftscharakter ihrer Beziehung zur Dienstleisterin im klaren war, hatte fast jeder zweite mehrfachen oder regelmäßigen Kontakt zu seiner letzten Prostituierten. 9,5% hatten sich in die Frau sogar verliebt, 37,1% hätten gern eine private Beziehung zu ihr, und 29% konnten sich vorstellen, »eine Frau wie sie zu heiraten«. Laut Hydra-Studie kultivierte sogar ein Drittel der befragten Freier private Kontakte zu ihren Dienstleisterinnen, teils intim, teils platonisch, teils in Form fester Beziehungen, und mehr als drei Viertel der Männer konnte sich eine Beziehung mit ihr vorstellen.[52] In einer anderen Studie gab ein Mann an, mehr als dreißig Jahre lang Stammfreier einer Prostituierten gewesen zu sein.[53] Offenbar kann der käufliche Sex etwas bewirken, woran viele Privatbeziehungen scheitern: sexuelle Treue. Ist diese »Kundentreue« ein nüchternes Statement über den Wert der Dienstleistung? Oder folgen Lebens- und Sexualpartnerschaften unterschiedlichen Gesetzmäßigkeiten? Die scheinbaren Paradoxien, mit denen uns die Prostitutionsforschung immer wieder konfrontiert, stellen nicht nur Klischees über die Sexarbeit in Frage, sondern auch einen Teil dessen, was wir meinen, über Sexualität zu wissen.

Die Erfüllung eines herrlichen Liebesaktes: Anonymer Freier

Tatsache ist: In diesem Landhaus wird Liebe geboten, wie man es kaum glauben mag. Ich bestellte eine Flasche Sekt, und wir schritten zum Liebeslager. Zartfühlend entkleidete sie mich, blies das Jagdhorn und setzte den Mündungsschoner auf die Flinte. Wir wälzten uns beim Vorspiel auf dem großen Bett, und ich kraulte ihr Haar. In dem Rhythmus, wie man eine Pyramide besteigt, schob sie ihr Becken meinem zuckenden Schwanz entgegen. Alle denkbaren Stellungen ließ sie gewähren, und zum Schluß ritt sie mich wie eine Königin ihren Sklaven bis zur sexuellen Ohnmacht. Nach kurzer Entspannung glitten wir in den Pool. Erst beim Durchatmen draußen in der frischen Waldluft wurde mir die Erfüllung eines herrlichen Liebesaktes bewußt. Ein echter Insider-Tip – sehr empfehlenswert![54]

Klischee Nr. 16: Prostitutionskunden behalten ihre Erfahrungen für sich.

Internetseiten, auf denen sich Freier über ihre Prostitutionserfahrungen austauschen, gibt es im World Wide Web mehr als genug. Wer auf die Sexseiten surft, kann sie nicht ignorieren. Bordelle mit Internetpräsenz führen eigene Gästebücher. Ein paar Links weiter schildern Besucher des Straßenstrichs, an welchen Streckenabschnitten sie Sexarbeiterinnen angetroffen haben und wie sie die Begegnung mit ihnen erlebten. Der World Sex Guide listet Testberichte von Kunden aus Bordellen, Clubs oder unabhängigen

Escorts aus aller Welt. Offline vertreiben Sex-Shops Magazine und »Stadtpläne für Männer«, in denen »Bordelltester« wie in einer Art informeller »Stiftung Warentest« ihre erkauften Sexabenteuer kommentieren und bewerten. Daß Prostitutionskunden gern anonym bleiben, heißt nicht, daß sie sich nicht über ihre Erfahrungen äußern.

Wer deren Eindrücke zum ersten Mal liest und sich an Überschriften wie »Prachtbrüste wiegen im Takt« gewöhnt hat, staunt nicht selten über den Grad an Systematik, mit dem Verleger und Webmaster das Rohmaterial subjektiver Eindrücke nach Regionen ordnen, bebildern und wie eine Art informelle, wenn auch unvollständige »Gelbe Seiten« des Sexmarktes gestalten und vermarkten. Abgesehen vom Nutzwert, beeindruckt diese Topographie des Rotlichts durch ihre minutiösen Wegbeschreibungen, die detaillierten Informationen über Dauer und Kosten der Dienstleistungen, die Schilderungen über das Ambiente, die Frauen, den Ablauf der Dienstleistungen. Eigentlich drängt sich die Frage auf, warum diese Dokumente deutscher Alltagskultur nicht längst ihre Spuren in Wissenschaft, Pop-Literatur und Performance-Kunst hinterlassen haben.

Für Bordellbetreiber sind die Testberichte eine Art kostenloses Marketing und eine Form der Qualitätskontrolle. Für die Prostitutionsforschung sind die Selbstäußerungen von Freiern eine Fundgrube und sicher nicht weniger repräsentativ als wissenschaftliche Stichproben mit regional begrenzten Samples oder leicht erreichbaren Probanden. Anders als Freier, die durch Umfragen oder persönliche Interviews gesamplet werden, steht keiner der Porno-Literaten unter Druck, seine Ansichten und Empfindungen im Sinne einer sozialen Erwünschtheit zu beschönigen. Niemand will ihnen in die Seele blicken oder ihr Kondombenutzungsverhalten überprüfen. Befreit von sozialen Masken, ist der Bordelltester nur seiner Konsumentenrolle und seinen subjektiven Eindrücken verpflichtet.

Die Girls machen den Job ohne Begeisterung: »Jim«, Prostitutionskunde

Vom Grenzübergang sind es noch 5 min und man hat die Frauen nur so in Scharen da stehen. Die Serpentinen hinunter in den ersten Ort sind sie sehr teuer und warten in kleinen Häuschen. Hier ist die Atmosphäre schlecht und die Girls machen halt nur den »Job« (ohne Begeisterung). Fährt man in die erste Stadt hinein, gehts ganz anders zur Sache. Die meisten Frauen stehen vor Clubs und tanzen im Schaufenster. Sie schreien dir nur so hinterher und lassen auch über die Preise verhandeln. Die Clubs sind meistens gut eingerichtet, aber paßt auf, so billig wie die Frauen sind, umso teurer sind die Drinks die du ihnen ausgeben mußt. Für einen doppelten gehen da schnell mal 25,- DM drauf. Dann wollen viele Girls noch, daß du ihnen Zigaretten kaufst. Im Zentrum stehen auch viele hübsche Frauen, die gerne über den Preis verhandeln. Ich hatte ihn schon mal auf 20,- DM runtergehandelt – und es war top! Vorsicht wenn ihr mit aufs Zimmer geht. Die Mädels mieten sich ein Zimmer in einer Absteige im Zentrum. Die ist in der Nähe einer großen Bank. Vorsicht: wenn ihr auf dem Zimmer seid duschen sie euch und sagen dann das sie noch was zu trinken holen wollen. Und dann sind sie weg! Euer Geld auch. Und wenn ihr Pech habt noch eure Brieftasche, Handy, Autoschlüssel!

Klischee Nr. 17: Für Freier sind Prostituierte vor allem passive Lustobjekte.

Nach welchen Kriterien beurteilten die Tester ihre Erfahrungen? Nehmen wir den »Aktuellen Sex-Führer«, Ausgabe 138. Er listet Einträge über 53 Bordelle von Stade bis Regensburg sowie sieben Häuser im Ausland.[55] 47 Urteile fielen positiv bis begeistert aus, acht ambivalent und fünf überwiegend kritisch. Am häufigsten wurde die erotische

Kompetenz der Frauen erwähnt (28), gefolgt von ihrem äußeren Erscheinungsbild (18), dem Preis-Leistungs-Verhältnis (12), Ambiente (10), dem Eindruck, daß die Frauen ihre eigene Lust ausleben (10), sauberen Räumlichkeiten (7), dem Alter der Frauen (6) und ihrer Freundlichkeit (4).

Was verstanden die Tester unter erotischer Kompetenz? An erster Stelle (19) nannten sie Beispiele »technischer« Versiertheit sowie die Sensibilität und Erfahrung der Frauen, z. B. beim Oralsex oder beim Koitus das Hinauszögern der Lust durch Tempoverzögerungen. (»Zärtlich ergriff sie das Zepter und führte es zum Altar, einer Liebesgöttin gleich waren ihre rhythmischen Bewegungen.«) Fast genauso häufig (18) priesen sie ein variantenreiches Liebesspiel, meist in Form von Oralsex plus Verkehr mit mehreren Stellungs- oder Tempowechseln, die von der Frau kontrolliert wurden. (»Gerne hätte ich ihre vor mir schwingenden Titten etwas verwöhnt, aber sie bestimmte mit ihrem Tempo ganz klar den Ablauf.«) Bei weitem nicht alle Tester sahen die Dienstleistung als Einbahnstraße der Lust. Zwölf Kunden hatten versucht, die Frauen durch Oralsex zum Orgasmus zu bringen. Den Eindruck, daß die Dienstleisterin ihre eigene Lust zuläßt oder bewußt auslebt, hatten zehn Tester. (»Gisela schrie ihre Lust raus. Gott, war diese Frau geil!«) Ebenso viele schwärmten von einer selbstbewußten, ungehemmten Sinnlichkeit der Frauen, ob in Form von laszivem Räkeln, Striptease oder Verbalerotik. (»Aus Ankes Kußmäulchen kommen genau die anzüglichen Worte raus, die mich heiß machen. Woher weiß Anke, daß mich das so scharf macht?«) Sechs fanden den geschickten Umgang mit Kondomen erwähnenswert.

Über das Aussehen der Sex-Partnerinnen auf Zeit äußerten sich die Männer mehrheitlich neutral bis euphorisch. Gängige Schönheitsideale verblaßten hinter einer Fülle individueller Vorlieben und Fixierungen der Männer, z. B. für dunkelhäutige oder großbusige Frauen. Waren nur wenige Frauen anwesend oder bei Neukontakten mit einzeln arbeitenden Prostituierten stellten die Kunden ihr Idealbild in den Hintergrund, was sich anscheinend nicht negativ auf den Genuß der Dienstleistung auswirkte. Drei Tester priesen die Qualitäten erfahrener älterer Frauen. (»Wieder erlebte ich, daß erst mit einer reiferen Frau die schönsten Wonnehöhen zu erklimmen sind.«) Als durchweg negativ empfanden die Tester eine untransparente Preispolitik, schnelle Abfertigung und Frauen, die den Sexakt sichtbar lustlos betrieben oder einfach nur passiv über sich ergehen ließen. Umgekehrt brachen sie in Lobeshymnen über Frauen aus, die ihre eigene Lust ins Spiel brachten und dabei nicht so genau auf die Uhr sahen. (»Ich muß gestehen, eine so supergeile Nummer mit einem so hingebungsvollen Weib habe ich lange nicht mehr erlebt. Fürwahr, Gisela ist ein Traum von Geilheit!«)

Auch wenn sie den zeittaktorientierten Leistungskatalog mit Extraaufschlägen vieler Häuser mehrheitlich akzeptierten, beklagte eine Reihe von Männern die Transaktion als kalt und businesslike. Aus vielen Texten sprach dagegen ein Bedürfnis nach Gegenseitigkeit, Erotik und emotionaler Nähe. Die Mehrheit der Männer war ganz offensichtlich nicht auf der Suche nach einer schnellen Nummer, sondern nach einer emotional authentischen und erotisch bereichernden Erfahrung. Schon diese einzelne Stichprobe bestätigt neuere Forschungen über männliches Sexualverhalten. So fanden die Sexologen Lautmann und Schetschke bei einer Inhaltsanalyse pornographischer Medien heraus, daß typische männliche Phantasien weniger um sexuelle Dominanz als um das sexuelle Begehrtwerden, sexuell initiative Frauen und das direkte Zur-Sache-Kommen kreisten. Aber auch das, was Bordellbetreiber über die Neigungen und das Verhalten ihrer Kunden berichten, paßt ins Bild der Selbstaussagen.

Die Männer wollen begehrt werden: Evelin

Die Männer wollen das Gefühl haben, begehrt zu sein. Das ist ganz wichtig, aber nicht jede Frau, die als Prostituierte arbeitet, kann dieses Gefühl gut vermitteln. Manche überlassen es dem

Mann, den Anfang zu machen, und zu mir kommen die Männer dann und sagen: »Weißt du, ich muß zu Hause immer schon den Anfang machen.« Die wollen natürlich auch nicht bedrängt werden, aber wenn sie schon zu Hause drum betteln müssen, weil die Frau keine Lust hat, denn wollen sie nicht auch noch im Bordell die Initiative ergreifen müssen.

Manche suchen sicher die Ästhetik eines jungen Körpers. Ich habe aber eher von meinen Gästen gehört, daß sie die reifen Frauen ein bißchen vermissen. Die Männer wissen, daß eine Frau mit mehr Erfahrung ganz anders mit einem Mann umgehen kann als eine jüngere. Die legen sich manchmal einfach nur hin und sagen: »Nun mach mal.« Die haben noch nicht die richtige Einstellung zum Liebesdienst! Ein Mann, der richtig verwöhnt werden will, zieht eigentlich eine reifere Frau vor. Oft wählen Männer auch eine eher unscheinbare Frau, weil sie dann das Gefühl haben, die hat vielleicht noch nichts verdient, und die freut sich vielleicht, wenn ich sie nehme. Und manche scheuen sich auch vor zuviel Schönheit.

Klischee Nr. 18: Freier kompensieren mit ihren Prostitutionsbesuchen sexuelle Defizite.

Nicht jeder Mann findet den Weg ins Bordell allein. Kleiber und Velten zufolge besuchten 8,2% ihrer deutschen Prostitutionskunden zusammen mit Kollegen, Freunden oder Bekannten den prostitutiven Ort des Geschehens. Der gemeinsame Prostitutionsbesuch als ritualisierte Stärkung männlicher Gruppenidentität ist nicht neu. Generationen von Vätern und Onkels schleppten pubertierende Söhne und Neffen ins Bordell, damit erfahrene Frauen ihnen die Kunst der vaginalen Penetration vermitteln. Auch wenn die meisten »Jungmänner« ihr erstes Mal inzwischen mit Privatpartnerinnen erleben, berichten Bordellbetreiber immer wieder von jungen Männern, die entweder allein oder mit einem männlichen Verwandten im Bordell aufkreuzen, um ihre »Unschuld« mit einer Prostituierten zu verlieren. In Kulturen mit repressiverer Sexualmoral ist diese Tradition die Norm.[56] Wie und in welchem Ausmaß diese Ersterfahrungen das eheliche Sexualleben der jungen Männer und ihre Vorstellung von weiblicher Sexualität beeinflussen, darüber kann nur spekuliert werden. Fest steht: Wenn sie heiraten, tun sie dies mit einem sexuellen Erfahrungsvorsprung, den sie Prostitutierten verdanken. Deren erotische Kompetenz (oder Inkompetenz) dürfte auch die sexuellen Erfahrungen der jungen, sexuell meist unerfahrenen Ehefrau mit prägen.

Doch das Prinzip des »Male Bonding« entfaltet seine Wirksamkeit weit über die organisierte Initiation hinaus. In den unterschiedlichsten Kontexten stärken gesellige Stunden mit Sexarbeiterinnen ein sexualisiertes männliches Rollenverständnis. Männergruppen feiern Junggesellenabschiedsparties, sportliche oder berufliche Siege in Strip- und Table-Dance-Lokalen, Live-Sex-Shows oder Bordellen. Nach dem Prinzip »Sex als Incentive« setzen Firmen gemeinsame Prostitutionsbesuche oft gezielt dazu ein, das Arbeitsklima zu verbessern und die Produktivität zu steigern. Egal, in welchen Strukturen Männer zusammenarbeiten – gemeinsame Bordellbesuche scheinen Gefühle der Nähe und des Zusammenhalts nachhaltig zu fördern. Manchen Arbeitgebern ist dieser produktivitätssteigernde Effekt fünf- bis sechsstellige Summen wert:

Aktionärsversammlung im Sex-Club: Philipp

In meinen Club kamen des öfteren Gruppen von Männern, die in irgendeiner Form beruflich zusammenarbeiteten. Ein bekannter Orchesterchef gab für sich und seine Musiker einmal für eine Nacht 20000 Mark aus. Ein ebenfalls nicht unbekannter Unternehmer hat bei mir während seiner Aktionärsversammlung in einer Woche mehr als 100000 Mark gelassen. Es ist doch normal, daß sich Männer im Bordell größeren Einblick in ihr Sexualverhalten geben als in den meisten Partnerschaften.

Entweder werden sie gemeinsam in einem Zimmer aktiv. Oder zwei Männer teilen sich zwei Frauen, oder sie duschen zusammen. Man lebt eine etwas lockerere Sexualität als bei den eigenen Frauen, und mein Eindruck war immer, daß das deren Freundschaften und Zusammenhalt stärkt.

6 Die Auswirkungen

Klischee Nr. 19: Männer verarbeiten ihre Prostitutionsbesuche ohne moralische Bedenken.

Wenn Sex mit Prostituierten nicht nur unmittelbaren Lustgewinn verspricht, sondern männliche Bindungen stärkt, die Produktivität hebt, identitätsstiftend und heilsam wirkt, dann liegt der Schluß nahe, daß Männer ihre Erfahrungen mit Prostituierten überwiegend positiv verarbeiten. Doch zurückgebeamt in die Alltagswirklichkeit schlägt meist die Stunde der Abwehrmechanismen. Zwar schweigt sich die Wissenschaft über die emotionalen Auswirkungen von Prostitutionsbesuchen auf unterschiedliche Freiertypen aus, aber das Erfahrungswissen von Bordellbetreibern weist in ganz bestimmte Richtungen. Danach scheinen ungebundene und jüngere Männer die Spannungen zwischen Lust und Moral, sexuellem Notstand und Gewissen in ihrem Privatleben konfliktfreier zu verarbeiten als ältere, Erstkunden und Freier des Typs »Familienvater«. Evelin, deren Bordell einen hohen Single-Anteil und viele Kunden unter 40 anzieht, erlebt eher selten, daß Gäste peinlich berührt den Ort des Geschehens verlassen. »Die gehen meist mit strahlenden Gesichtern nach Hause«, sagt sie, »das gibt mir das Gefühl, daß ich meinen Job gut mache.« Bordelliers, die vor allem mit gebundenen Gästen zu tun haben, erleben hingegen oft plötzliche Stimmungsumschwünge.

Die Spannung ist raus: Mia

Wenn sie abgespritzt haben, ist die Spannung raus aus dem Körper. Plötzlich sind sie ernüchtert und wieder Herr ihrer Sinne. Viele verhalten sich dann so, als würden sie am liebsten gleich rausrennen, nach dem Motto: »Oh Gott, ich bin bei einer Nutte!« Diese unangenehme Situation versuche ich mit einem kleinen Gespräch zu überbrücken. Ich frage zum Beispiel: »Warst du schon im Urlaub?« oder »Wo fährst du denn dieses Jahr hin?« Um die Situation ein bißchen angenehmer zu machen, nicht so abgeschmackt und geschäftsmäßig. Aber viele wollen sich gar nicht unterhalten. Die wollen sich nur schnell anziehen und dann nichts wie weg.

Der Moment, in dem die erfüllte Lust in Befangenheit umschlägt, ist nur ein Beispiel für den lautlosen Kampf zwischen Libido und Gewissen, den viele Prostitutionskunden anscheinend mit sich ausfechten. Ein anderes Beispiel ist das Rettersyndrom. Nicht wenige Sexarbeiterinnen lernen irgendwann einen Gast kennen, der es darauf abgesehen hat, sie zu retten. »In meinen 28 Berufsjahren als Prostituierte kann ich wirklich sagen, 5–10% der Männer wollten mich retten«, so Nadja. »Manche wollen dich mit dieser Tour auch nur dahin kriegen, daß sie mal umsonst können. Ich kann inzwischen damit umgehen, ich sage dann einfach: ›Ich möchte nicht gerettet werden‹.« Philipp hat »einen Fall erlebt, wo ein Pädagoge zu einer jungen Frau nach vollbrachter Tat sagte: ›Was muß ich tun, damit ich meinen Schülerinnen dein Schicksal ersparen kann?‹ Eine unglaubliche Unverschämtheit, wie ich finde. Dieses Rettungsfaible der Männer hat mehr mit dem Bedürfnis zu tun, daß sie sich wie der große starke Ritter fühlen wollen. Es ist fast nie seriös gemeint.«

Das Bedürfnis nach moralischer Entlastung, das in diesen Phantasien aufblitzt, bestätigt, daß Männer ihre Exkursionen ins Land der kommerzialisierten Lust nicht selten mit Schuldgefühlen bezahlen. Schon die Freierstudie von Hydra ergab, daß die überwiegende Mehrheit der Prostitutionskunden die Frage bewegte, »wie die Frauen mit dieser Tätigkeit psychisch zurechtkommen, ob sie zum Beispiel durch Zuhälter ausgebeutet werden. Wir gehen davon aus, daß sie ein schlechtes Gewissen plagt, ihrem Genuß auf Kosten der Frauen nachzugehen.«[57] Prostitutionskunden gehen also keineswegs so unbefangen machtbewußt mit ihren Erfahrungen um, wie es das Klischee vom Freier als Täter nahelegt. Leugnung, Verdrängung und Projektion pflastern ihren Weg aus den Sphären des Rotlichts zurück ins soziale Leben. Die widersprüchlichen Gefühle, die sie in den Parallelwelten des bezahlten Sex durchleben, und die Mauer des Schweigens, mit der sie sich immer wieder von ihr distanzieren, zeigt, daß auch sie den Zwängen einer keineswegs grenzenlos toleranten Sexualmoral unterliegen. Als Dieter Kleiber und Doris Velten ihr Kundensample nach Einstellungen zu Liebe und Sexualität befragten, fanden sie heraus, daß der Konflikt zumindest teilweise in ihrem Verständnis von sexueller Treue angelegt sein könnte. »Auffallend viele Freier hatten – unabhängig vom eigenen tatsächlichen Verhalten – eine erstaunlich restriktive Einstellung bezüglich sexueller Treue«, schrieben die Wissenschaftler. »Auch bei den Freiern gilt sexuelle Treue etwas – und dies offenbar unabhängig vom eigenen Verhalten und unabhängig von der eigenen Promiskuität. Angesichts solcher Einstellungen zur Sexualität dürften die eigenen Prostitutionsbesuche z.T. höchst konflikthaft verarbeitet werden.«[58] Die emotionale Ambivalenz kann aber auch ganz andere Gründe haben:

Frau müßte man sein: Yannis / Prostitutionskunde

Frauen argumentieren oft, daß Männer eine Prostituierte auf ihren Körper reduzieren. Wenn man aber wie ich beruflich viel reist und oft auf Messen ist, woher soll man da die Zeit nehmen, eine Frau erst kennenzulernen, ehe man mit ihr ins Bett geht? Mein Problem ist nicht, daß ich die Prostituierte reduziere oder sie nicht als Mensch akzeptiere. Im Gegenteil: Ich beneide sie. Wie oft denke ich mir: Frau müßte man sein. Dann könnte man das Angenehme mit dem Nützlichen verbinden. Nein, das einzige Problem bereitet mir die Geldübergabe. Da habe ich das Gefühl, ich könnte sie durch den Akt des Bezahlens abwerten, als ob ich ihr sagen würde: Nimm das Geld, und verschwinde aus meinem Leben.

Standardwerke zur männlichen Sexualität schweigen sich über die Funktion sexueller Tauschgeschäfte für die sexuelle und Rollenidentität des Mannes gern aus. Selbst Andrologen-Guru Bernie Zilbergeld beackert die männliche Sexualität ausschließlich in ihren Erscheinungsformen innerhalb privater Beziehungen. Immer noch werden Liebe und Sexualität weitgehend gleichgesetzt, selbst von denen, die es besser wissen müßten. Aber wenn das Erleben privater und kommerzialisierter Sexualität sich gleichen würde, wo läge dann der Reiz der Prostitution, ihre Funktion und ihr tieferer Sinn – das, was sie seit Menschengedenken am Leben erhält? Welche Vorstellungen von Sexualität sprengt die neue Sexarbeit? Welche Spuren hinterlassen sexuelle Tauschgeschäfte in den Privatbeziehungen der Männer und im weiblichen Rollenverständnis? Sind Frauen die Prostitutionskundinnen von morgen? Und wozu braucht unsere Gesellschaft am Beginn des 21. Jahrhunderts noch sexuelle Tauschgeschäfte?

III FRAUEN UND MÄNNER

> Der Sex, sagte ich mir, stellt in unserer Gesellschaft eindeutig ein zweites Differenzierungssystem dar, das vom Geld völlig unabhängig ist; und es funktioniert auf mindestens ebenso erbarmungslose Weise. Wie der Wirtschaftsliberalismus – und aus analogen Gründen – erzeugt der sexuelle Liberalismus Phänomene absoluter Pauperisierung. Manche haben täglich Geschlechtsverkehr; andere fünf- oder sechsmal in ihrem Leben oder überhaupt nie. Manche treiben es mit hundert Frauen, andere mit keiner. Das nennt man das »Marktgesetz«. [59]
>
> *Michel Houellebecq*

1 Sexuelle Diskurse

Um zu ergründen, was die erotische Dienstleistung von der romantischen Liebe oder vom unverbindlichen, aber kostenlosen One-Night-Stand unterscheidet (oder aber was diese Formen der Intimität eint), ist es nötig, ein wenig auszuholen. Werfen wir einen kurzen und unvollständigen Blick auf einige der gängigsten Annahmen, die das Sexverständnis des modernen Mainstreams einiger westlicher Gesellschaften prägen. Dieser kleine Parcours durch die Arena sexueller Diskurse ist unverzichtbar. Zum einen, um Positionen und Argumentationslinien zu benennen, die wir in Diskussionen über Sexualität meist (und manchmal zu Unrecht) als Grundsatzannahmen voraussetzen. Zum anderen, um die widersprüchlichen Botschaften, mit denen wir durch sexuelle Bilder und Inhalte Tag für Tag bombardiert werden, zumindest ansatzweise zu entwirren. Wie kommt es zu dieser Reizüberflutung? In einer durch Informationsüberfluß geprägten Medienlandschaft wird dem Endverbraucher das jeweilige Sexverständnis der traditionellen Paarkultur, der Lifestyle-Magazine, Feministinnen und Evolutionsbiologen als umsatz- und quotensteigernde Munition geradezu um die Ohren gehauen. Und wir? Verwirrt stehen wir zwischen den Fronten und ringen um Klarheit, bis wir begreifen, daß es den Medien seltener um Aufklärung als um emotionalen

Sprengstoff geht. Beispiel Sexarbeit: Es ist doch erstaunlich, daß trotz massiver Vermarktungstendenzen unserer Gesellschaft, trotz jahrelanger Berichterstattung aus der Welt des käuflichen Sex durch Formate wie »Liebe Sünde«, »Wa(h)re Liebe« etc. die sexuelle Dienstleistung noch lange nicht dieselbe Akzeptanz genießt wie z.B. homosexuelle Lebensstile. Diese nahezu konstante Ausgrenzung zeigt, daß sexuelle Diskurse in erster Linie identitätsbildend wirken und daß es auch bei Debatten über Sexarbeit häufiger um die Verteidigung des eigenen sexuellen Lebensstils geht als um Sachinhalte. Dabei sind wir genaugenommen alle Prostituierte.

Männer und ihre Prioritäten: Evelin

Bevor ich meinen Laden eröffnete, leitete ich eine Partnervermittlung. Ich habe damals Männer für einen Jahresbeitrag von lächerlichen 750 DM aufgenommen. Als dieselben Männer mitkriegten, daß ich ein Bordell betreibe und Hausbesuche vermittle, waren sie plötzlich bereit, für eine Stunde 300 DM zu zahlen. Für die Suche nach einer Lebenspartnerin, wo es um echte, wertvolle Gefühle geht, hatten sie kein Geld. Aber wenn ihnen, auf gut deutsch gesagt, die Piepe steht, dann sieht es anders aus. Andererseits ist es sicher viel ehrlicher, wenn sie ins Bordell gehen und sagen: »Ich find dich gut, wir gehen aufs Zimmer, ich zahl meinen Obulus.« Dann können sie mit gutem Gewissen nach Hause gehen. Die Frau fragt nicht: »Wann rufst du mich denn wieder an?« Und er muß nicht erklären, daß er eigentlich nur Sex wollte. Ich denke, das ist für beide Seiten eine ehrlichere Sache.

Klischee Nr. 20: Wahre Liebe hat mit Kommerz nichts zu tun.

Die Ansicht, daß wahre Liebe und die Ware Liebe getrennte Bereiche unseres Lebens darstellen, ist eine Illusion. Daß unsere marktwirtschaftlich organisierte Gesellschaft bis in ihre privatesten Sphären von der Logik der Ökonomie durchdrungen ist, wissen wir spätestens, seit Erich Fromm, Viviane Forrester, André Gorz und Naomi Klein uns die bindungszersetzenden, demoralisierenden Wirkungen des Turbokapitalismus vor Augen führten. Klar ist aber auch, daß sich das eigene Privatleben nicht so leicht gegen das Denken in Marktwertkategorien abschirmen läßt. Der Versuch einer strikten Trennung zwischen Kommerz- und Privatsphären wäre ungefähr so erfolgreich wie der Versuch, an einer Supermarktkasse herumzudiskutieren, daß die Nahrungsaufnahme ein menschliches Grundbedürfnis sei und die Notwendigkeit des Bezahlens eine Obszönität.

Beispiel Partnermarkt: Zumindest was männliche Motivationen für Kontaktanbahnungen betrifft, so hat sich der Markt in den letzten Jahren zunehmend entromantisiert. Eine Kontaktanzeigenstudie von Polotzek und Reichertz in Zusammenarbeit mit der Zeitschrift *Prinz* ergab, daß die Zahl der Sex-ohne-Liebe-Annoncen von 1987 bis 1994 auf 25% stieg und sich damit innerhalb von sieben Jahren verdoppelte.[60] In Internet-Kontaktbörsen wie *www.date.de* überwiegt der Anteil der Männer, die Sexpartner suchen, oft noch deutlicher. Heiratsvermittler machen die Erfahrung, daß sich ein Teil ihrer Kunden mit den vermittelten Frauen nur trifft, um kostenlosen Sex zu haben. Ähnliches erleben Frauen, die ohne Vermittlung auf Partnersuche gehen. Für viele Männer ist die vermeintliche Suche nach der »Lebenspartnerin« nichts anderes als eine zivilisatorische Maske für unverbindliche Sexkontakte, eine Art sexuelle Schnäppchen-Mentalität, die nichts anderes als emotionalen Mißbrauch produziert. Andererseits unterziehen Frauen ihre potentiellen Partner oft einem ebenso unerbittlichen Screening auf sozioökonomische Potenz und schreiben damit die darwinistische Logik des Partnermarktes fort, der wohlhabende Männer, junge und attraktive Frauen auf der Gewinnerseite, Männer ohne Aufstiegschancen und ältere Frauen auf der Verliererseite verortet. »Betrachtet man das Verhalten von Männern und Frauen auf dem

Heiratsmarkt«, resümiert der Marketing-Experte Thomas Jendrosch, »so sind auch hier die ökonomischen Kriterien der Partnerwahl unübersehbar. Von Romantik ist hier keine Spur zu finden, vielmehr geht es um das kommerzielle Anpreisen von persönlichen Vorzügen und um den systematischen Abgleich der unterschiedlichen Bedürfnispräferenzen, so lange, bis das passende Partnerprodukt gefunden ist.«[61]

Diverse Berufsgruppen und Industriezweige profitieren vom weitverbreiteten Wunsch, den eigenen Marktwert zu steigern. 1,8 Milliarden DM geben deutsche Frauen jährlich für dekorative Kosmetik aus. Jeder 20. Deutsche ist Mitglied eines Fitness-Studios. Um partnermarkttauglich zu sein, treiben Frauen und Männer nicht nur einen immer größeren finanziellen und zeitlichen Aufwand, sondern delegieren die Kontaktaufnahme zunehmend an Spezialisten. Rund 500 Heiratsvermittlungsagenturen erzielten hierzulande einen Umsatz von knapp einer halben Milliarde DM.[62] Wer nach den Kriterien westlicher Partnermärkte seinen Platz in diesem System nicht findet, ist auf Alternativen angewiesen. Eine beliebte Strategie in den Zeiten der Globalisierung ist die Verlagerung der Sex- oder Lebenspartnersuche in die Marktarenen wirtschaftlich schwächerer Länder. Eine andere besteht in der Verweigerung: Sexuelle Abstinenz, Prostitutions- oder unverbindliche Sexkontakte ersetzen die romantisch überhöhte und ideologisch besetzte Suche nach einer Lebenspartnerin.

Dies als eine Art moralische Zerrüttung zu beklagen, die durch einen individuellen Sinneswandel umkehrbar sei, macht wenig Sinn. Daß Konsum-, Tausch- und Marktwertgedanken in der Privatsphäre Fuß fassen konnten, ist das Resultat gewachsener Strukturen. Die Beziehungen des Marktes bestimmen seit den Anfängen des Industriezeitalters das Sozial- und Privatleben, bis sich der Wert eines Menschen überwiegend aus dem Marktwert seiner Arbeitskraft ableitet. Im 20. Jahrhundert, spätestens aber nach dem Zweiten Weltkrieg, werden die Menschen der westlichen

Hemisphäre systematisch zu Konsumenten erzogen, bis der private Konsum die Industrieproduktion schließlich auch als Konjunkturmotor einholt.

Die traditionellen Wertesysteme verlieren aber nicht nur durch das Primat der Ökonomie an Substanz, sondern auch durch die gesellschaftlichen Umbrüche, die die westliche Welt in den sechziger Jahren erschütterten. Die Sitten werden lockerer: Individuelle Bedürfnisse und Selbstentfaltungswünsche verdrängen konservative Werte wie Pflichtbewußtsein, Treue, Religiosität. Die Freizeit läuft zunehmend konsumorientiert ab, anstatt über den Beruf definieren immer mehr Menschen ihre Identität primär über private Lebensstile. Der Anspruch auf Gleichheit zwischen Mann und Frau hinterfragt alte Rollenbilder und bringt neue Freiheiten, aber auch neue Interessenkonflikte mit sich. Weniger Eheschließungen, steigende Scheidungsraten, mehr Eineltern- und gemischte Familien sind das vorläufige Resultat. Beziehungen definieren sich stärker als zuvor über Gefühle und Sexualität, an die Stelle der Ehe tritt die serielle Monogamie. Herausgelöst aus einem Korsett alter Normen und Werte, wird die Sexualität als eigenständiger Lebensbereich wahrgenommen, eine Etikette des toleranten Pluralismus löst starre Dating-und-Mating-Modelle ab. Die Pille und die sexuelle Revolution emanzipieren die Libido von den Zwängen zur Reproduktion, und ein erweiterter Markt erotischer Dienstleistungen löst die Sexualität aus den Schranken des Privaten und bietet zahlreiche Alternativen zur monogamen Partnerschaft.

Individualismus, Konsumismus, Geschlechterkampf – der tiefgreifende Wertewandel der vergangenen Jahrzehnte belebt und verändert auch die gesellschaftlichen Diskurse über Sexualität. In der schönen, neuen Welt einer sexualisierten Mediengesellschaft kann sich niemand den erotischen Schlüsselreizen und ihren subtileren Botschaften auf Dauer entziehen, die einen Tag für Tag aus allen Kanälen und Kiosken anspringen. Dennoch ist es kaum leichter geworden, über Sex zu sprechen. Neue Freiheiten und alte Mythen, veränderte Erwartungen und verschobene Tabugrenzen verschränken sich zu einem Diskursterrain, das einem emotionalen Minenfeld gleicht. Bombardiert mit zum Teil verstörenden Realitäten und widersprüchlichen Botschaften, können wir nur konstatieren, daß sich in den letzten zwei bis drei Jahrzehnten die unterschiedlichsten Instanzen zu Diskursführern in Sachen Heterosexualität aufschwangen und sich mit konträren und manchmal totalitären Wahrheiten in unsere Synapsen, unsere Libido und unser Gewissen bohrten. Wer sind diese Diskursführer, und wie modellieren sie unsere Wahrnehmung von Promiskuität, Treue, sexuellen Tauschgeschäften, männlichen und weiblichen Sexualitäten?

Klischee Nr. 21:
Wer jung, schlank und attraktiv ist, Sport treibt und zur Spaßgesellschaft gehört, hat guten Sex.

Nirgendwo entfaltet die Marktlogik ihre Dialektik so deutlich wie in dem Prozeß, den Experten als Sexualisierung der Gesellschaft bezeichnen. Was ist damit gemeint? Seit zwei bis drei Jahrzehnten ist Sex in der Öffentlichkeit präsenter als jemals zuvor. Die wohl sichtbarste Form der Sittenlockerung manifestiert sich in freizügiger Mode, halbnackten Körpern und lasziven Posen in der Werbung, einer Zunahme erotischer Inhalte in den Medien. Die Diskretion, das Geheimnis und das Tabu, das die Sexualität noch in den sechziger Jahren umgab, weicht einer neuen Offenheit und Neugier – mit durchaus gegensätzlichen Konsequenzen. Einerseits schlossen sich Wissenslücken. Generationen von Deutschen verdanken ihr Faktenwissen über vaginale und klitorale Orgasmen, Oralsex- und andere Techniken Büchern, Filmen, Sexratgebern und Erotikmagazinen im Fernsehen. Beate Uhse, Oswalt Kolle, Alex Comfort, Lilo Wanders und Mo Asumang holten die Deutschen aus ihrer sexuellen Verkrampfung und erzogen sie zu einem toleranten Pluralismus, zur Lust am erotischen Experiment. Ohne die Vermarktung von Sexualität hätte die sexuelle Revolution also nie stattgefunden.

Auch heute wird sexuelles Wissen durch Instanzen vermittelt, die an der Vermarktung von Sexualität beteiligt sind. Der Kondomhersteller Durex führt alljährlich Studien zu sexuellen Einstellungen und Verhaltensweisen durch, die jedesmal ein breites Medienecho finden. Ein Großteil der sexualwissenschaftlichen Forschung kommt nur durch das Sponsoring der Pharma-Industrie zustande. Auf den internationalen Sexologie-Kongressen hetzen Mediziner und andere Experten mit Taschen voller Marketing-Mappen aus den Häusern Pfizer, Takeda und LillyIcos von einer Präsentation zur nächsten. Ein Großteil dessen, was wir von diesen Multiplikatoren über Sexualität erfahren, verdanken wir im Endeffekt Institutionen, deren Primärinteresse der Vermarktung von Produkten gilt, die die menschliche Sexualität erleichtern, bereichern oder absichern sollen.

Der Symbiose zwischen Information und Kommerz verdanken Männer und Frauen einerseits ihre erweiterten Handlungsspielräume in ihren sexuellen Neigungen und Identitäten. Andererseits wurde die Definitionsmacht über das, was »guten« oder auch politisch korrekten Sex ausmacht, mehr und mehr an die Medien, allen voran konsumistische Lifestyle-Magazine, delegiert. Nur allzu bereitwillig greifen das Privatfernsehen und eine neue Generation von Zeitschriften die Symbole der sexuellen Revolution auf und rühren sie zu einem kurzweiligen Infotainment-Mix zusammen, um sie allmählich in eine regelrechte Lifestyle-Diktatur zu überführen. Sex ist nicht länger ein menschliches Grundbedürfnis, sondern eine Trendsportart für Menschen, die ihre Muskeln stählen, sich fettarm ernähren und bestrebt sind, vermeintliche körperliche Unzulänglichkeiten kosmetisch und chirurgisch zu korrigieren. Sex entwickelte sich von einer Privatangelegenheit, einem individuellen Weg zur Selbsterkenntnis, zu einer kulturellen Aktivität, die Trendzyklen und Diktaten des Konsums folgt und dem Konsumenten ein neues Statusdenken nahelegt:

Wer in puncto Alter, Aussehen, Persönlichkeit oder Einkommen nicht in die Spaß- und Konsumgesellschaft paßt, wird nicht nur sozial ausgegrenzt, sondern auch entsexualisiert. Der Wert, den Sexualität als frei gestaltbarer Lebensraum für den einzelnen gewonnen hat, wird durch die Selektionsprozesse einer auf Jugend und Schlankheit programmierten Konsumkultur praktisch wieder in Frage gestellt.

Ironie der Geschichte, daß tragende Stilelemente dieser »Lifestyle-Sexualität« ursprünglich aus tabuisierten sexuellen Ecken stammen. Wie im Kapitalismus bewährte Praxis, wurden einstmals schockierende Elemente und Symbole der Ausgegrenzten in den kulturellen Mainstream eingemeindet, ohne allerdings die Urheber in gleichem Maße aufzuwerten. Galten Lack, Latex und Piercings in den siebziger Jahren als Markenzeichen eines suspekten sexuellen Untergrunds, so eroberten diese Insignien bizarrer Erotik dank Punk, Haute Couture und Love Parade ein Massenpublikum. Talkshows präsentierten Varianten der S/M- und Fetischsexualität bevorzugt als postmoderne Freakshow. Heute füllen Latex-Korsagen die Dessousabteilungen großer Kaufhäuser und die Plakatwerbung der Marke Camel. Die Massenakzeptanz verschob die Moralgrenzen hin zu mehr Toleranz, doch die privaten Erfahrungen von Dominas und ihren devoten Kunden zeigen auch, daß diese Liberalität sich vielfach in Lippenbekenntnissen erschöpft.

Der Konsumismus mag die Gesellschaft von Moralfesseln befreit und sexuell gelockert haben. Doch das Streben nach vielschichtigen sexuellen Erfahrungen steht nicht unbedingt im Dienst der Selbsterkenntnis oder der Befreiung unterdrückter sexueller Neigungen, sondern trendbewußter Zeitgenossen und deren fetischhafter Obsession mit Identitäten, die sich über den Konsum sexueller Erfahrungen vermitteln. Sex-Appeal wird an ein Regelwerk ästhetischer Normen und sozialer Rituale gekoppelt, deren psychosexuelle Folgen in ihrem völligen Ausmaß noch gar nicht absehbar sind. Fest steht aber, daß die Rituale des

Körperkults die Psyche in einer Weise deformieren können, die bestenfalls die Lebensqualität einschränkt und – worst case scenario – das Leben selbst bedroht. Bereits jetzt reagiert jede vierte Frau mit Eßstörungen auf totalitäre Schönheitsideale, viele ältere Frauen leiden unter Formen sexueller Lustlosigkeit, die sich Sexualmedizinern zufolge nicht allein aus einem (post)menopausalen Hormonstatus ableiten lassen. Immer mehr Männer verweigern sich Ritualen des Kennenlernens, in denen sie auf ihre Konto- und Besitzstände abgefragt werden. Anstatt sich Sex zu erkämpfen, erschwindeln oder erkaufen sie ihn sich lieber. Die befreienden Botschaften der sexuellen Revolution sind einem oberflächlichen, oft autoritären und letztlich inhumanen Verständnis von Erotik gewichen. Die moralische Repression der Sexualität von einst lebt weiter im Selbsthaß all jener, die sich in den Hochglanzwelten der Lifestyle-Magazine nicht wiederfinden.

Einzig die Sexindustrie geht aus den neuen Frontlinien als Gewinnerin hervor. Ihre Innovationen, Produkte, Dienstleistungen und Markennamen füllen einerseits die Seiten und Sendeminuten der Medien und trösten andererseits diejenigen, die den gängigen Sex-Appeal-Standards nicht entsprechen oder durch den Kriterienraster anspruchsvoller Partnersuche gefallen sind. Doch zum Erfüllungsgehilfen der Lifestyle-Diktatur eignet sich die Sexindustrie nur bedingt. Zu klar und eindeutig orientiert sie sich an den sexuellen Bedürfnissen ihrer Kunden: Erfolgreiche Pornoproduzenten bedienen ein pluralistisches Spektrum individueller sexueller Vorlieben, mit Akteuren, die mehr an Menschen von nebenan erinnern als an unerreichbare Traumpartner, mit Inhalten, die an psychische Dispositionen und nicht an sozioökonomische Statuswünsche appellieren. Daß Sex weder mit Schönheit noch mit Wohlstand verwechselt wird, dürfte ein Erfolgsgeheimnis dieser Branche sein, die in den letzten zwei Jahrzehnten in nie gekannter Weise boomte.

Andererseits wecken sexuelle Waren und Dienstleistungen Begehrlichkeiten, die mit den monogamen Ansprüchen vieler Paarbeziehungen über Kreuz liegen. Jedes Video, jeder Artikel, jede Fernsehreportage über das kommerzialisierte Reich der Sinne stärken das Bewußtsein dafür, daß außerhalb des privaten Beziehungskosmos zahlreiche interessante Möglichkeiten und Versuchungen lauern. Selbst wenn diese Kelche ungenutzt vorüberziehen, wirken sie in die Beziehung hinein, eigene Bedürfnisse und Befindlichkeiten werden überprüft und an den ungelebten Möglichkeiten gemessen. Sexuelle Frustrationen, gestiegene Ansprüche an die partnerschaftliche Sexualität können das eigene Wohlbefinden, die Monogamie oder die Beziehung in Frage stellen. Sexuelle Entbehrung oder Routine im Namen von Treue, Pflichtbewußtsein und Familienwerten konkurrieren mit den Möglichkeiten eines ausschweifenden Hedonismus, der gezielt an die autonomen Seiten der Lust appelliert. Vorprogrammiert sind Treuekonflikte.

Einem modernen Zeitgeist verpflichtet, kennt die Lifestyle-Sexualität keine traditionelle Doppelmoral, sondern einzig Konsumenten. Ob mehr Männer als Frauen promisk leben, ist sekundär – Hauptsache, die Singles sind kaufkräftig und stürzen nicht in eine Identitätskrise, die ihnen den Erlebnis- und Konsumhunger raubt. Auch die moderne deutsche Urlaubskultur bietet in puncto Geschlechtsspezifik ein zunehmend egalitäres Bild. Abseits sozialer Kontrollen scheinen sich Männer und Frauen gleichermaßen als Sexualmatadoren zu profilieren, als selbstbewußte Hedonisten, die mit multiplen Eroberungen ihre Identitäten als sexuelle Wesen stärken. Damit hat sich die deutsche Gesellschaft ganz offen an eine Promiskuitätsnorm herangearbeitet, die einst der Prostitution vorbehalten war.

Von einer strikten Trennung privater und kommerzieller Lustsphären kann also immer weniger die Rede sein. Einerseits nähern sich z. B. Stammkundenbeziehungen in der Prostitution immer stärker privaten Beziehungen an, auch wenn deren Grenzen genauer definiert bleiben. Ein Beispiel dafür ist die Bezeichnung »GFE (= girlfriend experience) Provider«, mit der immer mehr unabhängige Escorts im Ausland für ihre Dienste als Ersatzfreundin werben. Andererseits wirken die Botschaften kommerzieller Instanzen stärker in unsere Privatsphäre hinein als jemals zuvor. So werden Pornos kaum mehr in schummerigen Blue-Movie-Häusern konsumiert, sondern vorm heimischen Videorecorder. Die Botschaften der Lifestyle-Sexualität erreichen uns via Privatsender und Zeitschriftenlektüre. Und der Markt prägt seine Konsumenten, allen voran die Jugend.

Umfragen zum Sexualverhalten zeigen, daß Jugendliche immer früher immer mehr Sexpartner haben. Ein promisker Lebensstil wird auch im deutschen Alltag Jugendlicher allmählich zur Norm, wenngleich nicht annähernd so egalitär wie im Urlaub. Laut Durex Global Sex Survey 1999 haben männliche Jugendliche bis zu ihrem 18. Lebensjahr durchschnittlich 5,3 Sexpartner, die Altersgruppe der 19- bis 21jährigen liegt mit 6,6 nur leicht darüber. Bei den jungen Frauen summieren sich die Erfahrungen bis zur Volljährigkeit auf 3,3 Partner, die 18–21jährigen bringen es im Schnitt auf 3,7. 36% der deutschen Befragten beiderlei Geschlechts sind ihrem Partner schon einmal untreu gewesen. Durex interpretiert die Daten zum einen als Reaktion auf einen von Trends beherrschten Lifestyle, zum anderen als Reaktion auf den weniger monogamen Lebensstil der Elterngeneration.

Klischee Nr. 22: Sex und Liebe gehören zusammen.

Aber ist die monogame Ehe in Zeiten, in denen der Konsum zur gesellschaftlichen Grundaktivität geworden ist, als Lebensstil überhaupt noch zeitgemäß? »Die meisten von uns sehen es als ganz selbstverständlich an, daß wir unsere Einkäufe, sogar für eine einzige Art von Ware, in vielen verschiedenen Läden machen«, so der Wirtschaftswissenschaftler David Friedman. »Aber die meisten von uns glauben mit der gleichen Selbstverständlichkeit, in einem idealen Leben müsse man sich in ein gegenseitiges bilaterales Monopol zum Austausch eines beträchtlichen Spektrums von Gütern und Dienstleistungen begeben – und dabei bleiben, bis daß der Tod uns scheidet.«[63] Friedman trifft den Nagel auf den Kopf. Zumindest in Wohlstandsgesellschaften dient die Monogamie nicht länger ihrem ursprünglichen Zweck: dem materiellen Überleben von Kleinfamilien. Dessen ungeachtet gilt die in eine monogame Beziehung eingebettete Sexualität im Bewußtsein vieler Menschen nach wie vor als das Muster, die Norm und das Ideal. Und obwohl immer mehr Männer und Frauen Beziehungsgrenzen überschreiten, um Sex zu haben, denken und arbeiten auch die meisten Sex-Ratgeber, Wissenschaftler und Therapeuten nach wie vor beziehungszentriert.

Betont die Lifestyle-Sexualität die Autonomie einer ungezügelten, gierigen Libido, so vereinnahmt die Beziehungssexualität den Sex im Namen der Liebe und betont den Wert sexueller Treue. Damit tritt sie aber das Erbe einer belasteten abendländischen Sexualmoral an, die sich historisch mal in den Dienst der Reproduktion, des Überlebens von Kleinfamilien, der Doppelmoral oder der romantischen Liebe stellte und ihre Adressaten mit Hilfe von Familienwerten zu sexueller Mäßigung erziehen will. Lifestyle-Sex und Beziehungssex stellen die Menschen vor widersprüchliche Botschaften, und in der Tat sind das Abwägen von Vor- und Nachteilen, die Entscheidung »Partnerschaft oder Alleinleben« und die zahllosen Versuche, die Vorteile beider Lebensformen möglichst streßfrei zu kombinieren, für die meisten Menschen zu einer immensen moralischen Herausforderung geworden, die sie nicht selten innerlich zerreißt.

Erschwerend kommt das Tabu hinzu, das es bis vor kurzem noch unmöglich machte, über sexuelle Angelegenheiten halbwegs offen, klischeefrei und mit einem gewissen Grad an Selbstreflexion zu sprechen. Verglichen mit dieser über Jahrhunderte gewachsenen Mauer des Schweigens, ist die Sexualisierung unserer Gesellschaft ein relativ junges Phänomen. Als Hypothek unserer jüdisch-christlichen Kulturtradition tragen wir unter der Oberfläche eines aufgeschlossenen Zeitgeistes ein jahrhundertealtes Sex-Tabu mit uns herum. Zwar ist das Liebesgebot zentraler Bestandteil des christlichen Glaubens, doch diese Art der Liebe hat mit Sexualität nicht das geringste zu tun – auch wenn sich im Alten Testament bisweilen recht unbeschwerte Anspielungen auf die erotische Sinnenfreude finden, wie zum Beispiel im Hohelied der Liebe. Die Helden des Christentums sind asexuell, und es überwiegen die Botschaften, die die sexuelle Lust als sündhaft ächten und verteufeln. Einige Religionswissenschaftler sehen das lustfeindliche Erbe der jüdisch-christlichen Tradition nicht nur in der Auslegung der christlichen Lehre durch weltfremde Kirchenväter, sondern als genuines Element in der biblischen Theologie verankert.[64] Demnach setzt die Trennung zwischen Religion und Erotik nicht erst im 19. Jahrhundert ein, sondern ist bereits in der Bibel angelegt. Die körperliche Liebe hatte sich einer in geregelten sozialen Bahnen ablaufenden Reproduktion unterzuordnen, und so genoß die Ehe als einzig legitimes Dating-und-Mating-Modell den uneingeschränkten Schutz der Kirche.

Was die Kirche begann, setzte der westeuropäische Zivilisationsprozeß im Laufe des 19. und 20. Jahrhunderts fort. Er verwies die Sexualität »mehr und mehr hinter die Kulissen des gesellschaftlichen Lebens und klammert sie in eine bestimmte Enklave, die Kleinfamilie, gleichsam ein«, so der Philosoph Norbert Elias. »Ganz entsprechend werden auch im Bewußtsein die Beziehungen zwischen den Geschlechtern eingeklammert, ummauert und hinter die Kulissen verlegt. Eine Aura der Peinlichkeit umgibt diese Sphären des menschlichen Lebens.«[65] Abgeschirmt vor den Blicken Fremder, fristen »diese Sphären des menschlichen Lebens« in der Intimspäre des Paares nicht unbedingt ihr leidenschaftlichstes oder ihr glücklichstes Dasein, wie Millionen gelangweilte, frustrierte oder sexuell mißbrauchte Menschen bestätigen können. Die Privatsphäre hat die Sexualität oft stärker mystifiziert als erhellt, ihr vermeintlicher Schutz verwandelte sich nicht selten in ein Gefängnis.

Unabhängig vom Grad der partnerschaftlichen Liebe und Harmonie führt die Sexualität in vielen Ehen und Beziehungen ein veritables Schattendasein. Umfragen und Erfahrungen von Sexualberatern zeigen, daß die sexuelle Lust in der Berechenbarkeit des Beziehungsalltags immer häufiger auf der Strecke bleibt.[66] Die Lustlosigkeit, vor ein bis zwei Jahrzehnten noch eine Beziehungsrealität ohne dezidierten Krankheitswert, avancierte in den neunziger Jahren zur sexuellen Funktionsstörung Nr. 1. Egal, wie man die Problematisierung der sexuellen Lustlosigkeit bewertet – ihre Existenz als Massenphänomen widerlegt das Klischee, daß erst eine Liebesbeziehung erfüllte Sexualität ermöglicht, vielleicht am wirkungsvollsten.

Klischee Nr. 23: An der Lustlosigkeit in deutschen Betten ist die sexuelle Reizüberflutung schuld.

Es ist verführerisch einfach, die sexuelle Langeweile als ein Produkt des medialen Bombardements sexueller Reize zu deuten. In der Paradoxie der »Lustlosigkeit in deutschen Betten« inmitten einer sexualisierten Gesellschaft scheinen sich die widersprüchlichen Botschaften zu offenbaren, die Beziehungs- und Lifestyle-Sexualitäten an ihre Adressaten richten: Folge deinen Impulsen, aber bleib treu! Leb dich aus, aber respektiere die Gefühle deines Partners! Doch wie soll sich die Lust authentisch auf den Partner richten, wenn in den Medien ständig von Seitensprungagenturen, erotischen Chatrooms und Swingerclubs die Rede ist?

Diese These ignoriert jedoch etwas Wesentliches: Die sexuelle Verödung ist ein genuines Beziehungsphänomen. In außerehelichen Sexbeziehungen findet man sie nämlich weitaus seltener: Heimliche Geliebte fallen übereinander her, wenn sie sich sehen, und Prostitutionskunden zahlen keine Stundenhonorare von 100–500 DM, um mit Sexarbeiterinnen in partnerschaftlicher Idylle vorm Fernseher zu sitzen. Auch wenn Sexualität im Kontext von Liebesbeziehungen angeblich besonders intensiv empfunden werden soll, spricht das Erfahrungswissen vieler Menschen eher dafür, daß die Lustlosigkeit in einem überfrachteten Beziehungsideal angelegt ist. So hält der Paartherapeut Michael Mary die weitverbreitete Vorstellung, daß eine stabile Beziehung und lustvolle Sexualität dauerhaft zusammengehören, für eine Liebeslüge.[67] Nicht zuletzt die Geschichte der Prostitution gibt ihm da recht. Die Idee der Liebesheirat existiert seit etwa 200 Jahren. Sexuelle Beziehungen außerhalb der Ehe, prostitutive wie nicht-prostitutive, wurden dagegen zu allen Zeiten kultiviert. Die Sexualität stand, wie Mary so schön sagt, nie im Dienst der Paarbindung.

Neben der »natürlichen«, phasenhaften Lustlosigkeit in langjährigen Beziehungen verweist der Sexualwissenschaftler Gunter Schmidt auch auf die partnerdynamische Funktion sexueller Unlust.[68] Wenn Frauen anstatt zuviel zuwenig (körperlich) lieben, verbirgt sich hinter dem »Problem« oft ein Symptomgewinn in Form von Macht. Die sexuelle Verweigerung als heimlicher Triumph, als Geste der Autonomie – in bezug auf die Wünsche des Partners als auch auf eigene sexuelle Impulse – dient vor allem beziehungsinternen Machtinteressen. Die Freiheit, nein zu sagen, verdanken die Frauen der Emanzipation, doch nicht selten zahlen sie dafür mit einem asexuellen Lebensstil, mit Einbußen an Vitalität und Lebensqualität. Im Vergleich zu den zahlreichen Möglichkeiten, weibliche Lust selbstbestimmt auszuleben, ist ein pauschales Nein zur Sexualität die wohl trostloseste Form erotischer Selbstermächtigung.

Dabei sollte man meinen, daß Frauen von der Etikette partnerschaftlicher Egalität auch sexuell profitieren. Erstmals seit Jahrhunderten werden sie in ihren privaten Beziehungen als eigenständige sexuelle Wesen wahrgenommen und respektiert. Die Modalitäten partnerschaftlicher Sexualität werden heutzutage besprochen und ausgehandelt. Vom Mann werden Einfühlung, Sensibilität und Rücksichtnahme erwartet – ein bewußtseinsmäßiger Quantensprung im Vergleich zu den erotisch oft inkompetenten Väter- und Großvätergenerationen, die von der Frau kein autonomes sexuelles Erleben, sondern Verfügbarkeit einforderten. Nie genossen Frauen mehr Freiheit, die eigene Sexualität innerhalb einer Beziehung selbstbestimmt und bewußt zu kultivieren, als heute. Andererseits könnte ebendiese Etikette der Kommunikation, die dank Oswalt Kolle Einzug in deutsche Schlafzimmer hielt, als Garant sexueller Harmonie überschätzt worden sein. Das Rationalisieren der Libido nährte die Illusion einer steuer- und kontrollierbaren Sexualität, deren anarchisch-freie Seiten nach Belieben ignoriert, verleugnet oder wegmoralisiert werden konnten und sich Beziehungsinteressen unterzuordnen hatten. Wenn Beziehungen nur noch bedingt nach dem Lustprinzip funktionieren, liegt es auf der Hand, daß die sexuelle Lust ausgelagert wird: in Nebenbeziehungen, in die Prostitution und andere, tendenziell unverbindliche Sexkontakte, und zwar nicht nur von Männern. Bis zu 40% aller gebundenen Frauen gehen fremd.[69] Auch wenn Träume von monogamen Beziehungen in den Medien nach wie vor Konjunktur haben, befindet sich der Stellenwert, den Frauen der Sexualität in ihrem Leben einräumen, längst in einer Übergangsphase zwischen beziehungsorientierten und eher pragmatischen Sichtweisen.

Klischee Nr. 24: Liebesbeziehungen sind keine Tauschgeschäfte.

Man muß nicht erst Begriffe wie Versorgungsehe oder Ehegattensplitting bemühen, um zu erkennen, daß die Privatsphäre nie ein kommerzfreier Raum war. Zu allen Zeiten haben Frauen ihre sexuellen Ressourcen als Tauschgeschäft eingesetzt, entweder 1:1 gegen Bargeld oder Naturalien oder indem sie Sex gegen den Status der Ehefrau tauschten. Als die Generation unserer Großmütter heiratete, war es für die meisten selbstverständlich, die Aufgabe ihrer sexuellen Unerfahrenheit an das Ehefrauendasein zu knüpfen, das sie an Einkommen und Vermögen des Ehepartners beteiligte. Die Idee der romantischen Liebe verschleiert auch die Tatsache, daß es für die Mehrheit der Frauen immer schon überlebensnotwendig war, Versorgungsehen einzugehen. Weder Bildung noch der Arbeitsmarkt standen ihnen im gleichen Maße offen wie Männern, und wollten sie nicht als verachtete Prostituierte oder verarmte Alleinstehende enden, band sie eine repressive Sexualmoral automatisch in die Rolle der Ehefrau und Mutter ein. Die Generation unserer Mütter befreite sich durch eigene Berufstätigkeit zumindest partiell aus der Abhängigkeit der Familien- und Versorgungsehe. Doch auch deren Töchter geben ihre erotischen Ressourcen häufig nicht umsonst her. In den meisten Fällen erwarten sie Beziehungswerte: eine gleichberechtigte *Partnerschaft*, in der der Mann Liebe, emotionale Sicherheit und Treue *gibt* sowie Pflichten und Verantwortung in Haushalt und gemeinsamer Lebensführung mit ihnen *teilt*. Kaum jemand *investiert* Gefühle, ohne zu hoffen, daß sich der ganze Aufwand *lohnt*. Und nicht zuletzt entscheiden die *Plus- und Minuspunkte* auf dem *Beziehungskonto* über das Schicksal der Beziehung. Sex ohne immateriellen Mehrwert in Form von Beziehungsverbindlichkeiten oder Statusgewinn bleibt auch in Zeiten die Ausnahme, in denen lebenslange Ehen durch serielle Ehen oder Beziehungen abgelöst werden. Im Gegenteil: Das Denken in Kategorien des Gebens und Nehmens und die Idee einer Ausgewogenheit zwischen beiden Polen erfuhr durch den Verhandlungscharakter moderner Beziehungen sogar einen Aufschwung. Dabei geht es inzwischen nicht mehr primär um Versorgung oder um klar definierte Tauschgeschäfte, sondern um Partnerschaft und gleiche Rechte.

Klischee Nr. 25:
Männer sind sexuell aggressiv.

Es ist vor allem ein Verdienst des Feminismus, diesen Bewußtseinswandel hin zu mehr Gleichberechtigung angestoßen zu haben. Ein weiteres Verdienst bestand darin, einige dunkle Seiten der Sexualität aus dem Kerker der Privatsphäre zu erlösen: Vergewaltigung, sexueller Mißbrauch, sexuelle Belästigung. Es bedurfte großen Muts, die Anmaßungen und Übergriffe, die das Verhältnis zwischen den Geschlechtern jahrzehntelang vergiftet hatten, zu benennen und zu problematisieren. (Nicht umsonst nannte sich eine der ersten feministischen Zeitschriften *Courage*.) Doch indem Sex primär als männliches Macht- und Herrschaftsinstrument von feministischem Interesse war, entstand schnell der Eindruck, daß sich männliche Sexualität per se durch übergriffiges, egoistisches und aggressives Verhalten auszeichne. Die populärsten feministischen Parolen vermitteln den Eindruck eines unversöhnlichen sexuellen Interessenkonflikts: Andrea Dworkins Bonmot, daß der Geschlechtsverkehr ein Akt männlicher Kolonisierung sei, aber auch die Behauptung, »Pornographie ist die Theorie, Vergewaltigung ist die Praxis«, die sich trotz anderslautender empirischer Faktenlage in vielen Köpfen festsetzen konnte. Die Gleichsetzung von Sexualität und Gewalt begann auch für Alice Schwarzer beim Koitus als »unentbehrliche und zentrale Praxis in der Heterosexualität«. Aus feministischer Sicht erschien die vaginale Penetration als Inbegriff sexualisierter Gewalt. »Auch ist die psychologische Bedeutung dieses in sich gewaltsamen Aktes des Erniedrigens für Männer sicherlich nicht zu unterschätzen: Bumsen, wie es im Volksmund so treffend heißt, als höchste Demonstration männlicher Potenz!« schrieb Alice Schwarzer und schlußfolgerte: »Außerdem wird für viele Männer Gewalt gleich Lust sein und darum die Penetration vielleicht heute doch auch das Lustvollste.«[70]

Diese Art der Rhetorik hinterließ das Bild vom Jammertal

männlicher Sexualität: Männer waren sexuelle Monstren, penisschwingende Kolonisatoren. Schwanz- und orgasmusfixiert, standen sie den Bedürfnissen und Empfindungen der Partnerin gleichgültig gegenüber, instrumentalisierten ihre Sexualität für Zwecke der Macht, des Erfolgs und der Anerkennung. Dieses feministische Zerrbild entsprach auch in den siebziger Jahren keineswegs der Sachlage. Tatsächlich wiesen Shere Hite sowie die Sexologen Pietropinto und Simenauer schon damals nach, daß Männer mehrheitlich sexuell aktive Frauen bevorzugen, ihre Orgasmen lieber zugunsten einer längeren Lustphase zurückhalten und nichtkoitale Formen sexueller Aktivität ebenso genießen wie den Koitus.[71]

Mit solchen und ähnlichen ideologischen Positionen hat das feministische Establishment nicht nur jegliche Autorität verspielt, sich einigermaßen kompetent zu Themen der Männersexualität zu äußern. Indem Sexualität ausschließlich unter Gewaltaspekten thematisiert wurde, verriet der Mainstream-Feminismus auch den Diskurs über die Befreiung weiblicher Sexualität, der in den Anfangstagen des Feminismus noch eine entscheidende Rolle spielte. Er überließ die Sinnlichkeit Madonna, den analytischen Scharfsinn Camille Paglia und die naturwissenschaftliche Grundlagenforschung zur weiblichen Sexualität der Pharma-Industrie. Neben dem Schüren einer archaischen Sexualangst war sein einziger und wohl konsequentester Beitrag einer Lösung in Zeiten allgemeiner Verunsicherung ein von Männerhaß und separatistischen Heilsideen durchzogenes Lesbentum.

Klischee Nr. 26:
Frauen brauchen Liebe, um Sexualität lustvoll erleben zu können.

Mit seinen demoralisierenden Argumentationslinien hat der Mainstream-Feminismus nicht nur Männer und Frauen sexuell gegeneinander ausgespielt, sondern auch Frauen in ihrem sexuellen Expansionsdrang nachhaltig ausgebremst. Die polarisierende Logik feministischer Sexualmythen verweist Männer in die Rolle der Aggressoren und sieht Frauen als einen homogenen Block unendlich sensibler, komplexer und zärtlichkeitsbedürftiger Wesen. Das Bild einer defizitären, zerbrechlichen weiblichen Sexualität – ursprünglich eine Ideologie des Patriarchats, um Frauen unter dem Vorwand des Schutzes sexuell zu kontrollieren – erlebte unter feministischen Vorzeichen eine Renaissance. Frauen, die sich in ihrer Persönlichkeitsentwicklung an der Emanzipationsrhetorik orientierten, aber ihre heterosexuellen Neigungen nicht aufgeben wollten, waren auf eine einzige Möglichkeit zurückgeworfen, ihre Sexualität zu leben: die »Zweierbeziehung«. Insofern unterschied sich ihr Sexualleben kaum von dem ihrer Mütter und Großmütter, auch wenn die serielle Monogamie für mehr Erfahrungen und sexuelle Abwechslung sorgte. Daß die Aushandlungszwänge moderner Beziehungskultur, der private Geschlechterkampf, die sexuelle Lust aufeinander nicht eben steigerte, sondern den »sensiblen Stoff des Begehrens« (Alice Schwarzer) oft genug erstickte, hat die Lage zusätzlich verkompliziert. Was nicht unbedingt gegen die feministische Utopie einer Lebensform spricht, in der Mann und Frau sexuell gleichberechtigt sind – sondern gegen das Dogma, daß die Liebe zwischen zwei Menschen automatisch Exklusivrechte auf die sexuelle Treue nach sich zieht. Der Feminismus schien zu argumentieren: Mein Bauch gehört mir, aber meine Libido gehört dir.

Dabei waren die Voraussetzungen, Alternativen zu einer beziehungszentrierten Sexualität zu finden, nie so günstig wie im ausklingenden 20. Jahrhundert. Der Arbeitsmarkt und die Erfolge des Gleichstellungsfeminismus machten Frauen materiell unabhängiger von der Versorgungsinstitution Ehe. Die Befreiungsbotschaften der sexuellen Revolution ermutigten zu mehr Offenheit, zu Experimenten, zu Promiskuität. Die Pille, das Recht auf Abtreibung und ein vereinfachtes Scheidungsrecht stärkten ihre private Unabhängigkeit. Doch ein überfrachtetes Beziehungsideal hielt die weibliche Sexualität in den definierten Grenzen der monogamen Partnerschaft. Patriarchale Interessen und feministische Bewußtseinsarbeit trafen sich in der Annahme, die weibliche Sexualität sei eine höchst fragile Angelegenheit, die stark an die emotionale Sicherheit einer Beziehung gebunden ist. In diesem Punkt waren sich konservative Parteien, katholische Kirche und das feministische Establishment einig, was im übrigen auch die seltsame Allianz erklärt, mit der alle drei mit ähnlichen Argumenten Prostitutionskritik betreiben.

Ein Großteil der Frauenzeitschriften, an die der Feminismus die Diskursführerschaft in Sachen weiblicher Lebensführung weitgehend abgab, schüren ebenfalls Sehnsüchte nach »Traumpartnern« und produzieren romantisch verklärte Beziehungsideale als Projektionsfläche weiblicher Glücks- und Erlösungswünsche. So wird die Beziehung oder Lebenspartnerschaft – also praktisch die Ehe im neuen Gewand – weiterhin als Königsweg weiblicher Selbstverwirklichung gehandelt, als einziges Modell für die sexuelle Selbstentfaltung und einen gelungenen Lebensentwurf. Eingebettet in Liebesgarantien und ein behagliches Beziehungsidyll soll besonders erfüllt ablaufen, was außerhalb des Beziehungskontextes suspekt bleibt: weibliche Sexualität. Um sich in gesellschaftlich anerkannter Form als sexuell begehrte Wesen zu begreifen, sind Frauen also weiterhin stärker als Männer auf Beziehungen angewiesen.

Man wird fragen dürfen: Wie konnte ausgerechnet der Feminismus eine Diskursführerschaft in sexuellen Fragen erlangen, wenn die meisten Frauen eine für sie erfüllende Sexualität erst noch entdecken mußten? Wenn sie vorerst damit beschäftigt waren, die psychischen Folgeschäden jahrtausendealter patriarchaler Macht abzuschütteln? Was wußte der Feminismus von gutem Sex, außer daß er irgendwie einfühlsamer abzulaufen hatte als ein Übergriff? Es war vor allem der Opferstatus, der den Feministinnen ein Eintrittsticket in die von einem soziologistischen Zeitgeist beherrschte Diskussion bescherte, in der Privates gleichzeitig politisch zu sein hatte. Doch ein Feminismus, der Sex bevorzugt mit Sexismus oder Gewalt gleichsetzte, dessen emanzipatorische Ansprüche sich in beziehungsinternen Machtkämpfen erschöpften, der die Sinnlichkeit aufgab, korrumpierte letztlich das Geschlechterverhältnis. Seine sexualfeindlichen Botschaften trieben Männer ins Bordell und Frauen in die Therapie.

Klischee Nr. 27:
Man wird nicht zur Frau (zum Mann) geboren, sondern dazu gemacht.

Die Auswirkungen dieser Agonie sind bis heute zu spüren. In kaum einem Lebensbereich sorgt der Geschlechterkampf für so viel Verwirrung wie in Partnerschaft und Sexualität. Einerseits hat sich ein Common Sense herausgebildet, der besagt, daß das Innenleben von Männern und Frauen in getrennten Räumen stattfindet. Andererseits schwingen sich Therapeuten, Journalisten und Autoren zu Beziehungsrettern auf und suggerieren, daß die Widersprüche mit entsprechenden Einstellungsänderungen überbrückbar wären. Ein alter Streit ist entflammt über die Frage, ob Geschlechterdifferenzen biologisch begründet oder ein Produkt der Sozialisation sind. Bis in die neunziger Jahre hinein galt die Vorstellung, daß Unterschiede im Denken, Fühlen und Handeln von Männern und Frauen durch Erziehung, soziales Umfeld und kulturelle Prägung verursacht und vermittelt seien, als unumstritten und wurde zum kleinsten gemeinsamen Nenner der einflußreichsten Diskurse über Sexualität. Wenn Frauen und Männer sich wie Figuren auf einem Brettspiel nach vorhersehbaren Mustern bewegten, dann weil die Gesellschaft nichts anderes von ihnen erwartete. Feministinnen, Kapitalismuskritiker, Psychoanalytiker, Therapeuten und Vertreter der Gender Studies verstanden den Menschen auch in seinem Sexualverhalten als ein Produkt seiner (Macht-)Verhältnisse.

Die Wellen schlugen hoch, als sich naturwissenschaftlich orientierte Experten mit neuen physiologischen und evolutionspsychologischen Erkenntnissen in die Debatte einmischten. Sie behaupteten, Frauen und Männer seien keine Tabula rasa, die durch Umwelteinflüsse zur kulturellen Matrix werden, sondern hätten inhärente Tendenzen, sich auf bestimmte, z. B. auch geschlechtstypische Weisen zu verhalten. Eine Fülle von ethnologischen, endokrinologischen, genetischen, psychologischen und sexualwissenschaftlichen Untersuchungen schienen diese Perspektive zu untermauern. Und so gelten nach heutiger Lehrmeinung und derzeitigem Kenntnisstand einige geschlechtstypische Unterschiede als biologisch mit verursacht, z. B. die Geschlechtsidentität, das bei Männern stärker ausgeprägte räumliche Vorstellungs- und Orientierungsvermögen, eine stärkere Neigung zu unprovozierter Aggressivität sowie ein ausgeprägteres Sozialverhalten bei Frauen.[72] Andererseits wurden einige weitverbreitete Annahmen über typisch männliches oder weibliches Sexualverhalten gründlich revidiert.

Klischee Nr. 28: Männer sind von Natur aus promisker und haben eine stärkere Libido als Frauen.

Die Frage, ob Promiskuität, Treue, Monogamie und das größere Interesse von Männern an Gelegenheitssex biologisch oder sozialisatorisch begründet ist, löste selbst unter Evolutionsbiologen aufs hitzigste geführte Debatten aus. Konservative Wissenschaftler wie David Buss unterstellten Männern im Interesse eines gesteigerten Fortpflanzungserfolgs ein stärker promiskes Verhalten und Frauen ein Interesse an dauerhaften monogamen Beziehungen.[73] Doch je mehr man über die Mechanismen herausfand, die den Fortpflanzungserfolg begünstigen, desto klarer wurde auch: Frauen sind von der Natur nicht weniger zur Promiskuität disponiert als Männer. Der britische Biologe Robin

Baker widerlegte das Klischee vom sexbesessenen Mann und der treuen Frau u. a. mit dem Nachweis, daß wahllose Mehrfachbegattungen den Fortpflanzungserfolg nicht stärker steigern als z. B. die monogame Paarbindung.[74] Daß Frauen nicht von Natur aus auf Treue geeicht sind, zeigen u. a. auch die Beobachtungen der modernen Primatenforschung über promisk lebende Menschenaffenweibchen und die Vorteile, die sich aus der Fähigkeit zum unsichtbaren Eisprung ableiten.[75] Anders als z. B. bei Schimpansenweibchen gibt es bei Frauen keine nach außen hin sichtbaren Anzeichen für die fruchtbaren Phasen ihrer (ohnehin nicht immer berechenbaren) Zyklen, was die Partnerbewachung erheblich erschwert und weibliche Untreue tendenziell begünstigt. Die weibliche Promiskuität erfüllt wissenschaftstechnisch sogar alle Voraussetzungen, um als biologische Prädisposition anerkannt zu werden. Erstens ist sie im Artenvergleich bei fast allen Tierweibchen, von Singvögeln bis zu Primaten, ausführlich beobachtet und dokumentiert worden. Zweitens sprechen ethnologische Beobachtungen (und nicht zuletzt das Alter und die globale Verbreitung der Prostitution) dafür, daß es sich um eine transkulturelle Universalie weiblichen Verhaltens handelt.[76] Drittens zeigt die über Zeiträume und Kulturen hinweg relativ konstante Zahl sogenannter »Kuckuckskinder«, daß eine weibliche Neigung zur Promiskuität trotz Sozialisation zu Treue nicht vollständig diszipliniert und kontrolliert werden kann.

Ähnliches gilt für die Bereitschaft zur Wahrnahme flüchtiger Sexkontakte. Mit einem gewissen Aha-Effekt liest man in der Studie »Casual sex on spring break« der kanadischen Sexualwissenschaftlerin Eleanor Maticka-Tyndale, daß von 681 studentischen Teilnehmern eines Frühlingscamps Männer und Frauen gleich häufig Gelegenheitssex aufnahmen, wobei die Männer dies von der Gruppennorm, die Frauen von einem Konsens des Freundeskreises und dessen Beteiligung am Sexgelage abhängig machten.[77] Mit anderen Worten: Frauen machten ihre unverbindlichen

Sexkontakte von der Sexualmoral ihres engeren sozialen Umfeldes abhängig.

Frauen sind nicht nur ebenso promisk wie Männer, sie sind auch ebenso »triebstark«. Weltweit arbeiten Naturwissenschaftler daran, die Vorstellung libidogedämpfter Wechseljahre zumindest teilweise als ideologischen Mythos einer jugendlichkeitsfixierten Gesellschaft zu entlarven. So belegen verschiedene kulturübergreifende Studien, daß die Stärke der weiblichen Libido eher von der Häufigkeit sexueller Aktivitäten abhängt als vom Alter und die Lustlosigkeit von einer Vielzahl hormonunabhängiger Faktoren begünstigt wird.[78] Männer und Frauen zeigen bei sexueller Erregung die gleichen hormonellen Reaktionen, was dafür spricht, daß das sexuelle Begehren bei Männern wie Frauen stark hormongesteuert abläuft. Häufiger Sex erhöht den Testosteronpegel bei beiden Geschlechtern, was die Lust auf Sex steigert und intensiviert. Wo immer Wissenschaftler ihren Probanden Pornos zeigen und ihnen dabei Blut abzapfen, stellt sich heraus, daß der Testosteronspiegel bei beiden Geschlechtern ähnlich stark ansteigt.[79] Natalie Angier und Helen Fisher berichten von postmenopausalen Frauen in Pflegeheimen, die eine gewisse sexuelle Hemmungslosigkeit an den Tag legen.[80] »Wenn der weibliche Sexualtrieb im Vergleich mit dem männlichen tatsächlich gedämpft ist«, so die Anthropologin Barbara Smuts, »warum müssen die Männer überall auf der Welt so drastische Maßnahmen ergreifen, um ihn zu zügeln und im Zaum zu halten?«

Die wirklich produktiven Fragen lauten also nicht mehr, ob Männer von Hause aus triebstärker und promisker sind als Frauen, sondern unter welchen Umständen sich die eine und der andere promisker oder monogamer verhalten. Amerikanische Anthropologinnen verweisen darauf, daß ein promisker Lebensstil den Frauen prähistorischer Jäger- und Sammlergesellschaften materielle Vorteile einbrachte, da das Konzept einer »geteilten Vaterschaft« mehrere Männer in die materielle Pflicht nahm.[81] Da in diesen Gesellschaften das Überleben nicht vom Oberhaupt einer Kleinfamilie, sondern von der Gruppe für die Gruppe organisiert wurde, stärkten promiske Verbindungen den Zusammenhalt. Die Entwicklung der Monogamie setzte erst ein, als die Interessen einzelner Gruppen mit denen anderer kollidierten. Die sexuelle Treue sicherte das Überleben einzelner Gruppenverbände. Der Bedeutungsschwund der monogamen Dauerbeziehung für das materielle Überleben könnte also der gemeinsame Nenner an beiden Enden des Zeittunnels sein, der Grund dafür, weshalb unsere Urahnen ihre promisken Neigungen ebenso unbefangen auslebten wie ihre Nachfahren in der Spaßgesellschaft heutiger Prägung. Wenn existenzsichernde Alternativen zur Kleinfamilie bestehen, verliert die Monogamie ihre überlebenswichtige Bedeutung.

Anders als ursprünglich befürchtet, inspirierte die moderne Evolutionspsychologie also keinen biologistisch fundierten Backlash, sondern eine Fülle von Belegen für die Gleichheit des sexuellen Begehrens und Erlebens. Sie stärkte auch ein Bewußtsein für Zusammenhänge zwischen Lebensstilen und dem Austausch von Ressourcen. So zeigt sich, daß die männliche Neigung zur Promiskuität mit ihrer stärkeren ökonomischen »Potenz« einherging (und Frauen sie so lange akzeptierten, wie sie von Ehen und Beziehungen materiell abhängig waren). Wirtschaftliche Unabhängigkeit und Scheidung stehen in einem klaren Zusammenhang. Als Frauen zwischen 1970 und 1990 in den westlichen Industrieländern auf den Arbeitsmarkt strömten, verdoppelten sich die Scheidungsraten in Kanada, Frankreich, England und Deutschland. Entsprechend werden Frauen heutzutage früher untreu als noch in den fünfziger Jahren.[82] Auch der Sexualwissenschaftler und Gender-Papst Robert Connell konstatiert im 20. Jahrhundert neben einer allgemeinen Zunahme außerehelicher Kontakte und einer höheren Anzahl vorehelicher Sex-Partner einen Trend zur Annäherung männlichen und weiblichen Sexualverhaltens.[83]

Klischee Nr. 29: Die sexuelle Treue ist ein Grundwert ohne sekundären Nutzen.

Aus evolutionsbiologischer Sicht sind Tauschgeschäfte eine Grundtatsache menschlichen Lebens, ein uraltes soziales Prinzip, das weder auf Geld noch auf materielle Ressourcen beschränkt ist. Als in den siebziger Jahren aus einigen Ecken der Hurenbewegung heraus postuliert wurde, daß auch die solide Ehefrau sich prostituiert, nahm man diese Gleichsetzung vor allem als Provokation wahr. Doch damals hatte das Konzept des sekundären Gewinns den Sprung aus dem Schatten des gesellschaftlichen Vorbewußtseins in die Arena der Auseinandersetzung auch noch vor sich. Aus evolutionspsychologischer Sicht verhilft der vermeintliche Altruismus einer Familienfrau zu sozialem Ansehen und einer stabilen Rollenidentität. Wie erstrebenswert dieser Sekundärgewinn für viele Frauen ist, läßt sich u. a. daran ermessen, wie eine Gesellschaft mit ungebundenen Frauen im Vergleich zu ungebundenen Männern umgeht. Am deutlichsten aber tritt der Tauschgeschäft-Charakter moderner Beziehungen zutage, wenn diese auseinanderbrechen, z. B. wenn ein Teil meint, mehr zu geben als zu nehmen, was sich auch auf die Anteile »emotionaler Arbeit« beziehen kann.[84]

Dieser aus immateriellen Werten wie Statusgewinn oder sozialer Akzeptanz bestehende Sekundärgewinn disponiert Frauen geradezu für monogame Beziehungen. Treue Frauen werden nicht nur sozial stärker akzeptiert als promisk lebende Frauen, sondern auch von Männern für Langzeitbeziehungen favorisiert. Dabei ist die sexuelle Treue von Frauen weniger eine biologische Norm als eine Anpassungsleistung an die sexuelle Doppelmoral, und diese wird nicht zuletzt von deutschen Prostitutionskunden fortgeschrieben. »Bezüglich der Erwartung an sexuelle Treue zeigte sich zumindest bei einem Teil der befragten Männer eine Doppelmoral«, meinen Kleiber und Velten. »Ganz andere, nämlich härtere Maßstäbe und Normen wurden für weibliche Sexualität als für männliches Verhalten zugrunde gelegt. Während fast drei Viertel der Freier (72,5%) sexuelle Treue bei Frauen für ›unbedingt‹ oder ›eher notwendig‹ hielten, hatte nicht einmal die Hälfte (44,8%) diese Einstellung bezüglich sexueller Treue bei Männern.«[85] Aber Treue ist zumindest in der männlichen Wahrnehmung relativ. »Wenn ich mit Männern übers Fremdgehen rede«, so Oswalt Kolle, »sagen sie mir knallhart, sie gehen nicht fremd, sie sind absolut treu. Ich frage: ›Und? Prostituierte?‹ – ›Ja‹, erwidern sie dann, ›das ist doch was ganz anderes.‹«

2 Sexuelle Tauschgeschäfte

Klischee Nr. 30: Männer haben mehr Sexualpartner als Frauen.

Befragt man Männer und Frauen nach der Anzahl ihrer Sexualpartner, so geben Männer in der Regel deutlich mehr Kontakte an als Frauen. Konfrontiert mit dieser mathematisch eigentlich ziemlich unlogischen Datenlage, mutmaßten zahlreiche Wissenschaftler zunächst, daß Männer zu Übertreibungen und Frauen zu Untertreibungen neigten. Als der amerikanische Sozialwissenschaftler Dewon D. Brewer die durchschnittliche Anzahl sexueller Tauschgeschäfte in diese statistische Schieflage hineinrechnete und plötzlich ein mathematisch ausgewogenes Ergebnis erhielt, war eine neue Erklärung für das Ungleichgewicht geboren: Prostituierte kamen in diesen Berechnungen nicht vor. Sie tauchten weder direkt in den Befragungen noch indirekt in der zugrunde gelegten Population auf. Der Grund: Die Population wird nach Haushalten erfaßt. Doch viele amerikanische Prostituierte, besonders die mit den meisten Sexualkontakten, leben nicht in Haushalten, sondern auf der Straße, in Motels, Gefängnissen, Obdachlosenasylen oder anderen Institutionen. Auch wegen ihrer späten Arbeitszeiten waren sie für Mitarbeiter, die die Interviews durchführten, nicht erreichbar.[86]

Diese Geschichte illustriert, wie leicht es ist, die Prostitution auszublenden, wenn von Sexualität die Rede ist und damit automatisch ihre beziehungszentrierten Erscheinungsformen gemeint sind. Daß prostitutive und Beziehungssexualitäten sich nicht nur im Hinblick auf ihre statistische Repräsentation unterscheiden, zeigt ein Blick auf das Verhalten von Sexarbeiterinnen und ihren Kunden. Weder feministische Argumente von sexualisierter Gewalt oder ungleich gewichteter Macht noch die Selektionsprozesse der Lifestyle-Sexualität sind geeignet, um die tiefere psychologische und erotische Realität sexueller Tauschgeschäfte zu erfassen. Was sich in der Sexarbeit abspielt, sprengt vielmehr bisherige Vorstellungen über männliche und weibliche Sexualität, über Sex in Privatbeziehungen und in der Prostitution.

Klischee Nr. 31: Prostituierte sehen aus wie aufgedonnerte Barbiepuppen.

Zu den vielleicht verblüffendsten Beobachtungen in der Sexarbeit gehört die Tatsache, daß dort auch Frauen sexuell begehrt werden, die sich Schönheitsidealen oder Klischeevorstellungen von weiblichem Sex-Appeal verweigern. »Die Leute haben oft die Vorstellung, jede Hure ist dick geschminkt, trägt einen kurzen Rock und ist aufgedonnert«, meint Nadja. »Als ich an der Straße stand, trug ich oft ganz normale Kleidung, Jeans, T-Shirt usw. Im Bordell habe ich mich im Zimmer manchmal mit Lockenwicklern vorgestellt, oder wenn wir uns gerade gegenseitig die Haare gefärbt haben, dann habe ich gar nicht eingesehen, meine Haare bei der Vorstellung unter einem Handtuch zu verstecken. Trotzdem hatte ich immer reichlich Gäste.« Für die blasierte Lifestyle-Gesellschaft ist dieser Regelbruch schwer zu verkraften. So schreibt der *Spiegel* über eine bekannte Hurenaktivistin: »Stephanie Klee ist schon lange keine 18 mehr, und sie als Schönheit zu bezeichnen hieße, die Höflichkeit sehr weit zu treiben. Ihre Gesichtszüge sind derb, das Kinn ist kräftig und ausgeprägt, die Augen blassblau, zwischen den nachgezogenen Augenbrauen stehen zwei steile Kerben. Ihre Statur ist grobknochig, mit breiten Schultern, schweren Hüften, und dass sie zehn Kilogramm abnehmen könnte, weiß sie selbst. Ihr Haar ist gefärbt, feuerwehrrot, und rot ist auch ihre Leinenbluse, ihr Rock. Die Farben sind zu laut für sie, ihr Parfum ist zu schwer.«[87]

In Zeiten, in denen die Sexualität außerhalb der Privatsphäre kaum thematisiert wurde, war es selbstverständlich, daß sich erotische Geschmäcker individuell ausdifferenzierten. Erst der mediale Zugriff auf die Sexualität unter den Vorzeichen des Konsums führte zu einer Gleichsetzung von Schönheitsideal, Sex-Appeal und erotischer Kompetenz. Zu keiner Zeit hat es eine vergleichbar verengte Definition von Sex-Appeal bei gleichzeitiger Ausweitung auf Fragen der erotischen Kompetenz gegeben. Aber was sagen Jugendlichkeit, Schlankheit und Trendbewußtsein über die Fähigkeit zu erotischer Leidenschaft aus? Man wird lange suchen müssen, um für mögliche Zusammenhänge eine hormonelle oder genetische Basis zu finden.

Da ist es keine geringe Ironie, daß das Regelwerk des ästhetischen Konformismus ausgerechnet in der Prostitution und der Pornographie ausgehebelt wird. Offenbar kennen und respektieren Bordelliers und Pornoproduzenten die unterschiedlichen Geschmäcker ihrer Klienten genauer bzw. besser als die Medien. Ein Blick in die Pornoabteilung eines beliebigen Sexshops zeigt, daß die Zielgruppe weder alters- noch aussehensmäßig auf einen einzigen Typ Frau festgelegt ist. Das gleiche gilt für die Mitarbeiterinnensuche von Bordellbetreibern, die ebenfalls pluralistischer abläuft als das, was uns aus den meisten Lifestyle-Magazinen entgegenspringt. In diesem Zusammenhang verweisen Bordellchefinnen oft auf die Qualitäten älterer Frauen, die auf dem Partnermarkt benachteiligt sein mögen, aber in den

Kavernen des käuflichen Sex durchaus gefragt sind. Obwohl das äußere Erscheinungsbild keine unwichtige Rolle spielt, machen die Betreiber und die Frauen immer wieder die Erfahrung, daß Sex-Appeal, so wie ihn der Kunde definiert, weniger an Schönheitsideale oder Alter als an Ausstrahlung gekoppelt ist. »Es geht um Fleischeslust und nicht um Knochenlust«, um es mit Lady Verona zu sagen.

Die sexuellen Neigungen gehen ihre eigenen Wege: Larissa

Warum ein Mann eine Frau aussucht, weiß man manchmal nicht. Die sexuellen Neigungen gehen ihre eigenen Wege, und die haben nicht immer etwas mit Jugend oder Schönheit zu tun. Das wird in den Medien zwar so dargestellt, aber im Puff kann es ganz anders sein. Da gehen gutsituierte Männer, die elegante, schöne Frauen an ihrer Seite haben, wie es gesellschaftlich so Sitte ist, im Puff zu einer Frau, die vielleicht mit Anfang 40 anfängt, weil die Kinder aus dem Haus sind. Eine Frau, die ganz normal aussieht, nicht unbedingt sehr attraktiv oder sehr sexy. Das erotisch Anmachende ist keineswegs immer eine junge oder hübsche Frau.

Die Vielfalt der Altersgruppen und Frauentypen, die in der Sexarbeit und der Pornographie nachgefragt wird, stützt ein psychoanalytisch geprägtes Verständnis von Sexualität, demzufolge sexuelle Präferenzen weniger durch Medieneinflüsse als durch individuelle, zum Teil frühkindliche Prägungen motiviert sein können. Daß Bordelle z. B. auch Freiräume für das sexuelle Ausloten von Altersunterschieden und tabuisierte Partnerwünsche sein können, diese Erfahrung macht Mia beinahe täglich.

Ab und zu wollen die Männer etwas Kräftiges in der Hand haben: Mia

Zu den jungen Mädchen, die so um die 19 oder 20 sind, kommen die deutlich älteren Männer. Und zu mir kommen wiederum viele junge Männer so um die 18, 19 Jahre. Heute morgen erst hatte ich wieder eine Nachricht auf dem Anrufbeantworter: »Ja, ich bin 19 Jahre, und ich bin so verliebt in dich, ich seh dich manchmal im Fernsehen, ich möchte so gerne mal vorbeikommen, ruf mich doch mal an.« Auch meine Pfunde stellten nie ein Problem dar. Die ganze Welt redet immer, wie schön schlank alle sein sollen. Ich vertrete die Ansicht, jede soll so viel essen, wie sie meint, daß es ihr gut tut und sie sich dabei wohl fühlt. Es gibt genug Männer, die etwas Molliges mögen, da soll man gar nicht immer meinen, daß die Dünnen bevorzugt werden – überhaupt nicht. Ich interessiere mich sehr dafür, deshalb rede ich auch immer mit den Freiern darüber. Ein Mann mit Ring am Finger, verheiratet: Ich sage: »Na? Und? Deine Frau ist bestimmt ganz schlank.« – »Ja, woher weißt du denn das?« – »Naja«, sag ich, »zu dir paßt eine schlanke Frau.« –»Jaja, meine Frau ist gertenschlank.« Ich sage: »Siehst du, und zu mir kommst du.« Die Männer lieben das Schlanke zum Renommieren – auf Parties, bei Freunden, im Geschäftsleben, aber hin und wieder möchten sie doch mal was Kräftiges in der Hand haben.

Klischee Nr. 32: Der Kunde hat mehr Macht als die Prostituierte.

Die Prostituierte als Dienerin, der Kunde als zahlender Despot, die Dienstleistung als zeitgeistige Verbrämung eines krassen Machtgefälles – dieses Modell der Sexarbeit existiert eher in der akademischen Phantasie als in der Realität der selbstbestimmten Prostitution. Da die Kunden in der Regel wechseln und die Beziehungen zu ihnen kurz sind, haben Frauen häufig mehr Handlungsspielräume und Autonomie als in Arbeitssituationen mit mehr oder weniger festgefügten Abhängigkeits- und Machtdynamiken. Die Prostitutionsforscherin Roberta Perkins kommt sogar zu dem Ergebnis, daß Frauen in der selbstbestimmten Sexarbeit mehr Macht besitzen als in anderen sozialen Kontexten: Sie setzen Grenzen, sind wirtschaftlich unabhängig und »weit entfernt vom feministischen Bild der Prostitution als Paradebeispiel weiblicher Unterdrückung«.[88] Mit den üblichen Ausnahmen (sehr junger, unerfahrener, unter Drogen oder Zwang agierender) Prostituierter verstehen Sexarbeiterinnen, daß es nicht um männliche, sondern um weibliche Macht geht. Schließlich sind es ja die Männer, die etwas von ihnen wollen: Sex, Zuwendung, Nähe, Aufmerksamkeit.

Die Spielregeln in einem Stuttgarter Studio

Wir wollen uns mit Dir vergnügen, und nicht »Kohle um jeden Preis«! Daher sind wir sicher, daß Du Verständnis für unsere Spielregeln hast:

Französich und Verkehr nur mit Kondom! – und Du glaubst nicht, wie schön das sein kann!

Kein Zeitdruck Deinerseits – bring bitte genug Zeit mit. Wer hört schon gerne auf, wenns gerade schön wird ... Da einige von uns außerdem Amateure sind, wollen sie ihre Lust nicht nach der Uhr richten müssen.

Kein Alkohol und schon gar nicht Drogen!

Nur Einzelempfang – keine grölenden Junggesellenparties.

Diskretion und Verschwiegenheit gegenseitig (!), da wir auch in einem normalen Berufsleben stehen.

Hygiene und Sauberkeit –Wir wollen uns nicht »abtörnen« lassen.

Angemessener Umgangston uns gegenüber. Beleidigungen und Frechheiten verhindern verständlicherweise einen offenen Umgang miteinander. Daher werden wir in solchen Fällen von unserem Hausrecht Gebrauch machen (Klartext: Rausschmiß!)[89]

Ähnliches gilt für die Vorstellung, daß die Bedingungen und Abläufe des sexuellen Tauschgeschäftes einseitig vom Kunden diktiert werden. Sie ist so absurd wie die Annahme, daß es in einer privaten Beziehung automatisch psychologische Machtgleichgewichte und sexuelle Harmonie gibt. Der Verhandlungscharakter moderner Beziehungen findet sein prostitutives Pendant in Absprachen und Abgrenzungsmanövern. Jeder eigenverantwortliche oder unter fairen Bedingungen vermittelte Kontakt mit einem Kunden läuft auf einen mündlichen Vertrag hinaus. Vorgespräche, Preislisten oder die Hausordnung regeln Art, Umfang, Preis der Dienstleistung und den allgemeinen Umgang. Im Bordell oder Studio begibt sich der sexhungrige Mann in einen Kontext mit Rahmenbedingungen und Abläufen, die von anderen festgelegt wurden und eingespielten Mustern folgen. Im Grunde genommen drehen sich die Machtverhältnisse um: Er wartet auf die Dienstleisterin, legt Kleidung und Wertsachen ab, wird in die Dusche geschickt, nackt ins Zimmer geführt und diskret auf Krankheitssymptome untersucht. Entblößt, sexuell bedürftig und als einer unter vielen befindet er sich psychologisch in der Defensive. »Die Frau auf dem Zimmer hat immer die Macht«, so Nadja. »Einmal hatte ich einen Kunden, der kaute in aller Seelenruhe einen Kaugummi. Ich sagte: ›Könntest du bitte den Kaugummi aus dem Mund nehmen? Oder machst du das zu Hause auch?‹ Daraufhin er: ›Nee, zu Hause mach ich das nicht, aber warum kann ich den denn hier nicht zu Endekauen?‹ Daraufhin ich: ›Gut, wir machen es einfach so: Du kriegst die 70 Mark zurück und kannst gehen. Entweder nimmst du mich als Frau wahr oder als Mülltonne.‹ Da wurde er ganz kleinlaut, nahm den Kaugummi aus dem Mund und legte ihn in den Aschenbecher.«

Das Geld strukturiert die Kundenbeziehung in einer Weise, die die Frau stärker ermächtigt als allgemein angenommen. Das Prinzip der Vorkasse verleiht ihr zumindest theoretisch die Macht, die gemeinsam verbrachte Zeit ganz nach Gusto zu gestalten, sobald er das Geld auf den Tisch gelegt hat. Für Larissa sind die Machtverhältnisse schon bei der Auswahl zugunsten der Frau verteilt: »Eigentlich hat man als Frau schon Macht über einen Mann, wenn er dich von fünf oder sechs Kolleginnen aussucht. Irgend etwas an mir gefällt ihm. Er will mich und keine andere. Und schon habe ich eine gewisse Macht. Und dann bekomme ich das Geld. Man kann sagen, er hat die Macht, weil er das Geld hat. Aber wenn ich es in meinen Händen halte, ist es mein Geld. Und dann muß er zusehen, daß er was von seinem Geld hat. Ich bin nicht der Typ, der die Männer über den Tisch ziehen will. Aber es obliegt meiner Macht, ob er das kriegt oder nicht.«

Zugeständnisse und Lernprozesse: Evelin

Natürlich gibt es Frauen, die sich in erster Linie des Geldes wegen prostituieren und dazu neigen, Zugeständnisse zu machen. Aber die sind ja nicht von mir genötigt oder bedrängt – im Gegenteil, ich versuche die meist zu bremsen. Aber wenn eine Frau wirklich mit jedem geht, auch wenn ihr der noch so unangenehm erscheint, dann ist das ihre ureigene Entscheidung. Und ich muß dazu sagen, daß es auch in anderen Jobs nicht immer nur Spaß macht. Auf der anderen Seite habe ich in der Prostitution gelernt, auch mit Männern Lust zu empfinden, an denen ich auf der Straße vorbeigelaufen wäre, die vielleicht sogar in irgendeiner Form unattraktiv waren und denen ich früher keine Chance eingeräumt hätte. Als Jugendliche habe ich mich in die Diskothek gesetzt und nach dem schönsten Mann Ausschau gehalten. Alle anderen, die durften mich gar nicht ansprechen. Erst in der Sexarbeit habe ich gemerkt, man kann richtig Spaß haben mit Männern, mit denen man sich das vorher gar nicht vorstellen konnte. Das war für mich ein sehr wertvoller Lern- und Reifeprozeß, denn seitdem gehe ich nicht mehr nur nach dem Äußeren.

Klischee Nr. 33: Prostituierte haben bei den Freiern keine Wahl.

Die Vorstellung, daß Prostituierte mit unattraktiven Männern Sex haben müssen, sei es aus Geldnot oder weil es die Politik des Hauses verlangt, gehört zu den abschreckendsten Prostitutionsklischees. Dort, wo Frauen Kunden ablehnen können, läßt sich jedoch beobachten, daß gängige Attraktivitätsnormen nicht nur für die Gäste, sondern auch für die Frauen an Bedeutung verlieren, ohne daß die Sexualität deshalb als Zumutung erlebt wird. Im Gegenteil: Dort, wo es vordringlich um Sexualität geht, zeigt sich, daß die Botschaften des Lifestyle ihre disziplinierende Wirkung einbüßen. Prostitutionskunden, von denen ja mehr als die Hälfte privat gebunden ist, repräsentieren aber nicht nur ästhetisch ein breites Spektrum der männlichen Bevölkerung, sondern auch in puncto Persönlichkeit. Der rücksichtslose, sexuell aggressive Freier, der Frauen zu Handlungen nötigt, die sie erniedrigen oder ihre persönlichen Grenzen überschreiten, ist aber ein Klischee, die Ausnahme vom Regelfall. »Gleichwohl ist bemerkenswert, daß entgegen dem oftmals auch in den Medien verbreiteten Bild vom aggressiv durchsetzungsfähigen und -bereiten Freier der durchschnittliche Prostitutionsbesucher sich vom Durchschnittsbürger diesbezüglich nicht unterscheidet«, schreiben Kleiber und Velten und kommen damit zu den gleichen Resultaten wie neuere internationale Studien. »Vergleichsweise häufiger werden es Prostituierte sogar mit aggressiv gehemmten und submissionsbereiten Männern zu tun haben.«[90] In eine ähnliche Richtung gehen Erfahrungen von Projekten und Journalisten, die selbst im Bereich des Sextourismus mit seinen angeblich so klar verteilten Rollen beobachten, daß Stammfreier von ihrer Dienstleisterin emotional abhängig werden, während diese alles daransetzt, den liebeskranken Freier auf Abstand zu halten.[91] Den Aufwand, der nötig ist, um einen Kunden wieder loszuwerden, schätzen erfahrene Sexarbeiterinnen auch hierzulande eher gering ein. »Bei den schwierigen Kunden selektiert es sich von selbst«, so Julia. »Die merken, daß ich genervt bin und kommen dann nicht mehr so oft, oder ich reduziere von mir aus die Abstände.«

Klischee Nr. 34:
Prostituierte dürfen sich nicht sexuell abgrenzen oder eigene Lust empfinden.

Daß die Realität der selbstbestimmten Sexarbeit auch auf der Dienstleistungsebene keinen vertikalen Befehlsketten folgt, zeigt die Erfahrung, daß viele Kunden nicht mit festen Vorstellungen in die Begegnung gehen, sondern sich sozusagen vom Angebot insprieren lassen. »50% meiner Kunden wissen, was sie wollen«, so Laura, »die übrigen 50% überlassen mir das Programm.« Wie internationale Freierstudien und Erfahrungen von Sexarbeiterinnen zeigen, werden zudem überwiegend Praktiken nachgefragt, die auch in Privatbeziehungen gang und gäbe sind. Kundenwünsche und eigene Zumutbarkeitsgrenzen darüber hinaus so kompatibel wie möglich zu gestalten setzt ein klares Bewußtsein persönlicher Toleranzgrenzen voraus, aber auch Absprachen, die Fähigkeit, Bewegungsabläufe aktiv zu steuern, sich körperlich oder verbal gegen Küsse, aggressive Stoßbewegungen, unerwünschte Berührungen oder bestimmte Sexpraktiken abzugrenzen – in der selbstbestimmten Sexarbeit alltägliche Realität.

Bis hierher und nicht weiter: Nadja

Ich erinnere mich an eine junge Kollegin, die so gut wie alles mit sich machen ließ. Ich fragte sie: Warum sagst du ja zum Analverkehr oder zum Faustfick? Machst du das gerne, machst du es für dich selber, oder machst du es nur wegen der Kohle? Überleg doch mal, was du zuläßt und was nicht. Du kannst doch auch sagen, du möchtest das nicht. Manche Frauen, die geben sich einfach hin und überlassen den Freiern die Initiative. Denen versucht man natürlich die Botschaft zu vermitteln: Hör auf deinen eigenen Körper. Damit sie lernen, sich durchzusetzen und irgendwann in der Lage sind zu sagen: Bis hierher und nicht weiter.

Darüber sollte nicht verdrängt werden, daß Grenzüberschreitungen auch zu jeder privaten sexuellen Biographie gehören: Der Eintritt in die Sexualität, das Erproben jeder neuen sexuellen Ausdrucksform gleicht einer Verschiebung persönlicher Erfahrungsgrenzen. Und ebensowenig wie die Machtverhältnisse in privaten Sexbeziehungen automatisch ausgewogen sind, müssen Grenzüberschreitungen in kommerziellen Kontexten zwangsläufig als bedrohlich und destabilisierend erlebt werden. »Ich hatte mal einen Kunden, der rief an und wollte, wie er sich ausdrückte, die ›Toilette einer Lady‹ sein«, so eine Domina. »Ich antwortete: ›Gut, kommen Sie vorbei, aber ich kann Ihnen nicht versprechen, daß es klappt.‹ Ich hatte zwar von Kolleginnen gehört, daß sie den Zeitpunkt ihrer Ausscheidungen steuern können, aber ich selbst hatte das noch nie ausprobiert. Er kam vorbei – ein gutaussehender, erfolgreicher Mann – und schien meine Schwierigkeiten zu ahnen. Er sagte, er habe Möglichkeiten, mir die Sache zu erleichtern. Ich hockte mich über ihn, und er begann, mit seiner Zunge rund um meinen Anus zu streichen und meine Schließmuskeln zu lockern. Ich entspannte mich, und es funktionierte nicht nur, sondern es war die pure Lust.«

Eheanbahnung im Bordell: Evelin

Ich habe eine Freundin, die ist mit über 50 in die Prostitution eingestiegen und hat am Anfang gedacht, der Gast würde zu ihr sagen: Los, nun mach, zieh dich aus, ich hab dafür bezahlt. Richtig finster. Und dann war sie verwundert, wie bestrebt der Mann war, sie glücklich zu machen. Das ist den Freiern oft wichtiger, als selbst zum Orgasmus zu kommen, denn es erhöht ja auch ihr Selbstwertgefühl, wenn die Frau glücklich ist. Wenn

Männer sich dagegen von einer Prostituierten lustlos abgefertigt fühlen, sagen sie gern: »Das war eine Professionelle.« Ich sag dann immer: »Weißt du, das ist eigentlich ein blödes Wort, weil in jedem Beruf jemand als professionell bezeichnet wird, der seinen Job gut macht. Nur in der Prostitution wird das abwertend benutzt.« Für mich gehört der Spaß zur Professionalität dazu. Wenn man sich jedesmal überwinden muß, dann hat man den falschen Beruf.

Dementsprechend ist es so, daß viele Prostituierte emotional abblocken und dem Mann gar nicht die Möglichkeit geben, sich in sie zu verlieben. So wie wir es hier betreiben, haben sich schon viele zukünftige Paare gefunden. Ich kann sagen, daß in meinem Laden manche Ehen angebahnt und sogar Kinder der Liebe gezeugt worden sind. Wenn die Frauen wirklich freiwillig und gern der Prostitution nachgehen, dann verlieben sie sich auch mal in einen Gast. Oft verliebt man sich ja erst im Bett, und es wird ja nicht nur Sex praktiziert im Zimmer, sondern man redet ja auch miteinander. Im Verhältnis zur Häufigkeit der Geschlechtsakte kommt es natürlich selten vor, aber andererseits auch wieder öfter, als man denkt.

Daß Frauen in der Prostitution eigene Lustanteile ausleben, ist wohl das glaubhafteste Indiz für eine entspannte, sexuell gleichberechtigte »Arbeitsatmosphäre«. Auf der subjektiven Ebene des sinnlichen Begehrens zeigt sich, daß die psychologische Realität des sexuellen Tauschgeschäftes komplexer ist, als Vorstellungen eines starren, einseitigen Dienstleistungsverhältnisses nahelegen. »Wenn's ein Mann gut macht«, so lautet Mias berechtigte Frage, »warum soll ich nicht auch meine eigene Lust dabei entwickeln? Zumal sie teilweise regelrecht drum bitten: ›Also bei mir brauchst du gar nicht so viel zu machen, ich möchte lieber dich verwöhnen.‹ Dann sag ich immer: ›Wenn Du's gut machst, kannst Du gerne weitermachen.‹«

Daß bei der Sexarbeit auch bei den Frauen Lust aufkommt, reflektiert weder einen aktuellen Trend noch eine neue Erkenntnis. In den fünfziger Jahren befragte eine Forschergruppe um Alfred Kinsey 175 Prostituierte zu ihrem sexuellen Erleben. Resultat: Die Probandinnen wiesen sogar eine stärkere sexuelle Reaktion auf als die »Normalfrauen«, die für Kinseys Studie »Sexual Behavior in the Human Female« befragt worden waren. 90% der gesampelten Prostituierten gaben an, in ihren privaten Sexkontakten Orgasmen zu erleben, 80% erlebten Orgasmen mit Kunden. Somit waren nicht nur das Klischee, sondern auch die damalige Lehrmeinung, daß Prostituierte mehrheitlich unter Frigidität litten, eindeutig widerlegt.[92] Tatsächlich weisen auch neuere Studien nach, daß Sexarbeiterinnen im Vergleich zu anderen Frauen orgasmusfähiger sind.[93]

Allerdings litt das Thema »eigene Lust« bis vor kurzem auch bei Sexarbeiterinnen unter der Last des Tabus. In Zeiten und an Orten, wo unter Zwang gearbeitet wurde und weder Kunden noch bestimmte Dienstleistungen abgelehnt werden konnten, wurde die Trennung zwischen Sex mit Kunden und Sex mit Privatpartnern als psychologischer Selbstschutz und eine Form der Professionalität gewertet. Wer an den Zumutungen des Arbeitsalltags nicht zerbrechen wollte, mußte lernen, die Sexarbeit ohne echte emotionale Beteiligung, quasi als »Dienst nach Vorschrift«, zu absolvieren. Ein veränderter Zeitgeist und demokratischere Arbeitsbedingungen haben Orgasmen am Arbeitsplatz jedoch nachhaltig aufgewertet. »Die meisten sagen danach immer: ›Du hast doch gar keinen bekommen‹«, so Nadja über die Verblüffung mancher Kunden darüber, daß Lustschreie in Bordellen plötzlich authentisch klingen. »Das finde ich immer total lustig. Wenn du einen kriegst, sind sie sicher, du hast ihn vorgetäuscht.«

Nadja, die sich selbst als »Klischeehure« bezeichnet, weil sie als Mädchen von ihrem Vater vergewaltigt wurde und mit 13 Jahren in die Prostitution einstieg, widerlegt auch das Klischee, daß sexueller Mißbrauch zwangsläufig die eigene Lustfähigkeit zerstört. Anstatt in einer Beziehung lernte sie in der Prostitution, Sexualität zu genießen. Wenn es nach feministischen Konstruktionen weiblicher Sexualität ginge, hätte Nadja entweder ihren Lebensstil ändern oder sehr lange in einer Therapie an sich arbeiten müssen, um irgendwann mit einem Privatpartner Lust zu empfinden. Doch wenn sexuelle Aktivitäten nicht – wie in Privatbeziehungen vieler Mißbrauchsopfer – konsequent vermieden werden und wenn das eigene Begehren an unterschiedlichen Männern erprobt werden kann, ist es nur logisch, daß erfüllte Sexualität auch jenseits monogamer Bindungen erlebt werden kann.

Meistens wird irgendwann ein Freier mein Liebhaber: Nadja

Meinen jetzigen Freund traf ich vor acht Jahren im Bordell. Es lief wie bei jedem Gast: Er rief an, ich hob ab und beschrieb mich am Telefon: »1.75 groß, BH-Größe 90 C, Kleidergröße 38, ich schwanke so leicht in die 40, rothaarig, frech, Sommersprossen.« Das war sozusagen mein Standardspruch. Als er bei uns eintraf, war ich gerade mit einem anderen Kunden beschäftigt. Er wartete, bis ich mich bei ihm vorstellen konnte, dann gingen wir auf ein Zimmer. Dort stellte sich heraus, daß er eine private Phantasie inszenieren wollte: Ich sollte mich aufs Bett legen und so tun, als ob ich am Strand in der Sonne liege, während er mich verführt. Während er mir seine Phantasie schilderte, wirkte er unheimlich aufgeregt. Als ich ihn darauf ansprach, gestand er, eine Heidenangst zu haben. Es war sein erster oder zweiter Puff-Besuch nach dem Mauerfall, und er hatte keine Ahnung, was er zu erwarten hatte. Er hatte sogar einen Flachmann dabei und trank sich zwischendurch ein paar Schlückchen Mut an. Amüsiert trug ich das Geld in den Aufenthaltsraum, wo ich mit meinen Kolleginnen erst mal herzlich abgelacht habe. Zurück im Zimmer, legte ich mich dann aufs Bett und tat so, als liege ich irgendwo am Strand. Wie gewünscht, zierte ich mich ein bißchen, um schließlich die Willige zu spielen. Meine Inszenierung seiner Strandphantasie muß ihm zugesagt haben, denn eine Woche später stand er wieder vor der Tür, und mit der Zeit wurde er mein Stammgast.

Ich begann mich auf die Rollenspiele zu freuen. Mit jedem Besuch brachte er eine neue Idee mit, und auf diese Weise hatten wir nie abgedroschenen Sex. Im Laufe der Zeit wurden wir immer vertrauter miteinander. Manchmal aßen wir nach dem Sex zusammen Pfannkuchen und unterhielten uns. Irgendwann fragte er mich, ob wir uns nicht privat treffen könnten, doch dazu war ich noch nicht bereit. Als er mich wenig später wieder im Bordell besuchte, überreichte er mir ein offiziell wirkendes Schreiben. Ich staunte nicht schlecht, als ich realisierte, daß es sich um einen Aids-Test handelte. Obwohl ihm die Untersuchung beim Gesundheitsamt peinlich war, hatte er sich extra für mich untersuchen lassen! Irgendwie hat das alles verändert. Mit dem Geld, das er mir gab, ging ich zur Chefin und sagte: »Jetzt werde ich zum ersten Mal in diesem Laden ohne Kondom und ohne Geld Sex haben und so lange auf dem Zimmer bleiben, wie ich es will.« Nachdem ich diese Erklärung abgegeben hatte, ging ich zurück aufs Zimmer und gab ihm sein Geld zurück. »Ich möchte nicht, daß du mich jemals wieder im Puff besuchst«, sagte ich und gab ihm meine Privatadresse. Daraufhin küßte ich ihn und zerrte ihn für die nächsten drei Stunden ins Bett.

Da er verheiratet ist, mußten wir uns anfangs heimlich treffen und konnten uns auch nie lange sehen. Doch es war nur eine Frage der Zeit, bis seine Frau mißtrauisch wurde. Zu meiner großen Freude legte er daraufhin die Karten auf den Tisch und erwähnte auch, daß ich als Prostituierte arbeite. Er machte ihr klar, daß die Ehe von seiner Seite aus nicht in Gefahr ist, daß er mich aber weiterhin treffen werde. Und so verbrachte er die Wochenenden mit mir und die Arbeitstage mit ihr. Im Grunde genommen kam mir dieses Arrangement sehr gelegen. Da er ausgesprochen viel Nähe und Zärtlichkeit braucht, störte es mich nicht sehr, ihn mit ihr zu teilen. Nach einem Arbeitstag im Bordell stand mir nämlich der Sinn nicht gerade nach noch mehr Sex. Erst seitdem ich ausgestiegen bin, hat sich mein Empfinden geändert. Früher dachte ich manches Mal, wenn das Wochenende nahte: O Gott, jedes Wochenende Sex! Nicht schon wieder! Ich machte mir einen Spaß daraus, ihn als

Sexmonster zu betiteln. Jetzt hat sich das Blatt gewendet: Inzwischen bin wohl eher ich das Sexmonster.

Ehemänner, die einer »Professionellen« treuer sind als ihren Partnerinnen. Mißbrauchsopfer, die in der Prostitution lernen, was es heißt, Sexualität zu genießen. Prostituierte, die nicht umwerfend schön sind und ungeachtet dessen sexuell begehrt werden. Kunden, denen das Vergnügen der Sexarbeiterin wichtiger ist als ihr eigenes. Es läßt sich schwer leugnen: Die neuen Realitäten der Sexarbeit stellen gängige Annahmen über Prostitution und Sexualität gründlich auf den Kopf. Der ästhetische Konformismus der Lifestyle-Sexualität beißt sich am Pluralismus der Geschmäcker die Zähne aus. Gebundene Stammfreier und Sexarbeiterinnen, die mit Lust zur Tat schreiten, widerlegen das Klischee, daß Sex nur in einer verbindlichen Liebesbeziehung intensiv erlebt werden kann. Auch die Lustlosigkeit in deutschen Betten, ein Phänomen der Beziehungssexualität, sucht man an den Schauplätzen der neuen Sexarbeit umsonst. Gleiches gilt für feministische Horrorszenarien von ungleich gewichteter Macht und sexualisierter Gewalt. Kulturelle Mythen sind aber auch stärker als wissenschaftliche Fakten. Die Vorstellung, daß Männer mehr Sex brauchen, suchen und genießen als Frauen, hat es Frauen ermöglicht, informelle Kontrakte um die Illusion eines Mangels, einer künstlichen Angebotsknappheit herum zu konstruieren, sei es als sexuelles Tauschgeschäft oder durch die Anbahnungsrituale von Privatbeziehungen.

Die gängigen Diskurse über Sexualität scheitern aber nicht nur an der Komplexität und den tieferen psychologischen Realitäten der Sexarbeit, sondern auch an mangelnden Kontrollgruppenvergleichen. So weist manches darauf hin, daß das sexuelle Erleben von Frauen in Beziehungen nicht zwangsläufig intensiver, harmonischer oder erfüllter ist als das von Sexarbeiterinnen. Das gilt auch für die persönliche Autonomie. Die sexuellen Erfahrungsvorsprünge von Sexarbeiterinnen, ihr entromantisierter Umgang mit

Sexualität und das zeitlich begrenzte Verhältnis zum Kunden erleichtern es, Grenzen zu setzen. Wer im Rahmen einer privaten Beziehung oder eines Arbeitsverhältnisses Grenzen setzt, riskiert zumindest theoretisch existentiellere Konsequenzen als in der selbstbestimmten Sexarbeit.

3 Sexuelle Identitäten

Sexberatung mit Ehefrauen: Nadja

Ich erinnere mich an einen Krankenhausaufenthalt wegen einer Eierstockentzündung. Ich saß mit einer Gruppe von Frauen im Aufenthaltsraum. Wir strickten und qualmten und guckten Dallas. Eine der Frauen bekam Besuch von einem Typen, den ich kannte, einen Zuhälter. Er kam rein, sah mich und fragte laut und vernehmlich: »Na, Nadja, gehst du immer noch anschaffen? Oder bist du wegen deinem Bockschein hier?« Für die Frauen war Dallas immer der Höhepunkt des Tages gewesen, aber nach diesem Auftritt griffen alle ihr Strickzeug und verließen fluchtartig den Raum. Während der nächsten Tage durfte ich Dallas allein gucken. Jedesmal wenn ich in den Aufenthaltsraum kam, sind sie alle wie die Gänse rausgegangen. Endlich, nach Tagen, kam eine ältere Dame auf mich zu. Sie entschuldigte sich für ihr Verhalten und suchte das Gespräch. Dabei stellte sich heraus, daß sie vermutete, daß ihr Mann ins Bordell geht. Ich fragte sie, ob sich ihr Sexualleben in letzter Zeit verändert habe. Sie erzählte mir, daß sie keine Lust auf Oralsex hatte, weil der Penis ihres Mannes nicht sauber roch. »Also ich denke, wenn er Oralsex liebt, dann geht er nicht in den Puff, weil er Sie nicht mehr mag, sondern um sich einen blasen zu lassen«, beruhigte ich sie und schlug vor, sie könnte ihn ja zunächst mit einer Massage verwöhnen und seinen eingeölten Penis anschließend mit einem warmen Waschlappen reinigen. »Sie müssen ja nicht sagen: ›Du stinkst‹«, beschwichtigte ich sie.

Am nächsten Tag komme ich wieder in den Aufenthaltsraum und stelle fest: Die Frauen bleiben alle sitzen. Es kam zu einer

Aussprache. Sie entschuldigten sich und erklärten, sie hätten sich erst mal so vor den Kopf geschlagen gefühlt, daß sie nicht wußten, wie sie damit umgehen sollten, daß ich als Prostituierte arbeite. Ja, und dann gab es nur noch ein Thema: Sex, und zwar sämtliche Kategorien. Schwänze. Fremdgehen. Was kann ich tun, um meinen alten Sex-Appeal zurückzubekommen. Was kann ich tun, wenn aus Verliebtheit Normalität wird. Wie kann ich den Sexakt abkürzen, wenn ich müde bin. Wie kann ich ihn hinauszögern. Welche neuen Anregungen kann ich in unser Sexleben einbringen. Wie reagiere ich, wenn mein Mann vorschlägt, gemeinsam einen Porno anzusehen. Kurz und gut: Ich hab mit den Ehefrauen Beratung gemacht. Und als ich aus dem Krankenhaus entlassen wurde, gaben sie mir ihre Telefonnummern und schenkten mir Konfekt.

Klischee Nr. 35:
Partnerinnen von Freiern sind unbeteiligte Dritte.

Von allen am Tauschgeschäft Beteiligten ist die Partnerin des Prostitutionskunden der Teil des sexuellen Dreiecks, der nicht nur im Schatten, sondern in tiefschwarzer Finsternis liegt, die große Unbekannte, die wie eine Sphinx über den Sexarbeitsszenarien schwebt. Ahnt sie, daß sie Teil einer solchen Konstellation ist? Und falls ja, wie geht sie damit um? Wagt sie es, offen über ihre vermutlich ambivalenten Empfindungen zu sprechen? Über die Beziehungsfragen, die die grenzüberschreitenden Sexaktivitäten ihres Partners aufwerfen? Zumindest nach Studien über Partnerinnen von Prostitutionskunden sucht man vergebens. Doch die Mauer des Schweigens kann nicht verbergen, daß die meist schweigende Dritte an den Tauschgeschäften beteiligt ist – subtil, aber unmittelbar und in unterschiedlicher Form. Es beginnt bei der Motivationslage der Kunden. So äußerten sich Prostitutionskunden in der Hydra-Freierstudie höchst aufschlußreich darüber, was Sexarbeiterinnen gegenüber festen Partnerinnen attraktiv macht:

1. der Reiz des Neuen, die Abwechslung, Spannung, Neugier, Abenteuer,
2. Unverbindlichkeit, keine Erwartungen in puncto Beziehung, Verantwortung etc.,
3. kein Leistungsdruck, kein Zwang zur Aktivität, Passivsein-Dürfen, sich verwöhnen lassen,
4. Unkompliziertheit, Unbefangenheit, Lebenslust, freier Umgang mit Sexualität.[94]

Diese Statements sprechen für sich. Im Vergleich zum Prostitutionskontakt wird die Beziehungssexualität von den gebundenen Kunden offenbar weder als gleich intensiv noch als ähnlich befreiend erlebt. Klar: Daß der Reiz des Neuen sich auf beiden Seiten allmählich verflüchtigt, scheint irgendwie in der Natur einer langjährigen Beziehung zu liegen. Doch inwieweit Sexualität für Beziehungsinteressen oder gar Machtspiele instrumentalisiert wird, liegt durchaus im bewußten Ermessen von Beziehungspartnern. Sexuelle Verweigerung, Lustlosigkeit und erotischer Konservatismus seitens der Partnerin sind nur drei klassische Muster, die sexuelle Treuebrüche geradezu provozieren.

Als passives Ende des Dreiecks wird die Partnerin aber auch zur Zielscheibe von Abwehrmechanismen. Nach den Erfahrungen von Hydra sprechen rund die Hälfte der Männer aus Angst vor Streit, Unverständnis, Trennung, Liebes- und Sexentzug mit ihren Partnerinnen nicht über ihre Prostitutionsaktivitäten. Konfrontiert mit Ausreden, Lügen oder Gedächtnislücken, wird sie in eine Situation gebracht, auf Unstimmigkeiten zwischen männlichen Worten und Taten zu reagieren. Selbst wenn es für sie einen Unterschied macht, ob er sich mit einer Prostituierten oder einer heimlichen Geliebten vergnügt – woher soll sie wissen, woran sie ist, wenn er sich einfach nur komisch verhält? Ob die heimlichen Sexaktivitäten offengelegt oder geleugnet werden – es entsteht eine emotionale Leerstelle, ein Widerspruch zwischen Schein und Sein, der nach Auseinandersetzung und Verarbeitung ruft. Immerhin macht uns das Beziehungsideal weis, daß die emotionale Tiefe der Liebe an die sexuelle Treue gekoppelt ist.

Geht man von der Gefühlslage einzelner Partnerinnen aus, die sich in einer solchen Situation an Sexualberater gewandt haben, so werden wir Zeugen sexueller Identitätsschwächen, Rationalisierungen und Projektionen. »Die Frauen sagen, sie haben meist mehr Angst, daß ihr Mann sich verlieben könnte, als daß er zu einer Prostuierten geht«, resümiert Oswalt Kolle seine Erfahrungen aus der medialen Sex-Beratung. »Das sei angeblich nur körperlich – was natürlich Quatsch ist. Denn da werden ja auch bestimmte Phantasien befriedigt, die offenbar in der Beziehung nicht zu befriedigen sind. Die Frauen beteiligen sich an der Doppelmoral, indem sie die Prostituierten abwerten, nicht aber den Mann. Nach dem Motto: Mein Mann ist ja ein netter Kerl, der geht nicht fremd, der geht nur ab und zu zu einer Nutte, einmal die Woche braucht der das.«

Wenn erotischer Genuß ein Stück Lebensqualität darstellt, dann ist die treue Privatpartnerin wohl die Verliererin dieser Menage à trois – selbst wenn sie zwischen sexueller und sozialer Treue unterscheidet, selbst wenn sie sich sexuell entlastet fühlt oder von möglichen Schuldgefühlen des Mannes profitiert. Ob sie sich mit diesen Sekundärgewinnen zufriedengibt, ob sie an Märchen von Geschäftsessen oder männlichen Triebüberschüssen glaubt – all das ändert nichts an der Tatsache, daß ihr Mann sich mit einer anderen Frau amüsiert, die das Vergnügen möglicherweise teilt, während sie sich sexuell beschränkt. Vieles spricht dafür, daß die Auseinandersetzung mit ihren eigenen, geringeren sexuellen Handlungsspielräumen nicht nur ihre Beziehung, sondern auch ihre Einstellung zu Prostituierten negativ beeinflußt.

Wie gehen Monogamistinnen damit um, daß die große Mehrheit der Männer phasenweise oder dauerhaft ein sexuelles Doppelleben führt? Daß Überstunden, Treffen mit Freunden oder Geschäftsessen geheime Sex-Aktivitäten tarnen? Daß die Welt voll frei flottierender sexueller Energien ist, die an ihr vorüberziehen? Empfindet sie Eifersucht, oder überläßt sie anderen neidlos das Vergnügen? Ist der Begriff sexueller Treue für sie ebenso teilbar wie für viele Freier? Gibt es Formen sexueller Außenkontakte, die sie für beziehungskompatibel hält, und andere, die ein Grund zur Trennung wären? Oder wehrt sie die narzißtische Kränkung durch Moralapostelei und Männerhaß ab? Akzeptiert sie die doppelten Treuestandards, und wie prägen die widersprüchlichen Weiblichkeitsgebote ihre sexuelle Identität?

Zappeln lassen oder Geld nehmen: Nadja

Ich gehe lieber für Geld anschaffen, als daß ich durch die Diskotheken ziehe und es unentgeltlich mache. Ich habe zum Beispiel eine Freundin, die hat im Spanienurlaub mit drei Männern geschlafen. Und alle drei Erfahrungen, so sagt sie selbst, haben ihr nichts gebracht. Da habe ich sie gefragt: »Warum nimmst du nicht Geld dafür?« Vor allem verliebt sie sich immer so schnell. Sie guckt einen Mann an, verliebt sich und steigt mit ihm in die Kiste. Hinterher ist er weg, und sie ist enttäuscht. »Jetzt verstehe ich auch, warum eine Beziehung bei dir nicht länger als einen Monat hält«, sagte ich zu ihr. »Die Männer wollen eine Frau erobern. Entweder mußt du sie zappeln lassen oder Geld dafür nehmen.«

Ich denke, es geht vielen Frauen so. Sie haben eine rosarote Brille auf, wenn es um Sex geht. Auch wenn man sich verliebt, kann man denjenigen erst mal eine Weile beobachten. Ich meine, ich hab's ja auch gelernt. Früher habe ich auch immer geglaubt, jeder, der mich anlächelt und mir etwas zu trinken bestellt, hat sich in mich verliebt. Oder auch umgekehrt: Er faßt mir an den Busen, und ich merke, daß es in meiner Vagina anfängt zu kribbeln – also bin ich verliebt. Ich habe schnell festgestellt, wie wichtig es ist, Sex und Liebe und Romantik nicht in denselben Topf zu werfen.

Klischee Nr. 36: Männer spalten die emotionalen Anteile ihrer Sexualität ab, während Frauen Sexualität ganzheitlich erleben.

Ungeachtet aller naturwissenschaftlichen und historischen Belege hat es sich eingebürgert, promiske Neigungen als eine typisch männliche Verhaltensweise und gleichzeitig als eine Art psychischen Defekt zu bewerten. Daß Männer gelernt haben, zwischen Liebe und Sexualität zu unterscheiden, wird nicht als Stärke, sondern als bedenkliche Abspaltung emotionaler Anteile interpretiert, die – so wird unterstellt – zu »gesunden« oder »reifen« sexuellen Beziehungen gehören. Tatsächlich ist die Leitidee einer ganzheitlichen Lebens- und Sexualpartnerschaft im Vergleich zur Menschheitsgeschichte eine relativ junge Erscheinung, die sich, am faktischen Beziehungsalltag gemessen, bislang vor allem als Ideal durchsetzen konnte. Zu allen Zeiten und in allen Kulturen hat es beziehungsorientierte und autonome Sexualitäten gegeben. Das Schwierige daran ist weder die »Spaltung« an sich noch eine ungleiche Rollenverteilung. Schließlich überschreitet jeder treulose heterosexuelle Mann seine Beziehungsgrenzen mit einer anderen Frau. Problematisch ist allerdings der Umstand, daß ein und dasselbe Verhalten bei Männern und Frauen mit zweierlei Maß gemessen wird.

Das war nicht immer so. Glaubt man Anthropologen, so zeigt ein Blick in den Alltag der Urgesellschaften, daß es in den Steinzeithöhlen meist nicht monogamer zuging als in neuzeitlichen Swingerclubs. Selbst im Mittelalter wurden Frauen und Männer als gleichermaßen sexuell interessierte, lebenslustige und promiske Wesen wahrgenommen, wie zahllose Chronisten der Zeit überliefern. Wie ein kollektives Flashback flackert seither immer wieder ein Bewußtsein für die grundsätzlich gleichartigen sexuellen Bedürfnisse von Männern und Frauen auf, zuletzt in den sechziger und siebziger Jahren des 20. Jahrhunderts. Wenn diese kurzen

Phasen sexueller Gleichberechtigung bestenfalls befreiende Erinnerungsblitze an versunkene Epochen blieben, so liegt das vor allem an den traumatischen Auswirkungen der Hexenverfolgungen. An der Schwelle zur Neuzeit markieren sie eine entscheidende Wende zwischen dem ausgelassenen Treiben unserer sexhungrigen Vorfahrinnen aus dem Mittelalter und dem Bild der angepaßten, tugendhaft-keuschen und sexuell passiven Bürgersfrau, die ihre Sexualität in den Dienst der Fortpflanzung, ihr Leben in den Dienst der Familie stellt. Nachdem sich Marterblöcke, Scheiterhaufen und der Haß fanatisierter Mobs drei Jahrhunderte lang ins kollektive Bewußtsein der Frauen gebrannt hatten, wurde es zu einer Überlebensfrage, die Vorteile sexueller Autonomie gegen die Nachteile sozialer Ausgrenzung abzuwägen. Seitdem ist vor allem die Frauenwelt gespalten – in gute und in böse Mädchen.

Wurde die Zähmung sexueller Impulse für die einen zur Grundlage ihres sozialen Ansehens als treue Ehefrauen und Mütter, so fielen sexuell aktive Frauen automatisch (und oft unabhängig davon, ob sie tatsächlich Geld von ihren Sexpartnern erhielten) in die Kategorie Hure. Fanden die einen ihren Platz in der bürgerlichen Gesellschaft, so fristeten die anderen ein bisweilen lebenslustiges, aber stigmatisiertes Dasein an der sozialen Peripherie. Wie Licht und Schatten sich gegenseitig bedingen, so basierte das Ansehen der einen auf der Abwertung der anderen. Doch nicht nur Männer profitierten von dieser oft beklagten »Spaltung« des Frauenbildes in Huren und Heilige. Die Hure entlastete und beschützte die ehrbare Frau – vor Ansehensverlusten, vorehelicher Sexualität, Schwangerschaftsängsten, sexuellen Anspruchshaltungen, Experimenten und Aktivitäten, die sie inakzeptabel fand.

In den ehrbaren Welten der Bürger löste alles, was mit Sexualität zusammenhing, zunehmend Scham- und Peinlichkeitsgefühle aus und wurde mit einem Bann des Schweigens belegt. Dabei verdrängten Männer und Frauen das Sexuelle ganz unterschiedlich: Regelmäßig beobachteten

Psychoanalytiker, daß bürgerliche Frauen ihre libidinösen Energien oft bis an den Rand des Wahnsinns unterdrückten und Männer lustvolle Sexualität so stark mit Prostitution assoziierten, daß sie Sex mit Prostituierten, nicht aber mit ihren Ehefrauen genießen konnten.[95] Durch diese Spaltung fand sich die Prostituierte in der zunehmend asexuellen, von Pflichterfüllung und Statusdenken durchdrungenen bürgerlichen Gesellschaft des 19. und frühen 20. Jahrhunderts in der Rolle der Hüterin einer reinen, von der Fortpflanzung abgekoppelten Sexualität wieder.

Die bürgerliche Gesellschaft profitierte durch dieses Arrangement, denn die Prostitution stabilisierte die Ehe gegen die bindungszersetzende Wirkung männlicher Promiskuität. Da jeder Bürger die Tugend seiner weiblichen Familienmitglieder kontrollierte, waren die Frauen und Töchter anderer Bürger für außerehelichen Sex zwangsläufig tabu. So fanden vor allem ledige, verwitwete, verstoßene Frauen oder Waisen den Weg in eine Profession, deren Marktgesetze garantierten, daß die Freier anonym blieben und alleinstehende Frauen materiell überlebten. »Geld bewegt Eigentum, das ansonsten zum Dauerbesitz einer Klasse erstarren würde«, so der Finanzexperte James Buchan. »Selbst Glücksspiel, Prostitution, Betrug, Inflation und andere Nebenwirkungen dienen letztlich diesem nützlichen sozialen Vorgang.«[96] Schweigegeld und Gnadenbrot – im Grunde genommen war der Liebeslohn eine Art sozialer Kitt. Ohne sexuelle Tauschgeschäfte – da sind sich Prostitutionsforscher einig – hätten sich die promisken Neigungen der Männer unter Bedingungen der Doppelmoral nur in noch mehr Vergewaltigungen, sexuellem Mißbrauch oder (zu diesem Zeitpunkt in Mitteleuropa historisch anachronistischen) Sklavereisystemen entladen können.[97]

Klischee Nr. 37:
Die sexuelle Doppelmoral existiert nicht mehr.

Das duale System der Geschlechterbeziehungen – hier die entsexualisierte Ehefrau, dort die Hure – erscheint uns heute antiquiert. Entweder das eine oder das andere zu sein erinnert an die eindimensionale Logik des 19. Jahrhunderts. In einer Zeit, in der Frauen gleichzeitig Karrierefrauen, gute Hausfrauen und Mütter sein und dabei wie Top-Models aussehen sollen, haben festgefügte, lebenslange Identitäten ausgedient. Doch ein Blick in die Klatschspalten genügt, um zu erkennen, daß sich trotz einer Vielfalt weiblicher Rollenmodelle die Tentakel der Doppelmoral bis heute um unser Denken und Fühlen schlingen. Wenn Boris Becker seitenspringt, macht ihn das interessanter. Wenn Hera Lind außerehelichen Verlockungen erliegt, ist ihr Ruf in Gefahr. Die Souveränität, mit der ein Franz Beckenbauer oder ein Roberto Blanco ihre Seitensprünge gesellschaftlich überstanden, und die versteinerte, maskenhafte Attitüde der Haltung, die die Ehefrauen der Fremdgänger an den Tag legten, sprachen Bände.

Doch die Doppelmoral beschränkt sich nicht auf unterschiedliche Maßstäbe bei Treuebrüchen, sondern auch auf die gezielte, selbstbestimmte Vermarktung des eigenen Sex-Appeal. Wie das Beispiel der kurzen Kollaboration von Party-Girl und Moderatorin Ariane Sommer mit dem Nachrichtensender n-tv zeigt, läßt sich das Image einer sexuell starken Frau mit bürgerlichen Karrieremustern selbst nach der Jahrtausendwende (noch) nicht vereinbaren. Selbst in Zeiten, in denen Begriffe wie Tugend und Keuschheit durch Begriffshülsen wie Beziehungsfähigkeit und Treue abgelöst wurden, in denen Frauen wirtschaftlich unabhängig sind und autonom über ihre Familienplanung bestimmen, in denen Sexualität immer stärker individualisiert wird und Beziehungsverbindlichkeiten nicht mehr zu den gesellschaftlichen Übereinkünften gehören, wenn zwei Menschen Sex miteinander haben, gilt das ungeschriebene Gesetz, daß

Männer ein Geschlecht besitzen, Frauen hingegen ihr Geschlecht sind.

Der gesellschaftliche Gewinn dieser Moral ist mehr als fraglich, vor allem wenn man bedenkt, daß ihre psychosozialen Auswirkungen die Beziehungen zwischen Männern und Frauen schleichend vergiften. So wie Männer sich an Sex berauschen, berauschen sich Frauen häufig an einer unrealistischen und letztlich infantilen Verschmelzungsromantik. So tendieren Frauen immer noch dazu, ihre unverwirklichten sexuellen Autonomie- und Expansionswünsche durch emotionale Bedürftigkeit, übersteigerte Sehnsüchte nach Nähe und permanenter Kommunikation zu kompensieren und, wenn diese ausbleiben, durch selbstgerechte Klagen und Vorwürfe einzufordern. Männern wird einerseits dieselbe sexuelle Selbstbeschränkung abverlangt, aber unklar bleibt, was sie für diese freiwillige Selbstkontrolle im Gegenzug erwarten dürfen: den Status eines Beziehungspartners, ein friedlich-harmonisches Beziehungsklima, guten Sex und ewige Liebe? Man könnte also meinen, daß es eher die Frauen sind, die die autonome Seite ihrer Lust abspalten.

Der Psychoanalytiker Hans-Joachim Maaz nennt diese Disposition den »Lilithkomplex« und bezeichnet seine psychosozialen Folgen als »verheerend. Die allgemeinen Symptome ranken sich bei beiden Geschlechtern um die Identitätsschwäche als Frau oder Mann, mit allen Ängsten und Unsicherheiten in der Partnerschaft. Die Frau begibt sich freiwillig aus unbewußter Bedürftigkeit oder gezwungenermaßen aus patriarchaler Vorherrschaft in eine untergeordnete und abhängige Position, aus der sie den Mann mit ihren unerfüllbaren Sehnsüchten und Wünschen quält und schließlich die Beziehung mit ihren Enttäuschungen und dem Haß terrorisiert und zerstört. Die unterdrückte Lilith in ihr macht sie unzufrieden-bedürftig und läßt sie zickig-hexisch agieren, indem sie über Leiden, Klagen und Vorwurfshaltung Macht zu erlangen versucht.«[98]

Während sich gesellschaftliches Ansehen und promiske

Sexaktivitäten für Männer selten ausschließen, prägt die doppelte Moral auch heutzutage noch die sexuellen und sozialen Identitäten von Frauen. Für ihre jeweiligen Lebensstile zahlen Monogamistinnen und promisk lebende Frauen unterschiedliche Preise. Müssen die einen die selbstwertmindernden Auswirkungen des Stigmas abwehren, so setzen sich die anderen mit Lügen und sexuellen Identitätsschwächen auseinander, wenn der Mann »fremdgeht«. Wenn die Fassade der bürgerlichen Märchenwelt erste Risse bekommt, wird vielen Frauen klar, daß sie im Namen eines Beziehungsideals auch sexuell verzichtet haben, und zwar selten aus einer natürlichen Lust an der sexuellen Beschränkung. Vieles spricht dafür, daß Frauen die sexuellen Freiheiten ihrer Partner keineswegs neidlos tolerieren: steigende Zahlen untreuer Frauen ebenso wie moralische Überheblichkeit und feministisch inspirierte Haßtiraden auf untreue Männer. Wenn Frauen keinerlei Bedürfnisse nach sexueller Abwechslung hätten, könnten sie ihren promisken Partnern ja gelassen gegenübertreten und deren Neigung, ihr Sperma nach dem Gießkannenprinzip zu verteilen, ebenso leidenschaftslos akzeptieren wie ihre Fähigkeit, schneller zu laufen, schwerer zu heben oder mehr Alkohol zu trinken.

Der Konflikt um sexuelle Identitäten spiegelt sich auch in der Strenge, mit der sich manche bürgerlichen Frauen zum Thema Sexarbeit äußern. »Prima Puff in Wilmersdorf, und jetzt auch noch erlaubt«, schrieb Tissy Bruns im *Tagesspiegel* nach dem Richterspruch in Sachen Bezirksamt Wilmersdorf gegen das *Café Psst!* und fragte weiter: »Kann eine neue Akzeptanz der Prostitution daraus hergeleitet werden, dass man Frauen nicht bevormunden darf? (...) Prostitution bleibt unsittlich, auch wenn Staat und Rechtsprechung sie legalisieren.«[99] Es ist kein Zufall, daß sich der Ärger bürgerlicher Frauen oder auch der sozialreformerische Eifer abolitionistischer Frauenverbände bevorzugt an den selbstbestimmten Formen der Prostitution entzünden.

Hier lief schon immer ein verdeckter, aber erbitterter Konkurrenzkampf um verdrängte Kosten-Nutzen-Rechnungen. Er kreist um die unausgesprochene Frage: Wenn sexuelle Freiheit ohne Ressourcen- und Ansehensverluste möglich ist, worin besteht dann der Sinn von Tugend, Treue, Beziehungsarbeit? Warum in Diäten, Fitness-Studios und Schönheitsoperationen investieren, wenn Durchschnittsfrauen sexuell begehrt werden, Spaß haben und mit Sex auch noch Geld verdienen? Warum Verzicht üben? Weil sie sich der Vitalitäts- und Autonomieeinbußen bewußt sind, die sie im Namen der Liebe und der Treue auf sich nehmen, beteiligen sich auch bürgerliche Frauen an einer pauschalen Abwertung der Prostitution, indem sie Sexarbeiterinnen psychische Probleme unterstellen, sie bemitleiden, bevormunden und ausgrenzen. »Warum fordern Frauen, die Prostituierten helfen wollen, darunter viele Feministinnen, in erster Linie Polizeimaßnahmen und Bestrafung von Kunden?« fragt die britische Hurenaktivistin Laura Agustin. »Mit welchem Recht glauben Frauen aus der Mittelklasse, sie müßten ihre Schwestern aus der Arbeiterklasse ›retten‹ und in die Gesellschaft resozialisieren? Was würde passieren, wenn wir die Zentrizität der bürgerlichen Kleinfamilie in Frage stellten und gleichzeitig fragten, warum so viele Menschen ihr Heim bzw. ihre Heimat verlassen, um Sex zu haben?«[100]

Man kann den bürgerlichen Prostitutionskritikerinnen den Hinweis nicht ersparen, daß sie sich in ihren Argumenten selten an Fakten, dafür um so öfter an Sexualmythen und abstrakten Moralhülsen orientieren, die sie keiner Realitätsprüfung unterziehen. In der Regel sind die Abolitionistinnen weder über die komplexen Szenarien der Prostitution noch über die aktuellen Zustände auf dem Partnermarkt informiert. Ihre sexualpessimistischen Ferndiagnosen konstatieren auch dort Defizite an Würde, Beziehungsfähigkeit und psychischem Wohlbefinden, wo de facto sexuelle und emotionale Erfahrungsvorsprünge das Bild beherrschen.

Wenn manche Frau ein bißchen mehr Hure wäre, dann würde es uns vielleicht gar nicht geben: Mia

Viele Ehefrauen unserer Kunden lehnen Oralsex ab oder haben anderweitige Berührungsängste. Manche ziehen nicht gerne Strümpfe, Strapse oder hochhackige Schuhe an. Das sind ja so die kleinen Wünsche der Männer. Die Werbung ist nun mal auf Frivolität und Schicksein ausgerichtet, und die Männer sehen das tagtäglich im Fernsehen, in den Zeitungen oder Illustrierten. Sie möchten eine aufgemotzte Frau im Bett haben. Und wenn die eigene Ehefrau das nicht möchte, wenn sie keine schicke Reizwäsche trägt und lieber im Dunkeln und unter der Bettdecke zur Tat schreitet, naja nun, dann brauchen sich die Frauen nicht zu wundern, wenn die Männer zwischendurch auch mal zu uns kommen. Ich hab da so ein geflügeltes Wort: Wenn manche Ehefrauen ein bißchen mehr Hure wären, dann würde es uns vielleicht gar nicht geben.

Klischee Nr. 38: Prostituierte sind Opfer.

Dabei ist es eine lerntheoretische Binsenweisheit, daß sich Kompetenz aus Erfahrung ableitet. Vieles spricht dafür, daß Prostituierte nicht nur sexuell erfahrener sind, sondern auch gelernt haben, die Intimkommunikation resoluter zu steuern als manch eine durch romantische Projektionen blockierte Monogamistin. Sexprofis sprechen häufiger über sexuelle Vorgänge als Normalfrauen, handeln die Modalitäten des Sexaktes aktiver aus als Privatpartnerinnen und sind weniger leicht emotional zu erpressen als Frauen, die Sex ausschließlich im Kontext einer Liebesbeziehung leben. Anders, als es das Klischee will, sind sie keine passiven Befehlsempfängerinnen, sondern aktive Sexpartnerinnen auf Zeit. »Niemand hatte mich je darauf vorbereitet, daß Sex eine Sache war, die man tat, eine Aktion, eine aktive Entscheidung«, so Phoebe Müller in ihrem Roman über sexuelle Bildungslücken zu Beginn ihrer Prostitutionstätigkeit. »Etwas, das mit Können und Taktik zu tun hatte. Sex war eine Sache, die geschah. So war es mir zumindest immer vorgekommen. Ich war schockiert, wie wenig ich wußte. Von der richtigen Technik beim manuellen Sex, von verschiedenen Oraltechniken, geschweige denn davon, wie man einen Mann ›anheizte‹.«[101]

Nicht zuletzt entlarvt die Opferrhetorik auch die Arroganz eines Mainstreams, der das monogame Beziehungsideal zum einzig gültigen Modell weiblicher Selbstverwirklichung erklärt. Dabei mangelt es weltweit nicht an Sexarbeiterinnen, die zu Protokoll geben, daß sie angesichts des guten Lebens in der Prostitution an einer klassischen Beziehung oder Ehe nicht die Spur interessiert sind.[102] Indem der Mainstream alle anderen Formen weiblicher Lebensführung am Beziehungsideal (und nicht an dessen Realität) mißt, entwertet er nicht nur die Standpunkte und Erfahrungen der Sexarbeiterinnen. Er inflationiert und entweiht auch den für Monogamistinnen so lebenswichtigen Begriff der Liebe, indem er eine egozentrische Anspruchshaltung und hollywoodreife Träume von der Machbarkeit des Glücks schürt.

Wie lassen sich diese atmosphärischen Spannungen, das historische Erbe einer Doppelmoral, die wir oft gar nicht mehr als solche wahrnehmen, überwinden? Sexarbeiterinnen können »Normalfrauen« nicht nur Tips, Tricks und Techniken mit auf den Weg geben, sondern auch ein Bewußtsein dafür, daß die Gleichschaltung von Liebe und Sexualität nur ein Modell sexueller Selbstbestimmung ist. Anstatt Männern die zweifelhaften Freuden sexueller Beschränkung anzutragen, könnten mehr Frauen das Treuegebot als das erkennen, was es in Zeiten expandierender kommerzieller Sexangebote ist: eine Option unter vielen, und für Frauen nicht selten ein psychologisches Verlustgeschäft. Solange Männer bereit sind, für Sex zu zahlen, und Frauen für Sex Beziehungswerte erwarten, könnte die Frage, wem die eigenen erotischen Ressourcen umsonst zur

Verfügung gestellt werden, bewußter gegen die Alternativen abgewogen werden. Indem Sexarbeiterinnen ein Bewußtsein dafür vermitteln, daß guter Sex etwas wert ist, werfen sie auch die alte Frage nach gesellschaftlichen Übereinkünften neu auf. Wenn Sex nicht länger eine Beziehung oder Ehe nach sich zieht, Männer und Frauen sich aber nicht auf gegenseitigen erotischen Genuß als Selbstzweck verständigen können, was ist Sex dann wert?

Als Buchautorin und Callgirl Mona Gasser nach zwei Jahrzehnten aus der Sexarbeit ausstieg und einen Lebenspartner suchte, wartete auf sie dieselbe skurrile Odyssee durch den »Single-Markt«, die viele aus eigener Anschauung oder aus einschlägigen Komödien kennen. Schnell wurde ihr bewußt, daß die Männer, die sie in Bars, Tanzcafés, Kasinos, Messen, Seminaren, Swingerclubs und Saunas oder durch Inserate kennenlernte, eigentlich dasselbe wollten wie ihre früheren Kunden, nämlich »unverfänglich und mit möglichst vielen Frauen vögeln«. Bis ins Detail erinnerte ihr Verhalten an das evolutionsbiologische Klischee vom Mann, der seinen Fortpflanzungserfolg durch Mehrfachbegattungen sichern möchte. Einige verschickten Serienbriefe an jede Inserentin. Andere versuchten sie mit Besitztümern und sozialem Status zu beeindrucken, viele logen in bezug auf ihr Alter, Aussehen und ihren Familienstand. Im Endeffekt unterschieden sich ihre Privatbekanntschaften von ihren Kunden nur durch zwei Attribute: Geiz und die Weigerung, Kondome zu benutzen. »Als Callgirl bin ich mehr respektiert, geschätzt, verwöhnt und weniger angelogen worden als heute, als einen Partner suchende Single-Frau«, so ihr Resümee der Partnersuche, die erst endete, als sie durch ein Inserat in der *Happy Weekend* ihren Partner fand, derselben Zeitung, in der sie früher als Callgirl inseriert hatte. »Eigentlich hätte ich mir die ganzen Umwege sparen können«, kommentiert sie die Ironie des Schicksals. »Ich hätte gar nicht probieren sollen, so zu sein wie andere Frauen. Ich habe meine alte Methode angewendet und war damit erfolgreich. Sollte es nicht klappen, würde ich mir wieder auf diese Weise einen Partner suchen.«[103]

Lieber Hure als Ehefrau: Larissa

Ich würde sagen: Eine Prostituierte will selten einen Freier als Freund. Weil sie weiß, daß es schön werden kann. Sie weiß: Es gibt den Zauber einer halben Stunde. Verliebtheit wäre vielleicht zuviel gesagt, aber ein kleiner Zauber, eine kleine Romanze. Es kann im Puff genauso schön sein wie privat. Wenn ich mich in einen Freier verliebe, der mein Feund wird, und ich steige aus der Prostitution aus, dann bin ich ja auf der Seite, wo ich nicht sein will: Ich habe einen Freund, der zu anderen Frauen geht. Und wenn ich weiß, daß es sehr schön sein kann mit ihm, dann habe ich emotionale Schmerzen. Das geht vielen Prostituierten so.

Für mich war die Rolle der Geliebten schon früh reizvoller als die der Ehefrau. Also ich könnte mir nicht vorstellen, zu heiraten, meinem Mann vielleicht noch die Hemden zu bügeln und erleben zu müssen, daß er irgendwann anderen Frauen hinterherguckt. Lieber bin ich die Hure, mit der er tollen Sex hat, als die Ehefrau. Ich bin natürlich auch so erzogen worden, daß die Frau Sex mit Liebe verbinden muß, sonst kann sie keine erfüllte Sexualität leben, wohingegen der Mann dies nicht braucht. In einer Fernsehsendung über Machos wurde mal die These aufgestellt, Männer geben Liebe, um Sex zu bekommen, und Frauen geben Sex, um Liebe zu bekommen. Also Endziel für den Mann ist der Sex und für die Frau die Liebe. Vielleicht ist es immer noch so, daß tendenziell mehr Männer so leben als Frauen. Aber je mehr Frauen es sich zugestehen, von dieser Sozialisation wegzukommen – also ich glaube, daß sie gar nicht ahnen, was an Potential in ihnen stecken kann, wenn sie es zulassen.

Klischee Nr. 39: Frauen konsumieren keinen Sex.

Vergleicht man die Möglichkeiten sexueller Selbstverwirklichung, die Männern und Frauen außerhalb fester Bindungen offenstehen, so braucht man kein Diplom, um festzustellen: Von einer erotischen Angebotsvielfalt umgeben, tendieren Männer dazu, die autonomen Seiten ihrer Sexualität bewußter und gezielter zu kultivieren als Frauen. Doch seit das sexuelle Konsumdenken um sich greift, werfen emanzipatorische Egalitätsansprüche neue Fragen auf: Wollen, können, dürfen Frauen sexuell konsumieren? Ist Konsum gleichbedeutend mit sexueller Ausbeutung? Ist Sex ohne emotionalen Mehrwert überhaupt erotisch erfüllend? Sämtliche Pos, Waschbrettbäuche und Muskelpakete der Chippendales und American Dream Men können nicht darüber hinwegtäuschen, daß Frauen als Konsumentinnen kommerzialisierter Sexualität so gut wie nicht existieren. Zwar umgarnt die Werbung ihre weiblichen Zielgruppen mit einem pseudoegalitären Lifestyle-Darwinismus, der bindungswilligen Männern dieselbe körperliche und kosmetische Mühsal abverlangt wie Frauen. Diese Philosophie des geteilten Leids ist ungefähr so logisch, wie Männer dazu bringen zu wollen, zu menstruieren. Mit den Auftritten männlicher Stripper verhält es sich ganz ähnlich. Im Grunde sind sie eine domestizierte Variante der Strip- und Tabledance-Shows für Männer, die sich bei solchen Veranstaltungen Appetit auf unpersönlichen Sex holen, dem meist an Ort und Stelle abgeholfen wird. Frauen hingegen begnügen sich mit ein paar scheuen Berührungen, einem braven Applaus und der Illusion, es den Männern mal gleichgetan zu haben.

Seit wissenschaftlich verbürgt ist, daß Frauen über das gleiche Potential sexuellen Vergnügens verfügen wie Männer, haben mutige JungunternehmerInnen immer wieder Versuche gestartet, Bordelle oder Callboy-Agenturen für Frauen zu gründen. Ihr Idealismus trieb sie meist in den Ruin. Aber wo liegen die Gründe für das Ungleichgewicht der Zielgruppen? Die Prostitutionsforscher Vern und Bonnie Bullough sehen in dem Umstand, daß die sexuellen Bedürfnisse von Männern stärkere Beachtung finden, ein Indiz für die Doppelmoral.[104] Daß in den Kontaktanzeigen der Profis die Rollen ebenfalls klar verteilt sind, scheint ihnen recht zu geben. Über andere Gründe läßt sich spekulieren: Da wäre zum einen die vergleichsweise geringere Kaufkraft von Frauen, Sicherheits- und Krankheitsängste, moralische Bedenken oder die simple, aber durchaus berechtigte Frage, warum eine Frau für Sex zahlen sollte, wenn sich auf der ganzen Welt das Gegenteil eingebürgert hat. Andererseits nähert sich die wirtschaftliche und gesellschaftliche Situation moderner Frauen den Lebensstilen und Verhaltensstandards der Männerwelt rasant an. Es gibt immer mehr Karrierefrauen mit wenig Zeit für Beziehungsarbeit, gebundene Frauen, die sich sexuell langweilen oder mit lustlosen Männern zusammen leben, oder Frauen, die keinen Beziehungspartner wollen oder niemanden finden, der zu ihnen paßt. Manchmal scheitern Bordelle für Frauen aber auch an einer gewissen Naivität:

Europas erstes Bordell für Frauen ist pleite

Waldshut, Deutschland, 18. Januar: Europas erstes Bordell für Frauen ist pleite, weil die Kundinnen sich weigerten zu zahlen, erklärte die deutsche Polizei am Freitag. Der Betreiber, laut Polizei ein gewisser Clemens K., 31, wurde in Deutschland festgenommen, nachdem er ein älteres Paar mit einer Spielzeugpistole ausgeraubt hatte. »Er erzählte uns, daß sein Bordell pleite gegangen sei. Hätten sie, wie bei Bordellbetrieben allgemein üblich, auf Vorkasse bestanden, wäre das nicht passiert«, so ein Polizeisprecher in Waldshut. »Sie verlangten das Geld erst hinterher, und die Frauen zahlten nur, was ihnen die Dienstleistung wert war.«[105]

Auch das Beispiel Sextourismus zeigt, daß Frauen sich einem prostitutiven Rollentausch nicht grundsätzlich verschließen. Die britischen Prostitutionsforscherinnen Julia O'Connell Davidson und Jacqueline Sanchez-Taylor befragten dazu über hundert Touristinnen in Negril/Jamaika. Mehr als die Hälfte der alleinstehenden Frauen hatte während des Urlaubs sexuelle Beziehungen zu einem oder mehreren Jamaikanern angebahnt. Ein Teil hatte die Reise sogar allein deshalb angetreten, unterschied sich also in ihrer Motivation nicht von männlichen Sextouristen. Die Wissenschaftlerinnen deuten diese Ergebnisse zum einen als bewußte Emanzipationsgeste, zum anderen als Strategie, um die eigene Weiblichkeit zu affirmieren. »Frauen, die sich von Männern in ihren Heimatländern zurückgewiesen fühlen, finden sich auf Jamaika plötzlich in der umgekehrten Situation wieder«, so Jacqueline Sanchez-Taylor. »Hier laufen ihnen die Männer nach, raspeln Süßholz, haben Sex mit ihnen und geben ihnen das Gefühl, begehrt zu sein. Der Sextourismus erlaubt Frauen aus westlichen Ländern, ihre Körper auf eine Weise zu sexualisieren, die zu Hause schwer realisierbar wäre: sich von begehrenswerten Männern begehrt zu fühlen.«[106] Im Gegensatz zu männlichen Sextouristen entlohnten diese Frauen ihre Urlaubsbekanntschaften laut Sanchez-Taylor überwiegend mit »Geschenken« oder revanchierten sich mit Einladungen. Frauen mögen noch keine kollektive Identität als Sex-Konsumentinnen entwickelt haben, aber ein Gefühl für den Austausch von Ressourcen haben sie allemal.

Es ist sicher kein Zufall, daß die Rollen vorzugsweise in der lockeren Atmosphäre von Urlaubssituationen getauscht werden, fernab sozialer Kontrolle. Noch scheinen die umgekehrten Tauschgeschäfte mit vielen Skrupeln, Ängsten und Rationalisierungen behaftet. Es geht aber auch anders. Die Anthropologin Helen Fisher berichtet über eine steigende Anzahl alleinstehender weiblicher Swinger in den USA und über eine New Yorker Finanzmanagerin, die sich einen Gigolo in die weitläufigen Hinterzimmer ihres Büros bestellte, seine Dienste während der Arbeitszeit in Anspruch nahm, ihm ihre Sekretärin und auch einige Klientinnen zuführte, damit auch sie von seinen Fähigkeiten profitieren konnten.[107] Die wirtschaftliche Autonomie scheint der Schlüssel, um die alte Doppelmoral effektiv auszuhebeln und das Erfahrungsspektrum von Frauen auch in Richtung kommerzielle Sex-Offerten zu erweitern. Sie setzt fort, was die Empfängnisverhütung und die sexuelle Revolution auf den Weg gebracht haben: die Vision, daß Frauen sich auch in sexueller Hinsicht in der Gesellschaft freier bewegen können.

Klischee Nr. 40: Die Prostitution hat keinen gesellschaftlichen Wert.

Wozu brauchen wir am Anfang des 21. Jahrhunderts eigentlich überhaupt noch sexuelle Tauschgeschäfte? Die sexuelle Revolution hat uns aufgeschlossener und promisker gemacht. Der Feminismus hat uns ein rigoroses Egalitätsbewußtsein eingeimpft. Das Denken in Markt- und Tauschwertkategorien ist uns zur zweiten Natur geworden. Welchen Zweck erfüllt eine Institution, die einst der Aufrechterhaltung der sexuellen Doppelmoral diente, in postfeministischen Zeiten? Führt sich die Prostitution in einer durchsexualisierten Marktgesellschaft nicht per Definition ad absurdum?

Es sieht nicht so aus. Die neuen Realitäten sprechen vielmehr dafür, daß die Sexarbeit, ähnlich wie die Psychotherapie, der Tourismus oder die Freizeitindustrie, die Widersprüche und Identitätsverluste unserer Gesellschaft auffängt und in Wohlbefinden und Ich-Stärke umwandelt. Diese Gesellschaft fordert nicht nur für Frauen, sondern auch für Männer ein breitgefächertes Ich: eins für die Arbeit, ein anderes für den Partner, die Familie und die Freunde. Wenn das Leben beruflich und privat vor allem aus Sachzwängen, Pflichten und Konventionen besteht, bleibt oft nur noch die Libido, über die man frei verfügen, die man frei gestalten kann. Der Vorteil der Prostitution ist, daß sie nicht nur unverbindlichen Sex bietet, sondern gleichzeitig eine Art Korrektiv für die Last einseitiger oder widersprüchlicher Rollenfestlegungen.

In einer Welt, in der Männer sich beruflich anpassen, aber auch durchsetzen sollen, gleichberechtigte Partnerschaften führen, aber ab und zu den Spanier heraushängen lassen sollen, in der ein sicherheitsfixierter Staat keine Risikosituation ungeregelt läßt, aber ständig neue Extremsportarten auf den Markt drängen, ist die Prostitution oft das einzige Refugium, um sich von der Last widersprüchlicher Männlichkeitsgebote zu erholen. Dank einer ausdifferenzierten Dienstleistungspalette erfährt jedes Identitätsdefizit seine Kompensation. In den Kavernen der Lust können sich die Männer erholen – von den Agilitätszwängen des stets aktiven Machers, vom Frust ständiger Anpassung. Wenn es sich nicht gerade um abgetakelte Absteigen handelt, gleichen Bordelle dionysischen Chill-out-Zonen, Wellness-Oasen, in denen Bedürfnisse nach Ausgleich, Freiheit, Wahlmöglichkeiten bedient werden. In ihren Schutzräumen werden Anteile ungelebten Lebens ausagiert, was erklärt, warum nicht wenige Männer ihre Prostitutionserfahrungen als heilsam, ja geradezu therapeutisch betrachten. Sexarbeiterinnen sind praktisch Sozialarbeiterinnen: Sie regenerieren ihre Kunden, stärken deren Identität als sexuelle Wesen, steigern deren Vitalität und stabilisieren deren Ehen.

Die Prostitution lebt von der scheinbaren Paradoxie einer sexualisierten Gesellschaft mit lustlosen Monogamisten. Sie fängt die Widersprüche der Monogamie auf, ohne sie in Frage zu stellen. Prostitutionsbesuche entwerten nicht die partnerschaftliche Sexualität, sondern ergänzen sie – wie die Selbstbefriedigung, sexuelle Phantasien, Blickkontakte und Flirts mit Dritten.[108] Schützte sie früher in gewisser Weise die Institution Ehe, so bewahrt sie heute ein hoffnungslos überfrachtetes Beziehungsideal vor seiner Selbstauflösung. Sie respektiert den Wert der partnerschaftlichen Liebe, die Bedürfnisse nach dauerhaften Lebenspartnerschaften und konzentriert sich diskret auf das Vermitteln intensiver Momente unverbindlicher Sexualität. Sie weiß, daß die Sexualität nur bedingt domestizierbar und rational steuerbar ist. In dieser Diskretion und dem realistischen Einschätzen eigener Grenzen bestehen ihre Stärke, ihr sozialer Wert und ihr Verdienst. Das Moment der Heimlichkeit ist dabei essentiell. Es bewirkt weit mehr als einen elektrisierenden Reiz bei der moralischen Grenzüberschreitung. Wer sich den Wahrnehmungen anderer ausgeliefert fühlt, die ihn für unerotisch, langweilig oder alt halten, kann über die Macht dieser Werturteile still triumphieren, erfährt eine kurzfristige Entlastung von der Bürde der Fremdwahrnehmung, die in ihm einzig den Familienmenschen, den unantastbaren Vorgesetzten, den ewigen Junggesellen oder den unattraktiven Rentner sieht. Das Geheimnis ermächtigt seinen Träger, die selbstwertmindernden Botschaften innerlich gestärkt und ohne Ansehensverluste abzuschmettern.

Bescheiden versteckt sich die autonome Seite der Lust hinter den Sozialmasken einer bürgerlichen Welt, deren Denken, Fühlen und Handeln unablässig um die Berechenbarkeit der eigenen Existenz kreisen. Kein Wunder, daß der Reiz des Risikos und der Reiz der Erotik nicht nur im neudeutschen Wort Thrill eine gemeinsame sprachliche Ebene finden. Vieles weist darauf hin, daß Männer bei Prostituierten eine gewisse Risikolust ausleben. Die Prostitutionsforscher Kleiber und Velten erwähnen wohlsituierte Freier, die sich für so unverwundbar halten, daß sie meinen, selbst der Gefahr einer HIV-Infektion trotzen zu können, und sorglos auf Kondome verzichten. In ihren Rollenspielen und Abstrafungsszenarien agieren auch S/M-Klienten Phantasien rund ums Thema Risiko aus: entdeckt zu werden, ausgeliefert zu sein, für eine Regelverletzung bestraft zu werden. Von einer konventionelleren Seite zeigt sich der Thrill beim Überschreiten von Anstandsgrenzen in der Strand-Phantasie von Nadjas Gast, der schließlich ihr Partner wurde. Und letztlich bricht jeder gebundene Mann meist heimlich die sexuelle Treue, was zumindest das Risiko der Lüge mit sich bringt. Die Sexarbeit ist eine Arena lustvoller Rebellion nicht nur gegen starre Rollen, sondern auch gegen moralische Konditionierungen.

Das gilt auch für ungebundene Prostitutionskunden, die sich häufig bewußt einer Beziehungskultur verweigern, die mehr mit sozioökonomischen Positionierungen und Partnerschaftszwängen zu tun hat als mit den Highlights, die sie für sich reklamiert: Romantik, lustvolle Sexualität, emotionale Nähe. Für zahllose Männer sind Sexkontakte mit Huren kein Ersatz, sondern eine Alternative zu Privatbeziehungen, ein valider Lebensstil jenseits verklärter Liebesideale und bürgerlicher family values. Mit der Entscheidung, ihre Libido in die Sexarbeit auszulagern, bewahren sie sich und potentielle Partnerinnen vor den Risiken und Nebenwirkungen eines überfrachteten Beziehungsideals: vor Energieverlusten durch Konflikte und Machtkämpfe, beidseitig akzeptierten Täuschungen, halbherzigen Kompromissen und Rücksichtnahmen, schleichender Entfremdung, emotionalen Schmerzen und Lebenslügen. Daß private Lebensgemeinschaften ihren eigenen Glücksansprüchen oft nicht gerecht werden, zeigt ja die hohe Zahl gebundener Männer, die in der Prostitution eine Ergänzung und ein Regulativ für die Frustrationen und Defizite dieses Lebensstils suchen. Wenn die Monogamie so leicht realisierbar wäre, gäbe es weder die Prostitution noch heimliche Liebesaffären.

In einer leistungsorientierten Berufs- und Freizeitkultur reicht die Kraft oft nicht aus für nervenzehrende Beziehungsarbeit. Aufgerieben zwischen dem Zwang zur Existenzsicherung und einer durch Geschlechterkampf und Aushandlungsrituale geprägten postmodernen Beziehungskultur, trägt die Existenzsicherung einen Punktsieg davon. So führen auch die Zwänge des Arbeitsmarktes der Prostitution neue Kunden zu. Für einsame Karriere-Wölfe oder Freiberufler im Überlebensstreß ist Sex ohne die emotionalen Risiken einer Beziehung, ohne Abhängigkeiten und Einschränkungen eine echte Alternative zur »Beziehungsleitkultur«. Sexuelle Tauschgeschäfte zu ausgehandelten Bedingungen, ohne romantische Verklärungen und Beziehungserwartungen, sind aber auch für Frauen interessant, die die verlogenen Rituale des Partnermarktes ebenso satt haben wie Bewerbungsfrust, berufliches Rattenrennen oder Mobbing am Arbeitsplatz. Und last but not least ist die Prostitution auch deshalb eine Institution von hohem sozialen Wert, weil sie auf beiden Seiten des Tauschgeschäftes Menschen versammelt, die auf dem privaten Partnermarkt entsexualisiert und ausgegrenzt werden. Weil sie nicht nach denselben darwinistischen Maßstäben funktioniert und weil sich dort jeden Tag aufs neue bewahrheitet, daß Sex-Appeal und erotische Kompetenz nicht von den irrwitzigen Schönheits- und Beziehungsidealen der Gesellschaft abhängen, ist die Prostitution für viele die humanere Alternative zum Partnermarkt. Daß die Sexualität ausgerechnet in ihren kommerzialisiertesten Erscheinungsformen ihr pluralistisches Gesicht wahrt, kann man im Vergleich zu den ästhetischen Normierungszwängen der Lifestyle-Sexualität durchaus als subversiv bezeichnen.

Eine Gesellschaft, in der das Lustprinzip ein Schattendasein führt, braucht die Prostitution. Nach wie vor ist sie die Hüterin einer reinen Sexualität, unbelastet von Beziehungsansprüchen und Lifestyle-Diktaten – das ist sozusagen ihre gesellschaftliche Kernkompetenz. Paartherapeuten und Prostitutionsforscher sind seit langem davon überzeugt, daß Männer mit ihren kleinen Fluchten in die Welt des Rotlichts ihre privaten Bindungen nicht in Frage stellen, sondern stabilisieren.[109] Der Marktforscher Thomas Jendrosch geht sogar noch einen Schritt weiter. Der »Warencharakter« in Beziehungen, der Kapitalismuskritiker und Feministinnen jahrzehntelang erzürnte, erweist sich für ihn als prinzipiell beziehungsförderlich. Auf die hohe Kundenzufriedenheit in der Sexarbeit anspielend, rät der Professor für Marktforschung und Unternehmensführung: »Auch Menschen, die in festen Beziehungen leben, könnten vor diesem Erkenntnishintergrund gut beraten sein, regelmäßig

Konkurrenzbeobachtungen anzustellen. Systematische Bedürfnisanalysen innerhalb der eigenen Beziehung können so Ansätze zur Verbesserung der sexuellen Zufriedenheit und Partnerbindung aufdecken.«[110]

In gewisser Weise ist das Unbehagen, das die Prostitution im bürgerlichen Lager auslöst, aber auch berechtigt. Schließlich entlarvt sie einen Haufen Widersprüche im System. Sie enttarnt unsere die Fahne der Familienwerte schwingende Gesellschaft als eine Horde Polygamisten. Sie stellt ein Beziehungsideal bloß, das die Sexualität für sich reklamiert und sie mit diesen Exklusivansprüchen überfordert und erstickt. Sie zeigt das wahre Ausmaß männlicher Autonomiebestrebungen, ritualisierter Rebellionen gegen das Leiden an der Abhängigkeit von der Partnerin und/oder ihrer Abhängigkeit von ihm. In einer Welt beruflicher und privater Zwänge vermitteln Prostitutionskontakte wie andere Spielarten von Gelegenheitssex dem Kunden die Gewißheit, daß er sich frei und autonom fühlt, und dienen so seiner psychischen Stabilisierung. Weil es also nicht um Abspaltung, sondern um eine wiederhergestellte Ganzheit geht, hat ein gelungener Prostitutionskontakt aber auch das Potential, Beziehungen in Frage zu stellen. Mit einer erotischen und emotionalen Intensität konfrontiert, hat schon manch ein Freier erkannt, daß er sich privat in ein Wertesystem verstrickt hat, das nicht mehr sein eigenes ist, und sich für sexuelle Selbstermächtigung anstelle von Beziehungsmachtkämpfen entschieden. »Wenn Männer zu Prostituierten gehen«, so die Feministin Camilla Paglia, »spielt sich ein gewaltiges Psychodrama ab. Ein Mann, der eine Transaktion mit einer Prostituierten eingeht, versucht ein Problem zu lösen, das er mit weiblicher Dominanz hat. Das Geld bietet ihm die Möglichkeit, seine Gefühle vom Sex zu trennen. Es beinhaltet ein Element der Zurückweisung weiblicher Dominanz. Das findet meinen Applaus, denn es ist ein Weg, seine Männlichkeit zu befreien.«[111]

Wenn wir sie realistisch und nicht durch die verzerrende Brille konventioneller Moral sehen, führt uns die Prostitution nichts weniger vor Augen als die Kluft zwischen unseren Idealen und der gelebten Realität. Freundlich und unaufdringlich räumt sie die vielen kleinen und größeren Identitätsverluste aus dem Weg, die unsere Gesellschaft so produziert. Ihr gesellschaftlicher Nutzen – multifunktional, diskret, systemstabilisierend – ist eine ihrer Überlebensgarantien, die Nachfrage nach ihr eine andere. Dort, also beim Endkonsumenten, setzt auch der prostitutive Cashflow ein. Welche Wege bahnt er sich nach seiner Reise aus der Brieftasche des Kunden in die Hand der Dienstleisterin? Wer profitiert von den Geldströmen, die sexuelle Tauschgeschäfte generieren? Welche Schnittstellen gibt es zwischen den so separat erscheinenden Welten der Wirtschaft und der Prostitution? Was verkauft eine Prostituierte eigentlich? Welche Erfolgsstrategien haben sich in der Sexarbeit bewährt, und bahnt sich in der Sexindustrie ein neofeministischer Machtwechsel an?

IV GEWINN UND VERLUST

Ich habe 4 Kinder im Alter von 2 bis 14 Jahren und habe am Wochenende in einer Großküche geschuftet, bis ich nervlich fast am Ende war. Ich bin gewiß keine Schönheit, verdiene aber heute am Wochenende das Dreifache, bin dabei allgemein entspannter und habe wieder Energie für Haushalt, Mann und Kids – und dazu noch guten Sex und neue Kontakte zu Frauen.

Eine Frau aus einem Studio in Stuttgart

1 Männer als Profiteure

Sparbuch mit Folgen: Nadja

Mein erstes eigenes Geld verdiente ich mit 13 Jahren. Zusammen mit einer Freundin war ich aus dem Erziehungsheim ausgerissen und bis kurz vor Hamburg getrampt. In einem bürgerlichen Vorort stellten wir uns an die Straße. Unser erster Freier war freundlich und überaus großzügig. Während meine Freundin sich auszog, überreichte er mir 500 Mark. Wie auf einem Beobachtungsposten stand ich daneben, als die beiden loslegten, und als sie fertig waren, legte er nochmal 100 Mark drauf, damit ich seinen Penis in den Mund nehme. Von unserem Verdienst kauften wir Jeans, Mickymaus-Hefte und Süßigkeiten. Nach diesem Anfangserfolg verdienten wir als unabhängiges Mädchen-Team eine Zeitlang unser Geld auf der Straße, bis meine Freundin verkündete: »Wir können hier nicht einfach so rumstehen. Wir brauchen jemanden, der auf uns aufpaßt.« Sie bestand darauf, zu einem Bekannten nach Hamburg zu trampen. Daß er Kontakte zum Rotlichtmilieu hatte, verschwieg sie mir.

Durch diesen Bekannten lernte ich meinen ersten »Freund« kennen. Er war groß, blond, sportlich, nett und charmant und verhielt sich anfangs überhaupt nicht wie das, was man sich unter einem Zuhälter vorstellt. Erst nachdem ich mich in ihn verliebt hatte, zog er die klassische Nummer ab: Er behauptete, er habe gerade seinen Job verloren, und bekniete nun mich, für ihn arbeiten zu gehen, im Klartext: auf den Strich zu gehen. Ich war zu jung und verliebt, um sein Spiel zu durchschauen.

Da ich noch minderjährig war, arbeitete ich anfangs nur stundenweise in der Tiefgarage eines Laufhauses. Komischerweise fühlte ich mich gut dabei. Ich nehme an, es hatte etwas mit Macht zu tun. Ich konnte meinen Zeigefinger auf einen Mann richten und meinem Freund zurufen: »Der hat mich blöd angelabert!« Was vielleicht gar nicht stimmte, aber der Mann war auf jeden Fall in Schwierigkeiten. Ich konnte machen, was ich wollte, und bekam immer recht. Am Anfang gab er mir auch nie das Gefühl, daß er die ganze Kohle einsackt. Er kleidete mich ein, ich lebte in seiner Wohnung, bin mit dem teuren Auto umherchauffiert worden, täglich im Restaurant essen gegangen und wurde mit einer goldenen Kette ausstaffiert. Die hatte ich mir natürlich selbst verdient, aber durch die rosarote Bille der Verliebtheit wirkte sie auf mich wie ein Geschenk.

So verbrachte ich meine Jugend auf der Reeperbahn, als Hauptfrau eines Zuhälters. Eines Tages – inzwischen war ich 18 – brachte mich ein Stammgast, der mir immer reichlich Trinkgeld gab, auf eine Idee: »Mädel«, meinte er, »du kannst mir doch nichts vormachen. Ich weiß, daß du einen Zuhälter hast, auch wenn du ihn immer als deinen Freund bezeichnest. Ich gebe dir das Geld aber für dich und nicht für ihn. Also warum versuchst du nicht, deine Trinkgelder zu sammeln und auf ein Konto zu bringen?« Bis dahin war es mir ganz normal vorgekommen, daß ich alle Einnahmen bei meinem »Freund« ablieferte und er davon sämtliche Unkosten bestritt. Ich hatte nie darüber nachgedacht, daß für mich gar nichts übrigblieb. Mein Gefühl sagte mir auch, daß er mir von sich aus nie Geld geben würde, selbst wenn ich ihn darum bitten würde. Obwohl ich mich dafür schämte, meinen Freund zu hintergehen, ging mir der Gedanke, ein eigenes Konto zu eröffnen, nicht mehr aus dem Sinn. In meiner Not rief ich meine Schwester an. »Ich weiß gar nicht, wie ich das mit dem Konto einfädeln soll«, schilderte ich ihr mein Dilemma. »Er darf es nicht mitkriegen, und alleine läßt er mich nirgendwohin.« Meine Schwester hatte eine Idee. Sie kontaktierte eine Freundin in Bremen, die mich in den nächsten Tagen besuchte und sich als Bremer Prostituierte ausgab. Als ich meinen Freund fragte, ob ich mit ihr ins Café gehen könne, ließ er uns anstandslos gehen. Statt ins Café schlichen wir heimlich wie zwei Schwerverbrecher zur Bank und eröffneten ein Sparkonto für mich. Unauffällig begann ich, meine Trinkgelder zu sammeln und wann immer möglich auf mein Konto einzuzahlen. Das Sparbuch versteckte ich, wasserdicht in einer Plastikhülle verpackt, im Spülkasten der Toilette.

Ungefähr ein Dreivierteljahr später kam eine meiner Straßenkolleginnen mit einer Sonnenbrille zur Arbeit. Dahinter verbarg sich ein blaues Auge – ein kleines Andenken an einen Tobsuchtsanfall ihres Zuhälters. Sie tat mir wahnsinnig leid, und in einer Aufwallung von Hilfsbereitschaft schlug ich vor: »Mach doch ein Sparbuch auf, ich hab auch eins.« Arglos schloß ich am späten Abend die Wohnungstür auf, als mein »Freund« mich voller Zorn packte und gegen die Wand stieß. Mir war augenblicklich klar, was hier lief, und richtig: Er verlangte mein Sparbuch. Reflexartig und impulsiv stritt ich ab, eins zu besitzen. Wild entschlossen, mein Sparbuch zu verteidigen, auf dem sich vielleicht 600 Mark angesammelt hatten, behauptete ich, ich hätte das der Kollegin gegenüber nur so dahingesagt. Doch man glaubte mir nicht. Mein »Freund« ging ins Zimmer, öffnete das Fenster, packte mich, schob meinen Oberkörper übers Fensterbrett und fragte: »Wo ist dein Sparbuch?« – »Ich habe kein Sparbuch«, entgegnete ich trotzig. Da hob er meine Beine an und drohte, mich aus dem Fenster zu werfen. »Wo ist das Sparbuch?« wiederholte er. In dem Moment schwand mein Mut. Halb aus dem Fenster hängend, gab ich auf und schrie: »Es stimmt, ich habe ein Sparbuch.« Daraufhin ließ er mich los. Ich flog aus dem dritten Stock unseres Wohnhauses mitten durch einen Baum hindurch und landete neben einem Gully auf dem Straßenpflaster.

Im Krankenhaus wachte ich auf. Man sagte, daß ich mir einen Arm, ein Schulterblatt und die Nase gebrochen hatte. Als nächstes besuchte mich die Polizei. Die Beamten bearbeiteten mich, meinen »Freund« anzuzeigen. Dabei war ihnen schon klar, daß man im Rotlichtmilieu nicht einfach jemanden anzeigen kann. Wenn ich bereits wegen 600 Mark aus dem Fenster geflogen war, worauf mußte ich mich dann bei einer Anzeige einstellen? Aus Sicherheitsgründen postierten die Beamten einen Wachmann vor meinem Krankenhauszimmer, nahmen mich in ein Zeugenschutzprogramm auf, besorgten mir eine neue Identität und eine Wohnung in Bitburg. Dorthin brachten sie auch meine Sachen. Sogar mein Sparbuch hatten sie aus dem Spülkasten befreit.

Zur Gerichtsverhandlung fuhr ich zurück nach Hamburg. Für das, was mein »Freund« mir angetan hatte, bekam er vier Jahre ohne Bewährung. Nach der Urteilsverkündung rief er mir im Gerichtssaal zu: »Wenn ich dich kriege, werde ich dich an die Tür nageln.« Mit dieser Morddrohung im Nacken kehrte ich zurück nach Bitburg und lebte eine Weile mehr schlecht als recht von der Sozialhilfe. Als freiheitsliebender Mensch sah ich nicht ein, mich ein Leben lang vor diesem Idioten verstecken zu müssen und mich vom Staat durchfüttern zu lassen. Bloß wie sollte ich unbehelligt weiter anschaffen gehen? Mein Foto kursierte in allen Städten, sämtliche Rotlichtfürsten waren über mich und die Geschehnisse im Bilde. Nach einem Dreivierteljahr schrieb ich meinem nunmehr Ex-»Freund« einen Brief, und kurze Zeit später besuchte ich ihn im Knast. Mit meiner Geste des guten Willens biß ich zunächst auf Granit. Er spielte sich auf, brüllte herum und beschimpfte mich, so daß ich froh war, daß Beamte in der Nähe waren. Doch anstatt aufzugeben, schickte ich ihm Zigaretten und besuchte ihn regelmäßig, bis wir es allmählich schafften, sachlich miteinander zu reden. Meine Geduld zahlte sich aus. Ich bat ihn immer wieder, sich in meine Situation hineinzuversetzen, und irgendwann räumte er ein: »Gut, auch ich habe Fehler gemacht. Ich gebe dir grünes Licht für ganz Deutschland.« Das haben wir bei einem Anwalt schriftlich fixiert, und er hat sich auch daran gehalten.

Nun bedeutete »grünes Licht« zwar, daß ich wieder arbeiten konnte, aber nach dieser Geschichte mußten die Zuhälter ja befürchten, daß ich ihnen mehr Ärger als Geld einhandle. Und wenn ich ehrlich war, legte auch ich großen Wert darauf, mich nicht in neue Abhängigkeiten zu verstricken. Eine Zeitlang mied ich bewußt das Rotlichtmilieu und beschränkte meine Aktivitäten auf Hotelbesuche. Ende der achtziger Jahre ging ich nach Berlin und arbeitete wieder auf der Straße, unabhängig – so wie am Anfang. Die letzten acht Jahre arbeitete ich in einem Bordell, dessen Bedingungen mir voll und ganz zusagten: Ich konnte mir die Arbeitszeiten und die Kunden aussuchen, die Räume waren sauber, und alle Kolleginnen arbeiteten ausnahmslos mit Kondom. 30% meiner Einnahmen gingen an die Chefin, und das Geld für Extraleistungen wie Fingerspiele oder Natursekt konnte ich zu 100% behalten.

Wenn ich auf meine sechsundzwanzigjährige Berufserfahrung zurückblicke, dann würde ich sagen, die ersten zehn Jahre bin ich mit Widerwillen der Sexarbeit nachgegangen. Aber seit ich mein eigenes Geld in der Hand halte und bestimmen kann, mit wem ich ins Bett gehe, von wem ich Geld nehme und mit wem ich umsonst Sex habe, fühle ich mich frei und gehe gern anschaffen. Aus zwei Gründen bin ich vor kurzem ausgestiegen: aus Rücksicht auf mein elfjähriges Kind und weil ich nie rentenversichert war. Inzwischen arbeite ich in einem Sozialberuf. Ich habe vor, noch 20 Jahre zu arbeiten, und irgendwann, so denke ich mir, bekomme ich vielleicht mal eine Einheitsrente.

Klischee Nr. 41:
Von der Sexarbeit profitieren nur Zuhälter.

Mit geschätzten 12,5 Milliarden DM Jahresumsatz ist die Prostitution – sowohl die selbstbestimmte Sexarbeit als auch die extrem profitorientierte Rotlichtprostitution – in Deutschland eine prosperierende Branche mit einer Wirtschaftskraft, die sich mit der großer Konzerne messen kann. An den Summen, die Prostituierte erwirtschaften, bereichern sich jedoch nicht nur halbseidene »Freunde«. Indem der Fiskus bei Bordellbetreibern, Vermietern und Prostituierten abkassiert, profitieren wir alle, d. h. Bund, Länder und Kommunen, von der Sexarbeit. Höhere Anzeigenpreise bringen auch den Medien Jahr für Jahr Einkünfte in Millionenhöhe durch Prostitutionswerbung. Taxifahrer verdienen vor allem durch Nachtfahrten sowie Provisionen an der Vermittlung von sexuellen Tauschgeschäften, ebenso wie Barleute und Hotelpersonal für ihre Diskretion gern mal die Hand aufhalten. Die Miete einer sexgewerblich genutzten Wohnung liegt oft bis zum Dreifachen über dem üblichen Mietzins und füllt die Konten der Vermieter.[112] Die Liste der legalen Nutznießer der Sexarbeit ist lang und reicht von Kondomherstellern über Getränkeunternehmen bis hin zur Modeindustrie.

Damit sollen die Profite der organisierten Kriminalität nicht verharmlost werden, deren Domäne vor allem das Geschäft mit den illegalen Sexmigrantinnen ist. Die Profiteure, die sich nach den Begriffen unseres Strafrechts illegal zwischen Angebot und Nachfrage geschoben haben, verdienen zunächst an zum Teil stark überhöhten Kosten, die sie Sex-Migrantinnen für Reise, Visa, Unterkunft, manchmal auch für reale oder angebliche Schmiergelder an deutsche Behörden in Rechnung stellen. Für ihre Dienste verlangten Schlepperorganisationen in Südostasien laut BKA Mitte der neunziger Jahre zwischen 15000 und 20000 Mark pro importierter Frau; eine Osteuropäerin, die auf dem Landweg nach Deutschland einreiste, zahlte zwischen 5000 und 10000 Mark.[113] In einer Studie über die Logistik der organisierten Rotlichtkriminalität kalkulierte das BKA, daß internationale Schleuser zwischen 1983 und 1993 Gewinne in Höhe von einer Milliarde DM machten.[114] Sie errechneten, daß die Schlepper von den Auftraggebern zwischen 5000 und 10000 DM pro Frau erhielten. Zieht man die geschätzten realen Kosten von ca. 10% ab, so ergibt sich ein Reingewinn von ca. 4500 bis 9000 Mark pro Frau. Kriminalkommissar Leo Keidel von der Polizeidirektion Waiblingen hat weitergerechnet. Er multiplizierte einen Durchschnittsgewinn von 7000 Mark mit der 1995 ermittelten Anzahl der Opfer (1731) und kam auf einen Jahresgewinn von 12117000 DM.[115] Bei einer realistischen

1:10-Relation von ermittelten Fällen und Dunkelziffer wird der vom BKA vermutete Jahresgewinn von ca. 100 Millionen DM sogar noch übertroffen. So schätzt die Organisation für Sicherheit und Zusammenarbeit in Europa (OSZE) den Gewinn aus dem Frauenhandel auf 7 bis 13 Mrd. Dollar pro Jahr und verweist dabei auf aktuelle Zahlen des Geheimdienstes CIA.[116]

Doch selbst wenn sie die Schlepperkosten irgendwann abgearbeitet haben, sehen sich die meisten Frauen gezwungen, zu denselben oder ähnlichen Konditionen weiterzuarbeiten. Zwar sind sie nun in Europa, doch ihr ungesicherter Aufenthaltsstatus macht sie abhängig von Betreibern, die wie andere Unternehmer auch in ihnen vor allem eins sehen: billige Arbeitskräfte. Der Kriminalist Werner Rügemer hat errechnet, daß eine in einem Bordell oder einer Privatwohnung tätige »illegale« Prostituierte nur etwa 8% ihres durchschnittlichen Monatseinkommens behält. Der Rest geht an den Zuhälter (40%), den Betreiber für die meist überhöhte Miete (30%), den Vermittler, Schleuser bzw. Transporteur (16%) und Subunternehmer, die Essen, Wäsche, Kondome etc. liefern (6%).[117] Auf diese Weise ernährt eine Sexmigrantin mindestens vier andere Menschen mit. Und manchmal sogar noch mehr:

Haft- und Bewährungsstrafen gegen »Hells Angels« verhängt / Reuters

Das Hamburger Landgericht hat im so genannten Hells-Angels-Prozess sechs der sieben Angeklagten zu Haftstrafen zwischen einem Jahr und vier Monaten sowie vier Jahren und acht Monaten verurteilt. Die Männer im Alter von 26 bis 55 Jahren hätten sich der Zuhälterei, des Menschenhandels und der schweren Körperverletzung schuldig gemacht, sagte der Vorsitzende Richter Michael Kaut am Donnerstag in der Urteilsbegründung. Zuvor hatten die sechs Angeklagten umfassende Geständnisse abgelegt. Mit dem Urteil schloss sich das Gericht den Anträgen von Staatsanwaltschaft und Verteidigung an. Das

Urteil war nach Angaben der Verteidigung zwischen den Prozessbeteiligten ausgehandelt worden, um eine längere Verfahrensdauer und höhere Strafen zu vermeiden. Die Angeklagten müssen dem Urteil zufolge aus ihrem Vermögen insgesamt rund 37 Millionen Mark, die sie aus ihren Straftaten eingenommen hatten, an den Staat zahlen. Die Angeklagten nahmen das Urteil sichtlich erfreut an und verzichteten auf Rechtsmittel gegen das Urteil. Die Strafe gegen einen zu 16 Monaten Haft verurteilten Angeklagten wurde zur Bewährung ausgesetzt. Die Mitglieder der Rockergruppe »Hells Angels« hatten gestanden, mehrere hundert zum Teil ausländische Frauen in Bordellen in Norddeutschland zur Prostitution gezwungen zu haben. Nach Darstellung der Staatsanwaltschaft waren die Ausländerinnen der Willkür und Brutalität der Angeklagten in besonderem Maße ausgesetzt.[118]

Seit im Kampf gegen den Menschenhandel das Mittel der Gewinnabschöpfung zum Tragen kommt, bessert eine illegale Prostituierte mit ihrer Arbeit auch noch die Staatskasse auf. Dorthin fließen nämlich die abgeschöpften Gewinne und werden anders als z.B. in Italien nur in Ausnahmefällen an Beratungsstellen und praktisch nie an die Opfer weitergeleitet, die diese Gelder ja immerhin erwirtschaftet haben.[119] 1999 wurde in 19 von 257 Fällen von Menschenhandel eine Gesamtsumme von 10493539 DM abgeschöpft (mehr als dreimal so viel wie 1998) und ein dinglicher Arrest über 7 Millionen DM angeordnet.[120] Während der Staat die Sexhonorare ausländischer Frauen einsackt, investieren die Organisatoren der Armutsprostitution ihre finanziellen Mittel in ein Aufgebot an Verteidigern, in dem Bestreben, die Machtverhältnisse vor Gericht zu ihren Gunsten zu beeinflussen. Weil sämtliche Möglichkeiten der Kompensation am fehlenden Aufenthaltsrecht der Migrantinnen scheitern, stehen den Frauen weder Schadensersatz vom Täter noch Gelder nach dem Opferentschädigungsgesetz zu. Während sie sich als Opferzeuginnen für die langwierigen und nervenzehrenden Prozesse bereithalten, dürfen sie keiner Arbeit nachgehen und leben meist von der Sozialhilfe. Im Namen des Ausländerrechts hält der Staat die illegalen Prostituierten in derselben künstlichen Armut wie ihre ehemaligen Arbeitgeber.

Wen soll es da wundern, daß die aus der Sexarbeit erwirtschafteten Summen kaum in »saubere« und »schmutzige« Finanzströme auseinanderdividiert werden können? »Wenn z. B. die Stadt Köln von einem Bordellbetrieb mit monatlichen Zimmermieten von 7700 DM pro Prostituierte allein von dem Betreiber eine Einnahme von 12 Mio. DM an Gewerbesteuer jährlich einnimmt, sollte das zu denken geben«, so Leo Keidel. »Der Betrieb wird mittlerweile als GmbH geführt und bietet eine Investmentkapitalanlage von 8,25 Mio. DM in Form eines geschlossenen Immobilienfonds an.«[121] Die aus der Sexarbeit erwirtschafteten Gewinne fließen zurück in diverse legale und illegale Wirtschaftskreisläufe: Staatskasse, Immobilienfirmen, Medienkonzerne, Import-Export-Läden, Luxusgüter, Drogen- und Waffenhandel. Das Waschen schmutzigen Geldes erfordert per Definition legale Zwischenschritte. Auf diese Weise profitieren auch milieuferne Unternehmen und Geschäftsleute von der Ausbeutung ausländischer Frauen und werden zu Mittätern, die ihre Hände zumindest strafrechtlich in Unschuld waschen. »Der Vermieter kann sagen, daß die Frau sich ja bei ihm vorgestellt und die Absicht bekundet habe, hier eine Arbeit aufnehmen zu wollen«, so der Kriminalist Werner Rügemer. »Die Bank kann sagen, daß die täglichen Einzahlungen des Zuhälters unter 20000 DM bleiben und das Geldwäschegesetz nicht greift, oder die Bank geht davon aus, daß der Zuhälter ein Fitness-Unternehmer ist. Der renommierte Zeitungsverlag kann sagen, daß die Anzeigenkunden ja ein Gewerbe ordentlich angemeldet haben, und so weiter und so fort. Und ganz am Ende dieser Kette von Unschuldslämmern stehen die Hunderttausende Männer, die sich täglich über den Preisverfall in der Prostitution freuen.«[122]

Klischee Nr. 42: Freier können an der Ausbeutung der Prostituierten nichts ändern.

Auch ohne kriminalistisches Knowhow läßt sich die Spur des Geldes mühelos an seinen Ursprungsort zurückverfolgen. Bevor sich der prostitutive Cashflow in legale und illegale Finanzströme einfädelt, ruht er in den Geldbörsen der Kunden. Auch wenn diese mit der Geldübergabe die Kontrolle über den weiteren Weg grundsätzlich aufgeben, stellen sie eine Art Nachfragemacht dar, die qua Konsumentenbewußtsein den Weg des Geldes durchaus in bestimmte Richtungen lenken kann. Prostitutionskunden sind längst nicht mehr so naiv und unerfahren wie vor drei Jahrzehnten, als nach der Abschaffung des Kuppeleiparagraphen viele zum ersten Mal ein Bordell von innen sahen. Manches spricht sogar dafür, daß sie die Gepflogenheiten der hiesigen Rotlichtprostitution bislang bestenfalls als notwendiges Übel in Kauf genommen haben. Selbst wenn das verruchte Ambiente des Rotlichts dem ein oder anderen als Reizverstärker gelegen kam, so dürfte sich die erotisierende Wirkung spätestens beim routinierten Nachkobern, der lustlosen Abfertigung oder dem gelegentlichen Anblick eines Zuhälters verflüchtigt haben.

Viele Kunden sind sich bewußt, daß die Rotlichtprostitution nicht nur die Frauen, sondern tendenziell auch sie ausbeutet. Die klassische Kalkulation eines Zuhälters sieht vor, die Frau kostspielig einzukleiden und mit vier- bis fünfstelligen Beträgen in eine Schuldenfalle zu locken. High-Heels, angeschweißtes Echthaar, enganliegende Outfits sollen den Freiern die Sinne vernebeln. Tatsache ist, daß viele Kunden hinter der Fassade geklonter Barbiepuppen genau die Abzocke vermuten, die das Outfit stellvertretend für die Gepflogenheiten des Rotlichtmilieus repräsentiert. »Auch auf der anderen Seite von CK gibt's Strassenstriche, z. B. bei Philippsreut», so ein nach eigenen Angaben passionierter Straßenfreier stellvertretend für viele Gleichgesinnte im Internet. »Aber Vorsicht! Die Aufgedonnerten da sind ganz abgezockte Luder, nehmt lieber die normal aussehenden (Jeans usw). Die sind noch aus Spass bei der Sache.«[123] Von einem kritischen Kundenbewußtsein profitieren Frauen wie Nadja, die immer wieder unabhängig auf der Straße arbeitete und sich im Normal-Look wohler fühlte als im Barbie-Outfit. »Ich trug ganz normale Klamotten, kurze Hosen und Top, manchmal habe ich auch in Jeans gearbeitet«, so Nadja über ihren informellen Dress-Code auf dem Straßenstrich. Wo die Bedürfnisse der Kunden mit denen der Frauen übereinstimmen, könnte der ausbeuterische Straßenstrich bald zum Auslaufmodell werden – zumindest in Regionen mit Alternativen wie besagtem Philippsreut. Auch im Internet finden sich immer mehr Inserate von Prostituierten in Großbritannien und den USA, die mit der Bezeichnung »independant escort« für ihre Unabhängigkeit von der Rotlichtmafia werben.

Die Ergebnisse der Freierstudie von Kleiber und Velten legen ebenfalls ein Konsumentenverhalten nahe, das mit den Anliegen der neuen Sexarbeit durchaus vereinbar ist. Die Prostitutionsforscher fanden heraus, daß die Kontaktaufnahme zu 47,3% telefonisch auf eine private Anzeige hin stattfand, d. h. fast jeder zweite Freier reagierte auf eine privat wirkende Annonce und schaltete dadurch zumindest in seiner unmittelbaren Wahrnehmung Nutznießer des Tauschgeschäftes aus. 36,5% der Prostitutionsbesuche fanden in einem Bordell statt, 10,3% in einem straßenstrichtypischen Ambiente (Auto, Pension, im Freien) und 42,6% in der Wohnung der Frau. Die Mehrheit der Kunden suchte keine »schnelle Nummer«: Ein Drittel blieb eine halbe Stunde, ein weiteres Drittel eine volle Stunde, immerhin 21% blieben länger als eine Stunde. Über zwei Drittel gaben mehr als 100 DM pro Besuch aus: 32,2% zahlten bis zwischen 50 und 100 DM pro Besuch, 35,6% zwischen 100 und 200 DM. 28,6% berappten mehr als 200 DM pro Besuch, 3,6% sogar mehr als 500 DM.[124] Diese Zahlen zeigen, daß Prostitutionskunden an einer finanziellen Ausbeutung von Sexarbeiterinnen kein Interesse haben. Warum sollten sie auch? Schließlich erwarten sie wie andere Konsumenten auch für ihr Geld vor allem Qualität.

Klischee Nr. 43: Die Sexbranche ist eine separate Welt ohne Berührungspunkte zu anderen Bereichen der Wirtschaft.

Wenn die Umsätze der Prostitution von den Schwankungen des Konsumverhaltens abenteuerlustiger Ehemänner aus der näheren Umgebung abhingen, könnten viele Anbieter ihre Läden gleich dichtmachen. Ihre profitabelsten Momente erlebte die Sexarbeit stets durch künstliche Mangelsituationen in einer mobilen, globalisierten Welt. Bordellanhäufungen im Umfeld reiner Männerbiotope machen deutlich, daß die Prostitution über die Dimension individueller Bedürfnisse hinaus fest in die Männerwelten des Militärs und der Wirtschaft eingebunden ist. Beispiel Militär: Die Epizentren des südostasiatischen Sextourismus verdanken ihre Entstehung dem Vietnamkrieg, als rund um amerikanische Militärbasen in Südostasien Nachtclubs und Bordelle aus dem Boden schossen und – nach dem Abzug der GIs – Sextouristen mit Ersatzpartnerinnen versorgten. Prostitutionsbesuche oder Gefälligkeitssex mit einheimischen Frauen gehören zum weltweiten und oft totgeschwiegenen Alltag der Militärbasen. Doch die Symbiose von Prostitution und Militär ist nicht notwendigerweise kriegsbedingt. In Mozambique löste die Stationierung von UN-Friedenstruppen ab 1993 einen regelrechten Prostitutionsboom aus, ein paar Jahre später spielten sich dieselben Mechanismen rund um die KFOR-Kasernen in Mazedonien ab.

Beispiel Arbeitsmigranten: Selbst im puritanischen Nordamerika haben sich berufsbedingte Männerüberschüsse mit hoher Mobilität als Nährboden für florierende Prostitutionsszenen historisch bewährt. So entwickelte sich

San Francisco Ende des 19. Jahrhunderts durch einen konstanten Zustrom chinesischer Migranten zu einer Metropole des käuflichen Sex. Daß Nevada bis dato der einzige US-Bundesstaat mit lizensierten Bordellen ist, geht auf die Tradition des Wilden Westens zurück. Da die berufliche Instabilität der Goldschürfer und Cowboys nicht zuließ, Ehefrauen und Familien nachzuholen, wurden Prostituierte zu Ersatzpartnerinnen. Weltweit profitieren auch heutige Generationen von Sexarbeiterinnen von der Einsamkeit und dem Mangel an sozialer Kontrolle, die das Leben reisender Geschäftsmänner, Seeleute, LKW-Fahrer und anderer mobiler Berufsgruppen ausmachen, und stellen sich auf die speziellen Lebensweisen dieser Klientel ein. In Hafenstädten gehen Huren während der kurzen Verweildauer der Handelsfrachter schon mal an Bord ihren Jobs nach. Kolleginnen halten sich in Wohnmobilen rund um LKW-Raststätten für Kundschaft bereit. In Hotelzimmern bahnt sich der Cashflow seinen Weg aus den Geldbörsen der Geschäftsmänner in die Handtaschen der Frauen, die sie stunden- oder nächteweise betreuen.

Beispiel Geschäftswelt: Die auf eine Business-Klientel abonnierte Escort- und Luxusprostitution profitiert von McSex-Kunden, die für Erotik lieber einen Abend im Terminkalender blockieren, als eine Partnerin zu suchen, von Karrieristen, die sich für berufliche Höhenflüge belohnen und/oder von Alltagszwängen entspannen möchten, von Vielfliegern, die wie die Matrosen früherer Tage fernab der Heimat sexuelle Abenteuer suchen. »Affären und Bordellbesuche verlege ich grundsätzlich ins Ausland«, so ein verheirateter französischer Börsenanalyst, der ein- bis zweimal wöchentlich Kunden in ganz Europa besucht. »Es kommt vor, daß die privaten vor den geschäftlichen Terminen vereinbart werden. Wenn ich meinen Kunden zu diesem Zeitpunkt keine guten Finanzempfehlungen geben kann, konstruiere ich einen Grund, weshalb wir uns unbedingt treffen sollten.« Ob und wie sich diese Prioritäten auf Kooperationen und Umsätze der betroffenen Unternehmen auswirken, entzieht sich dem empirischen Zugriff. Betrachtet man jedoch die internationalen Wanderungsbewegungen und den weltweiten Austausch von Sex gegen Ressourcen, dann erscheint die Prostitution wie der Schatten des militärisch-industriellen Komplexes mit seinen Männerüberschüssen, männlichen Machteliten und seinen Globalisierungsentwicklungen.

Selbst ohne den Mobilitätsfaktor existieren zahlreiche Schnittstellen zwischen den so separat erscheinenden Welten der Wirtschaft und der Prostitution. »Beruf«, so wie ihn der Brockhaus definiert, ist »die Tätigkeit (Erwerbstätigkeit) des Einzelnen, die auf dem Zusammenwirken von Kenntnissen, Erfahrungen und Fertigkeiten beruht und durch die er sich in die Volkswirtschaft eingliedert.«[125] In die Volkswirtschaft eingliedert? So gesehen, ist die Sexarbeit ein Paradebeispiel für einen Beruf! Weltweit setzen Unternehmen Prostitutionsbesuche gezielt ein, um das Betriebsklima zu verbessern, Produktivität und Profite zu steigern. So spendieren japanische Firmen ihren Mitarbeitern Besuche in Hostessenclubs und hoffen, indem sie das sexualisierte Rollenverständnis des japanischen Mannes stärken, ihn an sich und ihre Interessen zu binden.[126] Aber auch westliche Firmen belohnen verdiente Mitarbeiter, indem sie Bordellbesuche sponsern oder Gruppenerlebnisse in der Sexindustrie arrangieren. Einige Unternehmen schikken loyale Mitarbeiter zum Sexurlaub ins Ausland,[127] und manch ein Firmengründer bezieht die räumliche Nähe zu den Hotspots des käuflichen Sex in seine Standortüberlegungen ein.[128] Ende der achtziger Jahre gab es eine Diskussion unter Frankfurter Kommunalpolitikern darüber, daß ein ausdifferenziertes Angebot sexueller Dienstleistungen einen relevanten Standortfaktor für die Messestadt darstellt.[129] Die unbefangene Verquickung von »work and play« ist ein weiterer Beleg dafür, daß Sex nicht die Antithese zur »kalten Geschäftswelt« ist, in der ausnahmslos die Logik der Ökonomie, Selbstkontrolle, Vernunft oder gar die Unterdrückung von Instinkten und Emotionen angesagt sind. Die Arbeitswelt, in der viele Menschen auch ihre Beziehungspartner finden, erweist sich als Black Box schattenhafter sexueller Elemente – ob in Form problematischer Rollenbilder, in sadomasochistischen Macht- und Abhängigkeitsverhältnissen, sexueller Belästigung oder Beispielen von Gefälligkeitssexualität. Und wer hat nicht schon mal das Gefühl gehabt, sich für seinen Arbeitgeber zu prostituieren?

Ein anderer Aspekt ist die Akquise bzw. Pflege von Kundenkontakten. Im Umfeld jeder Industrie- und Handelsmesse kann beobachtet werden, wie Geschäftsleute nicht nur die Umsätze der Rotlichtclubs steigern, um sich von einem streßreichen Messetag zu erholen, sondern dabei ihre eigenen Geschäftsinteressen vorantreiben. Selbst wenn das Ausmaß, in dem die gemeinschaftlichen Sexabenteuer die Umsätze in die Höhe getrieben haben, schlecht beziffert werden kann, so steht doch fest, daß Sexarbeiterinnen indirekt zahllose Verträge auf den Weg gebracht, Arbeitsplätze mitgeschaffen und das Bruttosozialprodukt gesteigert haben. Durch ihr »Zusammenwirken an Kenntnissen, Erfahrungen und Fertigkeiten« haben sie sich seit langem höchst erfolgreich »in die Volkswirtschaft eingegliedert«.

»Male Bonding« im Nobelbordell: Anonymer Unternehmer aus Norddeutschland

In sechs Jahren habe ich schätzungsweise 500 000 DM aufgewandt, um meine Kunden bei Laune zu halten – durch Urlaubsreisen, Breitling-Armbanduhren und Bordellbesuche. Ich denke mal, daß ich vielleicht ein Drittel dieser Summe in Bordellbesuche investiert habe. Erst kürzlich habe ich drei meiner besten Kunden aus Brandenburg in ein Berliner Nobelbordell eingeladen. Für fünf Stunden mit sechs oder sieben Frauen zahlte ich inklusive Poolmiete 15 000 DM. Es wäre natürlich ein bißchen plump, auf diese Weise Neukunden zu akquirieren. Das mache ich eigentlich nie, zumindest nicht, wenn ich den Mann nicht etwas kenne, weil diese Taktik auch nach hinten losgehen kann. Aber als Instrument der Kundenpflege haben sich Bordellbesuche meiner Erfahrung nach durchaus bewährt: Ungefähr 90% der Kunden verhielt sich später in meinem Sinne.

Klischee Nr. 44: Das älteste Gewerbe der Welt hat immer Hochkonjunktur.

Manches spricht dafür, daß Prostitutionskunden die herkömmliche, auf Schnelligkeit und Effizienz bedachte Rotlichterotik als abgeschmackt empfinden und nach Alternativen Ausschau halten. Schnelle Nummern auf geliehenen Badehandtüchern in Stundenhotels sind aus der Realität des Gewerbes zwar nicht wegzudenken, aber Erfahrungen, die wenigstens die Illusion authentischer sexueller Attraktion vermitteln, stehen vielfach höher im Kurs. Das zeigt sowohl der Erfolg neuerer, meist milieuferner Dienstleister wie Seitensprungagenturen, Swingerclubs oder Prostitutionsanbieter, die mit dem Amateurcharakter der Frauen werben, als erstaunlicherweise auch der Sextourismus. Seit eine expandierende Sexindustrie ihre Kunden zu anspruchsvollen und selbstbewußten Konsumenten erzogen hat, findet sich das älteste Gewerbe der Welt in einer ungewohnten Konkurrenzsituation wieder: Telefon- und Internetsex, Seitensprungagenturen und Swingerclubs wetteifern um die Gunst der Kunden. Bedenkt man, daß die Prostitution vor allem in Ländern floriert, in denen Männer mehr sexuelle Freiheiten genießen als Frauen, dann hätte eine gelockerte Sexualmoral dem Gewerbe eigentlich den Todesstoß versetzen müssen. Doch die Geschichte der Prostitution, die oben zitierten Zahlen und Fakten zeigen, daß dieses Metier gegenüber Einbrüchen und Krisen immer erstaunlich kreativ reagierte. Auf die größere Freizügigkeit und die neue Wettbewerbssituation antworteten viele Frauen mit einer Ausdifferenzierung der Dienstleistungspalette in Richtung Massage und S/M: die sexuelle Dienstleistung als eine Art erotisches Erlebnis-Shopping. Die Globalisierung erschloß neue Märkte im In- und Ausland und ergänzte die Nachfrage um den Aspekt der Exotik. Das Aufkommen der McSex-Freier ist ein weiteres Beispiel dafür, daß die expandierende Sex-Industrie mit ihrer neuen Kultur der Selbstbefriedigung per Telefon und Internet zwar einerseits in Konkurrenz zur klassischen Prostitution trat, ihr andererseits aber auch wieder Neukunden zuführte, denen die Kommerzialisierung ihrer Bedürfnisse weniger moralische Bauchschmerzen verursacht als der Generation ihrer Väter. Dessen ungeachtet erlebte die Branche in den letzten dreißig Jahren diverse konjunkturelle Auf und Ab. Nach der Strafrechtsreform von 1972 sah es zunächst so aus, als könnte die Prostitution von einer Liberalisierung der Sexualmoral in ungeahntem Ausmaß profitieren.

Goldgräberstimmung nach '72: Philipp

Nach 1972 konnte jeder, der nicht völlig blöd war, in der Prostitution stinkreich werden, und zwar schnell. Innerhalb ganz kurzer Zeit hat die neue Situation die Männer wie ein Rausch überfallen. Vorher gab es all diese Angebote nicht, und die Männer ließen sich mit Praktiken wie »Falle schieben« leicht hinters Licht führen. Heute weiß ein 16jähriger über die Anatomie einer Frau besser Bescheid als sein Opa nach 50 Ehejahren. Doch damals waren die Männer ahnungslos, nervös, und als sich plötzlich all diese neuen Möglichkeiten ergaben, haben sie davon reichlich Gebrauch gemacht. Auch ich habe noch eine Zeit erlebt, da gaben die Männer 1000 Mark in einer Nacht aus oder auch mal 2000 und mehr. Für dasselbe Geld machen Sextouristen heute eine Woche Urlaub mit drei Frauen.

Die Zeiten, in denen sich das Geschäft mit der käuflichen Sexualität als Goldgrube erwies, gingen zumindest aus der Sicht damaliger Betreiber viel zu schnell vorbei. Schon die allgemeine Konjunkturentwicklung nach der Ölkrise drosselte den Höhenflug der Sex-Profiteure, bis im Laufe der achtziger Jahre die AIDS-Angst für einen deutlichen Konjunktureinbruch im Prostitutionsgewerbe sorgte. Der Zusammenbruch der kommunistischen Systeme Osteuropas und der Exodus osteuropäischer Frauen ließ die Preise noch tiefer in den Keller sacken. Verteilungskämpfe zwischen deutschen und ausländischen Akteuren in der Rotlichtprostitution machten vor allem in den neunziger Jahren Schlagzeilen. Zeitgleich mit seiner Auferstehung als Männlichkeitsikone in den Medien feierte ein neuer Typus von Siegelring-Zuhälter in den Rotlichtkiezen sein Comeback, vor allem im heißumkämpften ostdeutschen Markt. Mehrheitlich nicht-deutsche Player organisierten das Prostitutionsgeschäft nach frühkapitalistischer Manier und mit chauvinistischer Dominanz. Die Billigangebote, mit denen sie den Markt überschwemmten, appellierten an eine Kundschaft, der es an Kaufkraft, Großzügigkeit oder – zum Beispiel auf dem Land – an Alternativen mangelte.

2 Frauen als ökonomische Loser

Klischee Nr. 45: Die Prostitution ist ein Armutsphänomen.

Doch die Billigprostitution profitierte nicht allein von ihren Schnäppchenpreisen. In Gesprächen mit westlichen Freiern fanden Prostitutionsforscherinnen heraus, daß diese vor allem von der (scheinbaren) Warmherzigkeit und (scheinbar) echten Zuneigung ausländischer Sexarbeiterinnen angetan waren: Anstatt das Tauschgeschäft zeitlich und inhaltlich zu begrenzen, übernachteten sie mit den Kunden im selben Bett, rieben sie mit Sonnencreme ein, wuschen ihnen die Füße oder die Haare. Besonders in Osteuropa und Südostasien, wo mit der Armut in Form massenhafter informeller Prostitution auch die Hoffnung auf einen Ausweg um sich greift, verschwimmen die Grenzen zwischen Tauschgeschäft und echter Zuneigung leichter als anderswo.[130]

Ein Blick zurück in den deutschen Nachkriegsalltag, und das Phänomen der mangelnden emotionalen Abgrenzung läßt sich auch aus mitteleuropäischer Perspektive unschwer nachvollziehen. Damals, als eine Packung Lucky Strike mehr wert war als jeder Geldschein, tauschten auch deutsche Frauen massenhaft Sex gegen Naturalien, vor allem mit wohlhabenden westlichen Besatzungssoldaten. Ob dieser Tausch eine Art Termingeschäft blieb oder eine verbindliche Beziehung nach sich zog, war erstens eine Entscheidung, die der Mann traf, und zweitens für das tägliche Überleben zweitrangig. Nach Kriegsende, als sich jede achte Frau allein, d. h. ohne Mann, familiäre oder freundschaftliche Netzwerke, durchschlagen mußte, entwickelten sich materiell motivierte Verhältnisse mit einem »Besatzer« zu einer zentralen weiblichen Überlebensstrategie. Heute, fünfzig Jahre später, haben sich die Verhältnisse nur regional verschoben: Sexmigrantinnen aus aller Welt strömen nach Deutschland, auf der Suche nach Männern, die ihnen das Überleben erleichtern. Ob in Form einer Versorgungsehe oder sexueller Tauschgeschäfte, hängt auch heutzutage nicht unbedingt von ihrer eigenen Prioritätensetzung ab. Das zeigt auch die Erfahrung osteuropäischer Heiratsvermittler, die häufig erleben, daß ihre heiratswilligen Frauen von westlichen Männern als One-Night-Stands mißbraucht werden. Aber auch osteuropäische Sexmigrantinnen geben sich mitunter Träumen von deutschen Märchenprinzen hin, die sie aus der Misere erretten. »Es ist ein beliebter Rekrutierungstrick von Frauenhändlern«, so die Sozialarbeiterin Stana Buchowska von La Strada/Warschau, »jungen Frauen aus der ehemaligen Sowjetunion eine Arbeit in der Nähe der deutschen Grenze anzubieten. Viele Frauen halten sich im deutsch-polnischen Grenzgebiet mit der Hoffnung im Hinterkopf auf, daß sie möglicherweise zu den Glücklichen gehören, die von einem deutschen Mann mit über die Grenze genommen werden.«

Wegen seiner Bevölkerungsdichte und seines Wohlstands gilt Deutschland als einer der lukrativsten Märkte für Sexmigrantinnen aus Osteuropa und Übersee. Sextourismus und Billigsex in deutschen Grenzregionen mögen uns aus unterschiedlichen Gründen entrüsten, aber ohne sie könnten Millionen Menschen nicht überleben, und ganze Staatshaushalte würden schlagartig absacken. In Thailand, wo junge Frauen massenhaft vom Land in die Rotlichtbezirke des Städte abwandern, werden jährlich etwa 25 Milliarden US-Dollar durch die Prostitution erwirtschaftet, etwa 300 Millionen US-Dollar davon überweisen die Frauen an ihre Familien.[131] Bis zu 14% des Bruttoinlandsproduktes asiatischer Staaten kommt durch die Sexarbeit zustande.[132]

Wenn sich die Prostitution zu einer globalen weiblichen Überlebensstrategie entwickeln konnte, dann vor allem deshalb, weil Frauen überall auf der Welt ökonomisch benachteiligt sind: als Armutsopfer, auf dem Arbeitsmarkt und als Kapitaleignerinnen. Laut UNO leisten Frauen zwei Drittel der Weltarbeit und erhalten dafür 10% des Gesamtlohns. Sie besitzen nicht mehr als 1% des Weltvermögens und 1% des Grund und Bodens. Mehr als zwei Drittel der 1,3 Milliarden ärmsten Menschen der Welt sind Frauen. Und die Frauenarmut nimmt zu, sei es als Massenarmut in den Schwellenländern oder in den innerstädtischen Armutsherden der Wohlstandsgesellschaften des Westens und Nordens. Die demographischen Entwicklungen spielen dabei mit hinein: In vielen entwickelten Ländern sind die Scheidungsraten in den letzten dreißig Jahren um bis zu 500% gestiegen. Allein über 20% der Haushalte alleinerziehender Mütter sind von Armut betroffen.[133] Geringe oder fehlende Einkommen, Hunger oder Mangelernährung, Krankheiten oder ein schlechter Gesundheitszustand, Alkoholismus und Drogenabhängigkeit, Obdachlosigkeit oder menschenunwürdiges Wohnen, Diskriminierung und Ausgrenzung sind die Symptome dieser sozialen Seuche, die überall beklagt, aber selten effektiv bekämpft wird.

Die scheinbar festgefügten Rollen in der globalen Ressourcenverteilung sind mit dualistischen Schuldzuschreibungen nicht wirklich zu erklären. Es ist keineswegs so, daß eine verarmte Gesellschaft ihre Frauen und Mädchen quasi automatisch und gegen ihren Willen in ein unwürdiges Leben treibt. Daß die Entscheidung zur Sexarbeit selbst im Schatten des Existenzkampfes selten die einzige Überlebensoption ist, zeigt das Beispiel malaiischer Frauen in Singapur, die ihren Einstieg in die Prostitution mit dem Argument begründen, sie wollten der Schufterei als Hausfrau entgehen, oder der Bemba-Frauen aus Afrika, die erklärten, sie wollten durch die Prostitution genug Geld verdienen, um eine Haushaltshilfe einstellen zu können.[134] Ein Blick in viele Länder des Südens und Ostens zeigt, daß Frauen selbst unter kärglichsten Bedingungen unterschiedliche Wege beschreiten, um die Armut zu überwinden – sie betrachten sich nicht als arme Opfer, sondern als eigenverantwortlich handelnde Subjekte. In weiten Teilen der Dritten Welt und einigen Regionen Osteuropas bestimmen mikroökonomische Initiativen ein Wirtschaftsleben an der Peripherie neoliberaler Interessen: lokale Klein- und Kleinstbetriebe, Kooperativen und Genossenschaften, Markthandel und Dienstleistungen im sozialen Bereich, häufig organisiert von weiblichen Solidargemeinschaften, die das materielle Potential des Unternehmerinnentums mit sozialen Werten wie Kooperation, Gemeinsinn und Solidarität verbinden. Wo kein eigenständiger Gelderwerb möglich ist, machen sich viele Frauen von Ehemännern oder Großfamilien abhängig, andere gehen betteln oder stehlen, schließen sich mit Männern in kleinkriminellen Überlebensgemeinschaften zusammen, verkaufen ihre Kinder oder begehen Selbstmord. Daß die Armut eine Vielfalt von Elendsszenarien fördert, ist eine einfache mathematische Erkenntnis: Schließlich gibt es in jeder Altersgruppe von Frauen weitaus mehr Arme als Prostituierte. Vor diesem Hintergrund erscheint die Frage, warum viele Frauen sich gegen die Sexarbeit entscheiden, im Grunde genommen produktiver als die Frage, warum sie sich dafür entscheiden.

Es ist auch keine »reine«, geschlechtsunabhängige Armut, aus der sich das Heer der Armutsprostituierten rekrutiert. Die Natur eines sexuellen Tauschgeschäftes setzt zahlende Kunden voraus. Aber wie soll in einer Gesellschaft, in der keiner etwas besitzt, Sex gegen Geld getauscht werden? Solche Verhältnisse sind gerade in armen Ländern jedoch selten die Norm. In vielen Gesellschaften, die aus westlicher Perspektive als unterschiedslos arm wahrgenommen werden, sorgen traditionelle Machtstrukturen dafür, daß Männer über mehr Geld und sexuelle Freiheiten verfügen als Frauen. Männliche Dominanz und eine strenge Sexualmoral liefern nicht nur die ökonomische Basis, sondern auch einen legitimierenden moralischen Überbau für eine einheimische Prostitutionsszene. Doch lukrativ wird das Geschäft mit dem Sex in den armen Ländern vor allem über die Nachfrage von außen: über Tourismus, Militärpräsenzen oder eine organisierte Migration in die Länder des Westens und Nordens.

Wo immer sich prostitutive Deals abspielen – stets sind sie symptomatischer für eine globale ökonomische Ungleichheit zwischen Männern und Frauen als für eine geschlechtsunabhängige Armut. Wenn die Prostitution – wie oft argumentiert wird – ein Armutsphänomen wäre, müßte sie sich in einer Gesellschaft, in der es genügend bezahlte Arbeit (oder andere Möglichkeiten des Gelderwerbs) für alle gibt, im Prinzip von allein erledigen. Friedrich Engels und August Bebel waren davon überzeugt, daß die Prostitution (ebenso wie die Kirche) eine soziale Institution des Kapitalismus sei und folglich mit dessen Überwindung von der Bildfläche verschwinden müsse.[135] Wie das Beispiel der kommunistischen Staaten von China über die Ex-Sowjetunion bis hin nach Kuba zeigt, ging diese theoretische Gleichung nicht auf. Auch wenn sie nach offizieller Lesart als kapitalistisches Übel gebrandmarkt und im eigenen Land totgeschwiegen wurden – sexuelle Tauschgeschäfte wurden von den sozialistischen Regimes bei weitem nicht nur in der Auslandsspionage eingesetzt, um den Klassenfeind mit seinen eigenen Waffen zu schlagen. Sie spielten sich überall im Sozialismus ab: in den Zügen zwischen Moskau und Leningrad, in Ost-Berliner Cafés, an Kubas Stränden.[136] Sexualwissenschaftler wie Havelock Ellis und Kingsley Davis waren schon vor mehr als fünfzig Jahren der Überzeugung, daß die ökonomische Logik der Prostitution durch höhere Lohnniveaus nicht außer Kraft gesetzt wird. Sie argumentierten, daß mit der Schaffung von Arbeitsplätzen zwar insgesamt weniger Frauen der Prostitution nachgingen, aber die so verursachte Knappheit an Sexarbeiterinnen den Wert und Preis der Dienstleistung in die Höhe trieb, was den Frauen wiederum einen finanziellen Anreiz bot, Sex gegen Geld zu tauschen.[137] Sowohl die verdeckte Prostitution in den ehemaligen kommunistischen Staaten als auch die Sexarbeit in den Wohlstandsgesellschaften gibt den frühen Theoretikern der Ökonomie des Begehrens recht: Es ist vor allem die Nachfrage, die über das Zustandekommen sexueller Dienstleistungen entscheidet, und zwar unabhängig davon, wie arm oder reich eine Gesellschaft ist.

Klischee Nr. 46: Es gibt für eine Frau immer eine berufliche Alternative zur Sexarbeit.

Nochmal zurück zum kleinen, aber wesentlichen Unterschied zwischen der Vorstellung einer geschlechtslosen Armut, die von abstrakten wirtschaftlichen Mechanismen verursacht wird, und einer umfassenden ökonomischen Benachteiligung von Frauen. Beklagen wir eine allgemeine Armut, so liegt der Gedanke nah, daß, wenn schon nicht der Sozialismus, so doch wenigstens der nächste wirtschaftliche Aufschwung oder ein Konjunkturprogramm des Staates die verzweifelten Frauen aus der Sexarbeit herausholen und in »normale« Arbeitsplätze manövrieren könnte. Doch sämtliche Daten und Analysen zur Situation des globalen Arbeitsmarktes legen nahe, daß weder die Privatwirtschaft noch der Staat auf absehbare Zeit in der Lage sein werden, Frauen ökonomisch gleichzustellen. Bereits jetzt erhalten Frauen weltweit für vergleichbare Arbeit eine deutlich geringere Bezahlung als Männer.[138] Mehrheitlich landen sie in Berufen oder Positionen, die schlechter bezahlt werden, bzw. in Teilzeitarbeitsplätzen.[139] Laut *World Labour Report 2000* haben die Globalisierung und die Liberalisierung des Handels die Einkommenssicherheit von Frauen weltweit weiter geschwächt und ihr ohnehin erhöhtes Risiko, Opfer von Arbeitslosigkeit und Unterbeschäftigung zu werden, noch verstärkt.[140] Nach Angaben der Weltbank hat sich die globale Rate der weiblichen Beteiligung am ersten Arbeitsmarkt zwischen 1990–1999 um keinen Prozentpunkt nach dem Komma in Richtung auf mehr Gleichberechtigung verändert.[141]

In Europa sieht es tendenziell nicht anders aus als in den Schwellenländern. Seit dem Ende der Weltwirtschaftskrise haben sich die Arbeitslosenzahlen nicht mehr auf so hohem Niveau bewegt. Während die Profite vieler Unternehmen steigen, nimmt die Beschäftigung real ab – in erster Linie, weil Automatisierungsprozesse in allen Bereichen des Arbeitsmarktes die menschliche durch maschinelle Arbeitskraft ersetzen. Die Fortschritte der Informationstechnologien schreiben diese Tradition ungebrochen fort, auch im Dienstleistungssektor, der schon zahllose Frauen vorübergehend oder dauerhaft in die häusliche Sphäre zurückgebeamt hat.

Vor diesem weltwirtschaftlichen Hintergrund kann man das Bild, das vor allem die Medien von »Karrierefrauen« zeichnen, die sich mit grenzenlosem Selbstvertrauen und Optimismus scheinbar mühelos ihren Weg an die Spitzen der Unternehmen bahnen, nur als Augenwischerei bezeichnen. Den Hochglanzwelten der Medien zufolge werden Frauenkarrieren aus Selbstvertrauen, positivem Denken, ordentlichen Bewerbungen und passenden Outfits geschmiedet, der Erfolg liegt im Ermessen der einzelnen, in ihrer Leistungsbereitschaft und mentalen Stärke. Doch die Realität sieht anders aus. »In allen entwickelten Industrieländern stapeln Frauen heute Papier, machen Aufzeichnungen, vereinbaren Geschäftsbesprechungen und halten den Büroalltag am Laufen«, so die Sozialwissenschaftlerin Helen Fisher. »Dennoch entfallen weniger als 5% aller hohen Managementpositionen in den großen Unternehmen sämtlicher Industriegesellschaften auf Frauen.«[142]

Abgesehen von den gläsernen Dächern des Corporate Business, abgesehen von negativen Begleiterscheinungen des Arbeitslebens, wie chronischem Streß, Burn-out, Mobbing, stellte sich für Frauen die Existenzsicherung immer schon komplizierter und dramatischer dar als für Männer. Komplizierter, weil sie sich für eine Harmonisierung von Beruf und Familie stärker verantwortlich fühlen, und dramatischer, weil die ökonomische Benachteiligung sie über weite Strecken der Geschichte in materielle Abhängigkeiten trieb. Seit Ehe und Familie als alleiniger Lebensinhalt ausgedient haben, ist die Erwerbsarbeit für Frauen zu einem entscheidenden Aspekt ihrer persönlichen Lebensplanung geworden. Für sich selbst zu sorgen bedeutet weit mehr als die Sicherung der eigenen Existenz. Es geht um nichts Geringeres als persönliche Autonomie – ein Stück Lebensqualität, um das unsere Mütter und Großmütter uns oft beneiden. Ein Ausstieg aus dem Arbeitsleben – sei es durch Arbeitsplatzverlust oder Schwangerschaft – zieht fragmentarische Lebensläufe nach sich, die wiederum die Ansprüche auf Sozialversicherungsleistungen senken und einen Wiedereinstieg ins Berufsleben erschweren. Doch die berufliche Autonomie wirft Fragen nach der Vereinbarkeit von Erwerbsarbeit, Hausarbeit und Kinderbetreuung auf. In den USA verbringen berufstätige Frauen im Durchschnitt schon mehr als 80 Wochenstunden für Arbeit und Haushalt.[143] Die Familienarbeit ist nach Expertenmeinung das stärkste Hemmnis für die Gleichstellung von Frauen in der Arbeitswelt. Da sich weder die Arbeitswelt noch die weiblichen Harmonisierungswünsche auf absehbare Zeit grundsätzlich ändern werden, dürfte die Gleichstellung von Frauen im Haifischbecken des ersten Arbeitsmarktes wohl noch auf sich warten lassen – trotz guter Ausbildung, familienfreundlicher Arbeitsmodelle und vielfacher Lobgesänge auf das Netzwerkdenken und die kommunikativen Talente von Frauen.

Frauen hin, Männer her: Die Dynamik des technologischen Fortschritts wird wohl auch in Zukunft dafür sorgen, daß der Marktwert der menschlichen Arbeit, unabhängig von individuellen Erfolgsanstrengungen, weiter sinken wird. Technologien, die Arbeit oder Zeit einsparen, werden auch weiterhin Unternehmensabläufe umstrukturieren und es dem Staat überlassen, die Beschäftigungsverluste mit Umschulungen und Fortbildungsmaßnahmen wegzuregulieren. Doch wie viele Callcenter müßten aus dem Boden gestampft werden, um den Stellenabbau zu neutralisieren? Während die Medien unverdrossen das Bild der Karrierefrau als postmoderner Weiblichkeitsikone feiern, konstatieren Wirtschaftsexperten wie André Gorz und Jeremy Rifkin angesichts dieser Szenarien längst das Ende der Arbeitsgesellschaft. »Unsere politischen Institutionen, unsere gesellschaftlichen Verpflichtungen und wirtschaftlichen Beziehungen sind alle auf Menschen ausgerichtet, die ihre Arbeitskraft auf dem Markt verkaufen«, so der Wirtschaftsberater Jeremy Rifkin. »Jetzt, da unsere Arbeitskraft für die Industrie wie für den Dienstleistungssektor immer unwichtiger wird und ihr Marktwert rapide sinkt, müssen wir uns neue Wege ausdenken, wie man Einkommen und Kaufkraft sichern könnte. Wir brauchen Alternativen zur Erwerbsarbeit, um die Kraft und das Talent zukünftiger Generationen nicht brachliegen zu lassen.«[144]

Lieber Hure als Akademikerin: Promoviertes US-Callgirl

Angesichts der Situation auf dem universitären Arbeitsmarkt kann man beobachten, daß die Fachbereiche in den Akademikern, die sie einstellen wollen, einzig und allein eine Ware sehen. Der Arbeitsplatzmangel macht den Warencharakter der menschlichen Arbeitskraft auf dem akademischen Sektor erst so richtig sichtbar. Die Gedanken der Jobsuchenden kreisen permanent um ihren Marktwert. Wie viele meiner graduierten Kollegen strengte ich mich acht Jahre lang permanent an, um meinen Marktwert zu steigern. Mein Arbeitgeber profitierte, indem er meine Arbeitskraft ausbeutete, d. h. mir einen Job gab, der mich den ganzen Tag beschäftigte, aber wie eine Teilzeitstelle bezahlt wurde.

Der akademische Arbeitsmarkt erinnert mich an die Straßenprostitution. Die Macht, die Universitäten und vergleichbare Institutionen über Akademiker haben, gleicht der eines Zuhälters, der seine Huren bis aufs Mark ausbeutet. Die Gepflogenheiten auf diesem Arbeitsmarkt sind wesentlich erniedrigender als die Art der Prostitution, die ich betreibe. Ich kann mir aussuchen, wo ich leben will, ich werde viel besser bezahlt und bekomme oft mehr Respekt. Sicher, ich bin immer noch eine Ware und bewege mich wie jeder andere in dieser kapitalistischen Welt auf einem Markt. Aber mein Marktwert ist höher, denn für das, was ich anbiete, existiert eine stärkere Nachfrage. Was für eine Ironie, daß ich mich als Hure weniger als Ware und mehr als Mensch fühle.

Aus diesem Grund fällt es mir sehr schwer, den akademischen Arbeitsmarkt mit der Prostitution gleichzusetzen. Akademiker als Huren zu bezeichnen ist eine Herabwürdigung der Prostitution, eine ungerechtfertigte Fortschreibung des Klischees, daß die Prostituierte den Warencharakter unserer Gesellschaft sozusagen in Reinkultur verkörpert. Aber es gibt noch einen anderen, weniger erfreulichen Grund, der gegen diesen Vergleich spricht: Akademiker sind nicht dem gleichen Stigma ausgesetzt wie Huren. Und so opfert der Akademiker den Profit zugunsten des Prestiges und die Hure das Prestige zugunsten des Profits.[145]

Klischee Nr. 47: Die Prostitution ist belastender als andere Erwerbstätigkeiten.

Zu Beginn des 21. Jahrhunderts führt kein Weg an der Erkenntnis vorbei, daß sich die Hoffnungen vieler Frauen auf wirtschaftliche und persönliche Autonomie weder auf dem ersten Arbeitsmarkt noch durch Lösungen in der politischen Arena erfüllen konnten. Ist ein Ja zur Sexarbeit vor dem Hintergrund gewisser, wenn auch nicht besonders attraktiver, Wahlmöglichkeiten als unfreiwilliger Leidensweg oder als eine bewußte, rationale Entscheidung gegen die Armut zu werten? Ist die Sexarbeit nichts als ein beredtes Statement über weibliche Optionen auf dem Arbeitsmarkt? Bis die Utopie einer völligen Gleichstellung irgendwann vielleicht verwirklicht ist, werden viele Frauen die Sexarbeit als valide Alternative zu Arbeitslosigkeit, prekären Niedriglohn-Jobs in Büros, Supermärkten und Industrieklitschen sowie dem allgemeinen Rattenrennen auf dem Arbeitsmarkt empfinden. Schließlich prägen eingeschränkte Wahlmöglichkeiten und ein geringer Grad von Freiwilligkeit viele Frauen-Jobs in einem männerdominierten neoliberalen Wirtschaftssystem. Doch bislang spricht wenigstens nichts dafür, daß die Nachfrage nach sexuellen Tauschgeschäften signifikant abnehmen wird.

In Großbritannien setzt sich immer mehr die Sichtweise durch, einen Einstieg in die Sexarbeit weniger als passive Reaktion auf fehlende Optionen, sondern als aktive Entscheidung gegen Armut und Abhängigkeiten von anderen zu bewerten.[146] Das britische Projekt »English Collective of Prostitutes« sieht die Sexarbeit aber auch als eine Alternative zur ökonomisch motivierten Überlebensgemeinschaft namens Ehe und verweist auf die Situation alleinerziehender arbeitsloser Mütter, denen die Alimente von der Sozialhilfe abgezogen werden. Viele dieser Frauen, so das Projekt, betrachteten ihren Einstieg in die Prostitution als mutigen Schritt in Richtung Selbstbehauptung und Autonomie, eine Weigerung, sich von einem abwesenden Mann, einem schlechtbezahlten oder unsicheren Job oder von Repressalien des Arbeits- oder Sozialamtes abhängig zu machen, kurz: als einen Weg, die durch Armut oder Abhängigkeit beschädigte Würde wiederherzustellen. Wer die Sexarbeit daraufhin abklopft, wie sie sich im Licht der sozioökonomischen Herausforderungen ausnimmt, mit denen sich Frauen heutzutage konfrontiert sehen, sollte fragen, wo die größeren Risiken für ihr Wohlbefinden und ihre Würde liegen: in der Abhängigkeit von Sozialleistungen, dem Haifischbecken des Arbeitsmarktes oder einer Sexarbeit, die von Ausbeutung und irgendwann vielleicht auch vom Hurenstigma befreit ist.

Apropos Kontrollgruppenvergleiche: Nach einer Veranstaltung über das Gesetz zur Verbesserung der rechtlichen und sozialen Lage der Prostituierten im Sommer 2000 fuhr ich mit einem Taxi nach Hause. Es war ungefähr ein Uhr morgens, am Steuer saß eine Frau. Ich fragte sie, ob sie Angst vor Überfällen oder Vergewaltigungen habe, wenn sie nachts arbeitete. »Nein«, erwiderte sie, »wie soll man sich denn frei bewegen, wenn man immer an das Schlimmste denkt?« Es stellte sich heraus, daß sie ausgesprochen gerne Nachtfahrten übernahm. Die Straßen waren leer, das Leben, die Gäste erschienen ihr nachts interessanter. Ich fragte sie, ob es etwas gibt, das sie an ihrer Arbeit stört – unabhängig von den Arbeitszeiten. Sie überlegte ein paar Sekunden, ehe sie antwortete. »Welche Ansprüche soll ich schon ans Taxifahren stellen?« fragte sie. »Ich muß Geld verdienen. Wenn ich lange fahre, tut mir der Rücken weh, und manchmal ärgere ich mich über Fahrgäste. Aber wenn es danach geht, was mir gefällt, habe ich, realistisch betrachtet, nicht viele Möglichkeiten zur Auswahl.«

Das Beispiel zeigt, daß die kleineren und größeren Nachteile eines Berufsalltags, die in der Sexarbeit stets dämonisiert werden, in anderen Dienstleistungsberufen als bedauernswerte, aber unvermeidliche Begleiterscheinungen der Arbeitswelt akzeptiert werden. Beschwert sich eine Taxifahrerin darüber, daß der Kunde den Zielort vorgibt? Sie ist vielleicht ein bißchen genervt, wenn er auch noch die Fahrtroute bestimmen will, aber sie käme wohl kaum auf die Idee, von sich aus einen alternativen Zielort vorzuschlagen. Arbeitet sie freiwillig oder weil ihr die Existenzangst im Nacken sitzt? Vielleicht fährt sie gern mit dem Auto durch die Gegend, aber würde sie den Job behalten, wenn sie eine Erbschaft gemacht oder sechs Richtige im Lotto hätte? Gibt es in ihrem Beruf keine Gesundheits- oder Sicherheitsrisiken? Selbst wenn sie noch nie überfallen oder in einen Unfall verwickelt wurde, so kennt sie vielleicht Kollegen, die Opfer einer Gewalttat oder eines Autocrashs wurden und nimmt das Risiko in Kauf. Verheißt ein Job am Steuer eines Taxis dauerhafte Zufriedenheit? Selbst wenn das Taxifahren irgendwann zur Herzensangelegenheit wurde, spricht viel dafür, daß sie wie jede Autofahrerin, jede Dienstleisterin, jede Frau und jeder Mann, der am Tag (oder in der Nacht) Dutzende von Menschen sieht, hin und wieder Streß, Ärger, Überdruß, Frustrationen und Enttäuschungen empfindet. Im direkten Vergleich mit der Dienstleistung Taxifahren erscheinen auch andere Klischees über die Sexarbeit in einem neuen Licht. Wer käme zum Beispiel auf die Idee, eine Taxifahrerin als kalt und businesslike zu bezeichnen, weil während der Dienstleistung das Taxometer tickt und am Ende zeittaktorientiert abgerechnet wird? Und wenn man die Abgabepolitik unselbständiger Taxifahrer von etwa 50% berücksichtigt, stellt sich die Frage, wer finanziell stärker ausgebeutet wird: die Taxifahrerin oder eine Sexarbeiterin, die 30% an einen Betreiber abführt oder selbständig arbeitet.

Ähnliches gilt für die häufig beschworenen Sicherheitsrisiken der Sexarbeit. Die vermeintliche Aggressionsneigung von Prostitutionskunden ist in erster Linie das Resultat eines Klischees, das sich durch unzählige Fernsehkrimis, Musikvideos etc. in vielen Köpfen festsetzte. Wenn Freier überhaupt Schlagzeilen machten, dann als Serienmörder. Doch internationalen Studien zufolge entspricht die weit überwiegende Mehrheit der Prostitutionskunden keineswegs dem Klischee eines Schlägers oder frauenhassenden Serienmörders.[147] Natürlich war dieses Klischee auch hilfreich, um Frauen im Namen eines monogamen Beziehungsideals moralisch zu disziplinieren. Doch in Zeiten, in denen auch Privatbeziehungen zunehmend über Kontaktanzeigen und Blind Dates angebahnt werden, sind Prostituierte nicht automatisch gefährdeter als serielle Monogamistinnen. Im Gegenteil: Die Existenz von Dienstleistungsunternehmen, die nach dem Vorbild der Prostitutionsszene Frauen während des ersten anonymen Treffens anrufen und bei Bedarf die Polizei alarmieren, zeigt, daß die Sicherungssysteme, die sich in der Sexarbeit bewährten, auch für promiske weibliche Singles Vorbildcharakter haben. Hinzu kommt, daß die Risiken innerhalb der Prostitution weder personell noch strukturell gleich verteilt sind, wie internationale Studien gezeigt haben.[148]

Klischee Nr. 48: Eine Prostituierte verkauft mit ihrem Körper auch ihr Selbst.

Was verkauft eine Prostituierte eigentlich? Ihren Körper? Ihre Sexualität? Ihr Selbst? Ihre Zeit? Eine Illusion? Die Verwirrung darüber, was sie eigentlich genau in das Tauschgeschäft einbringt, ist beträchtlich. Während Sexarbeiterinnen und ihre Interessenvertretungen meist von einer Dienstleistung sprechen, bei der sich üblicherweise weder Besitz- noch Eigentumsverhältnisse ändern, suggerieren Buchtitel wie *Ware Lust*, *Gekauftes Fleisch* oder *Eine Frau allein gehört allen*, daß entweder die Frau, ihr Körper oder ihre Sexualität als eine Art Handelsware zur Disposition stehen. Mit einem apodiktischen Unterton behaupten auch viele Prostitutionsgegner, daß Sexarbeiterinnen mit der Dienstleistung ihre Person und ihr Selbst gleich mitverkaufen. Dabei folgen sie zwei Grundannahmen: (1) Es ist ein Unterschied, ob ich meine erotischen Kompetenzen verkaufe oder meine Körperkraft bzw. meine geistigen Fähigkeiten. (2) Es ist nicht statthaft, meine erotischen Kompetenzen zu verkaufen. Dabei ist die Unterscheidung zwischen asexueller Arbeitskraft und Sexarbeit zutiefst willkürlich und basiert auf der Prämisse: Der Mann hat ein Geschlecht, die Frau ist ihr Geschlecht. In diesem Sinne argumentieren nicht nur männliche Kirchenvertreter, sondern auch Feministinnen wie Carol Pateman oder Elisabeth Anderson, die behaupten, daß sich die Sexarbeit grundsätzlich von anderen Formen der Erwerbsarbeit unterscheidet.[149]

Die Gleichsetzung »Körper = Ich« ist aus mehreren Gründen fragwürdig. Einmal unterscheidet sie nicht zwischen eigenverantwortlicher und erzwungener Prostitution, fairen und unfairen Arbeitsbedingungen. Zum anderen unterschätzt sie die Abwehrmechanismen des Ich, seine Fähigkeit, sich gegen selbstwertmindernde Einflüsse zu schützen. Ignoriert werden auch die Handlungsspielräume von Dienstleistern, ihre Strategien, eigene Ansichten oder Interessen gegen Kundenansprüche durchzusetzen. Dabei kennt jeder, der nach einem Friseurbesuch ein bißchen anders aussah als geplant oder sich in bestimmten Bordellen mehr Geld aus der Tasche ziehen ließ als beabsichtigt, die subtilen Strategien dienstleisterischer Selbstbehauptung. Und last but not least kehren die Feministinnen unter den Prostitutionsgegnern auch das sexuelle Selbstbestimmungsrecht unter den Teppich, das sie in puncto Abtreibung und sexualisierter Gewalt nie müde wurden ins öffentliche Bewußtsein zu tragen. Doch das Motto »Mein Bauch (respektive meine Vagina) gehört mir« scheint für Huren nicht zu gelten. Erfahrenen Sexarbeiterinnen wie Mia erscheint die Vorstellung, daß sie ihren Körper bzw. ihr Selbst verkaufen, geradezu grotesk.

Ich verkaufe eine Illusion: Mia

Mein Gott, ich verkaufe doch nicht meinen Körper. Der war vor 25 Jahren schon so, und den hab ich heute noch, da ist also kein Stück ab. Ich würde eher meinen, ich verkaufe die Illusion gelungener Sexualität. Wenn ich zu manchen Kunden nett und freundlich bin, ist es ja für sie eine Illusion, denn manchmal denke ich schon: Ach Gott, da biste aber froh, wenn der wieder raus ist. Trotzdem bin ich freundlich zu ihm. Meinen Sie denn, im Café oder im Drogeriemarkt lieben die Verkäuferinnen alle ihre Kunden? Die vermitteln denen das bloß, damit die Leute wiederkommen und ihr Geld bringen, Ware kaufen oder wie hier die Illusion einer schönen halben Stunde, die sie zu Hause nicht erleben können. Also ich sehe das nicht so, daß ich mich selbst verkaufe. Das hat diesen negativen Ruf – sie verkauft ihren Körper. Also wissen Sie, das ist doch alles ... mein Gott! Das stammt von Leuten, die diesen Job entweder nicht gerne machen oder nicht mögen.

In letztere Kategorie fällt wohl auch der Philosoph André Gorz, der einem Vergleich der Prostitution mit anderen Dienstleistungen heftig widerspricht. Für ihn unterscheidet sich die Prostitution durch die Unmittelbarkeit des Körpereinsatzes und die (von ihm unterstellte) Unmöglichkeit, sich von einer Vereinnahmung durch den Kunden zu distanzieren, grundsätzlich von anderen Dienstleistungen. »Nun kann aber im Unterschied zu allen anderen Bedienern, die in ihrem Beruf beflissene Fürsorge, gute Laune, Aufrichtigkeit, Sympathie (usw.) simulieren, die Prostituierte ihre Leistung nicht auf jenes rituelle Schauspiel von Gesten reduzieren, welches etwa die zuvorkommenden Verkäuferinnen einer Boutique an den Tag legen«, heißt es in seiner *Kritik der ökonomischen Vernunft*. »Sie bietet ja nicht nur Gesten und Worte an, die sie hervorbringen kann, sondern das, was sie ohne jede mögliche Simulation ist: ihren Leib, also das, wodurch das Subjekt sich selbst gegeben ist und was ohne jede Möglichkeit der Abtrennung den Grund und Boden all seines (Er)Lebens darstellt. Es ist unmöglich, seinen Leib preiszugeben, ohne sich selbst preiszugeben, sich benutzen zu lassen, ohne erniedrigt zu werden.«[150] Doch nach dieser Theorie müßten ja auch Leistungssportler und Tänzerinnen, deren Körper durch Training, Verletzungen und Verschleißerscheinungen geschunden sind, sich zu den Erniedrigten und Ausgebeuteten zählen. Und Tatsache: Da Gorz die Kommerzialisierung privater Lebensbereiche grundsätzlich kritisiert und Sexualität für ihn prinzipiell in die Privatsphäre gehört, weitet er den Prostitutionsbegriff konsequenterweise auf Schriftsteller und Leihmütter aus.

Die feministische Philosophin Sibyl Schwarzenbach hingegen ist der Ansicht, daß zwischen Körper und Ich keineswegs eine einfache Identitätsbeziehung bestehe.[151] Demnach besitzt jeder Mensch die Fähigkeit, sich von bestimmten Aspekten seines körperlichen Seins zu distanzieren, ohne irgendwelche Persönlichkeitsanteile in bedrohlicher Weise »abzuspalten« oder sich gleichzeitig von sich selbst zu entfremden. Daß mit dem Verkauf der Arbeitskraft keinesfalls das Ich gleich mitverkauft wird, wußte schon Hegel, der zum Thema Arbeitskraft meinte: »Von meinen besonderen körperlichen und geistigen Geschicklichkeiten und Möglichkeiten der Tätigkeit kann ich einzelne Produktionen und einen in der Zeit beschränkten Gebrauch von einem anderen veräußern, weil sie nach dieser Beschränkung ein äußerliches Verhältnis zu meiner Totalität und Allgemeinheit enthalten.«[152] Wenn die Fähigkeit zur Distanzierung das Ich jedes Arbeitnehmers vor seiner Selbstauflösung bewahrt, egal, ob er seine Körperkraft oder geistigen Fähigkeiten »veräußert«, dann gilt das auch für die Sexarbeit und unterschiedliche Nähe-Distanz-Gefühle zu Kunden. Wer sexuelles Vergnügen simuliert, beherrscht die Kunst der Distanzierung ohnehin. Wer eigene

Lustanteile in der Dienstleistung auslebt, braucht sich ganz offensichtlich nicht zu distanzieren. Beide Strategien zeigen, daß die Sexarbeiterin keine passive Leidensfigur ist, deren fragiles Ich durch unpersönlichen Sex zerstört wird. Außerdem scheint gerade das Element der Vergütung nicht nur die emotionale Bindung des Kunden an die Frau auf ein Minimum zu reduzieren, sondern auch umgekehrt die der Dienstleisterin. Das Resultat ist mehr Distanz, mehr Gelassenheit.

Geld macht stark: Laura

Es ist ja gerade das Geld, das die Distanz schafft. Wenn ich einen schwierigen Kunden habe und weiß, meine Geduld zahlt sich aus, bin ich zufriedener, als wenn derselbe Mann mein Privatpartner wäre und ich gezwungen wäre, seine anstrengenden Seiten aus Gründen der Liebe oder der Zusammengehörigkeit zu ertragen. Ich habe diese Art der Distanz eher als bereichernd und gesund empfunden und kann Privatpartnerinnen nur ans Herz legen, sich ihre Partner manchmal als Kunden vorzustellen, wenn sie sich über irgendein schwieriges Verhalten ärgern.

Eine anderer Umstand, den die Theoretiker der verkauften Körper vielleicht sogar bewußt außer acht lassen, ist die Tatsache, daß sich auch kommerzieller Sex häufig durch mehr auszeichnet als den Austausch von Körperflüssigkeiten. Fixiert auf die körperliche Ebene, ignorieren die Kritiker der sexuellen Ökonomie z. B. die Frage, ob sich das Tauschgeschäft überwiegend über eine festumrissene sexuelle Dienstleistung oder die verbrachte Zeit definiert. Dabei rechnen insbesondere hochpreisige Anbieter fast ausschließlich über die Zeit ab – nicht etwa um den Dienstleistungscharakter ihrer Angebote zu verbrämen oder um sich gegen Armutsprostituierte abzugrenzen, sondern weil sich hochpreisige Angebote häufig durch Elemente auszeichnen, die die Ebene der körperlichen Sexualität überschreiten: soziale und psychologische Kompetenzen, Bildung, Fremdsprachenkenntnisse, spezialisiertes medizinisches Wissen etc. Ein dominantes Rollenspiel, ein erotischer Abend mit Candlelight Dinner, inspirierender Konversation plus anschließendem Sex, eine ausgedehnte Hawaiian-Healing-Massage, eine Reisebegleitung werden naturgemäß nicht als klar definierte Tätigkeitselemente einer körperorientierten Dienstleistung verkauft und abgerechnet, sondern sozusagen als ganzheitliche Erfahrung.

Mit dem abrechnungstechnischen Modus operandi ändert sich nicht der Dienstleistungscharakter, wohl aber die Fragestellung. Wenn nicht ausschließlich körperliche Tätigkeitselemente Bestandteil des Tauschgeschäftes sind, kann es konsequenterweise nicht primär darum gehen, ob die vermarktete körperliche Intimität die Würde der Dienstleisterin in Frage stellt. Wie bei anderen Tätigkeiten müßte gefragt werden, ob und in welcher Weise der Verkauf der Arbeitskraft im Rahmen einer Marktgesellschaft die Menschen psychisch deformiert oder moralisch korrumpiert. Anstatt die Prostitution für abstrakte und doppelmoralische Würdebegriffe zu instrumentalisieren (was ist eigentlich mit der Würde des Kunden? Wird sie durch das Tauschgeschäft nicht berührt?), könnten die pessimistischen Theoretiker auch einen Blick in die Niederungen des prostitutiven Alltags werfen, wie er sich eo ipso darstellt, und untersuchen, welche Elemente des Kundenkontrakts und welche Abrechnungsmodi die Autonomie der Dienstleisterin tendenziell stärken und welche nicht.

Im Prinzip mietet er meine Zeit: Lady Verona

Ich habe mich ganz bewußt für eine Preispolitik entschieden, bei der die verbrachte Zeit abgerechnet wird. Es gäbe natürlich auch die Möglichkeit einen Grundpreises, und alles andere käme als Extra dazu. Aber bei einer solchen Variante kommt es manchmal zu Situationen, in denen einer bereits gefesselt am Boden liegt – der hat vielleicht schon seinen Obulus entrichtet

– und ihm plötzlich einfällt, er hätte jetzt gern noch, daß ihm ein paar Klammern an die Genitalien gesetzt werden. Und dann heißt es: »Das kostet 50 Mark extra.« So kommt ganz leicht eine Abzockatmosphäre auf. Der Kunde ist im Prinzip in einem Stadium, in dem er nicht mehr ganz zurechnungsfähig ist, aber noch diese Entscheidung treffen soll und vielleicht hinterher sagt: »Soviel hab ich ja gar nicht mehr dabei.«

Mein Honorar richtet sich nach der Dauer des Rollenspiels. Wie lange das Vorgespräch dauert, bestimme ich. Das heißt, ich habe auch die Verpflichtung, es nicht ausufern zu lassen, oder wenn ich es tue, ist es mein privater Luxus. Ansonsten zahlt der Kunde Summe x für eine bestimmte Zeit. Es gibt keine Nachforderung, egal, was ich mit ihm anstelle. Sein Vorteil ist, daß er weiß, worauf er sich einläßt. Und ich habe die Souveränität, diese Zeit so zu gestalten, wie ich es für richtig halte. Das heißt, er nagelt mich nicht vorher fest: »Ich möchte aber, daß meine Brustwarzen von rechts gekrault werden«, um es jetzt mal ganz profan auszudrücken. Während des Vorgesprächs mache ich mir ein Bild von seinem Anliegen und setze es anschließend um. Ich lasse mich von ihm nicht auf handwerkliche Details festlegen. Ich will die gemeinsame Zeit im Rahmen dieses Gesamtbildes heute so gestalten und morgen so. Im Prinzip mietet er zum Zwecke des Rollenspiels meine Zeit – einerseits. Aber vor allen Dingen mietet er meine Fähigkeit, die Regie dafür zu übernehmen, daß er seine Phantasien in einer kontrollierten, gesundheitsbewußten Form ausleben kann.

Klischee Nr. 49:
Die Sexarbeit ist ein Beruf wie jeder andere.

Zuhälter als Arbeitgeber? Blasenentzündungen als Berufskrankheit? S/M-Utensilien als abzugsfähige Werbekosten? Wen das nicht amüsiert, kennt vielleicht nicht die Absurditäten einer staatlich durchregulierten Sexarbeit, wie sie sich in den Niederlanden darstellt, wo ein Ordnungsamt bei seinen Kontrollgängen durch Bordelle darauf bestand, daß die Dessous der Sexarbeiterinnen aus Gründen der Hygiene in die 60-Grad-Wäsche gehören. Aber im Ernst: Fängt der Vergleich mit anderen Berufsgruppen nicht dort an zu hinken, wo das Modell einer durchregulierten Vollbeschäftigung als Norm auf die Sexarbeit übertragen wird? So notwendig es war, die Sexarbeit mit anderen Berufen gleichzustellen – die sozialversicherte 35-Stunden-Woche im Bordell ist das letzte, was die Mehrheit der Prostituierten will.

Woran liegt das? Für zahlreiche Frauen ist die Prostitution eine willkommene Kurzzeitstrategie zur Mehrung des Einkommens, als Vollbeschäftigung jedoch uninteressant. Marieke van Doorninck von der Mr. A. de Graaf Stiftung für Prostitutionsstudien in Amsterdam schätzt, daß von ca. 25000 Prostituierten in den Niederlanden nur ca. 10000 täglich arbeiten.[153] Die Stärke der Sexarbeit scheint gerade darin zu liegen, daß sie mehr Flexibilität zuläßt (und umgekehrt auch von den Frauen fordert) als die meisten geregelten Beschäftigungsverhältnisse. Viele Frauen steigen mehrfach in die Sexarbeit ein und wieder aus, gönnen sich nach Arbeitsphasen längere Auszeiten, reisen privat oder zum Anschaffen in andere Städte. Andere stehen mit einem Fuß in bürgerlichen Arbeitswelten und gehen der Prostitution nur gelegentlich nach, um kurzfristige Konsumwünsche zu verwirklichen. Manche Frauen investieren einen Teil ihres Einkommens in Zusatzqualifikationen für bürgerliche Berufe, mit denen sie sich später selbständig machen wollen. Andere realisieren Lebensträume, indem sie sich z. B. von ihren Ersparnissen im Ausland eine Existenz aufbauen. Einige Frauen steigen aus, wenn ihre Kinder älter werden, oder arbeiten nur vormittags, während sie zur Schule gehen. Obwohl nicht wenige Frauen bis ins fünfte oder sechste Lebensjahrzehnt tätig sind, beschreiten viele im Laufe der Zeit andere Wege. Auf St. Pauli galt das Domina-Wesen lange Zeit als traditionelle Alterssicherung für Prostituierte. Andere Frauen wechseln irgendwann in bürgerliche Berufe oder eröffnen ein eigenes Bordell.

Wenn sich die Begeisterung über einen festen Job mit Sozialversicherungs- und Steuerkarte unter den Frauen in Grenzen hält, dann auch wegen des Hurenstigmas, das mit einer Gesetzesänderung nicht automatisch aus den Köpfen und Herzen der Menschen verschwindet. »Die Mehrheit will das gar nicht, so Evelin über die Kluft, die sich zwischen politischen Gleichstellungsbemühungen und der Stimmung an der Basis auftut. »Ich bin mir sicher, daß die meisten Frauen weiterhin heimlich der Prostitution nachgehen wollen, aufgrund der Moral in der Gesellschaft und oft auch, weil sie vielleicht einen Freund haben, der das nicht wissen soll, oder zum Schutz der Kinder, damit die anderen Kinder in der Schule nicht über sie herziehen. Die werden also kaum eingestellt werden wollen.« Hier zeigt sich vielleicht am deutlichsten, daß das Ringen um Rechtsgleichheit, auf das sich viele Hurenprojekte kaprizierten, ohne gleichzeitig die betuliche, kleinbürgerliche Sexualmoral des Mainstream in Frage zu stellen, an den Bedürfnissen vieler Frauen vorbeiging, denen mit einer symbolischen Aufwertung ihrer Tätigkeit nicht die Spur gedient ist.

Der Wunsch nach Flexibilität ergänzt sich ausgesprochen gut mit dem Bedürfnis vieler Kunden nach Abwechselung und ist für Bordellbetreiber eigentlich kein Grund zur Klage. Doch die Kehrseite ist, daß Arbeitgeber die Frauen oft als unzuverlässig empfinden. In vielen Bordellen herrscht ein Kommen und Gehen wie bei einer Zeitarbeitsvermittlung. Niemand kann so genau sagen, ob das an ungünstigen Arbeitsbedingungen, einem starken Bedürfnis nach persönlicher Autonomie oder am Hurenstigma liegt. Fest steht, daß sich auch Bordellbetreiber verbindliche Festanstellungen unter diesen Bedingungen nicht unbedingt vorstellen können. »Anfangs habe ich immer gesagt, das find ich toll, die Frauen haben eine Menge Vorteile«, so Mia, »im Laufe der letzten Monate hab ich meine Meinung diesbezüglich aber revidiert. Für die Betreiber wird es katastrophal werden. Es gibt Frauen, die verdienen im Monat 12000 Mark, die sie natürlich nicht versteuern, und halten gleichzeitig die Hand beim Sozialamt auf. Ich habe das Gefühl, wenn die sich krankschreiben lassen können, dann werden sie das andauernd tun. Da die Frauen aber oft nur kurze Zeit in einem Bordell bleiben und dann woanders hingehen, wird das für den Unternehmer eine Katastrophe. Die kommen und gehen, wann sie wollen, und der Chef sitzt alleine da und fragt sich, wo er so schnell wieder neue Frauen herbekommen soll.« Aber es gibt noch einen weiteren Grund, der gegen eine Festanstellung spricht: die Befürchtung, daß sozialversicherte Sexarbeiterinnen wenig Leistungsanreize hätten. »Man kann die Frauen nicht einfach zum Festgehalt einstellen«, so Evelin. »Dann wären sie ja nicht motiviert, einen Freier mehr oder weniger zu machen. Eine Möglichkeit wäre, das wie bei Vertretern mit Wandergewerbeschein zu regeln: ein geringes Festgehalt und hohe Provisionen.«

Die Skepsis, die das sozialversicherte Anschaffen auslöst, sowie die neuen Möglichkeiten freiberuflicher Sexarbeit, die z. B. das Internet aufzeigt, scheinen auf den ersten Blick zu bestätigen, daß die Prostitution in ihren modernen, selbstbestimmten Varianten Betreiber, Organisatoren, Zuhälter und andere Vermittler und Profiteure überflüssig macht. Wenn überhaupt, so scheinen die neuen Modelle der Sexarbeit einen Trend zur Selbständigkeit zu reflektieren, der sich seit einigen Jahrzehnten auch auf dem regulären Arbeitsmarkt beobachten läßt. So entschieden sich Mitte der neunziger Jahre in den USA doppelt so viele Frauen wie Männer für die Selbständigkeit. In Deutschland wurden zur gleichen Zeit 40% aller neuen Betriebe von Frauen gegründet.[154] Welche Variante die günstigere ist, hängt von individuellen Bedürfnissen und persönlichen Kosten-Nutzen-Rechnungen ab, die naturgemäß sehr unterschiedlich ausfallen können.

Vom reinen Kostenstandpunkt betrachtet, fahren Freischaffende mit eigenen Inseraten in der Regel günstiger als mit einer Regelung, bei der die Abgaben pro Kunde höher liegen als die Ausgaben für Werbung. »Unabhängige selbständige Prostituierte erzielen tendenziell höhere Einkünfte bei einem geringeren Gewaltrisiko«, meint auch die britische Prostitutionsforscherin Julia O'Connell Davidson.[155] Doch wie bei allen selbständigen Berufen wird auch die Sexarbeit erst durch eigenes Engagement, konstante Werbung und Stammkunden profitabel – Synergieeffekte, von denen etablierte Bordelle bereits profitieren. Die selbständige Prostituierte Julia inseriert regelmäßig, weil die schriftliche Kontaktanbahnung, für die sie sich entschieden hat, sehr aufwendig ist. »Ich sehe zu, daß sich immer etwas Neues ergibt. Manche Kunden kommen ja nur ein- oder zweimal und suchen sich dann jemand anderes. Andere kommen nur einmal im Jahr. Wenn mir aber im Jahr zehn Kunden wegbrechen, weil sie in Pension gehen oder eine Lebenspartnerin gefunden haben oder oder oder, muß ich immer für Nachschub sorgen.« Doch ein abhängiges Beschäftigungsverhältnis hat auch andere Vorteile. Für die »Illegalen« sind geregelte Vollbeschäftigungsverhältnisse ein Ausweg aus der Kriminalisierung und Abhängigkeit. »Einmal haben wir eine Migrantin, die abgeschoben werden sollte, bei uns versteckt«, so eine Frau aus einem Berliner Bordell. »Wir verhalten uns solidarisch: Einige Frauen versteuern ihre Einkünfte, andere, darunter ältere, mittellose und oder chronisch kranke Kolleginnen, lassen wir schwarz arbeiten.«

Klischee Nr. 50: Bordellbetreiber müssen Prostituierte aus Gründen der Wirtschaftslogik ausbeuten.

Die Gemeinschaften mancher Bordelle der neuen Generation ähneln eher weiblichen Solidaritätsökonomien der Dritten Welt als dem Modell der ausbeuterischen Armutsprostitution. Abseits der Männerwelten des Rotlichts entwickelte sich eine »Betriebskultur«, die das Leistungsprinzip zwar nicht außer Kraft setzte, aber statt individualistische Konkurrenz auch praktische Solidarität förderte. Die Frauen färben sich nicht nur gegenseitig die Haare oder leihen sich Kosmetik aus, sondern parken z. B. die Einkünfte von Kolleginnen, die sich von ausbeuterischen Partnern nicht trennen können, auf inoffiziellen Spardepots.

Positiv ausgewirkt – auf die Arbeitsbedingungen und die Kundenzufriedenheit – hat sich außerdem der Verzicht auf betriebswirtschaftliche Verschleierungstaktiken. Beispiel Getränkeausschank: In traditionellen Rotlichtbordellen wird die sexuelle Dienstleistung oft über horrende Getränkepreise abgerechnet; mit jedem Honorar steigt dort praktisch der Alkoholpegel. In Evelins Bordell unterscheiden sich die Getränkepreise nicht von denen einer Bar ohne Sexgeschäfte. Bei Mia hingegen, die auf einen Getränkeausschank bewußt verzichtete, ersetzt eine einfache Preisliste für verschiedene Dienstleistungen die Politik der Doppelmoral. In keinem der beiden Läden stehen die Frauen unter Druck, die Gäste zu Drinks zu animieren und selbst mittrinken zu müssen. Die Kunden wissen, was sie für ihr Geld erwarten können, und leben nicht in der Angst, daß ihnen nach dreißig Minuten eine weitere Flasche Champus in Rechnung gestellt wird. Die Politik der kleinen Preise ist über Jahre hinweg zu Mias Markenzeichen geworden. Ihr Betriebskonzept wäre in dem Moment hinfällig, wo sie in die rotlichttypische Animationsstrategie wechselt, denn das würde automatisch die Verweildauer erhöhen und die Preise rasant nach oben treiben. Beide Konzepte schließen sich gegenseitig aus. Ergo: Je weniger Doppelmoral die Betriebskonzepte kennzeichnet, desto zufriedener sind alle am Tauschgeschäft Beteiligten.

Gegen das Argument von der Wirtschaftslogik spricht auch, daß sich die neue Sexarbeit von den hierarchischen Managementpyramiden und vertikalen Befehlsketten der Großbordelle und Eros-Center verabschiedete, in denen die Frauen auf langen Fluren Spalier stehen und sexhungrige Kunden nach Art fordistischer Fließbandsysteme abgefertigt werden. Statt dessen näherte man sich moderneren Formen der Arbeitsorganisation an. Wie in den teamorientierten Modellen des »lean management«, wo sich das

Management aus der Arbeiterschaft rekrutiert, sind es oft Sexarbeiterinnen, die Bordelle leiteten. Und wie bei den flachen Hierarchien der New Economy setzten einige Betreiber konsequent auf Selbstmotivation statt auf Kontrolle.

Doch auch wenn der Bordellalltag in diesen Läden von seinem patriarchalen Überbau befreit ist, gleicht er nicht zwangsläufig einer Oase der Harmonie. In Annikas Laden sorgten die unterschiedlichen Motive, Sex gegen Geld zu tauschen, zeitweise für Konflikte zwischen Frauen, die das Lustprinzip zur Arbeitsmaxime erhoben haben, und ihren auf Leistung, Effizienz und Profit bedachten Kolleginnen, die rebellieren, wenn die branchenüblichen Kontrollmechanismen unterlaufen wurden. Welche Ironie: Einige Frauen hatten die Regeln der Sexsklaverei so verinnerlicht, daß sie den Übergang zu einem entspannteren Arbeitsklima nur über Konflikte und Machtworte seitens der Arbeitgeberin nachvollziehen konnten.

Verinnerlichte Kontrollmechanismen: Annika, Bordellbetreiberin

Meist prüfen Bordellbetreiber die korrekte Abgabe über die Zeit, die eine Frau auf dem Zimmer verbringt. Wenn eine Frau von sich aus die vereinbarte Zeit überschreitet, weicht sie dadurch nicht nur die Arbeitgeberkontrolle auf, sondern riskiert auch interne Spannungen. Da beschweren sich dann die Frauen, die von früheren Läden Kontrolle gewöhnt sind, und rufen auch hier nach Kontrolle. Die wissen gar nicht genau, warum das so sein muß. Denen ist irgendwann mal erzählt worden, daß auf diese Weise die Preise verdorben werden. Sie denken, sie schützen sich, indem sie auf die Zeit achten. Denen ist nicht klar, daß das eigentlich eine Kontrollmaßnahme der Betreiber ist. Einige Frauen haben eine Kontrolle verinnerlicht, die meiner Ansicht nach gar nicht notwendig ist, und reagieren mit Eifersucht auf die, die hier ihre Lust ausleben. Für mich allerdings ist es wichtig, daß die Frau mit Lust dabei ist, denn sonst würde ich mich schon ein bißchen wie ein Zuhälter fühlen. Da ist auch die unternehmerische Kontrolle für mich zweitrangig. Ich merke, daß das manchmal ausgenutzt wird, aber es ist verkraftbar. Ich bin nicht in der Lage, einer Frau etwas anderes zuzumuten.

4 Erfolgsstrategien

Von der Hauswartsfrau zur Geschäftsfrau: Mia, Bordellbetreiberin

Nach dem Ende meiner ersten Ehe war ich plötzlich in einer Situation, in der ich Arbeit und eine neue Wohnung für mich und meine beiden kleinen Kinder suchte. So fragte ich mich: Warum nimmst du dir nicht eine schöne, große Hauswartsstelle als Fulltimejob? Das Glück war auf meiner Seite, und wenig später war alles mit einem Schlag geregelt: Arbeit und Wohnung. Die Kinder waren tagsüber im Kindergarten und in der Schule, und ich arbeitete täglich acht Stunden und verdiente 2000 Mark im Monat. Dann habe ich meinen zweiten Mann geheiratet. Schnell wurde uns klar: Für gehobene Ansprüche reichte sein Gehalt nicht aus. Eines Tages fragte er mich, ob ich mir vorstellen könne, nebenbei anschaffen zu gehen. Da er vor mir mit einer Prostituierten liiert war, kam ihm der Gedanke gar nicht abwegig vor. Nachdem ich eine Weile über seinen Vorschlag nachgedacht hatte, fing ich an, Bekanntschaftsanzeigen aufzugeben. Die Resonanz war erstaunlich.

Die Anbahnung verlief wesentlich langatmiger, aber auch galanter als heute. Zunächst wurden Briefe gewechselt, irgendwann verabredete man sich zum Essen, Tanzen und Plaudern. Die Herren verwöhnten mich mit Blumensträußen: Meine Wohnung glich einem Blumenmeer. Für ein Treffen nahm ich pauschal 100 Mark und ließ mir dafür viel Zeit. Es kam aber auch vor, daß ich mal in der Mittagspause einen Freier empfing, um hinterher schnell wieder meinen Kittel überzuziehen und brav als Hauswartsfrau weiterzuarbeiten. Nach einer Weile hatte ich das Gefühl, die Leute denken sich langsam was, weil ja nun immer andere Männer bei uns auftauchten. Als irgendwann ein Freier nach mir fragte, sickerte die Nachricht von meinem Doppelleben durch, und meine beiden Jobs ließen sich nicht mehr vereinbaren. Also kündigte ich die Hauswartsstelle und suchte eine neue Wohnung. Erst dort fing ich richtig an, als Hure zu arbeiten.

Das ist jetzt über 20 Jahre her, und seitdem hat sich mein Leben völlig verändert. Inzwischen lebe und arbeite ich in einer großen Wohnung, allerdings nicht mehr zu einem Pauschalpreis von 100 DM für einen Abend. Heutzutage nimmt sich ja kaum noch jemand Zeit für Sex, und die Hundertmarkscheine sitzen auch nicht mehr so locker in der Tasche. Also habe ich mich auf das veränderte Kundenverhalten eingestellt und betreibe jetzt eine Art Supermarkt unter den Bordellen. Ich habe die Preise ausdifferenziert, ab 30 Mark aufwärts. Suchen Sie mal ein Bordell mit einer Dienstleistung ab 30 Mark bzw. 40 Mark für einen Schnellverkehr. Ich sage mir eben: Lieber nehme ich etwas weniger Geld, und die Leute sind zufrieden, kommen öfter mal wieder, und mein Laden spricht sich herum. Ich meine, damit ist uns doch allen geholfen. Dafür muß es natürlich zackig gehen. Die Männer kennen die Preise und wissen genau: zackig. Bei den meisten geht's ja auch schnell, die kommen ja her, weil sie's nötig haben.

In meinem Bordell drehen wir auch eigene Pornofilme, bearbeiten und vertonen die Aufnahmen und kümmern uns um den Vertrieb. An vielen Tagen habe ich überhaupt keine Zeit. Ich bin eigentlich kaum mehr die Hure Mia. Bei den unterschiedlichen Aktivitäten fällt natürlich eine Menge Büroarbeit an. Ich kümmere mich um die Werbung, die ich allein am Computer entwerfe, hole die Kunden ran und sehe zu, daß wir einen guten Namen haben. Ich zahle Einkommens-, Umsatz- und Gewerbesteuer und finde das vollkommen korrekt, im Gegensatz zu manchen Damen, die 10- bis 12tausend Mark im Monat verdienen und alle paar Wochen zum Sozialamt rennen und dort die Hand aufhalten. Mein Gott, jeder schröpft den Staat, und dann beschweren sich alle, warum die Steuern erhöht werden. Aber jeder will durch einen gepflegten Park gehen und über anständige Straßen fahren. Woher soll das alles kommen? Nein, ich finde, die Frauen müssen genauso Steuern zahlen wie alle anderen auch.

Vor ein paar Jahren habe ich noch gedacht: Mit 60 hörst du auf. Aber das wird nicht passieren. Warum soll ich mich zurückziehen? Gerade erst habe ich mir eine neue große Profikamera zugelegt, mit der ich meine Filme in Zukunft alleine drehen werde. Diese Investitionen wären doch unsinnig, wenn ich vorhätte, in drei Jahren aufzuhören. Durch die Hauswartstätigkeit habe ich Rentenansprüche erworben, und danach habe ich bis zur gesetzlichen Mindestfrist von 15 Jahren freiwillig in die Rentenkasse eingezahlt. Gut, ich bekomme zwar später keine hohe Rente, aber für ein paar Unkosten wird es schon reichen. Ansonsten sehe ich dem Alter gelassen entgegen, denn ich habe vorgesorgt, mit Lebensversicherungen und einer Eigentumswohnung. Von meinem Mann lebe ich inzwischen getrennt. Ich bin so viel unterwegs, daß ich kaum Zeit habe für einen Mann, und vielleicht sollte man in dem Job ohnehin besser allein bleiben. Früher habe ich ihn einmal dafür verteufelt, daß er mich zur Sexarbeit überredet hat. Aber jetzt sage ich mir: Ohne ihn wäre ich nicht da, wo ich heute bin.

Klischee Nr. 51: Mit der Sexarbeit kann frau (nicht) reich werden.

Auf die Frage, ob die Sexarbeit lukrativer ist als andere Berufe, gibt es zwei Antworten: ja und nein. Einerseits hat es sich eingebürgert, die Einkünfte von Prostituierten am unteren Spektrum anderer Dienstleistungsberufe zu verorten bzw. ein wenig herunterzumoralisieren. Schließlich möchte sich keiner der Akteure, die am gesellschaftlichen Diskurs über Prostitution teilnehmen, vorwerfen lassen, Frauen mit der Aussicht auf Top-Verdienste zu einem Leben im Zwielicht zu verführen. Zu einer gewissen Untertreibung neigt auch, wer kein Interesse hat, schlafende Hunde beim Finanzamt zu wecken. Und natürlich gibt es tatsächlich viele Frauen, die in der Sexarbeit nicht mehr verdienen als eine

Verkäuferin oder Friseurin. Aber es gibt auch Spitzenverdienerinnen mit Eigentumswohnungen, Cabriolets und fünfstelligem Monatseinkommen.

Wenn die Prostitution ein Sammelbecken von Geringst- bis Spitzenverdienerinnen ist, wie repräsentativ sind dann Aussagen über Durchschnittsverdienste? »Im Durchschnitt verfügten die Befragten über ein Nettomonatseinkommen von gut 2000 DM, wobei die Hälfte weniger als 1700 DM verdiente«, heißt es in einer Studie der Prostitutionsforscherinnen Beate Leopold und Elfriede Steffan. »›Spitzenverdienerinnen‹ mit einem Einkommen über 3000 DM kamen in nennenswertem Umfang (34%) nur in der Gruppe der aktiven Prostituierten ohne Ausstiegswunsch vor, unter den Aussteigerinnen verfügte über ein Drittel nur über maximal 1000 DM im Monat.«[156] Obwohl die Wissenschaftlerinnen also selbst betonten, daß Frauen, die in der Prostitution relativ gut verdienten und dabei relativ zufrieden waren, sich keineswegs mit Ausstiegswünschen trugen, schlossen einige Journalisten aus diesen Angaben, daß der Durchschnittsverdienst aller Prostituierten 2000 DM betrage und übersahen dabei, daß sich das Sample der Studie überwiegend aus Frauen zusammensetzte, die sich u. a. wegen Einkommensrückgängen im Ausstiegsprozeß befanden oder bereits ausgestiegen waren.[157]

Das Einkommen der Frauen differiert eklatant: Julia

Das Einkommen der einzelnen Frauen differiert eklatant. Die Frauen machen sehr viel mehr Umsatz, als sie nach Hause tragen. Das hängt unter anderem davon ab, welchen Arbeitsplatz sie sich suchen, ob sie eine Wohnung mieten oder ob sie sich die mit einer oder mehr Kolleginnen teilen. Dann sieht die Rechnung natürlich ganz anders aus, als wenn sie eine Zimmermiete von 150–200 Mark pro Abend zahlen. Ich kenne aber auch Frauen, die in Laufhäusern bei relativ hohen Mietabgaben immer noch zwischen 15000 und 20000 Mark im Monat nach

Hause tragen. Es ist immer die Frage, was die einzelne Frau aushält, wie arbeitswillig sie ist, wie sie damit umgeht, daß sie diese Leistung bringen kann. Denn wenn sie in der Wohnung sitzt, wo sie kaum Kunden hat, oder mit den Kunden nicht umgehen kann, dann macht sie auch keinen Umsatz. Es hängt auch nicht unbedingt davon ab, wo man arbeitet, sondern ob es der eigenen Mentalität entspricht.

Die Liste der Faktoren, die sich auf die individuellen Einkünfte auswirken können, ist lang. Sie reicht von der jeweiligen Abgabepolitik, Unkosten wie Werbung, Investitionen, Schweigegeldern oder Provisionen, Reise- und Wohnungskosten über die Relation von Angebot und Nachfrage, die Kaufkraft in der Region, jahreszeitliche Schwankungen, Messen und Männerüberschußsituationen bis hin zu individueller Belastbarkeit, erotischer Kompetenz, Tagesform, Alter, Umfang der angebotenen Dienstleistungen, Vermittlung und »Einstellung« von Kolleginnen oder der Frage, ob die Einkünfte versteuert werden oder nicht. Auch die Ökologie des eigenen Energiehaushalts bestimmt das Einkommen und die Arbeitszufriedenheit mit. Lydia hat sich für die Vollzeitvariante der Bordellprostitution entschieden, um regelmäßig in eine private Versicherung einzuzahlen, die ihr eine Rente ab 40 garantiert. Um sich aufzufangen, gönnt sie sich einmal in der Woche eine Therapiestunde und eine Sitzung bei der Heilpraktikerin. Ihre persönliche Anti-Streß-Formel lautet: »Ich bin total durchlässig.« Besonders arbeitsintensive Varianten der Ganztagsprostitution können aber auch längere Erholungspausen ohne Einkünfte nach sich ziehen. Laut Leopold und Steffan führt ein psychischer und gesundheitlicher Burn-out oft zu Einkommensrückgängen, die die weitere Prostitutionstätigkeit nicht mehr lohnenswert erscheinen und Ausstiegswünsche aufkommen lassen. Die Wissenschaftlerinnen merken an, daß »finanzielle Unzufriedenheit neben den realen Einkommensrückgängen evtl. immer dann besonders in den Vordergrund tritt, wenn der finanzielle Ertrag subjektiv in keinem günstigen Verhältnis mehr zu den psychischen, gesundheitlichen und anderen nicht-monetären Kosten steht«.[158]

Das Klischee, daß Prostituierte nicht mit Geld umgehen können, untermauert das Dogma, daß Frauen durch die Sexarbeit nicht reich werden können. In der Tat werden Prostituierte erst seit kurzem als Frauen wahrgenommen, die mit ihren Einkünften achtsam umgehen. Lange galt selbst in der Fachwelt die Devise: »Schnell verdientes Geld ist auch schnell wieder ausgegeben.« Abgesehen davon, daß viele Sexarbeiterinnen nicht unbedingt schnell zu Geld kommen, hat das Klischee auch Prostitutionsexperten zu unterschiedlichen Interpretationen inspiriert. Die norwegischen Sozialforscherinnen Horgard und Finstad glaubten, daß der vermeintlich verschwenderische Umgang mit Geld eine Art Selbsthaß reflektiere. Mit anderen Worten: Sexarbeiterinnen mit geringem Selbstwertgefühl wollen sich von ihrem »schmutzig« verdienten Geld möglichst schnell wieder trennen. Die amerikanischen Sexologen Vern und Bonnie Bullough betonen hingegen, daß viele Prostituierte einen Mangel an immateriellen Ressourcen wie Sicherheit, Respekt oder sozialem Ansehen entweder mit Konsum oder in einigen Fällen mit Kundendiebstählen kompensieren.[159] Ein anderer Grund ist die Schwierigkeit, unversteuerte Einnahmen zu waschen und langfristig gewinnbringend zu investieren. »Prostituierte sind daran gewöhnt, Schwarzgeld zu verdienen«, so Mariksa Majoor vom Prostitution Information Center in Amsterdam, »mit diesem Geld kann man sich schöne Kleider kaufen, in Restaurants gehen und Kokain kaufen. Wenn man für die Zukunft vorsorgen oder ein Haus kaufen möchte, braucht man ›weißes Geld‹.«[160]

Scampi und Taxifahrten: Larissa

Die Frauen gehen durchaus unterschiedlich mit ihren Einnahmen um. Bei einem Teil ist es sicher so: wie gewonnen, so zerronnen. Da geht das Geld für den Luxus drauf, für Klamotten, Kosmetik, Urlaubsreisen, Wohnungseinrichtung. Ich denke manchmal, daß das Materielle bei diesen Frauen eine Art Liebesersatz darstellt. Sie machen sich selbst eine Freude durch materielle Dinge, sie heben ihr Selbstwertgefühl, wenn sie schön aussehen und schön wohnen. Andere Frauen schließen früh Lebensversicherungen ab und ertragen es nicht, auf dem Konto im Minus zu stehen. Gerade weil sie nie wissen, wieviel sie verdienen werden, entwickeln sie ein vielleicht übersteigertes Sicherheitsbedürfnis. Diese Frauen haben immer ihre Polster, auf der Bank, zu Hause, bei der Versicherung. Sie kaufen bei Woolworth ein und schließen Verträge im Fitness-Center ab, wo sie nur 45 Mark zahlen, wenn sie bis 15 Uhr trainieren. Die sind sehr pragmatisch, sehr realistisch. Viele Prostituierte waschen abends ihre Strümpfe aus und ziehen sie am nächsten Tag wieder an. Sie wissen genau, wo sie nur 99 Pfennig kosten, welche Kosmetik günstig ist und gut. Andere liegen zwischen Sparsamkeit und Verschwendung.

Ein Teil der Einkünfte geht drauf für's ganz normale Leben, ein anderer wird in Kleidung, Kosmetik, Dessous oder Friseurbesuche reinvestiert. Ich habe zum Beispiel für CDs viel Geld ausgegeben und manchmal auch für Taxifahrten. Ich lasse meine Haare gern lufttrocknen, und wenn die nicht ganz trocken sind, zerwehen sie beim Fahrradfahren oder ich erkälte mich vielleicht. Wenn man weiß, es kommen ein paar Hunderter rein, gehört das Taxifahren einfach dazu. Manchmal möchte man auch einfach schnell nach Hause, anstatt sich in die U-Bahn zu setzen. Ein anderer Punkt ist das Essen. Man sitzt zusammen und fragt sich: Bei wem bestellen wir heute, beim Italiener, beim Thai, beim Chinesen? Ich hatte so meine Norm: Mittags durfte es bis zehn Mark kosten und abends bis 13,50 DM. Manchmal, wenn wenig los war, hatte ich nur 2,50 DM und wußte, das reicht nicht mal für ein halbes Hähnchen, und eigentlich hatte ich Appetit auf einen großen Salat für zehn Mark. Aber mit etwas Glück hatte man vielleicht zwei Gäste hintereinander, und fühlte sich plötzlich richtig reich! Dann habe ich meine Wahl nach meinem Geschmack getroffen. Ich ging hoch auf 25 DM, bestellte Scampi und vielleicht noch eine leckere Vorsuppe. Ich freute mich über meinen Verdienst, beschloß, mich ein bißchen zu belohnen, und genoß ein Gefühl von Luxus. So viel habe ich aber nur während der Sexarbeit ausgegeben, danach gab's keine Scampi mehr, es sei denn, man lud mich dazu ein.

Klischee Nr. 52:
Man kann nicht beeinflussen, wieviel man als Prostituierte oder Bordellbetreiberin verdient.

Daß die Konjunktur- und die Gesetzeslage, kulturelle Gepflogenheiten und die Nachfrage die kommerzielle Befindlichkeit eines Unternehmens oder einer Freiberuflerin mitbestimmen, ist eine banale Erkenntnis. Die Erfahrungen vieler Sexarbeiterinnen und Betreiber zeigen aber, daß bei konstanten strukturellen Ausgangsbedingungen unterschiedliche Umsatzentwicklungen möglich sind. Der Geschäftserfolg, so die Bilanz vieler Betreiber, hängt nicht nur von tendenziell unveränderlichen Rahmenbedingungen ab, sondern von Faktoren, die sich beeinflussen lassen: der eigenen bzw. der Motivation und erotischen Kompetenz der Mitarbeiterinnen, durchdachten Betriebskonzepten, Marktnischen, Preispolitik, der Breite der Angebotspalette und dem Bekanntheitsgrad des Unternehmens.

Kernkompetenz Sexualität

Woran liegt es, daß einige Sexarbeiterinnen mehr verdienen als andere? »Wenn sich eine Frau nach einem gutbesuchten Abend beklagt, sie habe nur wenig verdient«, so Evelin, »dann sage ich: ›An mir kann es nicht liegen. Ich habe genug Männer hergeschafft, der Laden war voll. Überleg doch mal: Was machst du da oben mit dem Mann? Wie verhältst du dich im Zimmer? Wie verhältst du dich im Bett?‹ Und dann stellt sich eben manchmal heraus, daß sie sich einfach nur hingelegt hat, nach dem Motto: ›Nun mach mal.‹ Letzten Endes wollen die Männer zwar ›nur‹ Sex, aber sie möchten dazu verführt werden.« Daß es bei sexuellen Dienstleistungen seltener um eine banale Triebabfuhr als um gelungenen, erfüllten, »guten« Sex geht, darüber sind sich Anbieter und Prostitutionskunden einig. Aber aus welchen Bestandteilen setzt sich eine Erfahrung zusammen, die den Kunden zufriedenstellt, ihn vielleicht zum Stammkunden macht und der Anbieterin ein Gefühl von Kompetenz vermittelt? Läßt sich »guter Sex« sinnvoll verallgemeinern, adäquat analysieren, vermitteln und erlernen? Erfahrene Huren behaupten das zumindest, und nicht umsonst haben manche ihre Erfahrungsvorsprünge in Zweitkarrieren als Autorinnen von Sexratgebern umgemünzt.[161]

Für viele erschließt sich die Kernkompetenz Sexualität weniger über ein breites Spektrum sexueller Techniken als über die Qualität der Ausführung ausgewählter Sexualpraktiken. Domina-Studios grenzen sich mitunter von Bordellen mit breiter Dienstleistungspalette ab, und Top-Escort-Agenturen in den USA bieten oft grundsätzlich weder Analverkehr noch Natursekt oder S/M, sondern setzen auf erotische Kompetenz innerhalb der Norm.[162] Für den ehemaligen Bordellbetreiber Philipp weisen neben erotischen auch psychologische Kompetenzen den Weg zum Erfolg: »Wenn man sich selbst und seine Mitmenschen gut versteht, dann wird man auch Erfolg haben. Das gilt für den Bordellbetreiber wie für die Prostituierte. Wenn eine Frau gut versteht, wie Männer Sexualität erleben, dann ist es auch zweitrangig, wie sie aussieht. Das habe ich tausendfach erlebt. Wenn sie es außerdem schafft, den Mann davon zu überzeugen, daß sie tatsächlich auf ihn abfährt, daß sie nicht nur ihren Job macht, sondern daß sie auch privat mit ihm ins Bett gehen würde, dann wird sie auch gut verdienen.«

Qualität

Das Qualitätsargument, mit dem Nobelbordelle, Top-Escorts und Callgirlagenturen als Kaufanreiz arbeiten, setzt neben den erotischen auf zusätzliche Kompetenzen wie Bildung, Fremdsprachenkenntnisse, Reiseerfahrung, Sozialstatus, gewandtes Sozialverhalten und psychologisches Feingefühl. »Die Agentur legte Wert auf intelligente, empathiefähige Persönlichkeiten, die fähig waren, Konversation zu treiben, und sich rundherum als angenehme Gesellschafterinnen erwiesen«, so ein amerikanisches Callgirl. »Unsere Chefinnen sagten immer: Sex ist zwar der zentrale Part im Escort Business, aber ebenso wichtig ist es, dem Kunden Aufmerksamkeit entgegenzubringen, sein Selbstwertgefühl zu stärken, ihm dabei zu helfen, sich zu entspannen und loszulassen.«[163] Je höher das Niveau, desto weniger geht es oft um eine klar definierte sexuelle Dienstleistung. »Was habe ich für ein Tageshonorar von $ 5800 zu bieten?« heißt es einigermaßen selbstironisch im FAQ-Link einer Anbieterin auf *www.educatedescort.com*. »Ich sitze im Hotel, lese Thoreau und esse frisches Obst.« Hochpreisige Dienstleisterinnen profitieren davon, daß die Beziehung zum Kunden oder auch die Dienstleistung selbst über die körperlich-sexuelle Ebene hinausgeht. Tantra-Sex, spezialisierte Massagen, S/M-Dienstleistungen und andere anspruchsvolle Sexspielarten mit einem theoretischen Überbau in Form einer Philosophie, eines Lebensstils oder Wellness-Konzepts erfordern medizinisches, psychologisches oder philosophisches Wissen bzw. eine spezielle Ausbildung – Qualifikationen, die ein höheres Preisniveau rechtfertigen als eine zügig abgewikkelte Handentspannung oder ein Schnellverkehr.

Kleine Preise

Auch das klassische Discounter-Prinzip kann zum Erfolg führen, wie Mias Beispiel beweist. Von den kleinen Preisen in ihrem Laden profitieren nicht nur ihre Kunden, sondern auch ihre Mitarbeiterinnen. »Ich habe vorher in einem Nobelbordell gearbeitet«, so eine ihrer Mitarbeiterinnen. »Dort habe ich viel weniger verdient als hier. Die Masse macht's.« Wenn in hochpreisigen Bordellen das Angebot die Nachfrage übersteigt und das Warten zur Hauptbeschäftigung wird, steigt häufig auch der Konkurrenzdruck um die wenigen Gäste, die sich dorthin verirren. »Hier vergeht die Zeit wesentlich schneller«, so Mia. »Durch die hohe Fluktuation ist man beschäftigt, und auf einmal ist Feierabend, und man hat auch noch gut verdient.«

Sosehr der mikroökonomische Erfolg der Schnäppchenpreise auch beeindrucken mag, seine makroökonomische Kehrseite soll nicht verschwiegen werden. »Nach Meinung von Insidern und von Sexarbeiterinnen haben die lateinamerikanischen Prostiuierten den Markt mit Dienstleistungspreisen von 30, 40 DM kaputtgemacht«, so die Sozialwissenschaftlerin Elvira Niesner. »Die Frauen sind höchstens drei Monate hier und bedienen in dieser Zeit so viele Kunden wie nur möglich. Eine unserer Beraterinnen war in einem Bordell, in dem nur Latinas arbeiten. Die Männer standen dort Schlange. Hinterher besuchte sie ein Bordell, in dem überwiegend Thailänderinnen arbeiten, die, durch Heirat legalisiert, das ganze Jahr hindurch arbeiten und andere Preise verlangen. Da war gleich viel weniger los.« Unterschiedliche Aufenthaltsregelungen und die starke Kundennachfrage nach Dumping-Preisen schüren aber nicht nur Konkurrenzneid und einen szeneinternen Rassismus, sondern auch das Profitstreben mancher Zwischenhändler und Betreiber.

Vielfalt

Während eine Reihe hochpreisiger Anbieter ihre Kernkompetenzen bewußt und mit Erfolg auf bestimmte Bereiche beschränken, reagieren andere auf die mediale Modellierung der menschlichen Sexualität nach Lifestyle- und Trendgeboten mit einer Ausweitung des Angebots. Vielseitigkeit als Mittel der Kundenbindung spricht vor allem gebundene Männer mit Bedürfnissen nach erotischer Abwechslung an. »Mein Kapital sind die Stammkunden, die bei uns 75% der Klientel ausmachen«, so Mia. »Leute, die wiederkommen, weil sie mit dem Angebot zufrieden sind.

Die haben zu Hause oft eine Frau oder Freundin, die für viele Sachen keine Lust hat, müde ist oder Berührungsängste hat. Da kann man als Hure nicht nur eine Stellung machen und sagen: So, nun ist Schluß.«

Prominenz

Daß Huren und Bordellbetreiber bis dato eher selten an die Öffentlichkeit gingen, hat gute Gründe: Werbeverbot, Sittenwidrigkeit, Doppelmoral und eine Medienlandschaft, die mit Sexthemen gern Auflagen und Quoten steigert, aber ihre Informanten nicht unbedingt respektiert. Wer trotz dieser Risiken ins Scheinwerferlicht trat und das Medieninteresse für sich zu nutzen verstand, konnte schnell zur Kultfigur avancieren. Nicht nur das *Café Pssst!* profitierte von der Medienaufmerksamkeit um seine drohende Schließung. »Die Popularität hat mein Leben enorm verändert«, so Mia. »Sie hat sich beruflich positiv ausgewirkt, auch wenn ich selbst für diese Art von Geschäft kaum noch Zeit habe. Früher bin ich immer ins Zimmer gegangen, wenn ein neuer Gast kam. Heute tue ich das nur, wenn die Leute direkt nach mir fragen.« Während der Kultstatus Mia eine Expansion ins Pornogeschäft ermöglichte, profitierte die deutschstämmige Kalifornierin Heidi Fleiss nach ihrer Haftentlassung von ihrem Ruf als skandalumwitterte Callgirl-Madam in Los Angeles. Heute steht ihr Name nicht mehr für käuflichen Sex, sondern für die selbstentworfene Freizeitkleidung, von der sie inzwischen lebt.

Ebenfalls in Los Angeles ertappten Polizisten 1995 den britischen Schauspieler Hugh Grant mit der Prostituierten Divine Brown beim Oralsex im Auto. Wie die Nachrichtenagentur AP im August 2001 meldete, brachte Hugh Grant der Prostituierten Divine Brown ein Vermögen ein. Mit Honoraren für Interviews oder Auftritte verdiente die 30jährige nach eigenen Angaben über eine Million Dollar. »Manchmal hatte ich an einem Tag Schecks im Wert von über 250000 Dollar (rund 536000 Mark) in der Post«, erzählte sie dem *Stern*.[164] Nach der Affäre arbeitete sie weiter als Prostituierte und verdiente nach eigenen Angaben bis zu 20 000 Dollar für ein Sexwochenende mit namhaften Sportlern.

Marktnischen

Die Eroberung von Marktnischen über spezialisierte Angebote oder Zielgruppen waren ein Erfolgsrezept der expandierenden Sexindustrie in den neunziger Jahren. Der Pluralismus der Anbieter bildete einen subversiven und durchaus profitablen Gegenpol zur Lifestyle-Diktatur der Medien mit ihren Werden-Sie-bloß-nicht-alt-oder-dick-Botschaften. Wer als Mann ältere oder füllige Frauen bevorzugte, fand in Sexshops und Bordellen mehr Verständnis als in den Medien oder einem angepaßten sozialen Umfeld. Anders als in den Niederlanden oder Dänemark werden auch die sexuellen Bedürfnisse geistig und körperlich Behinderter in Deutschland nach wie vor gesellschaftlich tabuisiert und vom pflegerischen Umfeld oft ignoriert. Hier fand die Holländerin Nina de Vries ihre Marktlücke, als sie diese Zielgruppe für erotische Massagen erschloß. Im Sommer 2001 übernahm ein Berliner Bezirksamt erstmals Anteile in Höhe des Kostensatzes für psychotherapeutische Behandlungen und erkannte damit den sexualtherapeutischen Nutzen ihrer Arbeit offiziell an.[165] In einer Leistungsgesellschaft, in der Sexarbeiterinnen immer häufiger zu Ersatzpartnerinnen und Bordelle zu sexuellen Gemischtwarenläden werden, kann selbst der verpönte Blümchensex als Betriebskonzept ein spezialisiertes Angebot für eine McSex-Klientel darstellen.

Blümchensex als Geschäftsidee: Evelin

Ich persönlich kuschele gern und liebe den stinknormalen und, wie ich finde, zu Unrecht so verpönten Blümchensex. Mit meinem Laden habe ich praktisch intuitiv eine Art »Marktlücke«

entdeckt. Unsere Kunden sind vornehmlich Männer, die gerade Singles sind. Vielleicht haben sie eine Beziehung hinter sich gebracht und wollen einer Frau nicht große Geschichten von Liebe erzählen. Oder sie haben einfach keine Lust, lange vorzuarbeiten, wenn sie eigentlich nur Sex wollen. Bei uns gibt es einen Einheitspreis für Französisch gegenseitig und Verkehr in verschiedenen Stellungen. Die Frauen werden auch nicht versuchen, auf dem Zimmer mehr rauszuschlagen. Das würde die ganze Erotik zerstören, die bei uns groß geschrieben wird. Nicht umsonst versuche ich, eine angenehme Stimmung zu schaffen. Die Zimmer sind sauber, hell und freundlich eingerichtet, man kann die Musik regeln, wie man mag. Auf rote Herzen oder Plüsch habe ich bewußt verzichtet, denn die Zimmer sollen ja nicht auf kitschige Art romantisch sein, sondern eher eine Art entspannte Urlaubsatmosphäre widerspiegeln. Ich sage immer: Ich verkaufe einen gelungenen Abend. Wenn sich jemand einen schönen Abend gestaltet, gehört dazu vielleicht schön essen gehen, Weinchen trinken und als Krönung gelungener Sex.

Weil der Laden so angenehm war, kamen irgendwann die Medien auf mich zu. Je mehr Interviews ich gab, je mehr Kamerateams meine Räume betraten, desto bekannter wurde mein Laden. Ich habe mehr Umatz gemacht und brauchte Angestellte. So entstanden sechs Arbeitsplätze, hauptsächlich für Tresen- und Reinigungskräfte und eine Art Mädchen für alles, die sich um die Reinlichkeit und die Zureichungen kümmert. Zwei davon wurden vom Arbeitsamt gefördert. Wenn man Arbeitsplätze geschaffen hat, spürt man die Verantwortung, sie zu erhalten. Also muß ich wieder Umsätze tätigen, damit ich meine Mitarbeiter halten kann. Dann habe ich einen Zulauf, der größer ausfällt als erwartet, und brauche wieder mehr Angestellte. Und so gerät man in einen Kreislauf, der einen immer wieder neu fordert. Je mehr ich an die Öffentlichkeit gehe, um so größer sind die Chancen, daß der Laden bekannt ist und ich meine Umsätze sichere.

Viele Frauen sehen mich als Vorbild und wollen mir mal nacheifern. Das ist natürlich schwer, denn sie werden nicht alle eigene Läden aufmachen können oder wollen. Aber ich will ihnen alle Chancen geben, aus der Prostitution auszusteigen, wenn sie das möchten. Bei mir können die Frauen nach Hause gehen, wann sie wollen. Dadurch haben sie die Möglichkeit, tagsüber einer beruflichen Tätigkeit nachzugehen, was nicht möglich wäre, wenn sie gezwungen wären, bis morgens um sechs dazubleiben und die ganze Zeit über womöglich noch zu trinken. Und gleichzeitig ist mein Laden auch eine Jobbörse. Durch Gespräche mit Kunden hat manch eine meiner Frauen einen Job als Arzthelferin oder Sekretärin gefunden. Aber viele möchten gar nicht aussteigen. Das ist ja auch klar. Wenn man in einer Stunde das verdient, was man woanders in zwei, drei Tagen bekommt, ist man geneigt, nur noch der Prostitution nachgehen zu wollen. Und solange man mit sich darüber im reinen ist und sagen kann, ich will das und leide nicht darunter, finde ich das auch o. k.

Klischee Nr. 53:
Die Sexbranche ist unseriös, unprofessionell und hat keine Zukunft.

Wie verhalten sich die mikroökonomischen Initiativen der neuen Sexarbeit zum Rest der Sexindustrie? Sind sie nicht selbst eine einzige Nische in einem männlich kontrollierten Markt, der von der frühkapitalistischen Logik der Armutsprostitution dominiert wird? Politisch korrekte Deko-Objekte, die sich beschwingt durch einen liberalen Zeitgeist in die Liga der Alibi-Frauen einreihen? Oder leiten die Innovationen eine Art feministischen Paradigmenwechsel in der Sexindustrie ein? Um keine falschen Erwartungen zu schüren: Die Wirtschaftskraft der neuen Sexarbeit läßt sich schwer quantifizieren und gegen die Finanzmacht der klassischen Rotlichtprostitution abgleichen. Niemand kann sagen, wie die Claims abgesteckt sind, d. h. welcher Anteil der geschätzten 12,5 Milliarden DM Jahresumsatz auf das Konto von Ausbeutern bzw. regulären Arbeitgebern geht. Der kommerzielle Erfolg der neuen Sexarbeit zeigt jedoch, daß Dienstleistungen auf freiwilliger Basis, humanisierte Arbeitsbedingungen und der Verzicht auf Doppelmoral sämtliche Akteure entlasten und sich für die Anbieter selbst bei einer rein kommerziell orientierten Definition von Erfolg durchaus lohnen. Bedenkt man weiterhin, daß der Stein, den der Konflikt um das *Café Pssst!* ins Rollen brachte, eine Gesetzesänderung nach sich zog, die Sexarbeiterinnen mehr Rechte, Wahlmöglichkeiten und vielleicht auch mehr soziale Anerkennung ermöglichte, so werden Synergieeffekte sichtbar, die das Machtungleichgewicht in der Sexindustrie nachhaltig verändern könnten – zugunsten der Frauen.

Die Sexindustrie hat sich in den letzten zwei Jahrzehnten als veritable Goldgrube erwiesen. Das globale Millarden-Dollar-Business boomte selbst dann noch, als der Neue Markt mit Getöse in sich zusammenkrachte. Allein die Pornographie erzielt seit Ende der neunziger Jahre in Deutschland trotz Werbeverbot einen geschätzten Jahresumsatz von einer Milliarde DM. Sex Toys, Aphrodisiaka und Dessous erreichten ein Umsatzvolumen von 150 Mio. DM.[166] Der kommerzielle Erfolg von Internet-Stripchats, Seitensprungagenturen und so exotischen Gimmicks wie elektronischen Flirthilfen zeigt, daß die Anbieter neuer Dienstleistungen sich ein kleines Stück von einem Kuchen abschneiden konnten, den sich sonst vor allem Beate Uhse, Teresa Orlowski, ihr Ex-Ehemann Hans Moser und Pornofürst Dino Baumberger teilten. Der Aufschwung der Sexbranche ist nicht nur für Deutschland symptomatisch, sondern auch für andere Gesellschaften des Westens, in denen Sexualität und Reproduktion kontinuierlich auseinanderdriften. In den USA setzten der Verkauf und die Ausleihe von Pornovideos, Live- und Kabel-TV-Sexshows, Computerpornographie und »Herrenmagazinen« allein 1996 mehr als acht Milliarden Dollar um, eine weitere Milliarde brachte der Telefonsex den kommerziellen Anbietern ein.[167] Zwischen 16% und 18% amerikanischer Männer gaben 1994 an, irgendwann in ihrem Leben für Sex gezahlt zu haben.[168]

Bemerkenswert ist, daß die beiden Zugpferde der Branche, die Prostitution und die Pornographie, ihre Umsätze trotz bestehender Werbeverbote realisieren. Während Kenner der Branche unschlüssig sind, ob die Umsätze trotz oder wegen des Werbeverbots zustande kommen, spricht für den Marktforscher Thomas Jendrosch aus den Fakten vor allem eins: ein ausgeprägtes Servicebewußtsein. »Dabei erstaunt es immer wieder«, so Jendrosch, »wie es den sexuellen Dienstleistern offenbar gelingt, emotionale Erlebniswerte zu vermitteln, die weit über die eigentlich nüchterne sexuelle Handlung hinausgehen: Freundlichkeit, Offenheit, Zuhörbereitschaft, individuelle Ansprache etc. Insofern könnte der Sexbranche sogar ein Vorbildcharakter zukommen, denn von wirklich zufriedenen Kunden sind viele seriöse Dienstleistungsunternehmen trotz aller Servicebemühungen immer noch weit entfernt.« Die Sexindustrie zeichnet sich aber nicht nur durch ihre laut Expertenmeinung vorbildliche Kundenorientierung, sondern auch durch ihr »methodisches und arbeitsteiliges Vorgehen, systematische Planung, regelmäßige Marktbeobachtung, gezielte Marktsegmentierung und stetige Angebotsdifferenzierung«[169] aus, mit einem Wort: durch einen Grad an Professionalität, der sich von dem anderer Branchen kaum noch unterscheidet. Das bleibt nicht ohne Auswirkungen auf die Karrieremuster der Frauen: Durch geschicktes Crossmarketing kann eine Pornodarstellerin in den USA ihren Bekanntheitsgrad steigern und dabei neben ihren Filmgagen noch andere Einnahmequellen erschließen: durch Buchungen in Table-Dance-Clubs, durch Promotion der Produkte, die sie bewirbt, und den Verkauf von Devotionalien (Polaroids mit Fans, Gipsabdrücke ihrer Brust etc.). Im Windschatten von Beate Uhse haben sich aber auch immer mehr seriöse Sexdienstleister als Businessplayer auf dem deutschen Markt profiliert und gezeigt, daß kommerzieller Sex nicht zwangsläufig eine Kaderschmiede des organisierten Verbrechens ist.

Klischee Nr. 54: Die Sexindustrie ist ein männlich kontrollierter Markt.

Die internationale Entwicklung spricht dafür, daß Frauen von diesen gesellschaftlichen Entwicklungen stärker profitieren werden als jemals zuvor. Wenn ihre Chancen steigen, Dienstleistungen oder Produkte zu Bedingungen zu vermarkten, mit denen sie einverstanden sind, dann nicht nur, weil der Geist der Emanzipation nach langem Zaudern endlich diese männerdominierte und als sexistisch verpönte Branche erreicht hat. Es ist vor allem das Internet, das sich in der Sexindustrie als veritables Instrument der Frauenförderung erwiesen hat. So waren im Jahr 2000 über 50% aller pornographischen Websites in Frauenhand, d. h. sie gehörten Frauen und wurden von ihnen kontrolliert.[170] Aus den USA wird berichtet, daß sich Sexarbeiterinnen zunehmend aus der Abhängigkeit von Zuhältern, Pornoproduzenten oder Sexblattverlegern lösen, indem sie sich z. B. als Webmistress selbständig machen und die Profite aus der Vermarktung ihrer Körper selbst kassieren. Der Psychologin Dr. Kimberlianne Podlas zufolge wählten vor allem ehemalige Prostituierte zwischen 25 und 35 Jahren diesen Weg, darunter viele Mütter, die ihr Interesse an flexibler Heimarbeit mit einem Bedürfnis nach Kontrolle über Arbeit und Einkünfte verbinden.[171] Einige Webmistresses geben einen Jahresverdienst zwischen 30000 und 40000 Pfund an, andere vergleichen sich einkommensmäßig mit Sekretärinnen oder Lehrerinnen. Die amerikanische Pornodarstellerin Danni Ashe stellte nicht nur einen Guinness-Book-Rekord als »the most downloaded woman in history« auf, sondern auch als Unternehmerin. Nur vier Jahre nachdem sie im Urlaub auf den Bahamas ein HTML-Manual durchgearbeitet hatte, setzte sie mit ihrer Website »Dannivision« weltweit 5 Millionen Pfund um.[172] Die Welle der Interneterfolge setzt sich in Europa fort. Inter-climax, eins der bekanntesten Hardcore-Startups mit Sitz in Amsterdam, wurde von der ehemaligen Porno-Actrice Claudia von Lubak gegründet und registriert ca. 40 Mio. Besucher im Monat, die den Zugang zu den Live-Porno-Acts entweder abonnieren oder sich quasi als Impulskäufer nach dem Prinzip »Pay per night« einloggen.[173]

Im Jahr 2000, so das US-Marktforschungsunternehmen Forrester Research, nahmen amerikanische Internet-Sexsites jährlich 1 Milliarde Dollar ein und profilierten sich damit als der am schnellsten wachsende Sektor des E-Business. Erfolgreiche amerikanische Sexsites, so Forrester Research, registrierten bis zu 50 Mio. Hits pro Monat und leiteten daraus 5–10-Mio.-Dollar-Geschäfte ab.[174] Die Krise des Neuen Marktes – der E-sex-Sektor hat sie nicht erleben müssen, was nur deshalb niemandem auffällt, weil die amerikanischen Bestenlisten der Top-Sites Anbieter mit sexuellen Inhalten rigoros ausgrenzen. Doch die Zahlen zeigen, daß das E-sex-Business trotz Schmuddelimage und puritanischer Tradition fest im Mainstream der amerikanischen Gesellschaft verankert ist. Das Internet ist eben viel diskreter als ein Sexshop.

Wie viele andere Branchen hat der Cyberspace auch das in Straßen- und Escort-Segmente polarisierte amerikanische Prostitutionsgewerbe nachhaltig verändert. Im Gegensatz zur Straßenprostitution, die als Sammelbecken drogenabhängiger, obdachloser und prinzipiell unberechenbarer Frauen verschrien ist, vermittelten professionelle Internetpräsentationen einen Eindruck von Qualität und Luxus. Sie ermöglichten eine diskretere Kontaktanbahnung als auf den von Undercover-Sittenpolizisten bevölkerten Straßen und erreichten auf Anhieb mehr Kunden als die Lokalwerbung von Escort-Agenturen in den Gelben Seiten oder Stadtmagazinen. Von den Männerüberschüssen im Internet profitierte das als E-Hooking bezeichnete Phänomen anfangs wie von der räumlichen Nähe einer Militärbasis. Die ungleiche Relation zwischen Angebot und Nachfrage im Cyberspace trieb die Dienstleistungspreise in die Höhe, und die massenhafte Verbreitung des Internet zog neben prostitutionserfahrenen Männern auch eine milieuferne Klientel direkt ins Luxussegment der Prostitution. Mit Erfolg für die Anbieter: 1997 belief sich das Jahreseinkommen der amerikanischen Online-Prostitution auf geschätzte 1 Milliarde Dollar.[175]

Obwohl das Netz von allen am Prostitutionsgeschäft Interessierten als Werbeträger genutzt wird, also auch von Profiteuren aus der Welt des Rotlichts, bot sich vor allem unabhängigen Escorts eine globale Plattform, auf der sie direkt mit Kunden in Kontakt treten können. Nach dem Motto »Cut out the middle man« erklärte das Internet den klassischen Zuhälter für ebenso überflüssig wie die Bordellbetreiberin. Es machte Schluß mit den branchenüblichen Kontrollmechanismen und einer unfairen Abgabepolitik. Die Kontaktaufnahme per Internet verhinderte nicht nur Zeitverluste durch Fehlanrufe oder Diskussionen mit Scheininteressenten, Selbstbefriedigern oder Preisdrükkern. Die Auslagerung des Dienstleistungsspektrums, der Preise und Spielregeln in die FAQ-Links der Websites entlastete das Vorgespräch von lusttötenden Abgrenzungsmanövern. Die technischen Möglichkeiten, die Wege der Mails bis zu ihren Absendern zurückzuverfolgen, eine geringere Gewaltneigung gutsituierter Kunden und das Setting »Luxushotel« machte die Internet-Sexarbeit trotz Restrisiken für die Frauen sicherer als die anonyme Straßenprostitution. Wie in anderen Bereichen des Neuen Marktes wurde das E-Hooking in den neunziger Jahren zum Zauberwort für mehr Autonomie, Kontrolle und Wohlstand für Sexarbeiterinnen. Das lag last but not least auch daran, daß arbeitssüchtige und beziehungsunwillige Dot.com-Babies aus dem Silicon Valley die Dienstleistungspreise an der Westküste der USA in die Höhe trieben. Diese extrem kaufkräftige Subklientel der Cyberjohns haben manche Sexarbeiterin zur wohlhabenden Frau gemacht. Bei Stundenhonoraren zwischen $ 175–500 bzw. Tagessätzen von $ 1400–2500 reichen nach Selbstauskünften von Callgirls eine Zwei-Tage-Arbeitswoche bzw. hundert Nächte im Jahr, um sechsstellige Beträge einzufahren.[176] Zahlte Richard Gere in »Pretty Woman« anno 1990 noch 3000 Dollar für sechs Tage und Nächte mit Julia Roberts, so sind das im Vergleich zur heutigen Marktlage in Los Angeles effektiv Peanuts.

Während in Ländern wie Schweden, Japan und den USA, wo die Prostitution verboten ist und das Sex-Geschäft im verborgenen blüht, das Internet mit seiner subversiven Kraft auch sein volles ökonomisches Potential entfaltet, kann in Deutschland von vergleichbaren Profiten bislang nur geträumt werden. Annoncen im Internet sind für Anbieterinnen zwar oft kostenlos, aber für die Kunden nicht immer frei zugänglich. Viele etablierte Sexanbieter fordern die Kunden nach den ersten Surf-Stopps auf, ihre Kreditkartennummer einzugeben. Manche Seiten sind schlecht zu finden, und es hängt von Zufallstreffern ab, ob potentielle Kunden beim Surfen dort landen. Erschwerend kommt hinzu, daß die Grenze zwischen hoch- und niedrigpreisigen Segmenten hierzulande weniger stark definiert ist als in internationalen Business- und Jet-Set-Metropolen wie London, New York, Paris, Los Angeles oder Monaco. Wer durch die Sexseiten von *www.worldwideescorts.com* surft und die dortigen Stunden- oder Tagessätze internationaler Escorts von bis zu 50000 Dollar pro Tag liest, muß sich wirklich fragen, wer da wen ausbeutet.

Klischee Nr. 55:
Sexindustrie bedeutet Sexismus.

Daß immer mehr Frauen die wirtschaftliche Kontrolle über die Vermarktung ihrer Körper zurückgewinnen, ist nur ein Aspekt dieser erstaunlichen Entwicklungen. Die neofeministische Unterwanderung des Sexbusiness entzieht den Männern auch das Monopol über die Darstellung nackter Frauenkörper. Doch bei aller Freude über die Rückeroberung des Leibs sollte nicht vergessen werden, daß das

Frauenbild der Sexindustrie tendenziell immer schon pluralistischer war als das der meisten anderen Medien. »Was das Frauenbild der Sexindustrie angeht, so finde ich persönlich die Botschaften der Modebranche wesentlich destruktiver«, so Danni Ashe auf ihrer Homepage. »Sobald wir nicht 1,80 groß sind und dabei 50 Kilo wiegen, vermittelt sie uns ein Gefühl der Unzulänglichkeit. Vergleicht man Fashion- mit Porno-Models, so wird man Hunderte von Publikationen finden, die die Weiblichkeit in all ihren Formen, Größen und Hautfarben feiern.«[177] Auch die Sex-Performance-Künstlerin Annie Sprinkle distanziert sich von plakativen Feindbildern: »Wir gewinnen einen Krieg, der besagte, die Antwort auf schlechte Pornographie sei keine Pornographie. Immer mehr Feministinnen sind der Ansicht, daß das so nicht stimmt. Die Lösung besteht darin, daß Frauen bessere Pornographie produzieren.«[178]

Genau das passiert seit einigen Jahren auch in der deutschen Pornoszene. Produzentinnen, aber auch Produzenten setzen verstärkt auf die Frau von nebenan – und zwar in sämtlichen Altersstufen. »Natürlich sind junge hübsche Mädchen immer ein Thema, aber was man auch nicht unterschätzen darf, sind unsere Omas«, so die Handelsvertreterin einer deutschen Pornoproduktion. »Darstellerinnen, die bereits über siebzig sind, aber beim Publikum sehr gut ankommen, und zwar bei allen Altersgruppen. Wir kombinieren natürlich, Oma mit jungem Mann, Oma mit Opa. Damit auch die Enkel sehen: In den Betten der älteren Leute spielt sich noch einiges ab.« Auch im Zuge des »Privatvideo-Booms« produzierten und vermarkteten sich eine Reihe von Amateurdarstellerinnen mit Erfolg selber, darunter auch Frauen, die nicht unbedingt gängigen Schönheitsidealen entsprechen. Die Produzentin Marion Cirener (»femme fatale«) legt ebenfalls Wert darauf, daß ihre Darstellerinnen nicht dem Klischeebild geklonter Barbiepuppen entsprechen, die bei den Zuschauerinnen im Zweifelsfall Lust auf Diät anstatt auf Sex auslösen. Mit bewußt ästhetischem Anspruch hat sie in den letzten zehn Jahren

Marktnischen im Hardcore-Bereich erobert und neue Vertriebswege für eine Pornographie etabliert, die sich von der Norm vieler ihrer Vorgänger deutlich unterscheidet: Die Darsteller werden nicht in der branchentypischen Weise ausgebeutet, die Zielgruppe sind nicht Männer, sondern Paare. Marion Cireners Erfolg löste in der Branche anfänglich Erstaunen aus. Inzwischen haben auch Marktführer zunehmend die Zielgruppe »Paar« im Visier und ergänzen ihre Standardware mit geradezu handlungslastigen Produktlinien.

Manches spricht dafür, daß auch die Erfolge der neuen Sexarbeit neue Branchenstandards setzen werden. Die Möglichkeiten zur Selbständigkeit, die das Internet bietet, sein Potential einer direkten Kontaktanbahnung zwischen Anbietern und Kunden könnten auch in Deutschland die Rolle der Vermittler tendenziell schwächen und die der einzelnen Anbieterin stärken. Über die neue Interneteuphorie wird aber leicht vergessen, daß die Sexindustrie nie der exklusive Boys' Club war, für den man ihn, von feministischen Parolen aufgestachelt, hätte halten können. Beate Uhse, Teresa Orlowski, Dolly Buster sind nur die bekanntesten Namen, die für eine emanzipierte, von Opferbildern befreite Laufbahn im Sexbusiness stehen, dessen Gesicht dank vieler Kleinunternehmerinnen und Frauen in Führungspositionen zunehmend weibliche Konturen erhält. Frauen leiten Seitensprungagenturen und Erotikverlage, produzieren Sex Toys, eröffnen Frauenerotikshops, stellen Dessous her, geben Kontaktmagazine heraus und arbeiten in der Bildredaktion des *Playboy*. Das Spektrum erotischer Dienstleistungen wird immer breiter und erfordert weder zwingend den Einsatz von »Körperarbeit« noch eine Komplizenschaft mit männlichen Ausbeutern. Umsatzzahlen, Expertenschätzungen, technologische Innovationen sowie der ungebrochene Trend zur Dienstleistungsgesellschaft vermitteln den Eindruck einer Zukunftsbranche.[179] Im Grunde ist das nicht erstaunlich: Wenn sich die Sexualisierung von Produkten und Dienstleistungen schon in

»seriösen« Branchen als Marketingstrategie bewährt hat, kann es nur einleuchten, daß die Sexindustrie von den Schlüsselreizen, an die sie appelliert, erst recht profitiert. Die Geschichte der Prostitution beweist: Sex ist eine natürliche Ressource, die sich stets großer Nachfrage erfreut. Wer sexuelle Dienstleistungen vermarktet, weiß, daß Männer ihre Finanzen mitunter großzügiger verteilen als ihre Gefühle und Verbindlichkeiten und daß sie oft auch unabhängig von ihrer sexuellen »Versorgungslage« in Privatbeziehungen zu sexuellen Tauschgeschäften bereit sind. Bedenkt man, daß es auf dem Arbeitsmarkt auf absehbare Zeit keine Gleichstellung von Männern und Frauen geben wird, erscheint die Sexarbeit nicht nur als eine Überlebensstrategie, sondern als Chance, die finanziellen Ressourcen zugunsten von Frauen nachhaltig umzuverteilen. Gleichstellung im bürgerlichen Berufsspektrum muß definitiv nicht der Königsweg zu finanzieller Autonomie sein.

5 Gewinn und Verlust

Klischee Nr. 56:
Von der Vermarktung der Sexualität profitiert nur die Sexindustrie.

Ähnliches spielt sich bereits ab, wenn die Big-Brother-Gewinnerin Alida 90000 DM für Nacktfotos im *Playboy* oder Verona Feldbusch für einen Werbespot 1,5 Mio. DM erhalten. Viele namenlose Pin-ups haben schon neben allen möglichen Produkten posiert, aber die »Luder-Generation« profitiert davon erstmals in größerem Stil. Während die meisten Frauen mit ihrer Arbeitskraft nur ein Jota von dem verdienen, lebt sie vor, wie man mit Ressourcen, die eigentlich jeder Frau zur Verfügung stehen, sich selbst und die Medien oder Marken, für die sie werben, bereichern kann. Fakt ist: Gegen die Umsätze, die »seriöse Branchen« aus einer sexualisierten Produktwerbung ableiten, nehmen sich die Profite der Sexindustrie eher mager aus. Die Frage drängt sich auf: Wie erfolgreich wären völlig unzwielichtige Unternehmen und Medien ohne den erotischen Hunger ihrer Endkonsumenten? RTL II etwa erzielte mit 72935 Telefonsex-Spots nach 23 Uhr 1998 einen Bruttoumsatz von 15,5 Mio. DM. Selbst wer ein Produkt wie den Opel Corsa inmitten von Ruf-mich-an!-Spots vermarktet, darf laut einer Studie höhere Umsätze erwarten.[180] Das Prinzip »Sex sells« hat selbst in die Hochkultur Einzug gehalten, die einer sexualisierten Produktwerbung bis dato eher skeptisch gegenüberstand. So hat das »Fräuleinwunder« der deutschen Literatur nicht nur junge Autorinnen bekannt gemacht, sondern den gesamten Buchhandel belebt. Man kann geteilter Meinung darüber sein, ob es sexistisch ist, daß sich trotz des einen oder anderen Coca-Cola-Mannes das Prinzip »Sex sells« nach wie vor hauptsächlich über Frauenkörper definiert. Von der Vermarktung weiblicher Sexualität profitieren schließlich so unterschiedliche Berufsgruppen wie Sexarbeiterinnen und Leihmütter, Zuhälter und Designer, Journalisten und plastische Chirurgen, Werbeleute und Anwälte. Kommt es nicht auch darauf an, wer in welcher Weise von dieser Vermarktung profitiert, das heißt, wie die primären und sekundären Gewinne aussehen und verteilt sind? So gesehen ist es kein kleiner Unterschied, ob eine Sexarbeiterin sich mit dem Einsatz ihrer erotischen Kompetenzen ein gutes Leben finanziert oder ob Kosmetik- und Modeimperien, Medien, Friseure, Sportstudios, Beauty-Farmen, Diätmittelhersteller, die Zunft der plastischen Chirurgen und kosmetisch-ästhetischen Dermatologen etc. eine weibliche Zielgruppe erst emotional erpressen, um ihr dann das schwerverdiente Geld aus der Tasche zu ziehen.

Benutzte Höschen vs. Slipeinlagen: Laura

Vor kurzem erreichte mich eine Anfrage aus Osteuropa. Es handelte sich aber nicht um einen Prostitutionskunden, sondern um einen Höschen-Fetischisten. Zuerst dachte ich: Was hat das mit dem Inhalt meiner Annonce zu tun? Dann dachte ich nach. Dieser Mann war bereit, mir Summe x für ein benutztes Höschen zu zahlen. Ich zahle im Monat Summe y für Slipeinlagen, ohne jemals über Sinn und Zweck dieser Dinger nachzudenken. Zieht man mal die Kosten für Höschen, Verpackung und Porto von Summe x ab, blieben immer noch mehr als zwei Drittel Reingewinn übrig. Die Slipeinlagen hingegen verursachen nichts als überflüssige Kosten und überflüssigen Müll. Obwohl sie mit dem Argument der Hygiene verkauft werden, können sie sogar Infektionen begünstigen! Und doch leben wir in einer Welt, die Frauen einredet, sie tun das Richtige, wenn sie Slipeinlagen benutzen und dem Höschen-Fetischisten vermittelt, daß mit ihm etwas nicht stimmt. Dabei findet fast jeder Mann den Geruch einer sauberen Vagina sexuell überaus anregend. Es macht doch keinen Sinn, daß dieselbe Duftnote in einem Höschen plötzlich ganz anders bewertet wird! Seit dem Tag hat sich mein Slipeinlagenkonsum auf jeden Fall drastisch verringert.

Beinahe jeder Aspekt menschlicher Sexualität hat eine ökonomische Seite, die in Form von Gewinn- und Verlustrechnungen zumindest annähernd quantifiziert werden kann, selbst getragene Höschen! Sexualität verursacht einerseits direkte und indirekte Kosten in Form von Krankheiten, Verhütungsmitteln, medizinisch-pharmazeutischer Forschung, Schwangerschaften, Personalkosten für Ärzte, Therapeuten, Sozialarbeiter, Standesbeamte, Scheidungsrichter, Ausgaben für Pornographie, Prostitution, Sextourismus und plastischer Chirurgie. Wer in diesen Berufsfeldern arbeitet, verdient an der Sexualität – mal mehr, mal weniger. Selbst wenn man die gigantischen Erträge der Filmindustrie und sämtlicher Liebesromane herausrechnet, ist die menschliche Sexualität ein Milliarden-Dollar-Geschäft, eine Jobmaschine für Millionen Arbeitskräfte. Andererseits verursacht Sexualität soziale Kosten, die sich aus instabilen Familienverhältnissen, sexuellem Mißbrauch von Kindern, Trennungen und Scheidungen ableiten. Diese Kosten beliefen sich 1995 in den USA auf 41 Milliarden US-Dollar, in Großbritannien auf 10 Milliarden US-Dollar. Rechnet man die anteiligen Folgekosten für Armut, Jugendkriminalität, Arbeitslosigkeit und Drogenabhängigkeit in die Kostenseite mit hinein, so kamen 1995 in den USA weitere 15 Milliarden US-Dollar hinzu, in Großbritannien weitere 2 Milliarden US-Dollar. Alleinerziehende erleichterten die amerikanische Staatskasse 1995 um 8 Milliarden US-Dollar, die britische Staatskasse um 2 Milliarden US-Dollar.[181]

In einer Gesellschaft, in der Brautpreise und Aussteuer ihre traditionelle Funktion verloren haben, dringt die materielle Seite von Ehen vor allem dann ins Bewußtsein, wenn diese sich auflösen. Die Unkosten, die eine Scheidung in den ersten fünf Jahren nach sich zieht, belaufen sich in Großbritannien inkl. Anwaltskosten, Umzug, Beratung, Arbeitsausfall und zusätzlicher Haushaltskosten auf $ 31 600.[182] Nach einer Studie des bundesdeutschen Familienministeriums vermindert sich bei 44% der Frauen das Einkommen nach Scheidung, im Gegensatz zu nur 7% der Männer. Hinzu kommen die immateriellen Verluste. »Sobald wir verheiratet sind, erwerben wir etwas, was in anderem Zusammenhang als unternehmensspezifisches Kapital bekannt ist«, so der Ökonom David Friedman. »Der Wechsel eines Partners zieht große Kosten nach sich. Unser spezialisiertes Wissen darüber, wie wir miteinander auskommen, wird wertlos. Mindestens einer von uns muß eine gewohnte und vertraute Umgebung verlassen. Unser Freundeskreis wird wahrscheinlich zwischen uns geteilt. Und am allerschlimmsten, der neue Partner, was immer ihre oder seine sonstigen Vorzüge sein mögen, ist nicht der andere Elternteil meiner Kinder.«[183]

Doch das Tauschgeschäft Sex gegen Ehe bzw. Beziehung verursacht nicht nur Kosten, wenn es auseinanderbricht. Wenn der private Alltag nicht hält, was die »Beziehungsleitkultur« verspricht, sind Verluste vorprogrammiert: Energieverluste durch Konflikte, Vitalitätsverluste durch den Verzicht auf erfüllende Sexualität, Zeitverluste durch Dauertelefonate mit Freundinnen, die von der Beziehungsthematik beherrscht werden. Die Zusammenhänge zwischen Beziehungselend, gesundheitlicher Beeinträchtigung, Produktivitätsverlusten und sozialen Folgekosten sind sehr real, auch wenn sie oft verdrängt werden. Andererseits schafft das Leid der Frauen auch eine Menge Arbeitsplätze: Psychotherapeuten, Sozialarbeiter, Ärzte, die Pharma-Industrie, Ratgeberliteratur, Frauenromane und Zeitschriften profitieren von der Kluft zwischen Anspruch und Wirklichkeit eines überschätzten Beziehungsideals. Die Frage drängt sich auf, ob Frauen in Beziehungen oder Ehen wirklich ihr kreatives, emotionales und finanzielles Potential entfalten können, ohne auf der ganzen Linie Verluste hinzunehmen. Erinnern wir uns: Die Konzentration auf Haus- und Erziehungsarbeit bremst Frauen auch auf dem Arbeitsmarkt aus und fördert ihre finanzielle Benachteiligung. Ist das der sekundäre Gewinn einer sozialen Aufwertung durch den Status als Ehefrau oder Beziehungspartnerin wert?

Klischee Nr. 57:
Männer sind produktiver als Frauen.

Umgekehrt profitieren nicht nur gewisse Berufsstände vom Tauschgeschäft Sex gegen Ehe. Im sozialen Nahbereich ist der Gewinn vielleicht am sichtbarsten. Familien, die vom Staat so umworbene »kleinste Zelle der Gesellschaft«, profitieren von der emotionalen Arbeit, die Frauen leisten. Männer profitieren davon, daß eine auf Dauer angelegte Partnerschaft oder Ehe ihnen einen identitätsstiftenden Platz in sozialen Gefügen verleiht. Und obwohl der Staat grundsätzlich von allen sexuellen Tauschgeschäften finanziell profitiert, interessiert er sich in puncto Sex ebenso wie die Evolutionsbiologen vor allem für den Fortpflanzungserfolg. Den fördert er mit Steuervergünstigungen, Kinderfreibeträgen, Kindergeld, Kinderbaugeld, der Anrechnung von Kindererziehungszeiten, Vergünstigungen bei den Beitragszahlungen zur Pflegeversicherung.

Doch auch das sind nur Peanuts im Vergleich zum realen Wert der unterschiedlichen Beiträge, die Frauen zum Wohlstand einer Gesellschaft leisten. Wir haben uns daran gewöhnt, daß diese als Leerstelle ins ökonomische System eingehen. Die meisten Wirtschaftslehren betrachten die Ökonomie von ihrer monetären Seite, obwohl die Produktivität von vielen nichtmonetären Faktoren abhängt: der emotionalen, Erziehungs-, Pflege- und Haushaltsarbeit, die überwiegend Frauen leisten und die sich direkt im Bruttoinlandsprodukt manifestiert. So verdankte das Deutschland der Nachkriegszeit sein berühmt-berüchtigtes Wirtschaftswunder nicht allein den Finanzspritzen des Marshall-Plans, sondern auch der Aufbauarbeit Hunderttausender Trümmerfrauen, die Ruinenfelder in eine Infrastruktur verwandelten, und den »Ami-Liebchen«, die amerikanische Zigaretten gegen Nahrungsmittel tauschten, von denen ganze Familien und Freundschaftsverbände so lange überlebten, bis die deutsche Wirtschaft von ihrer Arbeitskraft profitieren konnte. Dennoch bleibt die emotionale und regenerative Arbeit von Müttern, Großmüttern, Hausfrauen und Prostituierten nicht nur in Wirtschaftsstatistiken, sondern auch im Alltag als »Dividende des Patriarchats« mehr oder weniger unsichtbar. An der Peripherie der Geldwirtschaft leisten Frauen unterbewertete und unbezahlte Arbeit, und die Gesellschaft greift auf dieses soziale Kapital zurück, als handele es sich um eine unerschöpfliche Ressource. Selbst dort, wo der gesellschaftliche Mehrwert dieser Arbeit anerkannt wird, wird sie gern als unbezahlbar deklariert – ein rhetorischer Trick, der Frauen in ihre Rollenklischees zurückbeamt und mit einer ideellen Aufwertung abspeist: hier ein gefühlsduseliger Muttertag, dort ein pseudoemanzipatorischer Frauentag. Daß so viele Frauen sich mit ihrem Dasein als finanziell Zweitklassierte abfinden, ist ein beredtes Statement für die Macht des Sekundärgewinns, der sich aus dem Status einer Ehefrau oder Beziehungspartnerin ableitet.

Daran scheint auch der Geschlechterkampf nichts verändert zu haben. Wie auch, hat er sich doch weitgehend auf die private Ebene verlagert und beschäftigt sich mit Fragen der Verteilung des Abwaschs. Doch die Forderung, Männer in Haushalt und Erziehung in die Pflicht zu nehmen, geht für viele Frauen an den demographischen Realitäten vorbei. Die westliche Welt besteht, allem Familien-Hype zum Trotz, nicht mehr aus einer Anhäufung kleinfamiliärer Parzellen. Wer soll sich die Hausarbeit mit alleinerziehenden Müttern teilen? Single-Haushalte und Einelternfamilien lassen statische Paritätsforderungen anachronistisch erscheinen. Eine gerechtere Aufteilung privater Verpflichtungen ändert auch nichts an den Benachteiligungen, die Frauen auf dem Arbeitsmarkt erleben. Männer besetzen die Top-Positionen in Wirtschaft und Politik, sie sind es, die über das Kapital verfügen, entscheiden und abkassieren: und zwar nicht nur auf dem Arbeitsmarkt, sondern zusätzlich durch Kriege, Finanzspekulationen, Schmuggel, Drogen- und Menschenhandel.

Solange Besitztümer und Zugang zu den Ressourcen des Marktes zwischen den Geschlechtern ungleich verteilt sind, können es sich Frauen in ihrem eigenen Interesse nicht leisten, die ökonomische Dimension ihrer beruflichen und privaten Entscheidungen zu ignorieren. Anstatt sich durch gesellschaftliche Normen und Rollenklischees in traditionelle Lebensentwürfe und weibliche Segmente des Arbeitsmarktes pressen zu lassen, könnten alte Fragen neu gestellt werden: Welches sind die primären und sekundären Gewinne und Verluste, wenn ich meine Sexualität direkt zu Markte trage oder innerhalb einer Beziehung monopolisiere? Wo werden mehr Energien verpulvert: in einer durch monogame Sexualität geadelten Beziehung oder mit Kunden in der Sexarbeit? Wie schwer wiegt die Last eines möglichen Doppellebens gegen die möglichen finanziellen Mehreinnahmen durch die Sexarbeit? Wie bei jeder privaten oder beruflichen Entscheidung lassen sich die persönlichen Kosten-Nutzen-Rechnungen nicht mittels irgendwelcher Patentrezepte auf einen gemeinsamen Nenner bringen. Aber sie lassen sich auch nicht auf die Formel »Geld oder Liebe« reduzieren.

Mehr Lebenszufriedenheit durch Sexarbeit: Laura

Ich muß ganz ehrlich sagen, daß mein Eintritt in die Welt der unabhängigen Sexarbeit meine Lebenszufriedenheit erheblich gesteigert hat. Es fängt damit an, daß die Männer, die ich als Kunden kennenlerne, oft interessanter, großzügiger und höflicher sind als viele, die mir vorher auf der freien Wildbahn über den Weg liefen. Da ich mit dem Alleinleben gut klarkomme, leide ich auch nicht darunter, daß sie aus meinem Leben wieder verschwinden oder ich nur alle paar Monate von ihnen höre. Das Geld, das ich durch die Sexarbeit verdiene, gibt mir ein Gefühl der Sicherheit und erlaubt mir den Luxus des Reisens. Sie hat mir auch dabei geholfen, mit meinem Alter besser klarzukommen. In der Sexarbeit ist man mit vierzig einerseits noch nicht zu alt für Kunden in und nach der Lebensmitte und andererseits noch attraktiv für jüngere Männer, die eine erfahrene Frau manchmal interessanter finden als eine gleichaltrige. Das amüsiert mich ohne Ende und hebt meine Stimmung beträchtlich, vor allem wenn ich bedenke, mit welcher Regelmäßigkeit mir seit meinem 30. Lebensjahr vermittelt wurde, daß es langsam Zeit wird, sich endlich einen Lebenspartner zu suchen ... Wenn ich mir mein jetziges Leben ansehe, will ich, ehrlich gesagt, gar keinen Lebenspartner mehr. Ich habe definitiv mehr Spaß und weniger Kummer als zu Zeiten meiner Privatbeziehungen.

Klischee Nr. 58: Die Sexarbeit hat keinen makroökonomischen Wert.

Auch eine makroökonomische Gewinn- und Verlustrechnung fällt eindeutig zugunsten der Sexarbeit aus. Die Triebentlastung eines Prostitutionskunden zieht ihre harmonisierenden Kreise bis in sein privates und berufliches Umfeld. Arbeitgeber, Kollegen, Partnerin und Familie profitieren von seiner Zufriedenheit, letztere manchmal auch von seinen Schuldgefühlen. Über das Prinzip des »Male Bonding« steigern gemeinsame Bordellbesuche die Produktivität und die Umsätze von Unternehmen. Der Staat profitiert gleich mehrfach: Einmal spart er soziale Folgekosten durch Scheidungen, da Ehen bei dieser Form der Sexualität selten in Frage gestellt werden. Zum anderen spart er Sozialhilfe. Nicht zuletzt haben makroökonomische Überlegungen in diese Richtung sogar im bürgerlichen Lager zu einer Neubewertung der Sexarbeit geführt. So begrüßte der Deutsche Städtetag die Verbesserung der Situation anschaffender Frauen mit dem Argument: »Nicht zuletzt führte die fehlende finanzielle Absicherung der Prostituierten in vielen Fällen zu einer erheblichen Belastung der Sozialhaushalte in den Städten und Gemeinden.«[184] Und natürlich profitiert er über zusätzliche Steuereinnahmen. Der Prostitutionsforscher Vern Bullough, kein ausgesprochener Freund staatlicher Prostitutionsregulierung, meinte bereits Ende der achtziger Jahre: »Deutschland hat sich vermutlich vor allem wegen der Steuereinnahmen für eine staatliche Regulierung der Prostitution entschieden. Wenn sie allerdings in kleinräumige Toleranzzonen wie die Reeperbahn abgedrängt wird, hat das einen enormen Anstieg der Polizeikosten zur Folge.«[185] Es hat lange gedauert, bis der deutsche Staat das Nullsummenspiel durchschaut hat, das er sich mit seiner halbherzigen, bürokratischen Mixtur aus stillschweigender Duldung, Sperrgebietsverordnungen und Sittenwidrigkeitsparagraphen eingebrockt hat.

Frauen wie Nadja, die mit 13 Jahren im Rotlichtmilieu der Reeperbahn landete, kosteten den Staat viel Geld: Krankenhausaufenthalte wegen Zuhältergewalt, Zeugenschutzprogramme, Sozialhilfe, Therapien, Ausstiegsprogramme. Dabei ist davon auszugehen, daß sie im Laufe ihrer Prostitutionskarriere Millionenbeträge erwirtschaftet hat. Laut Berechnungen der Hamburger Kriminalpolizei setzt eine attraktive Prostituierte in zehn Jahren bis zu 1,8 Millionen DM um, mitunter sogar deutlich mehr.[186] Das wußten auch ihre Zuhälter, die sie insgesamt dreimal weiterverkauften, für Beträge bis zu 90000 DM. Die Einkünfte aus ihrer Prostitutionstätigkeit haben sie brav versteuert. Sie selbst hat wegen eines Sparbuchs mit 600 DM fast ihr Leben verloren. Auch deswegen hat sie später, als sie ihre Einkünfte mit niemandem teilen mußte, nie Steuern gezahlt.

Der größte Verlust, so scheint es, geht nach wie vor vom Hurenstigma aus. Wie begründet die unheilige Allianz aus Feministinnen, Konservativen und Vertretern von Kirchen und Projekten ihre Prostitutionskritik, und welche Interessen stecken hinter den Fassaden politischer Korrektheit? Wie wirkt sich die Opferrhetorik auf die Realität der Sexarbeit aus? Wie beeinflussen Klischees über Zwangsprostitution und Frauenhandel unser Bild der Sexarbeit? Sind Prostitutionskunden Täter oder Sexsuchtopfer? Und wo zeichnet sich ein Bewußtsein für sexuelle Rechte und neue Sichtweisen des ältesten Gewerbes der Welt ab?

V SEX UND MORAL

Die wichtigsten Probleme der Gegenwart lassen sich nicht auf derselben Denkebene lösen, auf der sie entstanden sind.[187]

Albert Einstein

1 Das Kartell der Gutmenschen

Kann eine Hure eine gute Mutter sein? Nadja

Am Anfang fand ich es extrem wichtig, an die Öffentlichkeit zu gehen. Ich wollte einen Beitrag dazu leisten, gegen Vorurteile anzukämpfen. Ich wollte der Welt zeigen, daß selbst eine Klischeehure wie ich sich verändern kann. Aber als ich merkte, daß immer dieselben Fragen gestellt wurden und alle immer die arme Prostituierte sehen wollten, habe ich nur noch Medienarbeit gemacht, wenn es Geld dafür gab. Ich fühlte mich so ausgesaugt. Alles, was ich sagte, konnte verdreht und gegen mich verwendet werden. Manchmal eskalierte die Situation in der Art, daß mich irgendwelche Leute aus dem Publikum gnadenlos fertigmachten. Da fiel mir auf, daß ich im Prinzip genau das Gegenteil von dem erreichte, was ich beabsichtigte. Ich bin ja ursprünglich mal an die Öffentlichkeit gegangen, um die Prostitution realistisch darzustellen. Aber was die Medien daraus machten, führte dazu, daß ich mich mißbraucht fühlte. Und als therapiertes Mißbrauchsopfer lag es nahe, daß ich mir irgendwann sagte: Das brauche ich mir nicht mehr gefallen zu lassen.

Einmal verfolgte ich im Fernsehen eine Talkshow mit dem Titel: »Kann eine Hure eine gute Mutter sein?« Schon die Themenstellung ärgerte mich. Sie hätten ja auch fragen können: »Kann ein Schichtarbeiter ein guter Vater sein?« Also rief ich beim Sender an und sagte: »Wissen Sie was, ich bin so lange in der Prostitution tätig und gleichzeitig Mutter, und ich finde, den Titel der Sendung hätten Sie auch anders formulieren können.«

Zwei Wochen später bekam ich einen Rückruf: Ob ich nicht Lust hätte, in eine neue Folge dieser Talkshow zu kommen und über meine Erfahrungen als Prostituierte zu sprechen. Um meine Privatsphäre zu schützen, bestand ich darauf, hinter einer Leinwand zu sitzen, und bat darum, meine Stimme zu verzerren.

In der Sendung sollte es schwerpunktmäßig um meinen Ausstieg gehen und um die Frage, wie ich meinem Kind klarmachen würde, in welchem Beruf ich lange Jahre gearbeitet habe. Doch die ganze Zeit über kam ich praktisch kaum zu Wort. Hinter der Leinwand sitzend, mußte ich anhören, wie die Leute mich für alles, was ich von mir gab, in Bausch und Bogen aburteilten. Als ich sagte, ich würde das meinem Kind nie allein erklären, sondern immer in Gegenwart einer Therapeutin, hieß es: »Na wunderbar, Sie wußten doch, daß Sie ein Kind kriegen, und jetzt brauchen Sie eine Psychologin, um Ihrem Kind zu erklären, was Sie beruflich machen.« Dann wurde kritisiert, daß ich hinter der Leinwand sitze, nach dem Motto: »Was haben Sie denn sonst noch zu verbergen?« Ich erwiderte, daß die Leute, die sich offen zur Sexarbeit bekennen, oft Probleme mit ihrem Umfeld bekommen. Da blockte man sofort ab. Am Ende meinte irgend jemand: »Die meisten Kinder von Prostituierten landen irgendwann sowieso im Heim.« Das gab mir dann den Rest. Ich fragte mich: Nadja, wie konntest du dich jemals auf so etwas einlassen? Doch der eigentliche Hammer kam erst, als ich die Sendung später im Fernsehen sah. Da mußte ich nämlich feststellen, daß sie meine Stimme entgegen all unserer Absprachen doch nicht verzerrt hatten. Und ein paar Tage später rief eine Erzieherin aus dem Kinderladen an und teilte mir mit, daß einige Eltern meine Stimme in der Sendung erkannt hätten und nun fürchteten, daß mein dreijähriges Kind die anderen Kinder mit AIDS infizieren könne. Sie waren sogar der Meinung, mein Kind sollte die Gruppe verlassen. Sie haben also tatsächlich mein Kind diskriminiert, weil sie erfahren hatten, in welchem Beruf ich arbeite.

Klischee Nr. 59: Die Sexarbeit ist gesellschaftlich akzeptiert.

Glaubt man Meinungsumfragen, so akzeptieren immer mehr Deutsche die Sexarbeit als gesellschaftliche Realität. Einer Langzeiterhebung des Instituts Allensbach zufolge kommentierten 42% der Befragten das Stichwort Prostitution 1981 noch mit dem Satz »Das darf man auf keinen Fall tun«. 1990 äußerten sich 30% der West-Deutschen und 51% der Ost-Deutschen noch genauso rigoros. 1994 stimmten dem Statement dagegen nur noch 25% der West-Deutschen und 34% der Ost-Deutschen zu.[188] Auch eine Umfrage des Instituts Dimap vom August 1999 zeigt, daß 68% der 1000 Befragten dafür waren, die Prostitution als Beruf mit Steuer- und Sozialversicherungspflicht anzuerkennen.[189] Doch nicht alle teilen die Ansicht einer scheinbar toleranten Mehrheit. Für die Pfarrerin Sylvia von Kekulé sind sexuelle Tauschgeschäfte »immer noch frauenfeindlich und menschenverachtend. Ich möchte eine Frau sehen, die das von Anfang bis Ende freiwillig macht.«[190] Alice Schwarzer hält die Prostitution für »insofern sittenwidrig, als sie der Kern der Korruption des Geschlechterverhältnisses ist«.[191] Und Peter Gauweiler ereiferte sich nach einem ZDF-Porträt über Felicitas Weigmann in einer Zeitungskolumne: »Wer nicht zugeben will, daß ein Leben im edelsten Edelpuff in der Regel zu mißlingen pflegt, der prüfe die Lebensläufe der von den Bahnhofsmissionen betreuten Alterswracks aus dem Rinnstein und schaue sich an, wo sie ihre Karrieren begonnen haben.«[192]

Nicht nur diese netten Statements legen nahe, daß unsere Gesellschaft der Sexarbeit ambivalenter gegenübersteht, als Umfragen zeigen. Es ist eine Sache, Prostituierten das Privileg der Sozialversicherungspflicht zu gönnen. Aber wie sieht es aus, wenn die Frau, die Tochter, die Kollegin sich als Sexarbeiterin outet? Im direkten Kontakt zeigt sich die Macht des Stigmas selbst in vergleichsweise unpersönlichen Situationen: »Jugendamt, Wohnungsamt und Arbeitsamt ziehen mit 30% bis 50% ›Unfreundlichkeits-Beurteilungen‹ die meisten Beschwerden auf sich«, so die Prostitutionsforscherinnen Leopold und Steffan, »und für alle drei Institutionen gilt, daß Frauen, die ihre Prostitutionsaktivität nicht verborgen hielten und halten konnten, die Behandlung deutlich häufiger als unfreundlich erlebten als Befragte, die ihre Prostitutionstätigkeit nicht bekannt machten.«[193]

Daß das Stigma die Menschen trotz neuer Gesetze noch fest im Griff hat, zeigt auch die Situation in den traditionell liberalen Niederlanden, wo Prostituierte seit Oktober 2000 ihr Gewerbe (und damit auch Name, Adresse und Telefonnummer) bei den Industrie- und Handelskammern eintragen lassen können. Da die Einträge gegen eine geringe Gebühr eingesehen werden können, zogen sich Frauen aus Angst vor Entdeckung zunehmend aus der Prostitution zurück oder arbeiteten illegal weiter. Obwohl gerade auch niederländische Geldinstitute gern an die Zielgruppe Frau und ihre besonderen Sicherheitsbedürfnisse appellieren, gestehen sie Prostituierten eher selten ein reguläres Geschäftskonto zu. Ohne Geschäftskonten haben Sexarbeiterinnen allerdings auch keinen Anspruch auf Steuervergünstigungen oder Kredite. Das Höchste der Gefühle auf seiten der Bank ist ein Giro- bzw. ein Sparkonto. »Wir diskriminieren die Frauen nicht«, so ein Sprecher von ING, der größten Finanzgruppe des Landes. »Aber es ist unsere Geschäftspolitik, überhaupt keine Kunden aus der Sex-Industrie zu betreuen. Das betrifft nicht nur Prostituierte. Das ist kein moralisches Urteil, sondern wirtschaftliches Kalkül. Das Risiko ist einfach zu groß.«[194] Ebenso wie diverse Antidiskriminierungsparagraphen regelt das neue Gesetz also auch in den Niederlanden vieles, was anschließend in der Praxis nicht funktioniert.

Ich tue mein Möglichstes, daß kein Negativbild entsteht: Mia

Ich wohne jetzt seit 17 Jahren in dieser Wohnung. Am Anfang wollten sie mich hier im Haus wohl nicht haben. Über Monate hinweg haben sie meine Klingel immer wieder kaputtgemacht und das Namensschild abgerissen. Ein halbes, dreiviertel Jahr ging das so. Aber irgendwann haben die Leute gemerkt, Moment mal, da ist es ruhig, da ist es ordentlich und sauber. Bei mir ist es doch ruhiger als in einem klassischen Dreipersonenhaushalt mit Mutter, Vater, Kind. Außerdem tue ich mein Möglichstes, damit kein Negativbild entsteht. Ich liebe ja selbst die Ruhe und Ordnung und lehne u. a. deshalb auch betrunkene Gäste kategorisch ab. Ich bück mich auch im Treppenhaus, wenn da Zigarettenkippen liegen. Es wird nie ein anderer beschuldigt werden, es wird immer heißen, das ist garantiert von dem Puff da unten. Das ist eben so.

Klischee Nr. 60:
Den Kritikern der Prostitution geht es um Fakten, Werte und das Wohl der Prostituierten.

Daß die Buchstaben des Gesetzes vielleicht die Köpfe, aber nicht die Herzen der Menschen erreicht haben, ist eigentlich kein Wunder. Jahrelang machte die Prostitution ausschließlich Negativschlagzeilen – nicht nur in bzw. durch die Medien. Das pauschale Unwerturteil wurde von Experten aus der Projektszene und der Wissenschaft gestützt, von Konservativen, Feministinnen und der Kirche. Es war diese moralische Mehrheit, die sich zu Diskursführern in Sachen Sexarbeit aufschwang, die Opferrhetorik fortschrieb und eine allgemeine Dämonisierung kommerzieller Sexangebote betrieb. Dabei ging es selten um Ideale, Erkenntnisse oder Inhalte. Moral – wie sie diese Diskursführer definieren – dient immer handfesten Eigeninteressen: Bildern und Quoten, dem Selbsterhalt chronisch klammer Projekte, der Akquise von Forschungsgeldern und den Weltbildern, mit denen die Kritiker werben. Nicht nur »Sex sells«. Auch mit Moral läßt sich Geld verdienen – auf dem Rücken der Sexarbeit und letztlich auch der Frauen, die sie betreiben.

Die Medien

Die Ambivalenz unserer Gesellschaft in puncto käuflicher Sex spiegelt sich in den Medien. Zwar leisteten besonders die privaten Fernsehsender einen Beitrag zur neuen Etikette des sexuellen Pluralismus, indem sie unverkrampft über die gelebte Sexualität der Deutschen berichteten. Andererseits gebot der Kampf um die Quote ein permanentes Lavieren um die Doppelmoral. Das, was die Öffentlichkeit über die Sexarbeit aus den Medien erfuhr, war lange Zeit keine objektive Gegenwartsbetrachtung, sondern ein selektiver Blick auf der Basis von Annahmen, wo die Zielgruppe die Grenze zwischen Moralempfinden und Voyeurismus zieht. Um sowohl das eine wie das andere zu bedienen, eignete sich das Rotlichtmilieu besser als die neuen Formen der Sexarbeit. Es lieferte Konfliktstoff, an dem sich Journalisten auf moralisch unverdächtige Weise und mit der Attitüde investigativer Courage abarbeiten konnten. Es lieferte auch die spektakuläreren Bilder: Eine Kamerafahrt über neonblinkende Fassaden von Billigpuffs oder frierende Straßenhuren im winterlich verschneiten deutsch-tschechischen Grenzland versprechen stärkere Bilder als die Sexarbeiterin, die aussieht wie du und ich und einen Teil ihres Honorars zur Bank bringt. Da die Sexarbeit nur unter Bedingungen des Elends und der Ausbeutung medientauglich erschien, fristeten ihre selbstbestimmteren Varianten lange Zeit ein mediales Schattendasein. Bis die Auseinandersetzung um das *Café Pssst!* seine öffentlichen Kreise zog, war die Vielfalt sexueller Tauschgeschäfte dem öffentlichen Bewußtsein weitgehend entzogen. Dort, wo keine Kamera ist, ist auch keine Öffentlichkeit.

Die Revolution frißt ihre Kinder: Larissa, Sozialarbeiterin

Da wir vor lauter Sozialarbeit kaum dazu kommen, uns mit dem Thema Sexarbeit inhaltlich auseinanderzusetzen, wissen Journalisten, die sich Zeit für die Recherche nehmen, oft viel mehr als wir. Hinzu kommt, daß in unserem Team Frauen dominieren, die die Sexarbeit pauschal kritisieren. Ich muß mich ständig an zwei Fronten gleichzeitig verteidigen: einmal gegenüber denen, die die Prostitution ohnehin verachten, aber auch gegenüber meinen Kolleginnen, die mir vorwerfen, daß ich mit meinem Schwerpunkt auf erotische Massagen und erotischen Tanz die Sexarbeit irgendwie durch eine rosarote Brille betrachte. Dabei soll es in unserem Projekt eigentlich darum gehen, die Sexarbeit gesellschaftlich aufzuwerten. Es kommt mir so vor, als frißt die Revolution ihre eigenen Kinder.

Projekte, Streetworker und NGOs

Doch die Medien trifft nur ein Teil der Verantwortung. Immerhin sind sie mangels echter Szenenähe weitgehend auf das Material angewiesen, das Beratungsstellen, Projekte oder NGOs ihnen zuliefern. Mit den düsteren Seiten des Business konfrontiert, vermitteln deren Mitarbeiter oft ein ebenso morbides Bild von der Welt des käuflichen Sex. Beratungsbedarf setzt Probleme voraus, und anders als Frauenhandelsopfer oder Beschaffungsprostituierte haben »happy hookers« keine Lobby. »Die Beratungsstelle in meiner Region ist für Frauen, die aussteigen wollen, Drogenprobleme haben oder Sozialhilfe beantragen wollen«, so Julia, »und nicht für Frauen wir mich, die sagen, wir leben ja eigentlich ganz gut und hätten vielleicht einfach nur gern einen Ort, wo man sich mit Kolleginnen austauschen oder fortbilden kann.«

Was die Projekte und NGOs Journalisten, Wissenschaftlern und einer interessierten Öffentlichkeit an Erkenntnissen verkaufen, dient vor allem ihrem Selbsterhalt. Schließlich verdanken sie ihre Existenz einem gesellschaftlichen Problem, und wenn sich das in Luft auflöst, stehen sie selbst vor einem Legitimationsproblem. Der Opferstatus ihrer Klientinnen legitimiert die Notwendigkeit der von staatlichen Sparzwängen bedrohten Projekte, sichert öffentliche Sympathien und Spendengelder und damit ihre Existenz. Die Welt der Projekte unterscheidet sich nur graduell von der Welt ihrer Klientinnen: Auch sie bewegen sich auf einem Markt, und wollen sie sich nicht überflüssig machen, müssen ihre Argumentationen dem Selbsterhalt dienen.

Dieses Dilemma produziert nicht selten mehr Bigotterie als Wahrheit. Wer bei Sexarbeitsprojekten anruft, bekommt selbst auf einfache Sachfragen selten Spontanauskünfte, sondern Rückrufe mit Antworten, die zuvor im Team diskutiert und abgesprochen wurden – Informationspolitik in eigener Sache und mit gefilterten Fakten. Die Klientinnen, um die es ja letztlich geht, kommen selten selbst zu Wort. Beispiel Frauenhandelsopfer: Angeblich um sie durch die Fragen neugieriger Journalisten nicht zu retraumatisieren, schirmen diverse Projekte ausländische Sexarbeiterinnen konsequent von den Medien ab. Und da viele Journalisten auf den Wahrheitsgehalt sekundärer Quellen vertrauen, zumal diese sich als Instanz politischer Korrektheit profilieren, wirkt die Informationspolitik der Beratungsstellen, Projekte und NGOs selbst dann noch meinungsbildend, wenn Insider aus der Projekteszene diese Mechanismen längst selbst kritisieren.

Klischeehaft dargestellt und verallgemeinernd dramatisiert: Elvira Niesner, Sozialwissenschaftlerin

Die NGOs befinden sich mit der Darstellung ihrer Arbeit und der Situation ihrer Klientinnen in einer schizophrenen Situation: Die heterogene Lebenssituation der Frauen wird homogenisiert. Die NGOs kennen durch ihren Praxisbezug die vielfältigen Lebensentwürfe und -bedingungen sowie Handlungsstrategien und -motive der Frauen. Um Aufmerksamkeit zu gewinnen und um politisches Handeln angesichts der gegebenen Medienstruktur – geprägt von Informationsüberfluß und Sensationsgier – zu provozieren, wird eine einseitige, vereinfachte Darstellung der Situation der Frauen favorisiert. Das Wissen der NGOs um die vielfältigen Lebensbedingungen der Frauen wird nicht bzw. nur verhalten nach außen transportiert. Auf Kosten einer differenzierten Darstellung der Lebenssituation der Frauen wird der Kampf der NGOs um Einfluß und Anerkennung in der (Halb-)Öffentlichkeit geführt. Die verschiedenen Lebenslagen werden oft, entgegen eigenen Praxiserfahrungen, in der Öffentlichkeits- und Lobbyarbeit stereotypisierend und klischeehaft dargestellt und verallgemeinernd dramatisiert.[195]

Wissenschaft und Forschung

Ähnliches gilt für einen Großteil der Prostitutionsforschung. Sie kapriziert sich vor allem deshalb auf die Negativseiten der Prostitution, weil sich die Finanzierung von Studien oft aus einem gesellschaftlichen Handlungsbedarf ableitet, sprich: Ohne allseits anerkannte Problematik keine Forschungsgelder. Das einseitige Ausloten der Schattenseiten führt jedoch zwangsläufig zu einem Mangel an Repräsentativität. So arbeiten die meisten Studien ohne Kontrollgruppenvergleiche und mit opportunistischen Samples, d. h. Frauen, die über Beratungsstellen, Gefängnisse oder im eigenen Einzugsbereich auf der Straße kontaktiert werden. Wie ein niedergelassener Arzt, der aus dem Gesundheitszustand seiner Praxisklientel Rückschlüsse auf die Gesamtbevölkerung zieht, beschränken sich viele Prostitutionsforscher auf eine Subklientel und leiten daraus allgemeine Erkenntnisse über die Prostitution ab. Besonders die feministischen Opfertheoretikerinnen stürzen sich mit Vorliebe auf drogenabhängige Straßenprostituierte in den Elendsvierteln der Welt und sehen in deren Leidenswegen ihre prostitutionsfeindlichen Ideologien bestärkt.

Im wissenschaftlichen Zugriff auf die Prostitution hat es Tradition, mehr oder weniger unverblümt von moralischen

Voranahmen ausgehend Aspekte der Szene herauszupikken, die in den theoretischen Überbau der Untersucher passen. Bis in die siebziger Jahre hinein machte sich die Wissenschaft auf diese Weise zur Erfüllungsgehilfin einer stigmatisierenden Moral. Nicht die Nachfrage nach sexuellen Dienstleistungen oder ihre gesellschaftlichen Funktionen wurden thematisiert, sondern die psychische Verfaßtheit der Prostituierten. War kein Zwang als auslösender Faktor erkennbar, mußten die Zwänge ins Innere der Frau verlagert werden. So galt die Prostitution selbst unter Psychologen lange als seelische Abnormität. Selbst die für ihr gesellschaftskritisches Potential bekannte Psychoanalyse unterstellte den Prostituierten mal ungelöste Ödipalkonflikte und Frigidität, mal Männerhaß und latente Homosexualität.[196] Die meisten dieser Theorien waren wissenschaftlich von fragwürdigem Wert, da man auch hier von der individuellen Hure auf der Analytikercouch auf die Gesamtpopulation der Prostituierten schloß und sich zum Beispiel nie fragte, ob Prostituierte einen stärkeren Männerhaß oder stärkere lesbische Neigungen entwickelten als Krankenschwestern oder Lehrerinnen.

Marxisten und ihre Widersprüche: Promoviertes US-Callgirl

Der Kapitalismus verwandelt nicht nur Prostituierte, sondern uns alle in Waren – in Bezug auf unsere Arbeitskraft (sei diese nun sexueller oder anderer Natur) und als Person. Normalerweise machen Marxisten dies nicht den Menschen zum Vorwurf. Hin und wieder trifft man einen Marxisten, der jemanden des Sell-out bezichtigt. Aber hat man jemals einen Marxisten sagen hören, ein Fabrikarbeiter verkaufe seinen Körper und damit auch gleich sich selbst? Ohne hilfreiche Unterstützung durch das kapitalistische System können wir uns schlecht selbst objektivieren. Wir glauben vielleicht, daß Straßenprostituierte und andere Opfer der Armut und Verzweiflung die extremste Form der Objektivierung und Ausbeutung erfahren. Ich hingegen glaube, daß uns diese Sichtweise von der Tatsache ablenkt, daß der Rest der Bevölkerung Tag für Tag in viele Formen der Ausbeutung verstrickt ist. Die Prostitution ist ein Tabu und eine Projektionsfläche, auf die die Gesellschaft alle Übel des Kapitalismus projiziert.[197]

Kirche und Konservative

Um Weltbilder geht es auch der seltsamen Allianz feministischer, wertkonservativer und christlicher Prostitutionsgegner. So wie die Hure der ehrbaren Frau zu ihrer Identität verhalf, wird die Sexarbeit als dämonischer Gegenentwurf zu den heilen Welten benötigt, die uns die Berufsmoralisten versprechen. Das erklärt auch, warum sie alle Akteure der Sexarbeit oft wider besseres Wissen instrumentalisieren – im Namen des Geschlechterkampfes und politischer Korrektheit, im Namen konservativer Familienwerte und des Christentums. Ihre Absichten und ihre Konstruktionen von Sexualität mögen sich unterscheiden, aber ihre Argumentationslinien gleichen sich. Die Prostitution wird zu einer Art Feindbildmatrix, vor der die Utopien der Kritiker erst ihren vollen Glanz entfalten. »In Diskussionen über Prostitution habe ich immer wieder die Erfahrung machen müssen, daß dieses Thema sich vielfach nur als Mittel erweist, den jeweils eigenen Umgang mit Sexualität und Moral zu definieren«, so beschreibt auch Juanita Henning ihre jahrelangen Erfahrungen als Sozialarbeiterin im Frankfurter Projekt Dona Carmen und vermutet dahinter eine »Gesellschaft, die ihren Umgang mit Sexualität traditionell über die Ausgrenzung ganzer gesellschaftlicher Gruppen regelte«.[198] Anstatt die Vielgestaltigkeit der Sexarbeit anzuerkennen, postulieren die Ausgrenzer einen unveränderlichen inneren Kern, eine Wesenhaftigkeit der Prostitution. Sie behaupten: Alle Sexarbeiterinnen prostituieren sich aus persönlichen, sozialen oder finanziellen Zwangslagen, verkaufen mit ihren Körpern gleichzeitig ihr Selbst, nehmen durch die Prostitution psychischen Schaden und verlieren automatisch ihre Menschenwürde. Der Grad der Freiwilligkeit, die Dienstleistungsform, das persönliche und räumliche Umfeld, der Kundenkreis und die konkrete Beziehung zum Kunden werden heruntergespielt oder ignoriert.

Daß nicht alle Frauen aus Notlagen heraus in die Sexarbeit einsteigen, ist lange bekannt. Daß sie mit ihren Körpern gleichzeitig ihr Selbst verkaufen, ist ein Dogma (und keine Tatsache), das sich psychologisch und philosophisch leicht entkräften läßt. Aber wie sieht es mit der Menschenwürde aus? Läßt sich dieser Begriff so locker im Sinne der Moralisten vereinnahmen? Hat er sich nicht gerade für die Realität der Sexarbeit als kontraproduktiv erwiesen? Es war ja genau die vom Gedanken der Menschenwürde inspirierte Argumentation der Unsittlichkeit, die die Frauen jahrzehntelang juristisch und sozial benachteiligte, ihnen weder Rechtssicherheit noch soziale Absicherung gewährte. Hat die Erfahrung nicht gezeigt, daß Frauen, die der Prostitution nachgehen wollen, dies immer, selbst unter widrigsten Bedingungen, getan haben und tun? Wer die Menschenwürde von Prostituierten meint auch gegen ihren Willen schützen zu müssen, vergreift sich nicht nur an ihrer Freiheit zur Selbstbestimmung, sondern macht ihnen das Leben unnötig schwer, indem er ihre rechtliche und soziale Benachteiligung zementiert.

Die philosophischen Implikationen der Gleichung »Sex gegen Geld = Würdeverlust« beschäftigte auch das Berliner Verwaltungsgericht bei seiner Urteilsfindung in Sachen Bezirksamt Wilmersdorf gegen das *Café Pssst!*. »Es gibt keine staatliche Verpflichtung des Menschen zum ›richtigen‹ Menschsein«, heißt es in der Urteilsbegründung, »Menschenwürde ist vielmehr auch dann vorhanden, wenn der konkrete Mensch die Möglichkeit freier Selbstgestaltung zur Selbsterniedrigung mißbraucht. Denn solch ›unwürdiges‹ Verhalten ist als Ausdruck der allgemeinen Handlungsfreiheit gewährleistet und staatlicherseits als erlaubt hinzunehmen, soweit dieses Verhalten nicht die Rechte anderer verletzt und nicht gegen die verfassungsmäßige Ordnung oder das Sittengesetz verstößt. Der Schutz der Menschenwürde kann sich also nicht gegen die darin mitgeschützte Freiheit der Selbstbestimmung richten, und die staatliche Verpflichtung zum Schutz der Menschenwürde darf nicht dazu mißbraucht werden, den einzelnen durch einen Eingriff in die individuelle Selbstbestimmung gleichsam vor sich selbst zu schützen.«[199]

Weder die gesellschaftliche Debatte um selbstbestimmte Prostitution noch die Verabschiedung des Gleichstellungsgesetzes haben die konservativen Kritiker motivieren können, ihre moralischen Bedenken wenn schon nicht in Frage zu stellen, so doch wenigstens zu differenzieren. Für sie bleibt die Sexarbeit trotz der neuen Realitäten sittenwidrig, ihre Argumente signalisieren neben Unkenntnis der Materie eine idealisierte Welt mit scheinbar unveränderlichen Werten. »Die Abschaffung der Sittenwidrigkeit ist ein falsches Signal«, so kommentierte die CSU-Abgeordnete Maria Eichhorn das neue Gesetz. »Der Gesetzgeber darf grundlegende Wertvorstellungen nicht leichtfertig preisgeben. Prostitution zerstört die Persönlichkeit. Sie schädigt Körper und Seele. Der Kauf einer sexuellen Dienstleistung, die den Körper zu einer Ware degradiert, ist moralisch fragwürdig. Sie widerspricht der menschlichen Würde. Aus diesen Gründen ist und bleibt die Prostitution sittenwidrig.«[200] Norbert Geis, der rechtspolitische Sprecher der Unionsfraktion, wandte sich gegen eine Abkehr vom Begriff der Sittenwidrigkeit mit dem Argument: Man müsse sich nur vor Augen führen, wie entsetzt und verzweifelt Eltern reagierten, deren Kind in die Prostitution abgleitet.[201]

Familienwerte, das Primat der Beziehungssexualität, die Abschottung einer bürgerlichen Mittelstandsidylle gegen die »Unterwelt« – mit diesen Säbeln rasseln die Unionspolitiker gegen eine Dienstleistungsbranche, die auch von ihren eigenen Parteigenossen und Wählern immer wieder dankbar in Anspruch genommen wird. Interessant ist, daß sie sich damit auch auf eine christlich inspirierte Prostitutionskritik berufen, letztlich jedoch viel fundamentalistischer argumentieren als viele Kirchenvertreter. »Die Menschenwürde von Prostituierten kann nicht dadurch geschützt werden, daß man ihnen einen umfassenden Rechtsschutz wegen ›Unsittlichkeit‹ ihres Gewerbes vorenthält«, warnt die Evangelische Aktionsgemeinschaft für Familienfragen e. V. »Dementsprechend muß sich die rechtliche Behandlung des Problems von der rein ethischen Wertung unterscheiden.« Und die Arbeitsgemeinschaft der Evangelischen Jugend in der Bundesrepublik Deutschland e. V. meint sogar: »Wird ein Kontakt im gegenseitigen Einvernehmen, freiwillig, autonom und in gegenseitiger Zuneigung aufgenommen, würden wir nicht von Prostitution sprechen.«

Im Gegensatz zu den Damen und Herren aus den C-Parteien verweisen die Kirchen relativ ungeniert auf die gesellschaftliche Doppelmoral und plädieren für einen ethischen Spagat zwischen karitativen Angeboten für die Frauen einerseits und einer Problematisierung der Prostitution andererseits. »Prostituierte gelten in der kirchlichen Tradition bis heute als Sünder(innen), nicht jedoch als Kriminelle«, so das Konsistorium der Evangelischen Kirche in Berlin-Brandenburg. »Nicht jede Entscheidung zugunsten der Lage der Prostituierten sollte als Förderung der Prostitution verstanden werden. Prostituierte sind in erster Linie Mitmenschen. Sie sind nicht von der sozialen Verantwortung der Gesellschaft ausgenommen. Prostitution darf nicht gefördert werden. Im Gegenteil müssen präventive Maßnahmen – wie etwa ein entsprechender Sexualunterricht, Armutsbekämpfung, etc. – unterstützt werden.« Nur die Caritas gefällt sich in der religiösen Hardliner-Pose: »Eine Billigung der Prostitution, auch bei sich wandelnder gesellschaftlicher Auffassung, kann nicht erfolgen. Dennoch war es seit jeher das Bestreben der Kirche und der ihr angehörenden sozialen und karitativen Verbände, den als Prostituierte tätigen Frauen Hilfestellung zu geben, sie zu unterstützen, ihr Umfeld zu verlassen, und sie vor Gewalt und Ausbeutung zu schützen.«[202] Verantwortliche Sexualerziehung, Armutsbekämpfung, Hilfe, Schutz – die Opferrhetorik ist auch in den kirchlichen Stellungnahmen unübersehbar. Diese Positionen zeigen: Sexarbeiterinnen sind längst nicht in der Neuen Mitte angekommen.

Feministinnen

Hinter dem Antlitz des Feminismus verbergen sich ähnliche moralische Grundpositionen, nur herausgelöst aus ihrem religiösen Kontext. Erklärte die Kirche Prostituierte im Namen des Christentums zu Opfern, so tut es der Feminismus im Namen des Patriarchats. Sprachen die Abolitionistinnen einst von Keuschheit und Tugend, so sprechen ihre Enkelinnen von sexualisierter Gewalt und Ausbeutung. Nicht umsonst erinnert der fundamentalistische Gestus der feministischen Kritik an das Sendungsbewußtsein der frühen amerikanischen Frauenbewegung, die sich aus puritanischen Kirchenverbänden rekrutierte und für die Zukunft der Sexarbeit nur ein Ziel kannte: ihre Abschaffung. Die Sexualfeindlichkeit, die feministischen Prostitutionsgegnerinnen manchmal unterstellt wird, ist weit mehr als eine ungerechte polemische Reaktion: Die kirchlich geprägte und die feministische Kritik der Prostitution wurzeln und treffen sich in ein und demselben Sexualpessimismus. Der Feminismus selbst ist eine spezifische Erscheinungsform innerhalb der jüdisch-christlichen Kulturtradition, weshalb Camille Paglia so weit geht, jegliche Versuche, Feminismus und Sexarbeit miteinander auszusöhnen, als zwecklos zu betrachten.[203]

Dabei haben sich gerade Feministinnen mit einer Bewertung der Sexarbeit nie leicht getan. Schon zu Beginn des 20. Jahrhunderts war die Frauenbewegung gespalten in eine Fraktion, die der Ansicht war, daß die Prostitution die Frauen grundsätzlich erniedrige und ausbeute und daher abgeschafft werden müsse, und eine andere Fraktion, die die Frage aufwarf, ob nicht alle Frauen irgendwo im gleichen Boot säßen: ausgebeutet und erniedrigt auf dem Arbeitsmarkt und in Privatbeziehungen. »Nirgendwo wird die Frau nach dem Wert ihrer Arbeit behandelt, sondern stets nach ihrem Geschlecht«, meinte die Feministin Emma Goldman 1911. »Es ist nur ein gradueller Unterschied, ob sie sich an einen Mann verkauft, mit oder ohne Trauschein, oder an mehrere.«[204] In beiden Lagern war man sich darüber einig, daß die Aufteilung der Frauen in good girls und bad girls der patriarchalen Kontrolle weiblicher Sexualität diene, und forderte Solidarität mit den Huren, anstatt sich von Männern moralisch auseinanderdividieren zu lassen. Doch genau da lag der Knackpunkt für die fundamentalistischen Prostitutionsgegnerinnen: Wie sollte frau sich mit Prostituierten solidarisieren, ohne mit dieser Geste gleichzeitig die Prostitution als Institution aufzuwerten? Ein Ausweg aus dem Dilemma bot einigen die Umdefinition der Prostitution in Sexarbeit. Eine Verbesserung der Arbeitsbedingungen zu fordern hieß ja nicht, eine Lanze für die Prostitution zu brechen, sondern entsprach den Aushandlungsgepflogenheiten der Zivilgesellschaft.

Der feministische Konsens der letzten zwanzig, dreißig Jahre erinnert in seinen doppelten Botschaften an die kirchliche Prostitutionskritik (und ihre Sexualmoral): Unterstützung der Prostituierten: ja, Unterstützung der Prostitution: nein. Noch im Mai 2001 berief sich Alice Schwarzer in der Sendung *Sabine Christiansen* auf dieses Motto.[205] Der gemeinsame Nenner dieser Zweigleisigkeit war wieder die Opferrhetorik, und so wundert es nicht, daß die praktische Unterstützung der Prostituierten lange auf Beratungsangebote und Ausstiegsprogramme hinauslief, die das Unmögliche möglich machen sollten: den Frauen auf unterstem sozioökonomischen Niveau ihre Würde wiederzugeben. (Und ein Bewußtsein dafür, daß Männer Schweine sind, wenn sie ins Bordell gehen.)

Die feministische Zwangsumarmung der Prostituierten erfuhr eine neue, radikale Dimension, als Carol Pateman die Bühne der Sexarbeitsdiskurse betrat und all jenen aus der

Seele sprach, denen die »Natur« des sexuellen Tauschgeschäfts und seine moralische Bewertung immer schon Unbehagen verursacht hatte. Pateman sah die Prostitution nicht auf einem Leidensspektrum neben anderen miesen Optionen für weibliche Lebensentwürfe, sondern als prinzipiell unvergleichbar mit anderen Formen der Erwerbsarbeit: eine Form moderner Sklaverei, die die Persönlichkeit der Frauen zerstörte, ein Instrument männlicher Herrschaftserhaltung im Rahmen der Diktatur der heterosexuellen Norm. Die Prostitution, so eins ihrer polemischsten Argumente, war der einzige Beruf, der Serienmörder zu ihren Verbrechen motivierte. Auch wenn solch hardcore-feministische Prinzipienreiterei in akademischen Kreisen lange als Inbegriff intellektueller Coolness galt, kann man ihr nicht den Einwand ersparen, daß auch sie an der komplexen Realität der Sexarbeit vorbeischwadroniert. Sie bekommt sie ebensowenig in den Griff wie andere Diskurse, die in sexuellen Tauschgeschäften eine absolute, wesenhafte Konstante erkennen und sie kontextunabhängig in ihre jeweiligen Theoriegebäude einverleiben, um wahlweise den allgemeinen Werteverfall, männliche Machtstrukturen oder das Diktat des Kommerzes zu beklagen.

Diese Diskurse scheitern aus vier Gründen. Erstens sind sie blind für die Unterschiede zwischen selbstverantwortlicher und erzwungener Prostitution, zwischen ausbeuterischen und fairen Arbeitsbedingungen, für die unterschiedlichen Interessen und Probleme von Sexarbeiterinnen. Zweitens stärken sie mit ihrer Pauschalkritik der Prostitution nicht die Frauen, sondern das Stigma und seine Folgen. Wenn Sexarbeiterinnen sich nicht genügend abgrenzen, keine gute Verhandlungsbasis gegenüber Kunden und Arbeitgebern finden und schlimmstenfalls ins Visier männlicher Gewalttäter geraten, liegt das auch an den Auswirkungen des Stigmas. Einem Serienmörder sind die philosophischen Herleitungen der gesellschaftlichen Negativbotschaften über die Prostitution egal. Ihm ist aber klar, daß es sich um Frauen handelt, die sozial abgewertet und entrechtet im Abseits der Gesellschaft stehen und sich lange Zeit z. B. bei Vergewaltigungen nicht mal auf die Hilfe der Polizei verlassen konnten. Vor allem deshalb ist die Unterstützung von Prostituierten bei gleichzeitiger Ablehnung der Prostitution nicht nur sinnlos, sondern sogar kontraproduktiv.

Drittens hat die feministische Fixierung auf sexualisierte Gewalt ein Bild geschaffen, wonach Frauen in ihrer sexuellen Identität vor allem als bedroht und Männer als potentielle Gewalttäter wahrgenommen werden. Nach dieser Lesart scheint es Frauen an körperlicher Integrität, Robustheit und Autonomie zu fehlen, als zerbrechliche Wesen bedürfen sie des Schutzes und der emotionalen Geborgenheit einer Beziehung. Damit knüpft der Feminismus nicht nur an die patriarchale Sichtweise einer defizitären weiblichen Sexualität an. Diese kulturellen Bewertungen bestimmen auch, wie Frauen ihre Sexualität erleben, und legen somit auch Sexarbeiterinnen nahe, daß sie unpersönlichen und bezahlten Sex als Demütigung empfinden sollten. Auf diese Weise wird das Selbstbild vieler Sexarbeiterinnen durch die Wahrnehmung bürgerlicher Frauen verformt.

Und viertens: Wer in der Sexarbeit nur einen zugespitzten Ausdruck männlicher Herrschaft sieht, wird nicht nur blind für die Mechanismen, die dazu führen, daß einige Frauen mehr verdienen und gesünder bleiben als andere. Er oder sie unterschätzen nicht nur den Einfluß der Arbeitsorganisation, die Bandbreite männlicher Persönlichkeiten und Motivationen für sexuelle Tauschgeschäfte sowie die Entscheidungs- und Handlungsspielräume der Frauen. Das Konzept männlicher Macht, Herrschaft oder auch sexualiserter Gewalt ist zu eindimensional, um die psychologischen Realitäten der Sexarbeit zu erfassen. Es ist einerseits zu diffus, andererseits zu konkret: Es kann nicht erklären, warum ein Mann vergewaltigt, der nächste seine Tochter mißbraucht und ein anderer einer Kellnerin an den Po grabscht.

Warum entschließen sich Männer dazu, Geld für etwas

auszugeben, das sie sich auch mit Gewalt nehmen könnten? Gerade der Gewaltbegriff ist zu eng, um das Spektrum sexueller Deutungsmacht, das sich viele Männer anmaßen, auch nur annähernd zu erfassen. Was hat es mit Gewalt zu tun, wenn ihre sexuellen Bedürfnisse von der Sexindustrie und den Medien ernster genommen werden als die vieler Frauen? Was hat es mit Gewalt zu tun, wenn sie aktiver nach Sex suchen als Frauen, offener über die physiologischen Seiten ihrer Sexualität sprechen, sie besser zu kennen und unbeschwerter zu genießen scheinen als viele Frauen, deren Sexualität von der Menarche bis zur Menopause problematisiert und medikalisiert wird?

Sexuelle Tauschgeschäfte haben keinen universellen moralischen Kern. Ebenso wie es Arbeitsplätze, Ehen, Beziehungen und Alltagssituationen gibt, in denen sich Frauen erniedrigt und ausgebeutet fühlen, gibt es auch Segmente der Prostitution, in denen Frauen so empfinden. Auf der Klaviatur der Ausbeutung kann die Sexarbeit neben der Ehe und der Lohnsklaverei stehen. Sie kann aber auch beide weit hinter sich lassen. Mit ihren totalitären Positionen zur Sexindustrie haben sich die feministischen Prostitutionskritikerinnen in eine Verliererecke hineinargumentiert, aus der sie jetzt nur noch schwer herausfinden. Während sie sich an ihren alten Schlachtrufen heiser schrien, ging die Realität an ihnen vorbei. »Der Feminismus in seiner Gier nach gesellschaftlicher Macht«, prophezeite Camille Paglia schon zu Beginn der neunziger Jahre, »ist blind für die kosmische Sexualmacht der Frau.«[206]

Messen wir den Sinn und Wert feministischer Prostitutionskritik an ihren praktischen Auswirkungen. In Schweden, wo man den Gewaltbegriff kurzerhand um die Facette Prostitution erweiterte, um ein »Sexkaufverbot« durchzusetzen, werden Prostitutionskunden seit 1999 mit Geld- und Haftstrafen bis zu sechs Monaten bestraft. Obwohl Sexarbeiterinnen ausdrücklich nicht kriminalisiert werden, hat sich ihre Situation spürbar verschlechtert. Durch die indirekte Illegalität sind sie wieder auf Zuhälter angewiesen, die Wohnungen besorgen, überteuert an sie weitervermieten und Kontakte zu Kunden herstellen. Viele tauchten in die wesentlich brutalere kriminelle Unterwelt ab, arbeiten auf Schiffen in der Ostsee oder wandern nach Dänemark aus. Das ursprüngliche Ziel, die Prostituierten vor vermeintlicher Gewalt in Form eines sexuellen Tauschgeschäftes zu schützen, verkehrte sich in sein Gegenteil: Die reale Gewalt gegen Prostituierte nahm nach dem »Sexkaufverbot« zu. »Es gibt weniger Freier, und die Frauen hören nicht mehr auf ihre Alarmglocken im Kopf«, beschreibt ein Polizist vom Sittendezernat aus Malmö die Situation nach dem Verbot der Prostitution. »Sie gehen auch mit einem, der gefährlich sein könnte.«[207] Der Fall Schweden zeigt nicht nur die Naivität einer – in diesem Fall sozialdemokratischen – Fürsorgementalität in Sachen Sex. Er offenbart auch das Dilemma, in das sich die Feministinnen mit ihren Dogmen von sozial konstruierter Sexualität verheddert haben. Man kann die Prostitution juristisch zu einem »unerwünschten Verhalten« erklären, aber abschaffen kann man sie nur auf dem Papier. Und die Geschichte der Prostitution zeigt auch: Wo immer die Politik sexuelle Tauschgeschäfte unterband oder restriktiv reglementierte, hat sie die Frauen, die sie vorgab zu schützen, größeren Gefahren ausgesetzt.[208]

Auf dem Rücken der Sexarbeiterinnen definieren Politiker, Kirchenvertreter, Feministinnen und Lobbyisten also nicht nur ihre Identitäten, sichern ihre Existenzen und Weltbilder und profilieren sich als moralische Instanz. Im Prinzip geht das Helfersyndrom der Berufsmoralisten aus wie das berühmte Hornberger Schießen: Indem sie den Opferstatus von Sexarbeiterinnen fortschreiben, an starren Feindbildern und selektiver Wahrnehmung festhalten, schaden sie denen, die sie »retten« wollen. Aber entkräftet eine gescheiterte Prostitutionspolitik gleich die ganze Argumentation der Kritiker? Haben sie nicht recht, wenn sie Zuhälter, harte Drogen, die materielle Notlage der Frauen und frühe Mißbrauchstraumen als Einstiegsgründe anprangern? Sind die Frauen nicht in gewisser Weise tatsächlich Opfer?

2 Opfer und Täter

Opferklischees: Larissa

Diejenigen Frauen, die der Sexarbeit grundsätzlich freiwillig nachgehen, aber in Unfreiheit und unter Druck arbeiten, liegen unseren Schätzungen zufolge bei 10–20% der deutschen und 30–40% der ausländischen Prostituierten. Ihre Anzahl schwankt regional: In Berlin dürften es etwa 60% Ausländerinnen und 40% Deutsche sein. Von den deutschen Frauen arbeiten ca. 10% unter schlechten Arbeitsbedingungen, d. h. mit Zuhälter, auf nicht freiwilliger Basis. Bei den Ausländerinnen schätze ich, daß man schon auf 30% kommt, wenn man den Frauenhandel hineinrechnet. Aber das ist eine Mutmaßung, genaue Zahlen gibt es nicht.

Man kann aber nicht davon ausgehen, daß alle Frauen, die vom Frauenhandel betroffen sind, gänzlich unglücklich sind. Das sind nicht immer die Opfer, die man im Fernsehen sieht, die tatsächlich wie die Sklaven gehalten werden. Streetworker im deutsch-polnischen Grenzgebiet hören mitunter Sätze wie »Mein Zuhälter behandelt mich besser als mein Mann« oder »Mir geht es hier besser als zu Hause«. Obwohl die Frau, die so spricht, einen Zuhälter hat, der sie zur Arbeit zwingt, ist sie glücklicher als in ihrem Heimatland. Das sollte man einfach als ihre subjektive Gefühlsrealität anerkennen, anstatt ihr etwas anderes einzureden. Wenn sie wirklich aussteigen möchte, sind die Projekte ja sofort zur Stelle, um zu helfen – mit einer Wohnung und juristischer Unterstützung. Ebenso sollte man die Zuhälterthematik differenziert sehen: Es gibt nicht nur den bösen Zuhälter, der droht, schlägt, nötigt und vergewaltigt. Manchmal ist es auch der Lebenspartner, der die Frau zur Arbeit fährt und sich um die Anrufe und Termine kümmert und sich auch ihre Probleme anhört, was sie erlebt hat auf der Straße, und sie auffängt, wenn es ihr nicht so gut geht.

Klischee Nr. 61: Frauen prostituieren sich stets aus einer Zwangslage heraus.

Glaubt man den Moralisten, so stehen Sexarbeiterinnen von Anfang an unter Druck: Bei der Zwangsprostituierten steht ein skrupelloser Zuhälter, bei der Beschaffungsprostituierten die Droge, bei der Elendsprostituierten die materielle Notlage, bei anderen ein frühes Mißbrauchstrauma Pate beim Einstieg in die Welt des käuflichen Sex. In ihrer Ausschließlichkeit reduziert die Opferrhetorik die langwierigen und komplexen Überlegungen, die die Entscheidungsfindung vieler Frauen begleitet, auf ein zentrales Ereignis, eine einzige, alles überschattende Dynamik. So unterstellt sie den Frauen minimale Handlungskompetenzen und ignoriert eine psychologische Grundregel: daß wir in beinahe jeder Situation Wahlmöglichkeiten haben.

Die Frage nach der Freiwilligkeit läßt sich nicht verabsolutieren. Wenn die Alternative Armut oder Kriminalität heißt, ist ein Ja zur Prostitution nur bedingt als freie Entscheidung zu werten. Aber wie freiwillig ist ein Ja zur Arbeit als Küchenhilfe, Kindermädchen oder Reinigungskraft? Wie viele Menschen arbeiten aus freien Stücken, ohne ökonomischen Druck? Der Zwangscharakter der Arbeit ist vor allem in kapitalistisch strukturierten Gesellschaften so verinnerlicht, daß er im Bewußtsein oft gar nicht mehr auftaucht und auch selten thematisiert wird. Indem sie allen Sexarbeiterinnen eine Zwangslage unterstellen, unterscheiden die Opfertheoretiker aber auch nicht zwischen einer Frau, die tatsächlich zur Prostitution gezwungen wurde, und einer anderen, die ihr Glück bewußt in der Sexarbeit sucht. Doch aus moralischen Gründen würde diese Unterscheidung durchaus einen Sinn ergeben: Während ihre freiwillig agierenden Kolleginnen vielleicht unter den Arbeitsbedingungen leiden, werden Zwangsprostituierte zusätzlich in ihren Menschenrechten verletzt.

Anders, als es das Klischee will, ist die Zwangsprostitution nach Experteneinschätzung eine Randerscheinung in der hiesigen Sexarbeitsszene.[209] Die meisten Betreiber sind nicht auf Frauen angewiesen, die zur Prostitution überlistet oder geprügelt werden müssen. Die internationale Nachfrage nach Sexarbeitsplätzen in Deutschland ist ungebrochen. Darüber hinaus ist die Zwangsprostitution für viele Betreiber auch ein Verlustgeschäft: Verstört wirkende Frauen haben wenig Sex-Appeal, schrecken Gäste durch ihr apathisches oder verzweifeltes Erscheinungsbild ab und werfen ein ungünstiges Licht auf den Laden.

Klischee Nr. 62:
Zuhälter und Menschenhändler sind skrupellose Verbrecher.

Auch in puncto Zuhälter arbeitet sich die Gesellschaft der Gutmenschen bevorzugt an einfachen Feindbildern ab. Daß die Zuhälterei in der Prostitution keineswegs strukturell verankert ist, belegen aber nicht nur Bordelliers, die sich wie ganz normale Arbeitgeber verhalten, sondern auch Frauen, die zu fairen Bedingungen in Bordellen arbeiten, aber einen Großteil ihres Verdienstes an einen »Freund« abführen, der als Organisator der Tauschgeschäfte nie in Erscheinung tritt. War der Siegelring-Zuhälter, der gleichzeitig als Arbeitgeber auftrat, zu Zeiten der Kiezprostitution noch die Norm, so zahlen manche Frauen heutzutage doppelt: einmal an einen Betreiber und zum anderen an einen »Freund«. Die Entscheidung für die Sexarbeit und die emotionale Verstrickung in eine ausbeuterische Beziehung sind nicht mehr zwangsläufig aneinandergekoppelt, die Zuhälterei wird – wenn überhaupt – in die Privatbeziehung verlagert. Hier leisten Kolleginnen oft mehr praktische Solidarität und emanzipatorische Bewußtseinsarbeit als die pauschale Prostitutionskritik des Mainstream-Feminismus.

Wir leisten Aufklärung: Nadja

Wenn wir merken, eine Frau ist unruhig, dann hinterfragen wir, ob sie zum Beispiel das Geld für sich behält oder ob sie geschlagen wird. Da achten wir schon drauf. Oder manche Teenager, die gerade 18 sind: Die sitzen da und sind verliebt, und wir wundern uns, warum die sich nie neue Sachen kaufen. Dann fragen wir: »Warum gehst du dir nicht mal neue Dessous kaufen?« Wenn sie dann sagt, sie hat kein Geld, fragen wir weiter: »Was machst du eigentlich mit dem Geld?« Dann sagt sie vielleicht: »Mein Freund geht zocken.« Dann leisten wir Aufklärung und sagen zum Beispiel: »Du kommst jeden Tag hierher und arbeitest hart, um dein Geld zu verdienen, willst du dir nicht überlegen, ob du es auch für dich selbst ausgibst?« Wir bieten ihr an, in ihrem Fach oder bei der Chefin Geld anzusparen, von dem ihr Freund nichts weiß.

Der Zuhälter als Antiheld hat eine lange popkulturelle Tradition, aber seine reale Bedeutung sollte nicht überstrapaziert werden. Ebenso wie Drogen- und Menschenhändler eignet er sich nur bedingt zum Sündenbock, nämlich dann, wenn die vielen legalen Profiteure der Sexarbeit unter den Teppich gekehrt werden. Die Überlebensgemeinschaften von Zuhältern und Prostituierten sind Teil einer Schattenökonomie, die untrennbar mit legalen Finanzströmen verbunden ist. Die dämonisierende Fixierung auf Zuhälter reduziert die Prostitution auf ein Unterweltphänomen, anstatt den Blick auf globale wirtschaftliche und soziale Ungleichheiten zu lenken. Am Ende des Tages mag unser Siegelring-Zuhälter mit einem gewissen Stolz sein Bündel Geldnoten entblättern und durchzählen. Hält man die Profite der indirekten und legalen Absahner dagegen, offenbart sich, in welchen Dimensionen des Profits oder der Ausbeutung sich die Geschäfte mit der Prostitution abspielen. Zuhälterei und Menschenhandel sind für die meisten männlichen Akteure dasselbe wie die Sexarbeit für viele Frauen: eine Strategie des Überlebens, geboren aus Armut und

Perspektivlosigkeit, familiärer Zerrüttung und Verzweiflung.

Natürlich gibt es auch gewaltbereite und sadistische Zuhälter, deren Talent zur Grausamkeit höchstens von ihren schauspielerischen Fähigkeiten übertroffen wird. Ihr zerstörerischer Einfluß fällt vor allem dann auf fruchtbaren Boden, wenn die Frauen jung sind, wenn schlechte Entwicklungsbedingungen ihren Weg in die Sexarbeit ebnen, wenn sie ohne Papiere und Perspektiven in einem Prostitutionsszenario landen, dessen Organisation der Staat halbseidenen Profiteuren mit hoher krimineller Energie überläßt.[210] Doch Männergewalt ist keine Domäne des Rotlichtmilieus, wie ein Blick in überfüllte Frauenhäuser zeigt. Sie ist allgegenwärtig, weder altersmäßig, kulturell noch sozioökonomisch auf bestimmte Risikogruppen eingrenzbar und läuft unabhängig vom Umfeld nach ähnlichen Mustern ab. Das belegt auch eine Untersuchung der amerikanischen Sozialwissenschaftlerin Evelina Giobbe, die Motive und Strategien von Zuhältern und prügelnden Ehemännern verglich. »Die Macht- und Kontrolltaktiken, mit denen Frauen rekrutiert und in der Prostitution gefangengehalten werden, ähneln stark denen, die prügelnde Ehemänner einsetzen, um ihre Partnerinnen gefügig zu machen. Letzterer benutzt diese Taktiken, um die Partnerin im Kontext einer Liebesbeziehung zu dominieren, der Zuhälter, um die Prostituierte wirtschaftlich auszubeuten. Die Taktiken reichen von der Isolation der Frau, der Verharmlosung und dem Leugnen der Übergriffe, dem Durchsetzen männlicher Privilegien über Drohungen und Einschüchterungen bis hin zu emotionalem, sexuellem und körperlichem Mißbrauch.«[211] Ob im Namen der Liebe oder im Namen des Geldes – wenn Männer zuschlagen, spielt das Umfeld eine Nebenrolle.

Klischee Nr. 63: Prostituierte wiederholen in der Sexarbeit eine frühe Mißbrauchserfahrung.

Eine andere Facette der Opferrhetorik beackert das weite Feld des sexuellen Mißbrauchs. Seit Psychologen biographische Zusammenhänge zwischen einem frühen Mißbrauchstrauma und einer Prostitutionskarriere nachwiesen, entstand die Idee von einer Wiederholung des Mißbrauchs in der Prostitution.[212] Aber dieser Zusammenhang hat sich keineswegs als zwingend erwiesen, vor allem nicht bei der Armutsprostitution.[213] Bei weitem nicht alle Frauen, die der Prostitution nachgehen, sind in ihrer Kindheit oder Jugend sexuell mißbraucht worden, und längst nicht alle Mißbrauchsopfer steigen später in die Sexarbeit ein. »Es wird behauptet, daß mißbrauchte Frauen oft in die Prostitution einsteigen und dort den Mißbrauch wiederholen«, so Larissa. »Ich denke, daß dies durchaus oft der Fall ist. Aber es steigen auch Frauen in die Sexarbeit ein, die keine Mißbrauchserfahrungen haben und den Mißbrauch gar nicht wiederholen können. Wenn man diesen unterstellt, du weißt nur nicht, daß du mißbraucht worden bist, du gehörst zu der Dunkelziffer der Frauen, die sich daran nicht mehr erinnern können, und jetzt merkst du nicht, daß du über deine körperlichen oder psychischen Grenzen gehst, dann empfinde ich das als Entmündigung.«

Doch genau das ist hierzulande weit verbreitet. So konstatieren die Prostitutionsforscherinnen Beate Leopold und Elfriede Steffan gerade an der Beraterfront eine gewisse Neigung zum Mißbrauch des Mißbrauchs: »Das allgemeine empirische Erkenntnisdefizit im deutschsprachigen Raum über mögliche Zusammenhänge zwischen sexueller Gewalt in Kindheit/Jugend und späterer professioneller Prostitutionstätigkeit, verbunden mit der meinungsbildenden Rolle US-amerikanischer Studien, führt (...) zu einer ganzen Reihe von etwas kurz gegriffenen Annahmen und Verknüpfungen, die zum Teil entscheidenden Einfluß auf die Beratungs- und Betreuungspraxis haben. Es besteht die Gefahr, daß auftretende psychische und soziale Probleme von Prostituierten zu einseitig auf mögliche Mißbrauchserfahrungen zurückgeführt und die Frauen somit auf einen Opferstatus reduziert werden.«[214] Wenn Sexarbeiterinnen sich von professionellen Beraterinnen gegen ihr Erinnerungsvermögen auf die Mißbrauchsschiene gelotst und in ihrer Berufswahl verunsichert und destabilisiert fühlen, so entspricht dies nur dem theoretischen Überbau feministisch inspirierter Beratung: dem Mythos von der Allgegenwart sexualisierter Gewalt.

Alles begann mit einer bestimmten Vorstellung von Deutschland: Ludmilla, Sexmigrantin

In meiner Heimat, der Ukraine, denken die Menschen, alle Deutschen leben in Wohlstand und ohne Probleme. Das ist natürlich immer eine Frage des Vergleichs. Nehmen wir meine Familie: Meine Mutter ist Hausfrau, mein Vater arbeitet sporadisch. Da wir nicht zur wohlhabenden Schicht gehören, haben wir keine Kontakte zu den Leuten, die in unserer Stadt wichtige Entscheidungen treffen. Ich selbst war 22 Jahre alt und studierte an der örtlichen Musikschule klassische Musik, bevor ich mein Glück im Westen suchte. Eigentlich wollte ich Orchestermusikerin werden. In meiner Stadt gibt es aber nur ein Orchester, und um dort einen Platz zu bekommen, muß man eben nicht nur begabt sein, sondern auch Beziehungen haben. Als mich ein Bekannter eines Tages fragte, ob ich mir vorstellen könnte, in einer Bar in Polen zu arbeiten, sagte ich, ohne zu zögern, ja. Ich konnte mir schon denken, welche Art von Arbeit dort auf mich wartet. Aber was hielt mich zu Hause?

Wie vorhergesehen, landete ich in einer Sex-Bar in Schlesien. Die 1000 Mark für die Schlepper hatte ich schnell abgearbeitet. Weil unser Laden gut lief, machten in kürzester Zeit viele neue Läden auf, und mein Chef mußte sich die Kunden mit Konkurrenten teilen. Irgendwann sagte er: »Es ist für mich nicht mehr rentabel, dich hierzubehalten. Das Geld, das du hier verdient hast, kannst du auch in Deutschland machen. Die Einreise kann ich organisieren.« Die »Einreise« … Eines Abends brachte man mich ans Ufer der Neiße. Fröstelnd warf ich mich in den Fluß und schwomm ans andere Ufer. Doch wer erwartete mich auf der deutschen Seite? Die Beamten vom Bundesgrenzschutz! Ehe ich bis drei zählen konnte, war ich wieder in Polen, aber entmutigen ließ ich mich nicht. Ich hielt an der Vorstellung fest, daß es beim zweiten Versuch unbedingt klappen müsse. Wenige Tage später schwamm ich zusammen mit meiner Kollegin Elena durch die Neiße, und diesmal hatten wir mehr Glück. Unsere Kontaktperson erwartete uns am Ufer und brachte uns im Auto nach Berlin.

Erschöpft, aber glücklich, begannen wir unser neues Leben in Deutschland. Aber wie sah es aus? Für 4000 Mark wurden wir an einen deutschen Clubbesitzer verkauft. Wir teilten uns ein kleines Zimmer in einer Wohnung in Clubnähe. Als Neuankömmlinge hatten wir kaum Rechte und zu unseren Mitbewohnerinnen wenig Kontakt. Das war auch ganz gut so, denn eine der Frauen informierte eine Art »Aufpasserin« über alles, was sich in der Wohnung abspielte. Vor diesen beiden Frauen lebten wir in Angst und sprachen daher nur mit leiser Stimme. Die Wohnung verließen wir nur in Begleitung, um arbeiten zu gehen.

Unsere Kolleginnen kamen aus Rußland, Polen, Litauen und Belorus. Wir waren 7 Tage und 24 Stunden lang jederzeit einsetzbar. Aber wir durften nicht einfach nur dasitzen und uns unterhalten. Es wurde erwartet, daß wir die Kunden direkt ansprechen und mit ihnen trinken, und falls jemand Verkehr ohne Kondom wünschte, war uns sein Wunsch Befehl. Schnell lernten wir das »Fachvokabular«, und bald schon konnten wir uns in kurzen Sätzen mit den Gästen verständigen. Aber die meisten von uns waren zu mißtrauisch, um frei zu sprechen. Wie konnten wir sicher sein, daß sie nicht mit dem Chef befreundet waren? Vielleicht hatte er sie geschickt, um zu erfahren, was wir den Männern erzählen! Nur einmal vergaß ich meine Angst und vertraute einem Gast an, daß ich Musik studiert habe und gern Orchestermusikerin geworden wäre. Daraufhin ging er sofort zum Chef und fragte: »Warum sitzt Ludmilla hier? Sie will diese Art von Arbeit doch gar nicht machen.« Mein Chef war stinksauer: »Wenn Du dich noch einmal bei einem Freier ausweinst«, drohte er mir, »werde ich dir die Fresse polieren.«

Die 4000 DM Schulden hatten wir inzwischen an ihn abbezahlt. Doch das bedeutete nicht, daß wir nun mehr Geld verdienten. Neben den Abgaben mußten wir auch für das Zimmer, für Essen und für Kleidung zahlen. Bei 6–7 Freiern blieben höchstens 50–60 DM am Tag übrig. Manche Kunden erzählten, daß sie für eine Stunde 120 DM an den Chef zahlten. Da wurde uns klar, daß der größte Teil unseres Einkommens in seine Tasche wanderte. Wir rechneten aus, daß wir im Monat ungefähr 20000 DM erwirtschaftete, aber nur 7% davon erhielten. Meiner Familie schickte ich 100 oder 200 DM im Monat, dafür müssen sie in der Ukraine 2–3 Monate arbeiten.

Eines Abends brach über uns herein, wovor wir uns die ganze Zeit gefürchtet hatten: eine Razzia. Die Polizei brachte meine Kolleginnen und mich auf eine Dienststelle und stellte alle möglichen Fragen. Wir hatten Angst. Was würde mit uns geschehen, wenn wir zugaben, daß wir illegal in Deutschland arbeiteten? Die Beamten erklärten uns, daß wir nicht gezwungen seien auszusagen. Sollten wir uns trotzdem zu einer Aussage durchringen können, würden wir eine Duldung erhalten und könnten bis zum Prozeßende in Deutschland bleiben. Ich glaube, Elena und ich waren einfach zu unglücklich mit dem Leben, das wir führten, um unseren Chef zu schützen. Also entschlossen wir uns, gegen ihn auszusagen.

Inzwischen leben wir als »Opferzeuginnen« in einer anonymen Zufluchtswohnung und warten auf den Prozeß. Es hat zwei, drei Monate gedauert, bis wir zur Ruhe kamen und uns überlegen konnten, wie es weitergehen soll. Ich mache mir weniger Gedanken um das, was geschehen ist, als um die Zukunft. Was wird passieren, wenn ich nach Hause komme? Ist meine Familie in Gefahr? Wissen sie, welche Art von Arbeit ich gemacht habe? Wie werden sie mich aufnehmen? Wenn wir nicht über die Zukunft nachdenken, haben wir Gruppengespräche oder Computer- und Englischunterricht. Einige von uns lernen

Deutsch, obwohl wir wissen, daß wir bald in unsere Heimat zurück müssen. Wir dürfen noch nicht mal ein unbezahltes Praktikum oder eine Ausbildung machen und natürlich erst recht nicht arbeiten. Manchmal gehen wir ins Schwimmbad oder ins Kino oder fahren im Bus durch die Stadt. Als wir noch im Club arbeiteten, wußten wir nicht mal, wie die U-Bahn funktioniert, und einen Supermarkt haben wir auch nie von innen gesehen. Im Monat lebe ich von 180 DM. Ich weiß nicht, wie ich es schaffe, davon noch etwas zu sparen und nach Hause zu schicken.

Wenn ich in meine Heimat zurückkehre, werde ich versuchen, mein Studium zu Ende zu bringen. Vielleicht kann ich auch mit meinen deutschen Sprachkenntnissen etwas anfangen. Meine Freundin Elena hat vor kurzem einen Deutschen kennengelernt. Jetzt ist sie schwanger. Ob der Mann sich zu dem Kind bekennt und sie heiratet, steht in den Sternen. Falls ja, so könnte sie in Deutschland bleiben. Glückliche Elena! Das Leben in Deutschland ist und bleibt besser als in der Ukraine. Nur auf dem Sozialamt fühlten wir uns gedemütigt. Dort wurde sie gefragt, ob sie in der Ukraine davon gehört hatte, daß es in Deutschland Sozialhilfe gibt. Nein, das wußte sie nicht. Sie wußte nur, daß es in Deutschland Männer gibt, die für eine halbe Stunde Sex mehr bezahlen, als sie in einem Monat als Näherin in der Fabrik verdient.

Klischee Nr. 64:
Sexmigrantinnen werden zur Sexarbeit überlistet und gezwungen.

Für das Kartell der Gutmenschen sind die illegalen Sexmigrantinnen ein Geschenk des Himmels. Von allen Opferszenarien, die sie entwerfen, scheint ihre Situation am geeignetsten, um den Negativ-Hype in Sachen Prostitution mit abschreckenden Inhalten, moralisierender Panikmache und emotional aufgeladenen Schlagworten wie Zwangsprostitution und Frauenhandel zu bedienen. Besonders die feministisch inspirierte Beratungsfront läuft hier zu Hochform auf und verzerrt mit ihren simplen Täter-Opfer-Klischees nicht nur die Realitäten des Frauenhandels, sondern redet ihren Klientinnen einen Teil ihrer Probleme regelrecht ein und drängt ihnen damit ungefragt ihr eigenes sexualpessimistisches Weltbild auf.

Die mit quälender, dogmatischer Starrhalsigkeit geführten Debatten kreisen ebenso wie die Medienberichterstattung um das Schlagwort Zwangsprostitution. Nimmt man den Begriff genauer unter die Lupe, so tut sich eine Riesenkluft zwischen Schein und Sein, Medienbildern und Realität auf. Während Expertinnen den Anteil der Migrantinnen, die unter Zwang oder Vortäuschung falscher Tatsachen in die Sexarbeit einsteigen, eher als Randphänomen bewerten, wird die Zwangsprostitution von den Medien mit tatkräftiger Unterstützung einiger Lobbyisten so aufgebauscht, daß zwangsläufig der Eindruck entsteht, jede osteuropäische Sexmigrantin würde gegen ihren Willen von einem Mafia-Russen nach Deutschland verschleppt. Projekte vor Ort hingegen schätzen die Motivationslage der Frauen differenzierter ein. »Etwa zwei Drittel der Frauen hat sich mit der Prostitution vorher auseinandergesetzt und sagt sich, gut, ich werde in diesem Business arbeiten und ich weiß, was ich zu erwarten habe«, so die Sprecherin eines Frauenhandelsprojekts in Warschau. In den meisten Fällen handelt es sich bei den ausländischen Sexmigrantinnen also weder um geraubte noch gegen ihren Willen verschleppte Sexsklavinnen. »Unser Projekt ›European Projects for Aids Prevention in Prostitution‹ (Europap) ist ständig in Kontakt mit Sexmigrantinnen«, so deren Sprecherin Hilary Kinnell über die Situation in Großbritannien. »1999 äußerten sich 17 britische Projekte zu dieser Thematik. Nur die Londoner Projekte berichten, daß über 10% ihrer Kontakte mit Ausländerinnen sind, und nur zwei berichteten Beispiele von Zangsprostitution, von der eine Handvoll Sexarbeiterinnen betroffen sind.«[215] »In der überwiegenden Zahl von Fällen von Frauenhandel steht am Beginn eine Entscheidung der Frau zur Migration«, zu diesem Ergebnis kommt hierzulande der Bundesweite Koordinierungskreis gegen Frauenhandel und Gewalt an Frauen im Migrationsprozeß.[216]

Wen soll es da wundern, daß sich viele Illegale in den Medienklischees über ausländische Sexsklavinnen nicht recht wiederfinden können. Nicht selten beurteilen sie ihre Situation weniger dramatisch als einige NGOs, die sich gern in ihrem Namen für repressive Maßnahmen stark machen. »Viele Illegale sehen es so: Sie haben ein Geschäft gemacht«, so die ehemalige Sprecherin eines bekannten Prostituiertenprojekts. »Die haben sich irgendwo eingekauft, wie in einen Betrieb, haben etwas investiert, und das müssen sie nun abarbeiten.« Doch andere Fachberatungsstellen können diese – für osteuropäische Verhältnisse nur realitätsnahe – Einstellung nicht akzeptieren und beharren auf einer Problematisierung des sexuellen Tauschgeschäfts. »Die Frauen denken nicht so sehr daran, was mit ihnen passiert ist, sondern wie sie zu Hause aufgenommen werden, welche Chancen sie in ihrer Heimat haben«, so die Sprecherin eines Projekts. »Wir versuchen das umzulenken, damit sie sich Gedanken machen, was eigentlich mit ihnen passiert ist. Wie komme ich damit klar, mit dem weiterzuleben. Das kann man nicht löschen. Das bleibt, bis es verarbeitet ist, bis man es akzeptieren kann, und das ist eine unheimlich schwierige Arbeit. Deshalb bieten wir Psychogespräche in Traumarichtung an.« Fragt sich nur, was die Klientinnen dieser Beratungsstelle im Endeffekt stärker traumatisiert: die Sexarbeit oder die Psychogespräche.

Anstatt mit ihrer Kritik an den Arbeitsbedingungen anzusetzen, die den Frauen das Leben schwermachen, beißen sich die Moralisten auch am Schlagwort Frauenhandel fest und verheddern sich prompt in Definitionsprobleme. Was ist das eigentlich, Frauenhandel? Und was macht einen Frauenhändler zum ultimativen Schurken? Die Antwort, zumindest wie sie unser Strafrecht definiert, lautet: Zwangsprostitution. Frauenhandel und Zwangsprostitution sind, juristisch betrachtet, siamesische Zwillinge. Schon die frühesten Definitionen von Frauenhandel dienten der sexuellen Doppelmoral, indem sie zwischen Berufsprostituierten und »unbescholtenen« Frauen unterschieden, die durch Verschleppung oder Täuschung zur Prostitution gezwungen bzw. überlistet wurden. Bis heute ist unser Verständnis der Thematik von dieser moralischen Rhetorik durchzogen. Auch das Strafrecht definiert »Menschenhandel« nach wie vor als ein Verbrechen, dem die erzwungene Zuführung zur Prostitution in einem fremden Land folgt. Doch seit immer mehr Frauen bewußt in die Prostitution emigrieren, macht diese Definition immer weniger Sinn. Schon lange fordern deshalb Experten, sie aus ihrem scheinbar untrennbaren Zusammenhang mit der Zwangsprostitution juristisch herauszulösen. Unser auf Zwangsprostitution fixiertes Strafrecht unterschätzt einerseits die wahren Ausmaße des faktischen Menschenhandels, da es die Heirats- und Arbeitsmigrantinnen aus seiner Definition ausklammert. Gleichzeitig überschätzt es das Ausmaß an faktisch erzwungener Prostitution.

All das wirkt sich auf unsere Wahrnehmung der Sexarbeit negativ aus. Jedes Jahr, wenn das Bundeskriminalamt seinen neuen Lagebericht zum Menschenhandel veröffentlicht, sind die Zeitungen voller Schreckensmeldungen über osteuropäische Frauenhandelsopfer. Durch die strafrechtliche Koppelung von Frauenhandel und Zwangsprostitution sowie die polarisierenden Täter-Opfer-Bilder der Medien und NGOs entsteht in der Öffentlichkeit der Eindruck, daß der überwiegende Teil der nach Deutschland geschleusten Osteuropäerinnen gegen ihren Willen im hiesigen Sexbusiness strandet. Aber auch die Aussagen der »Opfer« entsprechen nicht immer der Wahrheit. Da das Rechtsverständnis vieler Staaten darauf beruht, ausgebeutete und mißhandelte Prostituierte nur dann zu schützen, wenn sie gegen ihren Willen in der Sexarbeit landen, schätzen Insider und Frauenhandelsexpertinnen, daß viele bei Razzien aufgegriffene Osteuropäerinnen aus Scham und Angst vor sofortiger

Ausweisung aussagen, zur Prostitution gezwungen worden zu sein. An repressive Rechts- und Polizeisysteme in den patriarchalen Kulturen Osteuropas gewöhnt, flüchten die Frauen in die Opferrolle, obwohl sie aus eigenem Antrieb in die Prostitution emigrierten. Ihre der eigenen moralischen Entlastung dienenden Argumentationen gehen aber als Straftatbestände in die jährliche Frauenhandelsstatistik des BKA ein, die jedesmal ein breites Medienecho findet und unsere Wahrnehmung einer Thematik prägt, die nach Experteneinschätzung sehr viel mehr mit ökonomischer Benachteiligung als mit Zwang zu tun hat.

Ebenso wie die Sexarbeit ist auch der Frauenhandel ein weites Feld, was nicht zuletzt die pauschale Stigmatisierung von Frauenhändlern in Frage stellen muß. Nach Ansicht von Frauenhandelsexpertinnen wie Juanita Henning oder Elvira Niesner sind weit weniger als 50% der ausländischen Sexarbeiterinnen Menschenhandelsopfer im Sinne des Strafrechts, d. h. im Zusammenhang mit Zwang, Nötigung und sexualisierter Gewalt. Mehr als die Hälfte der Frauen gelangen also durch informelle Netzwerke nach Deutschland. »Man kann aber eine Kolumbianerin, die ihrer Cousine dazu verhilft, eine Zeitlang in der Prostitution zu arbeiten, nicht mit einem osteuropäischen Schlepper vergleichen«, meint Elvira Niesner. Der Handel mit osteuropäischen Frauen läuft tendenziell brutaler als zum Beispiel der Handel von Thailänderinnen oder Latinas. Von allen Ausländerinnen arbeiten Frauen aus Lateinamerika nach Experteneinschätzung am freiesten. Sie verstehen sich als Pendlermigrantinnen und bewegen sich in informellen Netzwerken: Ein paar Monate im Jahr arbeiten sie in Deutschland, dann kommt eine Freundin und besetzt ihren Platz im Bordellzimmer, während sie für eine gewisse Zeit in ihre Heimat zurückkehren. »94% der Pendlermigration läuft über Frauen, die schon in Deutschland arbeiten«, meint auch die Sozialarbeiterin Juanita Henning vom Projekt Dona Carmen, die vor allem die Situation kolumbianischer Sexarbeiterinnen untersucht hat.[217] »Sie pendeln zwischen Deutschland und ihren Heimatländern, denken und handeln global. Sie holen ihre Cousinen und Freundinnen ins Land. Aber der Menschenhandelsparagraph bestraft jeden, der Frauen hierher holt, egal, ob sie zustimmen oder nicht.« Die Diskrepanz zwischen Medienklischees und Realität zeigt: Die Vorstellung, daß ein osteuropäischer Mafiamann eine Frau zur Prostitution zwingt, ist offenbar medientauglicher als die Tatsache, daß Frauen aus der Dritten Welt eine Infrastruktur für eine Art umgekehrten Sextourismus geschaffen haben. Was nicht thematisiert wird, ist die beiderseitige Nachfrage nach Sexarbeit. Und die führt dazu, daß Angebot und Nachfrage selbst unter den widrigen Bedingungen der Illegalität zueinanderfinden.

Fest steht: Ohne legale Wege der Einreise und Arbeitsaufnahme sind die Frauen auf Vermittler angewiesen. Die Frauenhändler besetzen einen Raum zwischen der Nachfrage und der Abschottung des Staates gegen Migranten. Und wie in jeder Monopolstellung sind es die Monopolisten, die die Gesetze diktieren. »Je mehr durch migrationsbekämpfende Maßnahmen die eigene Durchführung der Einreise durch die Frau erschwert wird, um so abhängiger wird die Frau von Händlerstrukturen«, so der Bundesweite Koordinierungskreis gegen Frauenhandel und Gewalt an Frauen im Migrationsprozeß. »Je rechtloser ihre Stellung in Deutschland ist, um so weniger wird die Frau die Kraft finden, aus den Händlerstrukturen auszusteigen.«[218] Die amerikanische Soziologin Wendy Chapkis geht noch einen Schritt weiter und richtet scharfe Worte der Kritik gegen die feministische Anti-Frauenhandelsrhetorik, die Zwangsprostitution und Schuldknechtschaftssysteme mit repressiven Maßnahmen bekämpfen will, aber, so Chapkis, »eine Selbstorganisation der Illegalen verhindert, indem sie die Frauen als passive, unschuldige Opfer darstellt«. Ihre Forschungen zum internationalen Frauenhandel kamen zu ganz anderen Ergebnissen: Der mißbräuchliche Frauenhandel läßt sich viel effektiver bekämpfen, indem man den freiwilligen Frauenhandel entkriminalisiert und von seinem

Stigma befreit.[219] Indem er fördert, was er zu bekämpfen vorgibt, schießt sich der deutsche Staat mit dem pauschalen Feindbild »Frauenhändler« und seiner repressiven Abschottungspolitik praktisch selbst in den Fuß und beweist nicht etwa Stärke, sondern eine Ignoranz gegenüber globalen ökonomischen Dynamiken. Auch viele deutsche Projekte fordern daher seit langem eine Green Card für Sexmigrantinnen.

Für diese Forderung spricht auch, daß die problematischen Seiten des Frauenhandels durch die bestehende Gesetzeslage alles andere als wirksam bekämpft werden. Das deutsche Strafrecht beißt sich an der Komplexität des globalisierten Deliktes »Menschenhandel« nicht nur formaljuristisch die Zähne aus. Erfolgreiche Verschleppungstaktiken der Verteidiger führen zur Zermürbung der Opferzeuginnen und zu Freisprüchen nach jahrelanger, zäher Verhandlungsdauer. Deutsche Gerichte verpulvern Steuergelder mit Reisen nach Osteuropa, um Zeuginnen zu vernehmen, die aus Angst vor Repressalien nicht erscheinen. »Man denkt, man hat die Thematik im Griff, wenn man sagt, man will Opferschutz und Strafverfolgung«, so Frauenhandelsexpertin Elvira Niesner. »Wenn man sich die niedrigen Strafhöhen ansieht, wenn Verurteilungen zustande kommen, kann man das, was da läuft, nicht gerade Abschreckung nennen. Außerdem geht es von der Motivationslage der Frauen her in erster Linie um Arbeitsmigration.«

Und Arbeit bedeutet nicht nur Sexarbeit. Inzwischen arbeitet die Mehrheit der NGOs und Beratungsstellen mit einer breiten Definition des Frauenhandels, die auch die Phillipinin, die an einen heiratswilligen bayerischen Landwirt vermittelt wurde, oder die in einem Berliner Restaurant gestrandete Küchenhilfe aus Ghana als Frauenhandelsopfer sieht. In welchem Bereich die Migrantinnen ihr Glück oder ein bescheidenes Einkommen suchen, sagt in der Tat wenig aus über das Maß an wie auch immer gearteter Ausbeutung, das sie auf ihrer Odyssee erleben. Ob eine Definition von Frauenhandel, die den informellen Arbeitsmarkt, den Heirats- und Prostitutionsmarkt in einen Topf wirft, politisch sinnvoll ist, darüber läßt sich streiten. Macht es Sinn, das Strafrecht zu bemühen, weil jemand statt 1000 nur 500 Mark verdient? »Wenn man am Strafrecht ansetzt, bringt das den Leuten gar nichts«, so Elvira Niesner. »Da heißt es dann, die Personen sind Opfer, also fliegen sie hier raus. Es geht aber darum, wie man diesen großen und zum Teil gesellschaftlich notwendigen informellen Arbeitsmarkt in eine Form bringen kann, die die Betroffenen nicht ausbeutbar macht. Es geht um eine Legalisierungsdiskussion und menschengerechte Arbeitsstandards.«

Während die Menschenrechte der Frauen, um deren Schutz es eigentlich zentral gehen sollte, hinter nationalstaatliche Interessen zurücktreten, spaltet und lähmt der Begriff Frauenhandel die Szene der Aktivistinnen, die ihre Energien in fundamentalistischen Grabenkämpfen über Definitionen verpulvern. »Warum also verabschiedet sich die feministische Projekte-Szene nicht ganz vom Begriff des Frauenhandels?« fragt eine Kennerin der Szene in der *Jungle World*. »Dagegen spricht vor allem, daß sie mit diesem Thema noch am ehesten an staatliche Finanzierungen kommt. Viele Frauen-NGO haben sich früher einmal wegen der politischen Konjunktur des Themas auf extreme Menschenrechtsverletzungen in der Sexarbeit spezialisiert; heute geht es nicht wenigen um Selbsterhaltung.« Das macht die Diskussion nicht überflüssig: Legalisierung und würdige Arbeitsstandards sind die Voraussetzung, um »Illegale« in die selbstbestimmten Segmente des deutschen Sexarbeitsmarkts zu integrieren. Denn unter den derzeitigen Bedingungen des Ausländerrechts haben deutsche Bordellbetreiberinnen wenig Ambitionen, ins Visier der Polizei zu geraten – oder ins Visier der Mafia.

Keine Lust auf Illegale: Annika

Mit der düsteren Seite des Milieus hatte ich lange Zeit keine Berührung. Ich lebte in meinem Elfenbeinturm, und der Rest der Welt kam ab und zu aus Erzählungen an mich heran. Richtig mitbekommen habe ich den ganzen Schrecken erst, als ich meinen zweiten Laden eröffnete und eine Suchanzeige aufgab. Da hatte ich das Gefühl, mich packt eine kalte Hand an. Es kamen Anrufe von Frauen, die fragten ganz lieb und beflissen, wie die Konditionen sind und wo sich mein Laden befindet, und plötzlich drückte jemand auf die Gabel. Durch mein Inserat kamen Frauen ins Haus, die vorher in Läden mit Illegalen gearbeitet hatten und viel aus dieser düsteren Welt erzählten.

Es blieb nicht aus, daß ich mich erweichen ließ und eine dieser osteuropäischen Frauen bei uns anfing zu arbeiten. Doch schon nach wenigen Tagen kam es zwischen ihr und einer Frau, die schon länger bei uns war, zu einem Streit. Noch am gleichen Tag mußte ich sie gehen lassen. Während der folgenden Wochen hatte ich Beschimpfungen und saftige Morddrohungen auf dem Anrufbeantworter und eines Tages auch das Wohnungsamt am Hals. Irgend jemand hatte mich denunziert, aus welcher Ecke, das kann ich natürlich nur vermuten. Glücklicherweise fand ich schnell neue Räumlichkeiten, aber mit illegalen Frauen möchte ich nach dieser Erfahrung nicht mehr zusammenarbeiten. Ich will keine Aufmerksamkeit auf meinen Laden lenken oder irgendwelche Russen anziehen, die plötzlich auftauchen, um nachzusehen, ob ihre Schäfchen noch da sind und fleißig arbeiten. Bei mir waren schon kluge, nette Russinnen, die sich von ihren Zuhältern losmachen wollten und sagten: Es darf aber keiner merken, daß ich hier arbeite. Daraufhin sagte ich: Wie soll ich das verhindern? Und was passiert dann mit unserem Laden?

Klischee Nr. 65:
Freier sind sexsüchtig.

Nachdem sich die Allianz der Moralisten über die Jahrhunderte hinweg am Opferstatus der Frauen abarbeitete, könnte man meinen, es sei ein Gewinn, wenn seit neuestem auch die Nachfrageseite ins moralische Kreuzfeuer gerät. Doch der politisch korrekte Schein trügt. Wie eh und je geht es der moralischen Mehrheit mehr um Dämonisierung als um Erkenntnis. Wenigstens entkräftet sie auf diese Weise nolens volens das Vorurteil, daß ausschließlich Frauen Zielscheibe und Opfer einer repressiven Sexualmoral sind. Auch Prostitutionskunden werden stigmatisiert, indem sie bevorzugt als unattraktive, kontaktarme und potentiell gewalttätige Außenseiter der Gesellschaft diffamiert werden.

Ein interessantes Beispiel für die Vereinnahmung der Sexarbeit im Namen konservativer Beziehungsideale und Familienwerte bieten die neuesten, für die westliche Welt meinungsbildenden Diskurse in den USA. Prostitutionskunden werden dort gleich zweifach an den Pranger gestellt, und zwar einmal als Opfer und einmal als Täter. Die Opfervariante trägt das Etikett »Sexsucht«. Wie Nathaneal Hawthornes scharlachroter Buchstabe heftet sich die Modediagnose an jeden, der sexuell außerhalb der Grenzen monogamer Zweisamkeit wildert: Ehebrecher, Onanisten, Pornokonsumenten und selbstredend Prostitutionskunden. Aber was ist eigentlich Sexsucht? Wo genau verläuft die Grenze zwischen sexueller Hyperaktivität und einer ernst zu nehmenden psychischen Störung? Der Sexologe Erwin Haeberle kritisiert den Begriff wegen seiner mangelnden Präzision: Er setzt nicht nur eine Norm für die Häufigkeit sexueller Aktivität und die Natur der Beziehung zu ihren »Zielobjekten« voraus. Er differenziert auch nicht zwischen Gewohnheiten und Zwängen, aggressivem oder selbstzerstörerischem Verhalten.[220]

Der amerikanische Sexsucht-Experte Harvey Rosenstock hingegen orientiert sich an einer Reihe anderer Suchterkrankungen und mißt die Schwere der Abhängigkeit u. a. am subjektiven Leidensdruck und einem Verlust an Intimität, Familienzusammenhalt und finanzieller Stabilität. Mit anderen Worten: Setzt eine Ehefrau ihren abenteuerlustigen Gatten mit einer Scheidungsdrohung erfolgreich unter Druck, ist für den Therapeuten Handlungsbedarf gegeben. Der »Sexual Addiction Screening Test« (SAST), mit dem amerikanische Krankenhäuser, kommunale Gesundheitszentren und Therapeuten die Schwere der Erkrankung einschätzen und individuelle Behandlungsprofile erstellen, geht sogar noch weiter: Er fragt nach Erfahrungen mit Pornographie, Prostitution, S/M-Praktiken, nach der Häufigkeit von sexuellen Tagträumen und dem Konsum von Liebesromanen. Von 25 Fragen appellieren allein 17 direkt oder indirekt an die Schuldgefühle des Befragten und machen davon die Diagnose abhängig, die je nach individueller Ausprägung und Expertenmeinung das Etikett Zwangserkrankung, Depression oder Persönlichkeitsstörung tragen kann.[221] Schneller wurde noch kein Prostitutionskunde zum Psychiatrie-Patienten. Im günstigsten Fall empfiehlt der Doktor die Teilnahme an einer Selbsthilfegruppe wie den »Sex Addicts Anonymous», die ihr 12-Punkte-Programm weitgehend von den Anonymen Alkoholikern übernommen haben. Andere Behandler treiben dem Patienten das kritisierte Verhalten mit Antidepressiva oder Neuroleptika aus. Nachdem man auf diese Weise den zugrunde liegenden Nähe- und Intimitätsproblemen zu Leibe gerückt ist, haben 80% der Patienten laut Harvey Rosenstock ein neues Problem: Sie klagen über einen generellen Verlust ihrer Libido.[222]

Wenn ich Männer hasse, werde ich keine Hure: Domenica

Ich kann diesen Haß auf Freier überhaupt nicht nachempfinden. Also, ich muß doch keinen Freier nehmen, ich muß nicht anschaffen. Wir sind nicht so wie in einem anderen Land, wo wir aus Not anschaffen. (...) Wenn ich Putzen hassen würde, würde ich niemals Putzfrau werden. Wenn ich Kochen hasse, dann werde ich keine Köchin, und wenn ich Männer hasse, dann werde ich keine Hure.[223]

Klischee Nr. 66: Freier sind verhaltensgestört.

Die zweite Variante erklärt den Prostitutionskunden zum Täter und setzt auf Straffreiheit und moralische Einschüchterung. Beflügelt durch den Zeitgeist der »political correctness«, entstanden Mitte der neunziger Jahre in einigen Bundesstaaten der USA regelrechte Umerziehungsprogramme für Prostitutionskunden. Zielgruppe dieser »John's Schools« sind Freier, die der Polizei bei der Kontaktanbahnung mit Straßenprostituierten ins Netz gehen. Die Teilnahme an den ein- bis mehrtägigen Veranstaltungen ist freiwillig, aber da sie den Eintrag in ein Vorstrafenregister verhindern (Prostitution ist in den USA für beide Seiten strafbar), finden die meisten Männer in aller Regel hochmotiviert den Weg in die Workshops. Dort wird ihr Verhalten gezielt in alle Richtungen problematisiert. Die Mitarbeiter klären die Männer über die juristischen Konsequenzen ihres Tuns auf. Sie informieren über die Gefahren sexuell übertragbarer Krankheiten und zeigen ihnen Dias mit syphilitischen Penissen. Anwohner und Geschäftsinhaber aus Gegenden mit florierender Straßenprostitution referieren über den sozialen Niedergang ihrer Wohnviertel. Eine Elendsprostituierte spricht über ihre Erfahrungen mit Gewalt, Ausbeutung und Zuhälterei. Die Message, die dabei rüberkommt, ist: Ihr seid die Täter, und wir, die Huren und die bürgerliche Gesellschaft, wir sind die Opfer. Einige feministische Initiativen wie das »Sexual Exploitation Education Program« (SEEP) in Portland verbreiteten während der Workshops noch radikalere Botschaften: Sie definierten Prostitution als eine Form männlicher Gewalt und behaupteten, daß diese Gewaltneigung bereits in der männlichen Sozialisation angelegt ist. Das war selbst den Gerichtsbehörden von Portland ein Spur zu dogmatisch, und sie stellten die Zusammenarbeit mit SEEP ein.[224]

Was in den »John's Schools« vor sich geht, könnte dem Rest der Menschheit ziemlich egal sein, wenn es nicht über die Prostitutionsforschung und die Medien ihre konzentrischen Kreise in die Gesellschaft ziehen würde. Fast alles, was in den letzten Jahren in der Fachwelt über amerikanische Freier veröffentlicht wurde, stammt aus Fragebogenauswertungen irgendeiner »John's School»-Population. Für die Wissenschaft sind diese neuen sexuellen Umerziehungsstätten ein Segen und ein Fluch zugleich. Einerseits liefern sie den Forschern Probanden (und sei es nur das spezielle Segment der Straßenfreier, was in den Studien dann nicht immer erwähnt wird). Doch den angenehm milieufernen Zugang zur Zielgruppe bezahlen die Wissenschaftler dann mit Daten von fragwürdigster Aussagekraft. Ein Beispiel: Anonym und jeweils vor der ersten von insgesamt sechs Sitzungen befragte Steven Sawyer, der Leiter einer »John's School«, seine 140 Teilnehmer mit einem Attitudes-Toward-Prostitution-Scale-Fragebogen (ATPS). Unter dem Druck einer vorangegangenen Festnahme und einer unmittelbar bevorstehenden Moralpredigt, konfrontiert mit Sätzen wie »Prostitution clients have broken marriage vows« und »It would be ok if my daughter became a prostitute«, gab nur ein Drittel der Männer an, daß sie Sex mit der Prostituierten genossen hätten. 57% erklärten, sie hätten bereits (vergeblich) versucht, ihre Prostitutionskontakte einzustellen. 29% gaben vorherigen Alkoholkonsum zu Protokoll. 79% waren der Ansicht, daß ihre Prostitutionskontakte sich negativ auf ihre Ehe auswirken, und 85% fänden es nicht in Ordnung, wenn ihre Tochter der Prostitution nachgehen würde. Im Juni 2001 präsentierte Steven Sawyer diese Ergebnisse auf dem 15. Weltkongreß für Sexualwissenschaft vor Experten. Auf die Frage, ob diese Selbstauskünfte nicht auffällig gerichtsfreundlich ausfallen, konterte Steve Sawyer: »Es ist ja gerade das Ziel des Programms, den Klienten zu einer Verhaltensveränderung zu verhelfen. Das heißt, ihnen zu helfen, Prostituierte zukünftig nicht mehr aufzusuchen.«[225]

Auch im vergleichsweise toleranten Deutschland ist die Repression auf dem Vormarsch, trotz liberaler Gesetzgebung. Nach dem Motto »Skandal im Sperrbezirk« fuhr die Polizei in Mannheim und Leipzig Sondereinsätze im Straßenstrich, um Freier »beweiskräftig zu enttarnen«. Stuttgart reagierte mit Platzverweisen, und in Dortmund dachte man über Bußgelder nach.

Belästigung im Verkehr / Associated Press

Mit einer bundesweit einmaligen Jagd auf Freier hat die Polizei in Leipzig den Straßenstrich beseitigt. Autofahrer, die immer wieder an den auf und ab gehenden Damen langsam vorbeifahren, werden gefilmt, ihre Kennzeichen werden notiert, und anschließend gibt's eine Vorladung bei der Kriminalpolizei. Der Vorwurf lautet ausgerechnet «Belästigung im Verkehr«. Die Freier müssen Rede und Antwort stehen, um zur »Aufklärung eines Sachverhaltes beizutragen«, wie es im Amtsdeutsch heißt. (...) Das Ordnungsamt ermittelte rund 200 Freier über die Kennzeichen ihrer Fahrzeuge, die Polizei filmte die »Kundschaft«, und dann schlug sie Ende Juni zu. An zwei Tagen wurden 22 Damen des horizontalen Gewerbes im Alter zwischen 16 und 56 Jahren zur Polizei zitiert. Und um noch eins draufzusetzen, ging die Polizei danach an die Öffentlichkeit und teilte mit, dass die Namen von rund 200 ermittelten Freiern in der Nordstraße den Sicherheitsbehörden bekannt seien und diese demnächst vernommen werden. Viele der Freier hätten die peinliche Post gar nicht erst abgewartet, sondern seien freiwillig zur Polizei gekommen, sagte Schlegel. Die Begründung sei so kurz wie auch einleuchtend gewesen. Sie wollten verhindern, dass ihre Familien etwas von der Stippvisite auf dem Straßenstrich mitbekommen. (...) Auf die bekannt gewordenen Freier warte in jedem Fall ein Ordnungswidrigkeitsverfahren, denn Paragraf 1 der Straßenverkehrsordnung besage, dass niemand über Gebühr im Verkehr belästigt werden dürfe. Die zwingende Logik: Als Belästigung gilt es, mehr als zweimal um die Damen des horizontalen Gewerbes herumzufahren.[226]

3 Eine neue Moral

Klischee Nr. 67: Gutmenschen verstricken sich nicht in Widersprüche.

All diese Beispiele zeigen: Wenn es um eine kritische Bewertung der Sexarbeit geht, hängen Erkenntnis und Interesse meist untrennbar zusammen. Unglücklicherweise leidet unter dem Gewicht politischer Korrektheit meist der Wahrheitsgehalt. Wer die Sexarbeit ohne eigene Berührungspunkte oder Erfahrungen ablehnt, reagiert damit meist reflexhaft auf ein Bild, das von Berufsgruppen geprägt wird, die ihre Legitimation aus der Existenz von Opfern (oder Tätern) herleiten. Aus Gründen des Selbsterhalts, des Profits oder des Weltbilds verweigern sich die Gutmenschen einer differenzierten Sichtweise. Mit selektiver Wahrnehmung, starren Feindbildern und fundamentalistischen Positionen vereinnahmen sie die Moral für sich und schaffen ein Diskussionsklima, das differenzierte Fragen und Antworten bewußt unterdrückt. Indem sie den Opferstatus von Sexarbeiterinnen im Namen eines Werteabsolutismus fortschreiben, der in unserer Gesellschaft so überhaupt nicht mehr existiert, klammern sie sich an das antiquierte Verständnis von Sittlichkeit, das den Prostituierten das Leben so lange schwer machte, bis es schließlich den verdienten juristischen Tod fand. Indem sie einseitig und bewußt die Negativbilder kultivieren, demoralisieren sie auch alle, die sich für eine Humanisierung der Sexarbeit engagier(t)en.

Besonders die Vertreter wertkonservativer Ideale sind blind für die Konsequenzen, die in ihrer eigenen Werteordnung angelegt sind. Die Verherrlichung des Unternehmertums, die Ideologie des »Jeder ist seines Glückes Schmied«, die Globalisierung des Kapitals im Namen des Profits und ein sehr breiter Freiheitsbegriff finden ihre Entsprechung in der Ökonomie des Begehrens: von den weiblichen Glücksrittern des Südens und Ostens über den organisierten Frauenhandel, vom Siegelring-Zuhälter bis zur Luxusprostituierten. Die Geister, die die smarten Hüter der Tradition riefen, kehren als Schreckgespenster zurück. Baß erstaunt stehen sie nun vor der Tatsache, daß sich die großen gesellschaftlichen Umbrüche unserer Zeit – Rationalisierung, Globalisierung, Arbeitsmigration, ein expandierender Dienstleistungssektor und der Zerfall traditioneller Familienstrukturen – bis in die intimsten Bereiche unserer Existenz bemerkbar machen. Wenn aber der Konkurrenzkampf auf dem ersten Arbeitsmarkt dazu führt, daß Männer ihre Energien nicht in Beziehungsmachtkämpfen verpulvern wollen und Frauen sich beruflich lieber in der Sexarbeit verwirklichen, dann ist der Wertewandel nicht allein im Gewissen der Individuen, sondern im System angelegt.

Die Sexarbeit ist nicht die einzige kommerzialisierte Dienstleistung im Körper-Seele-Bereich, die konservative Kulturpessimisten immer wieder zu larmoyanten Statements inspiriert. Bis in die siebziger und achtziger Jahre hinein wurden die Psychotherapie, die Altenpflege und Selbsthilfegruppen als prinzipiell dekadent und überflüssig kritisiert – als ob sich die beklagten Angebote einer sozial intakten Gesellschaft ohne Not von außen angedient hätten. Dabei reagierten sie ja auf eine Auflösung traditioneller Bindungen, die sich in der Mitte der Gesellschaft vollzog: den bürgerlichen Ehen und Kleinfamilien, den Beziehungen zwischen den Generationen. Zwischen den von einer breiten Mehrheit getragenen Moralstandards und Lebensweisen klafft eben eine Lücke, die auf allen Ebenen Ersatzpartner wie Therapeuten, Prostituierte und Altenpfleger nötig macht. Nicht zuletzt deshalb ist die Vermarktung von

Intimität ein Aspekt des modernen Lebens, die Geschäftsgrundlage zahlloser Branchen und Berufsgruppen.

Aber auch das Beispiel Partnermarkt zeigt, daß wir in einer Gesellschaft leben, in der die Intimität einen Marktwert besitzt. Wenn die Selbstvermarktung Teil der Beziehungsanbahnung wird, wenn der One-Night-Stand als kostenlose sexuelle Dienstleistung betrachtet wird, dann stellt sich die Frage: Wie kann der häufig wechselnde Geschlechtsverkehr in seiner kommerziellen Variante noch entrüsten, wenn private Sexkontakte immer promisker und marktorientierter ablaufen? Wenn Beziehungspartner Machtkämpfe über Sex und Geld austragen, wenn ein heimlicher Blow Job in der Politik eine Sprengkraft entfaltet, die der Medienbranche Millionen-Dollar-Geschäfte beschert, wo verlaufen dann die Grenzen zwischen privaten und kommerziellen Lustsphären?

Auch der feministische Mainstream ignoriert die Langzeitfolgen seiner männer- und sexualfeindlichen Dogmen: ein zunehmend unproduktiver Geschlechterkampf, der Männer und Frauen voneinander entfremdet und unter den klarer definierten Vorzeichen der kommerzialisierten Sexualität in alternative Beziehungsformen treibt. Wenn Prostitutionskritikerinnen meinen, daß Intimität nicht vermarktet, sondern zwei gleichberechtigten Subjekten in einer von wechselseitigem Respekt getragenen Beziehung vorbehalten sein sollte, dann idealisieren sie nicht nur ein unrealistisches Beziehungsideal, sondern ignorieren auch die zahllosen privaten und wirtschaftlichen Verlustgeschäfte, die Frauen in Privatbeziehungen und auf dem Arbeitsmarkt eingehen. Die Ungleichheiten zwischen Männern und Frauen manifestieren sich weniger in der selbstbestimmten Sexarbeit als in der globalen Verteilung ökonomischer, sozialer und politischer Ressourcen. Von Gleichheit, Respekt, Wechselseitigkeit des Austauschs können viele Frauen in den bürgerlicheren Sphären der Gesellschaft nur träumen.

Wer mit holzschnittartigen Macht- und Gewaltbegriffen, emotionalisierenden Schlagworten wie Zwangsprostitution,

Zuhälterei und Frauenhandel die Sexarbeit analytisch zu fassen versucht, muß an ihrer Komplexität scheitern. Anstatt sich in rebellischer Antiquiertheit hinter alten ideologischen Positionen zu verschanzen, könnte der Mainstream-Feminismus die neue Sexarbeit endlich mal unvoreingenommen auf ihr emanzipatorisches Potential überprüfen. Über wie viele Schatten müßte frau springen, um die bescheidene Bitte eines simplen soziologischen Sachverhalts zu akzeptieren: anzuerkennen, daß der Grad der Freiwilligkeit, die Arbeitsorganisation und der Kundenkont(r)akt darüber entscheiden, ob eine Dienstleisterin zur Sklavin oder zur Geschäftsfrau wird?

Wer die Vielgestaltigkeit der Sexarbeit betont, handelt sich schnell den Vorwurf ein, einen Lebensentwurf mit Risiken und Nebenwirkungen zu verharmlosen. Wie aber steht es um die Gegenentwürfe? Verunsichern die Moralisten nicht Millionen von Beziehungspartnern, schüren unrealistische Erwartungen, indem sie Sex und Liebe, Ehe und Monogamie in einen Topf werfen? Behindern sie die Menschen nicht in der Weiterentwicklung ihrer persönlichen Potentiale, wenn sie Familienwerte über Individualismus stellen? Verwandeln sie mit Dogmen von Machtgleichgewichten und Gegenseitigkeit Beziehungen nicht automatisch in Kriegsschauplätze? Die pauschale moralische Entrüstung, die die Prostitution nach all den Jahren sexueller Entkrampfung immer noch entfacht, wird nur verständlich, wenn man ihre identitätsbedrohende Seite wahrnimmt: Die Hure und ihr Gast repräsentieren eine Sexualität, die die Grenzen der Monogamie klar überschreitet. Sie erinnern die Gesellschaft daran, daß die Sexualität frei ist, daß erotischer Genuß und Privatsphäre sich ebensowenig gegenseitig bedingen wie unpersönlicher Sex und Würdeverlust. Sie kratzen an ihren Idealen von sexueller Ausschließlichkeit als Ausdruck tiefer Liebe und Zusammengehörigkeit.

Im Grunde genommen geht es den Kritikern darum, die Hegemonie ihres eigenen sexuellen Lebensstils als zeitlos mustergültig zu verteidigen. Die Verunglimpfung der Prostitution ist nur ein Mosaikstein im jahrhundertelangen Kampf der bürgerlichen Gesellschaft gegen jeden, der sich außerhalb der Grenzen ihrer nationalen, sozialen und Geschlechtsidentitäten bewegt: Menschen mit Partnern aus anderen Kulturen, Schwule, Kinderlose, Prostituierte – im Grunde genommen jeden, der sich außerhalb der Ehe und der Kleinfamilie positionierte. Wenn sich die kritischen Stimmen gegen die Prostitution mehren, dann sicher auch, weil sich die traditionelle Beziehungs- und Kleinfamilienkultur längst auf dem absteigenden Ast befindet: Sinkende Heirats- und Geburtenraten stehen in den USA und Europa steigenden Scheidungsraten und Singleanteilen in der Bevölkerung gegenüber, Liebesbeziehungen werden immer kurzlebiger, unverbindlicher und brüchiger. Längst inspirieren die Defizite dieses Lebensstils mehr Romane, Ratgeber und Redakteure als ihre Vorzüge.

Solange man umsonst darauf wartet, daß die Moralisten eine angemessene Antwort aus einer differenzierten Betrachtung der Sexarbeit ableiten, sollte man ihre Grundsätze weniger an ihren Worten als an ihren Taten messen. In Indien, Thailand und Nepal befreien Menschenrechtsinitiativen Mädchen, die in die Prostitution verschleppt wurden, aus Bordellen. Wo bleiben die Befreiungsaktionen für Sexsklavinnen hierzulande? Wo sind die Aktivistinnen, die – wenn sie sich in ihrer Kritik schon auf Frauenhändler und Zuhälter kaprizieren – gezielte Aktionen gegen einige dieser Peiniger starten, deren Namen der Polizei und den Prostitutionsprojekten oft genug bekannt sind?

Die komplexe Welt des käuflichen Sex zeigt: Es reicht nicht aus, eine Gruppe von Menschen pauschal zu Opfern zu erklären, sich selbst auf der Seite der Moral zu verorten und zu hoffen, daß die Interessen hinter der Fassade der Tugend niemandem auffallen werden. Moral dient immer Interessen: Die Monogamie und die Kleinfamilie dienten dem Überleben, die sexuelle Doppelmoral der männlichen Dominanz. Die essentialistische Moral der Prostitutionskritiker dient ihren Weltbildern und der Existenz von Projekten, nicht jedoch den Sexarbeiterinnen und am allerwenigsten denen, die durch die Maschen der neuen Gesetzgebung fallen: den Frauen des Südens und Ostens, die immense Energien mobilisieren, um in Deutschland der Sexarbeit nachzugehen und selbst nach mehrfachen Ausweisungen nicht aufgeben. Wer ihre Hilferufe ignoriert, ihre Sichtweise mit unseren Maßstäben von Wahlmöglichkeiten entwertet, wer Forderungen nach Green Cards für Prostituierte belächelt und Menschenhändler, die ohne unsere restriktive Einwanderungspolitik gar keine Existenzberechtigung hätten, pauschal zu Gangstern erklärt, pflegt eine moderne Form der Bigotterie.

Wie die Prostitution moralisch bewertet wird, tangiert aber auch ihre ökonomische Dynamik kaum. Die Geschichte der Prostitution zeigt, daß Angebot und Nachfrage selbst unter repressivsten Rahmenbedingungen zueinanderfinden. Indem die Kritiker sexuelle Tauschgeschäfte auf ein Ausbeutungsphänomen reduzieren, lenken sie den Blick einseitig auf die Rotlichtprostitution und vernebeln gleichzeitig die Ausbeutung in anderen Segmenten des Arbeitsmarktes. Das legt nahe, daß sie sich wenig Gedanken über einen Gesamtzusammenhang von Arbeit und Leben in der Zukunft machen. Ihr Beharren darauf, daß Sex und Arbeit nicht zusammengehören, schreibt ja die ungleiche Verteilung von Arbeit, Aufgaben und Macht zwischen den Geschlechtern fort, die weder der Markt noch der Staat bisher nachhaltig überwinden konnten. Die säuberlichen Demarkationslinien traditioneller Sexualmoral – hier Sexualität und Privatsphäre, dort Geld und Beruf – können aber nur mühsam verbergen, daß jede Lebenssphäre eine ökonomische Dimension hat. Anstatt den Kommerz rigoros in seine Schranken zu weisen, geht es aber um die Erkenntnis, daß jede Trennung zwischen den Sphären der Ökonomie und den menschlichen Beziehungen künstlich geschaffen und ideologisch motiviert ist. In einer Welt, in der Fußballspieler aus der Dritten Welt völlig legal und sehr lukrativ nach Europa gehandelt werden, könnten die gängigen Argumente gegen den Frauenhandel ebenso einer Realitätsprüfung unterzogen werden wie der verklemmte Umgang mit Sponsoren aus der Sex-Industrie.

Als Ehrenmitglied unerwünscht: Mia

Die Doppelmoral bekommt man überall zu spüren. Vor drei Monaten trat ein Fußballverein an mich heran und fragte: »Möchtest du nicht bei uns Ehrenmitglied werden? Dich kennen so viele Leute, und wir wollen auch ein bißchen bekannter werden. Vielleicht können wir zusammen was arrangieren. Für dich ist es Werbung, und für uns auch.« Ich sage: »Ja, o. k., machen wir. Aber ihr erwartet doch sicherlich, daß ich hier irgendwo als Sponsor tätig werde?« Mein Eindruck war richtig. Ich habe denen dann u. a. eine Auswärtsfahrt gesponsert, das waren knapp 2000 Mark plus Mannschaftsessen. Aber als das Geld dann da war, haben sie im Stadion nur ganz kurz und sehr widerwillig meinen Namen genannt. Wenig später machten sie dann einen kompletten Rückzieher. Ich rief irgendwann völlig ahnungslos beim Verein an, um zu fragen, in welches Stadion ich kommen sollte, um den Ball anzuspielen. Da hieß es nur: »Tut uns leid, das hat sich jetzt anders ergeben. Einer unserer Sponsoren ist abgesprungen, und deshalb müssen wir auf Sie verzichten.« Ganze zwei Minuten hat das gedauert. Unmöglich! Erst ist man noch Ehrenmitglied, und im nächsten Moment wird man eiskalt abserviert. Später hieß es dann: »Wir können ja schlecht sagen: Mias Bordell hat 2000 Mark gespendet. Schließlich müssen wir gewisse Rücksichten nehmen, z. B. auf unsere Jugendmannschaften.« Daraufhin ich: »So was Lächerliches! Die Jungschen, die wissen doch heute mehr als alle Alten zusammen!« Langer Rede kurzer Sinn: Die Leute wollen alle immer gerne das Geld haben, aber keine Leistung dafür bringen. Aber das sehe ich gar nicht ein. Da denke ich nicht anders als meine Gäste: Der Kunde zahlt sein Geld und will dafür eine Leistung haben. Wenn ich also 2000 Mark zahle, damit die sich für ihr Auswärtsspiel einen Bus mieten können, dann erwarte ich dafür eine vernünftige Werbung. Das schmutzige Geld nehmen sie gerne, aber nach außen hin spielen sie dann genauso gern die Saubermänner.

Klischee Nr. 68:
Das neue Gesetz wird Einstellungen verändern.

Schön wär's. Fragt sich nur, wie eine positive Identität entwickeln soll, wer bislang bevorzugt als Opfer (oder Täter) wahrgenommen wurde. Die vereinfachte dualistische Rhetorik dieser Diskurse gewinnt nicht nur für Sexarbeiterinnen, sondern für alle Frauen an Brisanz. Wir folgen noch immer einer Denktradition, die Frauen als passive Zielobjekte männlicher Sexualität wahrnimmt und in unpersönlichem Sex automatisch Elemente der Ausbeutung, psychische Folgeschäden oder die Gefahr der Beziehungsunfähigkeit wittert. Aber nichts weist darauf hin, daß Frauen psychosexuell weniger robust sind als Männer. Um aus dieser Versehrtenecke herauszukommen, wird es nötig sein, sich von einigen gängigen Sexualmythen zu verabschieden. Ebenso wie wir heute nicht mehr davon sprechen, daß Jungfrauen ihre Unschuld verlieren, sollte auch das Stereotyp von der Prostituierten, die ihren Körper (oder ihr Selbst) verkauft, auf dem Friedhof der Sprachklischees eine letzte Ruhestätte finden. Ungleiche Maßstäbe bei der Bewertung männlicher und weiblicher Untreue, die Sexualisierung älterer Frauen, weibliche Promiskuität – diese Themen gehören dagegen nicht nur in die Lifestyle-Magazine, sondern auch auf eine feministische Agenda, die ohne Dogmen und Denkverbote auskommt.

Wir bräuchten auch hierzulande mehr unvoreingenommene Prostitutionsstudien. Bislang ist nicht mal ansatzweise der Versuch unternommen worden, das unterstellte psychosoziale Elend der Prostitution gegen das psychosoziale Elend in Ehen und Beziehungen abzugleichen, das ursächlich an Übergewicht, Depressionen, Alkoholismus und anderen Krankheiten beteiligt ist und somit immense soziale Folgekosten verursacht. Das liegt nicht zuletzt daran, daß wir in einem Land mit einer eklatanten sexualmedizinischen Unter- und zum Teil auch Fehlversorgung leben.[227] Das wiederum könnte daran liegen, daß die Sexualwissenschaft in Deutschland zwar eine Tradition, aber keinen universitären Studiengang besitzt. Wenn selbst unter Experten die Unwissenheit grassiert, wie soll sich dann unsereins eine fundierte Meinung über Sexangelegenheiten bilden? Längst überfällig wäre also auch die Förderung universitärer sexualwissenschaftlicher Forschung.

Anstatt sich zwanghaft auf Ausstiegsprogramme zu kaprizieren, könnten Professionalisierungsmaßnahmen auf den Weg gebracht werden. Welche Mechanismen ermöglichen es Sexarbeiterinnen, ihre Vorstellungen eines guten Lebens umzusetzen, bringen ihnen mehr Kontrolle, Autonomie und finanzielle Unabhängigkeit und stärken ihre Fähigkeit, sich männlicher Dominanz zu widersetzen? Statt wissenschaftliche Quasimoral zu produzieren, ginge es darum, gängige Vorurteile zu überwinden: daß die Sexarbeit die sexuelle Verfügbarkeit von Frauen festschreibt und konservative Geschlechterbotschaften bekräftigt, daß sie sich anders als andere Erwerbstätigkeiten nicht vom Körper und vom Selbst der Frau ablösen läßt, daß sie die Frau erniedrigt und psychisch beschädigt. Wenn faktenorientierte Diskursführer alte Klischees durch neue Fakten ersetzen, wird sich auch das Erleben und Bewerten prostitutiver oder promisker Sexualität positiv verändern. Bis dahin werden es Sexarbeiterinnen weiter aushalten müssen, vom Mainstream der Gesellschaft nicht gemocht zu werden – eine emotionale Leistung, zu der Frauen im allgemeinen nicht erzogen werden.

Die Prostituierte profitiert durch ihr Stigma: Camilla Paglia

In gewisser Weise wird die Prostituierte immer in Gegnerschaft zu den offiziellen Instanzen der Gesellschaft stehen. Aber sie profitiert auch durch diese abgegrenzte Identität. Wer diese Identität hat, sollte auch persönliche Verantwortung dafür übernehmen. Sie sollte nicht alle anderen anflehen, ihre Meinung zu ändern – nach dem Motto: »Bitte, bitte habt mich lieb, Mami und Papi.« Das Stigma der Prostituierten ist das Aushängeschild ihrer Identität. Ihm verdankt sie ihre Klienten. Wenn ihr Kunde jemanden ohne Stigma wollte, würde er die Frau von nebenan vögeln.[228]

Eine Gesellschaft, die die »Unmoral« abschaffen will, läuft Gefahr, inhuman zu werden. Anstatt Sexarbeiterinnen und ihre Kunden sexuell zu disziplinieren, bräuchten wir ein gesellschaftliches Klima, das sexuelle Tauschgeschäfte nicht nur juristisch und versicherungstechnisch gleichstellt, sondern auch als sexualisierten Lebensentwurf. Ebenso wie Schwule und Lesben und zunehmend auch Transsexuelle gesellschaftlich akzeptiert werden, sollte auch eine Sexarbeit, die zwischen Erwachsenen in gegenseitigem Einverständnis stattfindet, als eine von vielen vertretbaren Sexualitäten im Rahmen der Zivilgesellschaft anerkannt werden – nicht nur als verbale Toleranzbekundung, sondern als Teil des gesellschaftlichen Lernens, im sozialen Nahbereich, jenseits voyeuristischer Lust. Eine humanistische Gesinnung respektiert das Selbstbestimmungsrecht aller an sexuellen Tauschgeschäften Interessierten. Sie bezeichnet Prostitutionskunden nicht als beziehungsunfähig, schwanzgesteuert, unreif oder sexsüchtig und destabilisiert Frauen, die die Sexarbeit mit Hingabe betreiben, nicht mit autoritären Selbsttäuschungsvorwürfen. In einer komplexen, individualisierten und pluralistischen Gesellschaft verliert eine essentialistische Sexualmoral, die an den jeweiligen Kontexten vorbeiargumentiert, ihre Gültigkeit und ihren Sinn.

Sie kann nur durch eine ethische Selbstprüfung und ein Bewußtsein für sexuelle Rechte ersetzt werden. Vor diesem Hintergrund müßten die Motive und das Verhalten von Prostitutionskunden mal mit den Szenarien einer von Lügen durchzogenen Partnersuche kontrastiert werden, die zwar nicht zwangsläufig dem Überleben, wohl aber der sozioökonomischen Aufwertung dient.

Daß die Sexarbeit vor allem als Unterweltphänomen wahrgenommen wurde, verhinderte nicht nur ein differenziertes Bild des ältesten Gewerbes der Welt, sondern auch eine lebendige, inspirierte Diskussion über die Art und Weise, in der jede(r) von uns Sex und Geld individuell bewertet und miteinander verknüpft. Alles kann und soll mit Hilfe sexueller Reize verkauft werden, andererseits findet eine geistreiche, selbstironische oder auch ernsthafte Auseinandersetzung mit Sexualität eher in den Nischen des Kulturlebens statt. Dabei erlebt jeder die Brüche und Konflikte, die entstehen, wenn Sexualität einem immer komplexeren Wertesystem unterworfen ist. Sexuelle Selbstbestimmung, Privatsphäre, Autonomie, Beziehung, Familie, Freiheit, Status – für niemanden ist es heutzutage leicht, sexuelle Wünsche mit den Prioritäten der gewählten Lebensführung in Übereinstimmung zu bringen. Wie gehen wir mit den Widersprüchen um, vor die uns die Marktgesellschaft, unterschiedliche Diskurse über Sexualität und das eigene Gewissen stellen?

Ein gutes Preis-Leistungs-Verhältnis: Erhard / Geschäftsführer und verheirateter Prostitutionskunde

Ungefähr einmal im Monat gönne ich mir eine Ganzkörpermassage in einem Thai-Bordell. Natürlich könnte ich auch in ein Nobelbordell gehen, das würde mich sicher nicht in den Ruin stürzen. Aber warum sollte ich? Die Frauen dort sind jung, hübsch anzusehen und können wirklich gut massieren. An den Wänden hängen auch Diplome – obwohl, man weiß ja nie, ob die gefälscht sind. Außerdem stimmt das Preis-Leistungs-

Verhältnis. Für eine Stunde zahle ich halb soviel wie in einem gehobenen Bordell. Einmal haben mich die Frauen nach der Massage zum Essen eingeladen. Im hinteren Teil der Ladenwohnung gibt es eine Küche, dort haben sie ein traditionelles Gericht aus Thailand gekocht. Sie waren vergnügt und lachten – ich kann mir nicht vorstellen, daß es ihnen psychisch schlecht geht.

Klischee Nr. 69: Prostitutionskunden können nichts gegen Zwangsprostitution tun.

Es ist vertrackt: Eigentlich suchen Kunden in der Prostitution beziehungslosen und verantwortungsfreien Sex. Aber indem sie Billigsex konsumieren und einen Preisverfall schüren, durch den Armutsprostitution und Schuldknechtschaft für die Profiteure erst lukrativ werden, übernehmen sie auch einen Teil der Verantwortung für die Mechanismen der Elendsprostitution. Wenige machen sich klar, daß sie auch als Sexkonsumenten Teil eines Wirtschaftskreislaufs sind, der zumindest im Bereich der Billigprostitution häufig durch Ausbeutungsstrukturen auffällt. Andererseits klagen sie über Fließbandabfertigung und mangelnde Einfühlung und fürchten manchmal zu Recht, daß die Frauen sich für die Schnäppchenpreise, zu denen sie ihre Dienstleistungen zu Markte tragen, mit einem Diebstahl rächen.

Die Logik eines globalisierten Kapitalismus bringt es mit sich, daß Prostitutionskunden mit Frauen in einen sexuellen Austausch treten, die angesichts ihrer randständigen Ökonomien und Bildungssysteme oft nichts anderes anzubieten haben als ihre Körper. (Finanziell armen Männern geht es da nicht unbedingt anders. Weshalb ist der Anteil z. B. schwarzer Amerikaner unter Sportlern überdurchschnittlich hoch? Wieso rekrutieren sich so viele Breakdancer aus den Migranten-Ghettos und Vorstädten?) Ist ein solcher Austausch moralisch vertretbar, wenn dadurch

Ausbeutungsstrukturen mitgetragen werden? Einerseits leisten die Kunden praktische Entwicklungshilfe, denn ein geringer Teil des Sexhonorars wird in die Heimatländer der Frauen überwiesen (wo er allerdings viel mehr wert ist als bei uns). Der Löwenanteil des Liebeslohns wandert jedoch auf die Konten eines Betreibers. Die Kunden leisten also einerseits einen Beitrag zum Überleben, andererseits einen Beitrag zur Ausbeutung. Wie kann man(n) diesem Dilemma entrinnen? Gibt es angesichts der Kompliziertheit dieser Situation überhaupt produktive Handlungsmuster? Kann der Kunde bei der Wahl der Dienstleisterin oder des Bordells ansetzen, um den Sumpf der Ausbeutung von der Nachfrageseite aus trockenzulegen? Könnte er einen schlecht geführten Club nicht ebenso boykottieren wie andere globalisierte Unternehmen? Könnte er dubiose Hotels und Landgasthöfe, die klassischen Einsatzorte gehandelter Frauen, meiden und statt dessen korrekt geführte Bordelle oder einzeln arbeitende Frauen aufsuchen? In Großbritannien werben letztere oft mit dem Zusatz »independant escort«. Wer in Deutschland die Modellseiten einiger Tageszeitungen aufschlägt und die Nummern durchtelefoniert, kann nicht überblicken, ob »3 slawische Topmodelle« oder das »polnische Strapsteam« tatsächlich unabhängig oder für einen Vermittler arbeiten, der den Löwenanteil ihres Verdienstes einsackt. »Das Problem ist, daß die internen Strukturen für die meisten Freier nicht offensichtlich sind«, so Christiane Howe von Agisra. »Wenn es möglich wäre, arbeitsrechtliche Mindeststandards zu schaffen, dann hätten wir mehr Transparenz und seriöse Informationsmöglichkeiten für Freier.«

Zumindest wer Orte meiden will, an denen Sexarbeiterinnen in einer für sie unkontrollierbaren Situation leben und arbeiten, könnte laut »Terre des Femmes« auf konkrete Anzeichen einer Zwangslage achten: Wenn die Frau einen eingeschüchterten, unruhigen oder verängstigten Eindruck macht, wenn sie sich 24 Stunden im Club aufhält, sich dort von anderen Frauen fernhält, Befehlen zu folgen scheint, das Geld nicht selbst abkassiert, nicht über ihren eigenen Paß oder Rückfahrschein verfügt, wenn sie nicht die Freiheit hat, bestimmte Kunden oder Handlungen abzulehnen, und natürlich wenn sie blaue Flecke oder Verletzungen hat, dann liegt die Vermutung nahe, daß sie entweder gegen ihren Willen in die Prostitution gehandelt wurde oder unter entwürdigenden Arbeitsbedingungen leidet.

Prostitutionskunden können die Mechanismen der organisierten Armutsprostitution nicht zerschlagen, aber sie können durchaus Sand ins Getriebe streuen. »Wir wissen von einem Fall, wo ein deutscher Freier zwei minderjährige Polinnen aus der Gefangenschaft eines Landbordells befreit hat«, so Stana Buchowska vom Frauenhandelsprojekt La Strada in Warschau. »Da sie verängstigt wirkten, rief er die Polizei. Sein Verdacht bestätigte sich: Sie waren mit falschen Versprechungen dorthin gebracht worden.« Andere leihen den Frauen ihre Handys, damit sie Kontakt zu ihren Familien halten können, oder fahren aussteigewillige Frauen zu Fachberatungsstellen. Man kann sich auch in kleinen Dingen als Gentleman erweisen.

Klischee Nr. 70: Prostitutionskunden interessieren sich nicht für das Wohlergehen der Sexarbeiterinnen.

Zusammen mit einigen Männerberatungsstellen hat »Terre des Femmes« verschiedentlich Aktionen gestartet, um Prostitutionskunden für die düsteren Seiten des Business zu sensibilisieren. Jedesmal stellte sich heraus: Das Informationsdefizit und das Bedürfnis nach offener Kommunikation ist immens. Bei einer Telefon-Hotline zum Thema Frauenhandel wollten die meisten Anrufer »wissen, ob Frauenhandel denn wirklich ein so großes Problem wäre. Ein paar wollten wissen, was sie tun könnten, falls sie eine Frau anträfen, die zur Prostitution gezwungen wird. Einige Männern teilten uns mit, sie fänden diesen Ansatz, Männer anzusprechen, gut und auch dass es eine Hotline von Männern für Männer sei. Es gab Männer, die von ihren Besuchen von Prostituierten berichteten, und Männer, die negative Erfahrungen mit Heiratshändlern schilderten. Es gab drei mögliche Hinweise auf Frauenhandel.« Für Reinhard Winter, den Geschäftsführer der an der Aktion beteiligten Männerberatungsstelle Pfunzkerle, stand danach fest: »Männer können nach wie vor über ihre ›Helferseiten‹ erreicht werden. Der Schutz von Frauen scheint ein tragfähiges Segment des Selbstverständnisses von Männlichkeit zu sein. Außerdem scheint bei nicht wenigen Männern eine Moral oder Ethik bei Prostitutionsbesuchen im Spiel zu sein. Zwang zur Prostitution und direkte körperliche Gewalt ist für diese Männer mit ihrem Erleben (oder mit ihrer Illusion) unvereinbar.«[229]

Die Niederländer, in puncto liberale Moral immer für einen avantgardistischen Verhaltenskodex zu haben, schufen schon früh ein Bewußtsein für Etikette und Verhandlungsmoral in der Sexarbeit. Und die von der Initiative »Stichting Man/Vrouw en Prostitutie« formulierten Standards gelten unabhängig davon, welche äußeren und inneren Umstände die Frau zur Prostitution bewogen haben:

Tipps für Prostitutionskunden: Stichting Man/Vrouw en Prostitutie

Ein Besuch bei einer Prostitutierten verläuft noch angenehmer, wenn du folgende Punkte beachtest:

1. Sei höflich und respektvoll.
2. Achte darauf, daß dein Körper frisch gewaschen ist.
3. Trink nicht zuviel Alkohol.
4. Triff klare Absprachen. Sag ganz klar, was du willst, und erfrage den Preis dafür.
5. Respektiere die Grenzen, die die Prostituierte für sich setzt. Küsse auf den Mund sind oft nicht erlaubt.
6. Für Vaginal- und Oralsex benutze immer ein Kondom, für Analsex ein extrastarkes.

7. Sei entspannt. Sex ist die normalste Sache der Welt. Erwarte nicht zuviel, und bleib vernünftig. Es ist keine Liebesaffäre, so angenehm der Kontakt auch sein mag. Bleib professionell.
8. Ein Kontakt kann auch deshalb weniger erfolgreich sein, weil man nicht miteinander vertraut ist. Berücksichtige dies, und sei nicht enttäuscht.
9. Wenn eine Konfliktsituation entsteht, bleibe vernünftig, und belasse die Dinge so, wie sie sind. Verlange auf keinen Fall dein Geld zurück. Wenn du meinst, du hast Grund, unzufrieden zu sein, dann sprich – falls möglich – mit dem Management.
10 Verhalte dich im Umfeld so diskret wie möglich. Die Nachbarn schätzen ihre Nachtruhe und interessieren sich nicht für deine sexuellen Erfahrungen.[230]

Klischee Nr. 71: Es ist alles erreicht.

Die Prostitution ist nicht nur ein uraltes, sondern auch ein weltweites Phänomen. Glaubt man Anthropologen, so behaupten nur 4% aller Gesellschaften dieses Planeten, keine Prostitution zu kennen (was noch nicht bedeutet, daß sie dort nicht existiert).[231] Wie sie moralisch bewertet wird, hängt weitgehend vom jeweiligen Sexverständnis und den philosophischen Grundpositionen ab. Teilen wir den Idealismus der schwedischen Sozialdemokratie, ihren Glauben an den Menschen als Produkt seiner Verhältnisse, dann erscheint die Prostitution als eine Kulturerscheinung, die sich durch gesetzgeberisches Schalten und Walten beliebig regulieren oder abschaffen läßt. Folgen wir der Evolutionsbiologie, dann sehen wir in ihr eine von vielen Überlebensstrategien egoistischer Gene. Aus der Sicht der Spaßgesellschaft ist das Konsumieren von unverbindlichem Sex so unproblematisch wie ein Besuch bei McDonalds: Erlaubt ist, was gefällt. Aus feministischer Perspektive ist und bleibt die

Prostitution ein Akt männlicher Anmaßung und Gewalt. Auch die Art der Fragen gibt die Richtung der Antworten vor. Fragen wir, warum Frauen der Prostitution nachgehen, so verorten wir die Institution in ihre (beschädigten) Psychen. Richtet sich das Interesse auf die am Tauschgeschäft beteiligten Individuen, so erblicken viele eine isolierte Zwei-Parteien-Transaktion, meist am sozialen Rand der Gesellschaft. Ein systemischer Blick fragt nach der Gesellschaft, die sie trotz aller gegenteiligen Beteuerungen stets geduldet und gefördert hat.

Wo die ethische Selbstprüfung an ihre Grenzen stößt, ist der Staat gefragt, doch der wirkt angesichts der heiklen und komplexen Thematik oft überfordert. Als im Frühjahr 2000 bekannt wurde, daß viele der etwa 1000 in Tetovo/ Mazedonien stationierten deutschen KFOR-Soldaten Bordelle besuchten, in denen versklavte Frauen und Mädchen arbeiteten, hüllte sich das deutsche Verteidigungsministerium in Schweigen, um die Problematik wenig später herunterzuspielen und von Einzelfällen zu sprechen. »Das Tabu Sexualität und Auslandseinsätze muß endlich gebrochen werden«, kommentierte Angelika Beer, die verteidigungspolitische Sprecherin der Grünen, damals den Skandal. »Gerade auch wenn es um Bundeswehrsoldaten geht, muß klar sein, daß der sexuelle Mißbrauch von Minderjährigen oder Zwangsprostitution nicht akzeptiert werden kann.«[232] Doch welche Alternative hatten die deutschen Soldaten, wenn das Angebot vor Ort faktisch ausnahmslos aus Sexsklavinnen bestand? Als Angelika Beer vorschlug, den Soldaten Huren mit auf den Weg zu geben, um so wehrlose Frauen zu schützen, stieß sie bei Politikern aller Couleur auf Unverständnis.

Für die Art oder Häufigkeit sexueller Kontakte seitens seiner Bürger ist der Staat nicht verantwortlich, wohl aber für die Unversehrtheit und das Wohlergehen von Sexarbeiterinnen. Zwangsprostitution kann er nicht verhindern, wohl aber regulierend eingreifen. Damit zumindest im Inland die Schwächsten nicht auf der Strecke bleiben, müßten ausländer- und arbeitsrechtliche Lösungen gefunden werden: Green Cards und Arbeitsstandards für ausländische Prostituierte wären eine Alternative zu ineffektiven Razzien, zum Katz-und-Maus-Spiel an den Grenzen und feudalistischen Abhängigkeiten zwischen Betreibern und Sexarbeiterinnen. Eine juristische und bewußtseinsmäßige Entkoppelung von Zwangsprostitution und Frauenhandel ist ebenfalls überfällig, denn schon lange scheitern die Grenzen des Strafrechts an den Realitäten der Sexarbeit: Einige Illegale, die bei Razzien aufgegriffen werden, sind froh, aus der Prostitution aussteigen zu können, während andere parallel zum Ermittlungsverfahren anschaffen gehen. Anstatt Menschenhändler zu verteufeln, könnten die abgeschöpften Gewinne wie in Italien direkt an die Opfer weitergeleitet oder gezielt investiert werden: in eine Umstrukturierung des käuflichen Sex, in Rückkehrerinnenprogramme und lokale NGO-Initiativen, die vor Ort Alternativen zur Sexmigration aufbauen. Wer die weltweite Harmonisierung von Sozialstandards anstrebt, sollte die immerhin global erwirtschafteten Profite auch global umverteilen.

Auch auf nationaler Ebene kann die Rechtsgleichheit nur ein Zwischenziel sein. Erinnern wir uns: Eine notwendige Voraussetzung für die Entwicklung und den Aufschwung der neuen Sexarbeit in Berlin war die Abwesenheit eines Sperrbezirks. Nach der Abschaffung der Sittenwidrigkeit sollten auch die Sperrbezirksverordnungen kritisch ins Visier genommen werden, damit Sexarbeit und Rotlichtmilieu noch weiter auseinanderdriften können. »Ohne offizielle und inoffizielle Toleranzzonen ist es für die organisierte Kriminalität extrem schwierig, die Prostitution zu kontrollieren«, so der international renommierte Prostitutionsforscher Vern Bullough über diese seit langem bekannten strukturellen Zusammenhänge.[233]

Bis die Utopie einer von Armut, Drogensucht und anderen sozialen Mißständen befreiten Welt umgesetzt ist, wird sich die Nachfrage nach sexuellen Dienstleistungen ihr Angebot selbst schaffen. Um die grausamsten Auswirkungen der Marktlogik zu verhindern, reicht es nicht aus, einen legalen Rahmen zu schaffen. Mindestens ebenso essentiell wäre es, den konservativ konnotierten Begriff der Menschenwürde durch ein umfassendes Bewußtsein für sexuelle Rechte zu ersetzen. Sexuelle Rechte erschöpfen sich nicht in Gewaltfreiheit, körperlicher Unversehrtheit oder dem Schutz vor Diskriminierung. Sie beinhalten auch das Recht auf sexuelle Freiheit, Autonomie, freie Partnerwahl und sexuelles Vergnügen. Die Weltgesundheitsbehörde, die die »Deklaration sexueller Rechte« von der World Association for Sexology (WAS) übernommen hat, versteht sexuelle Rechte als universelle Menschenrechte und als Aufforderung zu tolerantem und verantwortlichem Sexualverhalten. Nach diesem Verständnis ist nicht nur die Zwangsprostitution eine Menschenrechtsverletzung, sondern auch das schwedische Sexkaufverbot, das gegen die Selbstbestimmung erwachsener und freiwillig agierender Sexarbeiterinnen und ihrer Kunden verstößt.[234]

Wer ein Bewußtsein für sexuelle Rechte verinnerlicht hat, versteht die Vielfalt sexueller Beziehungen nicht als Attacke gegen den selbstgewählten eigenen Lebensstil, sondern als Bereicherung. Dazu gehört auch die Erkenntnis, daß Sexualität ihre Bedeutung und ihren Wert nicht zwangsläufig aus einer monogamen Partnerschaft ableitet. Sexualität kann ein valider Teil von Beziehungen sein, die primär dem Lustgewinn, dem Lebensunterhalt, dem Spiel und/oder dem Experiment dienen. Die sexuelle Gleichheit in der Verschiedenheit ist ein konstantes Anliegen der Zivilgesellschaft. Manches spricht dafür, daß auch die Sexarbeit langfristig von der Etikette sexueller Toleranz profitieren wird, die vor allem die Schwulenbewegung auf den Weg gebracht hat. Immerhin ist auch die Pornographie im Begriff, salonfähig zu werden. In den USA formiert sich seit Mitte der neunziger Jahre die Bewegung der Polyamoristen, die sich für einen offenen und verantwortungsvollen Umgang mit Mehrfachbeziehungen einsetzen. Und sämtliche liberale Diskurse über Sexualität verbinden eine Etikette des Respekts und der

Verantwortung mit einem gleichberechtigten Nebeneinander sexueller Lebensformen.

Die Möglichkeiten und Grenzen der Geschlechter neu auszuloten beinhaltet immer ein Moment der Utopie. Doch um die Sexarbeit wertzuschätzen, ist es nicht nötig, eine postkapitalistische, postpatriarchale Idylle abzuwarten, in der Sex und Macht anders oder gar nicht mehr miteinander verknüpft sind. Schon jetzt können wir die Verdienste der Sexarbeit anerkennen: ihre Kompetenzen, ihre Diskretion, ihre Menschlichkeit. In ihrer Rolle als Safer-Sex-Aktivistinnen leisten viele Prostituierte einen höchst effektiven Beitrag für die öffentliche Gesundheit und ein verantwortungsbewußtes Sexualverhalten, der oft übersehen wird. Ignoriert, geradezu totgeschwiegen werden auch die therapeutischen Effekte ihrer Arbeit, die einen Beitrag zur sexuellen Gesundheit unserer Gesellschaft leisten. Ebenso wie Schwule gehören Prostituierte zur sexuellen Avantgarde. Zusammen mit promisken Schwulen stand die Prostitution Pate für eine Tendenz zu sexuellen Lebensstilen, die die Sexualität aus der Umklammerung staatstragender ehelicher Pflichten oder einem Überbau an romantischer Liebe herauslösen. Anthony Giddens' Konzept einer »reinen Beziehung«, so wie sie schwule Paare häufig praktizieren, findet seine Entsprechung in der »reinen Sexualität« prostitutiver Beziehungen, die – geht man nach den Inhalten von Kontaktanzeigen – auch für private Sexkontakte zunehmend mustergültig wirken. Aber auch vor dem Hintergrund derzeitiger demographischer Entwicklungen könnte die Bedeutung der Sexarbeit zunehmen. Ein Grund, weshalb ältere Menschen sexuell inaktiver leben, ist der Verlust des Ehepartners und die Schwierigkeit, in betagtem Alter eine Privatpartnerin zu finden. Angesichts dieser Sachlage könnte die Sexarbeit gerade für ältere Männer eine zunehmend attraktive Option sein, ihre sexuell aktive Lebensphase zu verlängern.

Ein Bewußtsein für sexuelle Rechte setzt ein Bewußtsein für sexuelle Freiheiten voraus, und die werden immer wieder neu definiert und erkämpft. Die subversiveren Botschaften sexueller Befreiung erreichen uns in letzter Zeit nicht aus deutschen Lifestyle-Magazinen, sondern aus Frankreich, wo Regisseure wie Patrice Chéreau und Catherine Breillat Normalbürger(innen) mittleren Alters beim Ausagieren sexueller Experimente zeigen, wo Catherine Millet und Virginie Despentes neue Roman- und Filmsprachen für weibliche Sexualitäten entwerfen. Viele der Grenzen, die sie überschreiten, sind Sexarbeiterinnen sehr geläufig: der oft unterschätzte Reiz flüchtiger erotischer Begegnungen, eine sexuelle Kameraderie zwischen promisken Frauen und Männern, ein vorfeministisches Bewußtsein sexueller Macht von Frauen über Männer. Das Erfahrungswissen von Prostituierten wäre der Rohstoff, aus dem feministische Thinktanks ein neues, sexualisiertes weibliches Selbstverständnis schmieden könnten, ein Bewußtsein für Wahlmöglichkeiten zwischen Sexual- und Lebenspartnerschaften, für pragmatischere Beziehungsideale, eine Expansion sexueller Ausdrucksmöglichkeiten und neuer Formen eines neid- und konkurrenzfreieren »female bonding«. Wenn eine Institution bislang mit mehr Nachteilen als Vorteilen behaftet war, muß das nicht heißen, daß es bis in alle Ewigkeit so bleiben muß. In den achtziger Jahren galt der amerikanische Hip-Hop mit seiner Fucking-Bitches-Poetik als Inbegriff der Frauenfeindlichkeit – bis MC Lyte und Missy Elliot die Regeln umdefinierten und damit kommerziell erfolgreich waren. Großbritannien und Frankreich, einst die mächtigsten Kolonialmächte, sind heute die Epizentren multiethnischer Lebensformen und emanzipatorischer Diskurse. Wenn jemand ermittelt, wo die Mängel im System liegen, punktgenaue, kreative Lösungen findet und eine kritische Masse von Menschen dies nachvollziehen kann und möchte, dann entstehen Paradigmenwechsel. Die Lösung bahnt sich oft in der Mitte des Problems an.

Im Hier und Jetzt leben: Larissa

Im Puff kann man – eigentlich sollte ich sagen frau – den Moment nehmen, wie er ist, ihn genießen, einfach im Hier und Jetzt sein. Jetzt ist der Mann da, jetzt krieg ich ihn in meine Finger, jetzt gehört er mir, aber nur jetzt, und eine Stunde später – c'est la vie – ist er weg. Aber das Jetzt ist das Jetzt, und dadurch kann viel Intensität entstehen. Es ist ähnlich wie bei den kleinen Momenten im Leben, die man nicht vergißt: Man begegnet einem Menschen, der einem zulächelt oder ein Kompliment macht oder unerwartet einen Espresso ausgibt – überhaupt nichts Großes, nichts Pathetisches, nichts Besonderes, und trotzdem, die Szene bleibt als Momentaufnahme im Erinnerungsvermögen gespeichert. Und im Puff ist es ganz ähnlich. Wenn man die Kleinigkeiten zu schätzen weiß, die kleinen Gesten, Worte und Begegnungen, wenn man es versteht, sie zu filtern und das Wertvolle herauszuziehen, dann gibt es viele schöne Momente. Man kann Lebensfreude lernen. Ach was, das Leben selbst kann man im Puff lernen.

ANHANG

Deklaration der sexuellen Menschenrechte[235]

Sexualität ist integraler Bestandteil der Persönlichkeit jedes menschlichen Wesens. Ihre volle Entfaltung verlangt die Befriedigung menschlicher Grundbedürfnisse wie Sehnsucht nach Kontakt, nach Intimität, nach Ausdruck von Gefühlen, nach Lust, Zärtlichkeit und Liebe. Sexualität konstruiert sich aus dem Zusammenwirken von individuellen und gesellschaftlichen Strukturen. Eine voll entwickelte, erfüllte Sexualität ist die Grundlage für individuelles, zwischenmenschliches und gesellschaftliches Wohlbefinden. Sexuelle Rechte sind universale Menschenrechte auf der Grundlage von Freiheit, Würde und Gleichheit aller Menschen. So wie der Anspruch auf Erhalt und Wiederherstellung der Gesundheit ein menschliches Grundrecht ist, so gilt dies auch für die sexuelle Gesundheit. Damit Menschen und Gesellschaften eine gesunde Sexualität entwickeln können, müssen die folgenden Sexual-Rechte weltweit anerkannt und mit allen Mitteln gefördert und verteidigt werden. Sexuelle Gesundheit gedeiht nur in einer Umgebung, die diese sexuellen Grundrechte wahrnimmt, respektiert und ausübt.

1. Das Recht auf sexuelle Freiheit.

Sexuelle Freiheit als sexuelle Selbstbestimmung umfaßt die Freiheit eines jeden Individuums, alle seine sexuellen

Möglichkeiten zum Ausdruck zu bringen. Dies schließt jedoch zu jeder Zeit und in jedweden Lebenssituationen alle Formen sexuellen Zwangs, sexueller Ausbeutung und sexuellen Mißbrauchs aus.

2. Das Recht auf sexuelle Autonomie, sexuelle Integrität und körperliche Unversehrtheit.

Dieses Recht beinhaltet die Fähigkeit zu selbständigen Entscheidungen über das eigene Sexualleben im Rahmen der eigenen persönlichen und sozialen Ethik. Es umfaßt auch das Recht auf Verfügung über den und Lust am eigenen Körper, frei von jeder Art von Folter, Verstümmelung und Gewalt.

3. Das Recht auf eine sexuelle Privatsphäre.

Dies umfaßt das Recht auf individuelle Entscheidungen und Verhaltensweisen in unserem Intimleben, solange diese nicht die Sexual-Rechte anderer beeinträchtigen.

4. Das Recht auf sexuelle Gleichwertigkeit.

Dies verlangt Freiheit von allen Formen der Diskriminierung aufgrund von Geschlecht, Geschlechtsrolle, sexueller Orientierung, Alter, Rasse, sozialer Schicht, Religion oder körperlicher und seelischer Behinderung.

5. Das Recht auf sexuelle Lust.

Sexuelle Lust einschließlich Selbstbefriedigung ist eine Quelle von körperlichem, seelischem, geistigem und spirituellem Wohlbefinden.

6. Das Recht auf Ausdruck sexueller Empfindungen.

Sexuelle Äußerungen beinhalten mehr als erotische Lust oder sexuelle Handlungen. Menschen haben das Recht, ihre Sexualität durch Kommunikation, Berührungen, Gefühle und Liebe auszudrücken.

7. Das Recht auf freie Partnerwahl.

Dies bedeutet das Recht zu heiraten oder auch nicht, sich scheiden zu lassen und andere Formen verantwortungsbewußter sexueller Beziehungen einzugehen.

8. Das Recht auf freie und verantwortungsbewußte Fortpflanzungsentscheidungen.

Dies schließt das Recht auf die Entscheidung ein, Kinder zu haben oder nicht; ihre Anzahl und die Abstände zwischen den Geburten zu bestimmen; und das Recht auf ungehinderten Zugang zu Mitteln der Fruchtbarkeits-Kontrolle.

9. Das Recht auf wissenschaftlich fundierte Sexualaufklärung.

Dieses Recht beinhaltet, daß sexuelles Wissen in einem Prozeß unbehinderter Forschung und wissenschaftlicher Ethik gewonnen und in angemessener Weise auf allen gesellschaftlichen Ebenen verbreitet wird.

10. Das Recht auf umfassende Sexualerziehung.

Dies ist ein lebenslanger Prozeß von der Geburt durch alle Lebensphasen und unter Einbeziehung aller sozialen Institutionen.

11. Das Recht auf sexuelle Gesundheitsfürsorge.

Zur Verhütung und Behandlung von allen sexuellen Fragen, Problemen und Störungen sollte allen eine angemessene Gesundheitsfürsorge zur Verfügung stehen.

Sexual-Rechte sind universale Grund- und Menschenrechte!

Anmerkungen

1 Walter Benjamin: Einbahnstraße. In: *Werkausgabe*. Band 10, S. 109. Frankfurt: Suhrkamp, 1980.

2 Camilla Paglia: »The Prostitute, the Comedian, and Me«. Interview mit Tracy Quan in *Urban Desires*, 1995.

3 Sperrgebietsverordnungen werden von Stadt zu Stadt unterschiedlich geregelt und umgesetzt. In einigen Städten wird die Prostitution auch innerhalb der Sperrgebiete geduldet oder zeitlich beschränkt. In anderen Städten wird zwischen Anbahnung und Ausübung der Prostitution unterschieden. Mehr dazu bei: Beate Leopold/Elfriede Steffan: *Dokumentation zur rechtlichen und sozialen Situation von Prostituierten in der Bundesrepublik Deutschland.* Stuttgart: Kohlhammer, 1997, S. 272 ff.

4 Abschrift der öffentlichen Sitzung des Verwaltungsgerichts Berlin, 35. Kammer, 11. 5. 2000, Weigmann / Land Berlin, S. 4.

5 Schreiben an Rechtsanwältin Margarete von Galen vom 14. 12. 1999.

6 In der Sendung *Mona Lisa* vom 15. 1. 2001, im *Tagesspiegel* 9. 5. 2001, S. 2.

7 »Sittenwidrig ist nicht die Prostitution, sondern unanständig und bigott ist die Art und Weise, in der unsere Rechtsordnung mit Prostituierten verfährt«, so die Münsteraner Kriminologin Ursula Nelles. Die Jura-Dozentin Susanne Baer nannte Prostitution einen »Ausduck des allgemeinen Persönlichkeitsrechts« und machte deutlich, daß in der Generation der Studenten ein Umdenken stattgefunden hat, daß sie »sich zwar deutlich gegen alle Formen der Ausbeutung wenden, das Anbieten sexueller Dienstleistungen aber als vollkommen unproblematisch ansehen«. Der Zentralverband des Deutschen Handwerks kritisierte die »Benachteiligungen von Prostituierten im rechtlichen und sozialen Bereich«. Die Industrie- und Handelskammer zu Berlin forderte eine Korrektur der Sichtweise, daß »durch Prostitution der Intimbereich der Frau in für sie entwürdigender Weise vermarktet und die Triebhaftigkeit der Freier ausgebeutet werde«, und verwies auf Einstellungsänderungen zur Homosexualität. Gleichzeitig empfahl sie, »Normen, die (...) der Bevölkerung nicht geläufig sind, sollten (...) auf ihre Notwendigkeit hin überprüft und ggf. ersatzlos gestrichen werden, um auf diese Weise in nennenswertem Umfang das deutsche Normendickicht zu deregulieren«. Der Deutsche Industrie- und Handelstag schrieb: »Der Staat, der zunehmend die Eigenverantwortung des Einzelnen fordert und fördert, kann für sich nur unter Begrün-

dungsdefiziten in Anspruch nehmen, die Bürger bei einem selbst gewählten Beruf vor sich selbst zu schützen.« »Aus Sicht des DGB und der Mitgliedsgewerkschaften müssen diese Tätigkeiten arbeitsvertrags- und sozialversicherungsfähig gemacht werden«, hieß es von höchster Gewerkschaftsseite. »Eine Voraussetzung dafür ist, dass diese nicht als sittenwidrig bezeichnet werden«. Die ÖTV beklagte ein hohes Maß an Doppelmoral, »die den Kunden nutzt, den sich prostituierenden Frauen hingegen schadet«, und begrüßte eine berufsrechtliche Regelung mit dem Ziel, »die rechtliche Beurteilung dieser Tätigkeit als sittenwidrig abzuschaffen und damit arbeitsvertrags- und sozialversicherungsfähig zu machen«. Die Deutsche Angestellten-Gewerkschaft verwies auf einen internen Meinungswandel: »Die Gewerkschaftsfrauen konnten sich nicht vorstellen, daß sich eine Frau freiwillig prostituieren würde. Die derzeitige gewerkschaftsinterne Diskussion (...) stellt fest, dass die rechtliche und soziale Benachteiligung von Prostituierten aufhören muss, dass die kriminellen Auswüchse bekämpft werden müssen und jeder Prostituierten als Frau das Recht zusteht, über die Wahl ihrer Arbeit selbstbestimmt zu entscheiden.« Zit. n. Urteilsbegründung *Café Pssst!*, VG 35 A 570.99, und Cay Dobberke: »›Prostitution nicht unsittlich‹ – Verbände halten zum Café Pssst!« im *Tagesspiegel*, 21. 11. 2000, S. 13.

8 Marina Zapf und Norbert Mappes-Niediek: »In armen Ländern finden Frauenhändler reiche Beute«. *Financial Times Deutschland*, 15. 8. 2001.

9 Wille, Reinhard, und Thomas-Jens Hansen: »Prostitution in Deutschland um die Jahrtausendwende – Empirische Befunde zu einem sozialrechtlichen Dilemma«. In: *Sexuologie – Zeitschrift für sexualmedizinische Fortbildung und Forschung*, Band VII, 2-3/2000, S. 144.

10 Robin Baker: *Sex im 21. Jahrhundert*. Limes Verlag, 2000, S. 365.

11 Robin Baker: *Krieg der Spermien*. Bergisch-Gladbach: Bastei-Lübbe, S. 401.

12 So tendieren spezialisierte Interessenvertretungen dazu, ihre Zielgruppen überzubewerten. Während ein bekanntes deutsches Hurenprojekt den Anteil nicht-deutscher Prostituierter an der Gesamtzahl bei 50–60% ansetzt, liegt er für die Frauenhandelslobbyistinnen des KOK (siehe Anmm. 216) bei geschätzten 80%. Immer wieder haben Experten auf Verzerrungen und Ungenauigkeiten bei quantitativen Einschätzungen der Sexarbeit hingewiesen. Kleiber und Velten meinen: »In die Angaben gehen möglicherweise aufgrund politisch motivierter Opportunitätsüberlegungen, aber auch aufgrund des generellen Mangels an Wissen zum Dunkelfeld Gelegenheits- und Drogenprostitution ›Über- und Unterdimensio-

nierungen‹ ein.« In: Kleiber, Dieter und Doris Velten: *Prostitutionskunden – Eine Untersuchung über soziale und psychologische Charakteristika von Besuchern weiblicher Prostituierter in Zeiten von AIDS*. Band 30 Schriftenreihe des Bundesministeriums für Gesundheit. Nomos Verlagsgesellschaft Baden-Baden, 1994, S. 12. Leopold und Steffan schreiben: »Genaugenommen kann aufgrund der aktuellen Einschätzungen der Institutionen und Projekte vor Ort gar keine seriöse Gesamtschätzung abgegeben werden.« In: Beate Leopold und Elfriede Steffan: *EVA-Projekt – Evaluierung unterstützender Maßnahmen beim Ausstieg aus der Prostitution*, SPI-Publikation, 1997, S. 207. Siehe dazu z. B. auch R. Wille & Th. Hansen: »Prostitution in Deutschland um die Jahrtausendwende«. In: *Sexuologie* 2–3, 2000, S. 143

13 *Brockhaus Gesundheit*. Leipzig, Mannheim: F. A. Brockhaus GmbH, 2000.

14 Siehe dazu: Vern und Bonnie Bullough: *Women and Prostitution – A Social History*. Buffalo, New York: Prometeus Books, 1987, S. 303 ff.

15 Leopold/Steffan (wie Anm. 12) S. 10.

16 In der Sendung *Mona Lisa* vom 15. 1. 2001.

17 Leopold/Steffan (wie Anm. 12).

18 Siehe dazu z. B. Mona Gasser: *Gestatten Callgirl – Die Freiheit nehm ich mir*. Stuttgart: Gatzanis Verlag, 1996.

19 Associated Press, Freitag, 19. Oktober 2001, 17:51 Uhr.

20 Letters from Escorts auf www.worldsexguide.com.

21 Melissa Farley, Isin Baral, Merab Kiremire und Ufuk Sezgin: »Prostitution in Five Countries: Violence and Post-Traumatic Stress Disorder«. In: *Feminism & Psychology*, 1998. Band 8 (4), S 405–426.

22 John Exner, Joyce Wylie, Antonia Leura, Tracey Parrill: »Some Psychological Characteristics of Prostitutes«. In: *Journal of Personality Assessment* 41, 1977, S. 474–485. Frank Farley und Sandy Davis: »Masseuses, Men and Massage Parlors«. In: *Journal of Sex and Marital Therapy* 4, 1978, S. 219–225.

23 Perkins, Roberta: *Working Girls: Prostitutes, Their Life and Social Control*. Canberra: Australian Institute of Criminology, 1991.

24 Kathy Sisson: »Women who provide sadomasochistic (S/M) interactions for money«. Vortrag der Autorin beim 15. World Congress of Sexology, 24.–28. Juni 2001, Paris.

25 W. M. A. Vanwesenbeek: *Prostitutes' well-being and risk*. Amsterdam: VU University Press, 1994.

26 Leopold/Steffan (wie Anm. 12).

27 Zur Selbstschutzthematik siehe: Joanna Brewis, Stephen Linstead: *Sex, Work and Sex Work – Eroticizing Organization*. London/New York: Routledge 2000, S. 214–219.

28 Leopold/Steffan (wie Anm. 12), S. 12.

29 Ebd., S. 15.

30 Pomeroy, Wardell: »Some Aspects of Prostitution«. In: *The Journal of Sex Research* I, 1965, S. 177–187.

31 HWG war bis in die siebziger Jahre die gängige Abkürzung für »häufig wechselnder Geschlechtspartner«.

32 Kleiber/Velten (wie Anm. 12); Ronald Weitzer (Hg.): *Sex for Sale – Prostitution, Pornography and the Sex Industry*. New York: Routledge, 2000.

33 Reuters Sidney, Montag, 21. Januar 2002, 15:38 Uhr.

34 Siehe dazu: Alfred C. Kinsey: *Sexual Behavior in the Human Male*. Philadelphia, W. B. Saunders, 1948; National Health and Social Life Survey 1992, zit. n. Robert T. Michael, John H. Gagnon, Edward O. Laumann und Gina Kolata: *Sex in America. A Definitive Survey*. Boston: Little, Brown and Company, 1994.

35 Bereits Kinsey stellte 1948 fest, daß die älteren Männer seiner Stichprobe überrepräsentiert sind, während die jüngeren vermehrt Sex mit Privatpartnerinnen hatten.

36 Sven-Axel Mansson: »Man's practices in prostitution: the case of Sweden«. Vortrag des Autors beim 15. World Congress for Sexology, 24.–28. Juni 2001, Paris.

37 Die vom Bundesministerium für Gesundheit finanzierte wissenschaftliche Studie über Prostitutionskunden von Kleiber/Velten (wie Anm. 12) gilt als seriös und repräsentativ. Auch andere Wissenschaftler und die Zeitschrift *Playboy* versuchten, den Anteil der Freier an der Gesamtzahl der sexuell aktiven Männer zu verorten. Die Ergebnisse schwankten zwischen mageren 10% und exorbitanten 88%. Siehe dazu: Le Viseur, R., und W. Habermehl: *So treiben's die Deutschen. Der Playboy-Report*. Frankfurt/Main: Eichborn 1985; Schmeichel, Frank: *Der Frank-Schmeichel-Report: Das geheime Sex-Leben der Deutschen.* Berlin: Ullstein, 1989; Bundesgesundheitsministerium für Jugend, Familie, Frauen und Gesundheit: *Umfrage zur Ermittlung der Häufigkeit von Risikoquellen für AIDS.* 1987; Markert, S.: *Studie zum Risikoverhalten von Freiern.* Berlin: Intersofia Gesellschaft für interdisziplinäre Sozialforschung in Anwendung mbH, 1991; Bundeszentrale für gesundheitliche Aufklärung: *AIDS im öffentlichen Bewußtsein der Bundesrepublik*, 1991; Hydra (Hg.): *Beruf Hure*, Hamburg: Galgenberg, 1988. Allerdings sind all diese Schätzungen weder miteinander vergleichbar noch besonders aussagekräftig, zum einen wegen verzerrter Stichproben und unterschiedlicher Fragestellungen, zum anderen wegen der Neigung zu sozial erwünschten Antworten. Einige Probanden wurden sogar telefonisch befragt. Man stelle sich vor: Die Familie sitzt beim Abendessen, das Telefon klingelt, und der Mann wird gefragt, ob

er schon mal Kontakte zu Prostituierten hatte und, falls ja, wie oft …

38 Derart unterschiedliche Experteneinschätzungen werfen natürlich Fragen nach möglichen Interessen auf, die sich hinter diesen quantitativen Daten verbergen. Sicher ist: Hohe Freieranteile nützen sowohl Prostitutionsgegnern als auch den Aktivistinnen der Hurenbewegung. Die einen leiten daraus Handlungsbedarf in Richtung Repression ab, die anderen instrumentalisieren die Nachfrageseite für ihre Forderungen nach Entkriminalisierung.

39 Kleiber/Velten (wie Anm. 12), S. 85.

40 Martin A. Monto: »Why Men Seek Out Prostitutes«. In: Ronald Weitzer (Hg.): *Sex for Sale – Prostitution, Pornography and the Sex Industry.* New York: Routledge, 2000, S. 73.

41 Siehe z. B. Hoigard, C., und L. Finstad: *Seitenstraßen. Geld, Macht und Liebe oder der Mythos von der Prostitution.* Hamburg: Rowohlt, 1987; Chetwynde, J., und Plumridge, E.: »Knowledge, attitudes and activities of male clients of female sex workers: risk factors for HIV«. In: *New Zealand Medical Journal,* 14. 9. 1994, S. 351 ff.; Hart, A.: »Missing masculinity? Prostitutes' clients in Alicante, Spain«. In: Cornwall, A., und N. Lindisfarne (Hg.): *Dislocating Masculinity.* London: Routledge, 1994; McKeganey, N., und Barnard, M.: Sex Work on the Streets. Buckingham: Open University Press, 1996; Stein, M. L.: *Lovers, Friends, Slaves: Nine Male Sexual Types: Their Psycho-Sexual Transactions with Call Girls.* New York: Berkeley, 1974.

42 Siehe dazu: ebd.; Girtler, R.: »Die Prostituierte und ihre Kunden«. *Kölner Zeitschrift für Soziologie und Sozialpsychologie,* Nr. 36, 1984, S. 323–341; Kleiber/Velten (wie Anm. 12), S. 172; Martin A. Monto (wie Anm. 40), S. 71; Steven Sawyer: »Attitudes of Male Customers of Prostitutes«. Vortrag des Autors beim 15. World Congress of Sexology, 24.–28. Juni 2001, Paris; Wille/Hansen (wie Anm. 9), S. 150.

43 Ich beziehe mich auf folgende Forschungen: Kleiber/Velten (wie Anm. 12), S. 71ff., Monto (wie Anm. 40), S. 67–83, sowie die noch unveröffentlichte Studie des schwedischen Sozialforschers Sven-Axel Mansson. (wie Anm. 36).

44 Siehe Anm. 41.

45 Sibylle Royal: »Die geheimen Wünsche der Männer«. In: *Freundin* 9/99, S. 110ff.

46 Agisra (Arbeitsgemeinschaft gegen internationale sexuelle und rassistische Ausbeutung) wurde 1983 als interkulturelle Frauenorganisation gegründet und arbeitet bundesweit.

47 Hydra (Hg.): *Freier – Das heimliche Treiben der Männer.* München: Knaur, 1994, S. 73.

48 Kleiber/Velten (wie Anm. 12), S. 86.
49 Vortrag des Autors beim 15. World Congress for Sexology, 24.–28. Juni 2001, Paris.
50 Hydra (wie Anm. 47).
51 Grenz, Sabine: »Wenn ein Mann der Prostituierten treu ist«. In: *Tagesspiegel*, 4. 9. 2001.
52 Hydra (wie Anm. 47), S. 134.
53 Grenz (wie Anm. 51).
54 *ASF* (Aktueller Sex-Führer), Ausgabe 138, Juli 1998, S. 72 f.
55 Ebd.
56 In Thailand, wo unverheiratete Männer fast ausschließlich mit Prostituierten Sex haben, lag die Anzahl der männlichen Medizinstudenten, die ihren ersten Geschlechtsverkehr mit Prostituierten erlebte, 1984 bei 88% und im Jahr 2000 AIDS-bedingt noch bei 34%. Sompol Pongthai: »The impact of the AIDS era in Thailand on Thai medical students' sexual contact with prostitutes«. Vortrag des Autors beim 15. World Congress for Sexology, 24.–28. Juni 2001, Paris.
57 Hydra (wie Anm. 51), S. 134.
58 Kleiber/Velten (wie Anm. 12), S. 63.
59 Michel Houellebecq: *Ausweitung der Kampfzone*. Rowohlt Taschenbuch Verlag, 2000, S. 108 f.
60 Thomas Jendrosch: *SexSells – Der neue Trend zur Lust in Wirtschaft und Gesellschaft*. GIT Verlag, 2000.
61 Ebd., S. 75.
62 Ebd.
63 David Friedman: *Der ökonomische Code. Wie wirtschaftliches Denken unser Handeln bestimmt*. München: Piper, 1999, S. 454.
64 Siehe z. B.: Daniel S. Kallen: »Die fatale Trennung von Erotik und Religion«. *Neue Zürcher Zeitung*, 22./23. 12. 2001, S. 57.
65 Norbert Elias: *Über den Prozeß der Zivilisation. Erster Band. Wandlungen des Verhaltens in den weltlichen Oberschichten des Abendlandes*. Frankfurt: Suhrkamp, 1980, S, 247.
66 Siehe z. B. Gunter Schmidt: *Sexuelle Verhältnisse*. Rowohlt, 1998. S. 91 ff.
67 Michael Mary: *5 Lügen, die Liebe betreffend*. Hoffmann & Campe, 2001.
68 Schmidt (wie Anm. 66), S. 91 ff.
69 Martina Rellin: *Ich habe einen Liebhaber – Frauen erzählen von ihren Begegnungen mit dem ganz besonderen Mann*. Berlin: Schwarzkopf & Schwarzkopf Verlag, 2001.
70 Alice Schwarzer: *Der »kleine Unterschied« und seine großen Folgen*. Frankfurt/Main: Fischer, 1977.
71 Pietropinto, A., und Simenauer, J.: *Abschied vom Mythos Mann*. Franfurt/Main: Fischer, 1978. Shere Hite: *Hite Report: Das sexuelle*

Erleben der Frau. München 1977, und *Hite Report II: Das sexuelle Erleben des Mannes*. München, 1982.

72 Lange galt der Grundsatz, daß diese geschlechtstypischen Unterschiede ausschließlich soziokulturell verursacht seien. Diese Position, u. a. durch Margaret Mead popularisiert, ist inzwischen mehrfach widerlegt worden, da ethnologische Untersuchungen überzeugende Hinweise auf kulturübergreifende Universalien in »typisch« weiblichem oder männlichem Verhalten ergeben haben. Geschlechtstypische Unterschiede gelten als biologisch mitverursacht, wenn sie vier verschiedenen Vergleichen standhalten: einem Artvergleich (Existiert dasselbe Verhalten z. B. bei Primaten?), einem Kulturvergleich (Verhalten sich Männer bzw. Frauen in unterschiedlichen Kulturen gleich?), einem Sozialisationsvergleich (Läßt sich das Verhalten nachhaltig umkehren oder abtrainieren?) und einem humanbiologischen Vergleich (Verändert sich das Verhalten durch Unterschiede bestimmter biologischer Parameter, z. B. der Hormonsituation oder genetischen Faktoren?).

73 David Buss: *Die Evolution des Begehrens*. München, 1997.

74 Z. B. Baker (wie Anm. 11).

75 Z. B. Barbara Smuts et al.: *Primate societies*. Chicago, 1987, oder Sarah Blaffer Hrdy: »Empathy, polandry and the myth of the coy female«, in: R. Bleier (Hg.): *Feminist approaches to Science*. New York, 1986.

76 Z. B. bei den Bari, Maniokbauern aus Venezuela und Kolumbien, den Ache in Paraguay und einigen westafrikanischen Insel-Ethnien. Siehe dazu auch Natalie Angier: *Frau*. München, 2000, S. 486.

77 Maticka-Tyndale, T. E., Herold, E. S., Mewhinney, D.: »Casual sex on spring break: Intentions and behaviors of Candian students«. In: *Journal of Sex Research* 35, 1998, S. 254–264.

78 Siehe z. B. Midlife Women's Health Survey, die Forschungen zu Meno- und Andropause von Jean Belaisch (Frankreich), Sylvia Keller (USA) und Eusebio Rubio-Aurioles (Mexiko).

79 Die Wissenschaftlerin Astrid Jütte, Universität Wien nahm von männlichen und weiblichen Pornosehern Blutproben. Bei Männern stieg der Testosteronspiegel um 100, bei Frauen um 80 Prozent an.

80 Angier (wie Anm. 76), S. 474.

81 Helen Fisher: *Das starke Geschlecht: Wie das weibliche Denken die Zukunft verändern wird*. München: Wilhelm Heyne Verlag, 2000, S. 336, siehe auch Angier (wie Anm. 76), S. 485.

82 Fisher (wie Anm. 81), S. 339 und 345.

83 Connell, Robert W.: »Sexual Revolution«. In: L. Segal (Hg.): *New Sexual Agendas*. London: Routledge, S. 60–76

84 Kerber, K.B.: »The marital balance of power and quid pro quo: An evolutionary perspective«. In: *Ethology and Sociobiology* 15 (5/6), 1994, S. 283–297.

85 Kleiber/Velten (wie Anm. 12), S. 63.
86 *Psychologie heute*, März 2001, S. 10.
87 Ralf Hoppe: »Die bürgerlichen Huren«. In: *Der Spiegel* 35/2001, 27. 8. 2001.
88 Perkins, Roberta.: *Working Girls: Prostitutes, Their Life and Social Control*. Australian Institute of Criminology: Canberra, 1991, S. 389.
89 www.arachne.de.
90 Kleiber/Velten (wie Anm. 12), S. 61; Sawyer (wie Anm. 42); Mansson (wie Anm. 36).
91 Thomas Heurlin: *Die Mädchen von Pattaya*. Dokumentation, ausgestrahlt auf *ARTE*, 22. 2. 2002, 22.15 Uhr.
92 Pomeroy, Wardell: »Some Aspects of Prostitution«. In: *The Journal of Sex Research* I, 1965, S. 177–187.
93 Perkins (wie Anm. 88).
94 Hydra (wie Anm. 47), S. 102f.
95 Bullough (wie Anm. 14).
96 James Buchan: *Frozen Desire – The Meaning of Money*. London: MacMillan 2001.
97 Bullough (wie Anm. 14).
98 Hans-Joachim Maaz: »Der Lilithkomplex«. In: *Psychologie heute*, März 2001, S. 46 f.
99 Tissy Bruns: »Rote Schuhe, ganz legal«. *Tagesspiegel*, 2. 12. 2000, S. 8.
100 Laura Agustin: »Leaving Home for sex«. Abstract. Workshop on Sexuality and the State. International Perspectives. 14.–16. 6. 2000.
101 Phoebe Müller: *Red Light*. Konkursbuch Verlag Claudia Gehrke, 2001, S. 66f.
102 Siehe z. B. die Dokumentationen »Die Mädchen von Pattaya« von Thomas Heurlin (ausgestrahlt auf *ARTE*, 22. 2. 2002, 22.15 Uhr) oder »Geliebte Sünde. Auf dem roten Strich – Prostitution in der DDR« von Jürgen Eike und Werner Brissau, *NDR* 1998.
103 Gasser (wie Anm. 18).
104 Bullough (wie Anm. 14), S. 292.
105 Reuters-Meldung, 18. 1. 2002, 12:42 Uhr.
106 Jacqueline Sánchez Taylor: »Sex Tourism in the Caribbean«. University of Leicester. In: Stephen Clift and Simon Carter (Hg.): *Tourism, Travel and Sex*. Cassell, 1999.
107 Fisher (wie Anm. 81), S. 278.
108 Nach subjektiv erlebten Unterschieden zwischen privater und prostitutiver Sexualität befragt, erklärten die Probanden der Hydra-Studie, daß sie an der Beziehungssexualität das Geborgenheitsgefühl, das Vor- und Nachspiel und die Gespräche bevorzugten, bei Prostituierten hingegen das Ausleben von Phantasien bzw. Praktiken, die

die Partnerin ablehnt, mehr Spaß und weniger Frust. In: Hydra (wie Anm. 51), S. 85f.

109 Mary (wie Anm. 67); Bullough (wie Anm. 14).

110 Jendrosch (wie Anm. 60), S. 75.

111 Paglia (wie Anm. 2).

112 Rügemer, Werner: »Die legalen Mittäter – Über Hintermänner, Finanziers und Profiteure der Organisierten Kriminalität«. In: *dp spezial*, Supplement der Zeitschrift *Deutsche Polizei* Nr. 7/97, S. 4.

113 Leo Keidel: »Menschenhandel als Phänomen Organisierter Kriminalität – Erscheinungsformen des weltweiten Handels mit der Ware Frau«. In: *Kriminalistik* 5/98, S. 323.

114 Sieber, Ulrich, und Marion Bögel: *Logistik der Organisierten Kriminalität.* BKA-Forschungsreihe, Band 28, Wiesbaden 1993, S. 228.

115 Keidel (wie Anm. 113), S. 323.

116 Zapf/Mappes-Niediek (wie Anm. 8).

117 Rügemer (wie Anm. 112), S. 3.

118 Hamburg (Reuters), Donnerstag, 4. Oktober 2001, 16:40 Uhr.

119 Zu den unterschiedlichen Praktiken der Gewinnabschöpfung und des Opferschutzes siehe auch: Niesner, Elvira: *Frauenhandel in Europa. Strafverfolgung und Opferschutz im europäischen Vergleich.* Kleine Verlag 2001.

120 Nicht immer geht es bei der Gewinnabschöpfung, die auch bei Delikten wie Drogenhandel, Eigentums- und Vermögensdelikten (Wirtschaftskriminalität), illegalem Glücksspiel und Zuhälterei zum Einsatz kommt, um die Beschlagnahme von Bargeld. § 73a StGB (Verfall von Wertersatz) erlaubt auch den Zugriff auf das legal erworbene Vermögen des Täters in Höhe der illegal erworbenen Werte. Konten und Wertpapierdepots, Bausparguthaben, Rückkaufswerte aus Lebensversicherungsverträgen, Miterbenanteile, Rückgewährsansprüche aus Grundschulden, Mietforderungen oder Firmen- und Gesellschaftsanteile können gepfändet werden. Während einer Modellphase in Bayern wurden 1999 auf diese Weise in 163 Ermittlungsverfahren über 60 Millionen Mark aus illegalen Erträgen abgeschöpft.

121 Keidel (wie Anm. 113), S. 324. Keidel bezieht sich in diesem Beispiel auf zwei TV-Sendungen: *3SAT Geldbörse* vom 3. 4. 1997 und Pro7 *Focus TV* vom 1. 12. 1997.

122 Rügemer (wie Anm. 112), S. 5.

123 Anonymer User im Februar 2001 auf www.strichweb.de.

124 Kleiber/Velten (wie Anm. 12).

125 *Der Brockhaus in einem Band*, 9. vollst. überarbeitete und aktualisierte Auflage.

126 Allison, A.: *Nightwork: sexuality, pleasure and corporate masculinity in a Tokyo hostess club*. Chicago: University of Chicago Press, 1994.

127 Mitter, S.: *Common Fate, Common Bond: Women in the Global Economy.* London: Pluto Press, 1986.
128 O'Connell Davidson, Julia: *Prostitution, Power and Freedom.* Ann Arbor: University of Michigan Press, 1998, S. 164.
129 Ellen Bareis: »Sex macht Arbeit«. *Jungle World*, Nr. 24, 6. 6. 2001, S. 10.
130 O'Connell Davidson (wie Anm. 128); Grenz (wie Anm. 51).
131 Judith Mackay: *The Penguin Atlas of Human Sexuality*. New York, 2000, S. 63.
132 Ebd., S. 67.
133 *World Labour Report 2000*: Income Security and Social Protection in a Changing World. Washington, International Labor Office, 2000.
134 Fisher (wie Anm. 81), S. 264 f.
135 Friedrich Engels: *Der Ursprung der Familie, des Privateigentums und des Staats* (1884); August Bebel: *Die Frau im Sozialismus* (1879).
136 Verschiedene Autoren haben die Prostitution in der Sowjetunion beschrieben: V. Bronner: *La lutte contre la Prostitution en USSR*. Moskau, 1936; John Gunther: *Inside Russia Today*. New York, 1957; Juri Brokhin: *Hustling on Gorky Street*. New York, 1975.
137 Davis, Kingsley: »The Sociology of Prostitution«. In: *American Sociological Review* II (1937), S. 744–755, und ders.: »Prostitution«. In: Merton, Robert K., und Robert A. Nisbet (Hg.): *Contemporary Social Problems.* New York, 1961.
138 *United Nations Development Programme*. New York: Oxford University Press, 1995; »For Better or Worse: A Survey of Women and Work«. In: *The Economist*, 1998, S. 3–15; T. Lewin: »Women Losing ground to Men in Widening Income Difference«. In: *New York Times*, 15. 12. 1997, A1 f.
139 »For Better or Worse« (wie Anm. 138).
140 *World Labour Report 2000* (wie Anm. 133).
141 *World Bank Population Database*: 2001 World Development Indicators, 1.3 Women in Development, S. 20–23.
142 Fisher (wie Anm. 81), S. 74.
143 Roediger, David, und Philip Foner: *Our own Time: A History of American Labor and the Working Day*. Westport, 1989, S. 276.
144 Jeremy Rifkin: D*as Ende der Arbeit und ihre Zukunft*. Fischer Taschenbuch Verlag, 1995, S. 161
145 Anonymous, Ph. D: »I'd Rather Be a Whore Than an Academic«. In: *Bad Subjects*, Issue 46, December 1999.
146 Joanna Brewis und Stephen Linstead: *Sex, work and sex work*. New York/London, 2000, S. 234.
147 Kleiber/Velten (wie Anm. 12), S. 61; vgl. auch Sawyer (wie Anm. 90); Mansson (wie Anm. 43).

148 Demnach scheint sich die Anonymität des Kundenkontakts und ein Mangel an sozialer Kontrolle in Stundenhotels, auf Parkplätzen und anderen abgelegenen Schauplätzen der Straßenprostitution als Hauptrisikofaktor zu verdichten. Eine britische Studie sieht vor allem Frauen gefährdet, die auf der Straße arbeiten, und zwar unabhängig von deren Alter, Prostitutionserfahrung oder möglichem Drogenkonsum (Stephanie Church, Marion Henderson, Marina Barnard, Graham Hart: »Violence by clients towards female prostitutes in different work settings: questionnaire survey«. In: *British Medical Journal*, 322, 3. 3. 2001, S. 524f.). Frauen, die vor dem Hintergrund eines geringen schulischen und beruflichen Ausbildungsstatus und/oder bis zum 21. Lebensjahr in die Prostitution einsteigen, sind einer Berliner Studie zufolge besonders gefährdet, Opfer physischer und sexueller Gewalt durch Freier und Zuhälter oder Betreiber zu werden (Leopold/Steffan, wie Anm. 28, S. 11).

149 Pateman, Carol: *The Sexual Contract*. Stanford, 1988; Elisabeth Anderson: *Value in Ethics and Economics*. Cambridge, Mass. 1993.

150 André Gorz: *Kritik der ökonomischen Vernunft. Sinnfragen am Ende der Arbeitsgesellschaft*. Hamburg: Rotbuch Verlag, 1998, S. 211.

151 Sibyl Schwarzenbach: »Prostitution und der Besitz des eigenen Körpers«. In: Philipp Balzer und Klaus Peter Rippe (Hg.): *Philosophie und Sex*. München: dtv, 2000, S. 147–166.

152 Hegel, Georg Wilhelm Friedrich: *Grundlinien der Philosophie des Rechts*. Berlin, 1821. Zit. n. E. Moldenhauer und K. M. Michel (Hg.): Werke in 20 Bänden, Bd. 7, Frankfurt/Main, 1970, S. 67.

153 Richburg, Keith B.: »Prostitutes find regulated workplace is a mixed blessing«. In: *International Herald Tribune*, 11. Juli 2001, S. 2.

154 Fisher (wie Anm. 81), S. 84, und S. 32.

155 O'Connell Davidson (wie Anm. 128), S. 204.

156 Leopold/Steffan (wie Anm. 28), S. 6.

157 Kerstin Schneider: »Bald ein ganz normaler Beruf?« In: *stern* 35/1999.

158 Leopold/Steffan (wie Anm. 28), S. 12.

159 Bullough (wie Anm. 14), S. 293.

160 Richburg (wie Anm. 153), S. 2.

161 Z. B. Sydney Biddle Barrows, Judith Newman: *Manche mögen's gleich. Sex-Tips von einer, die weiß, was Männer wollen*. Knaur, 1997; Domenica: *Domenicas Kopfkissenbuch*. Knaur, 1989.

162 Vgl. Statement S. 58.

163 Letters from Escorts auf www.worldsexguide.com.

164 *stern*, 16. 8. 2001.

165 Andreas Hergeth: »Die Ungestreichelten«. *Frankfurter Allgemeine Zeitung*, 19. 6. 2001, B., S. 3.

166 Jendrosch (wie Anm. 60).

167 Eric Schlosser: »The Business of Pornography». In: *US News and World Report*, 10. 2. 1997, S. 42–50.
168 Davis, James, und Tom Smith: *General Social Survey: Cumulative Codebook.* Chicago, NORC, 1994; Laumann, Edward, et al.: *The Social Organization of Sexuality: Sexual Practices in the United States*. Chicago: University of Chicago Press, 1994.
169 Ebd., S. 64.
170 Tracey McVeigh: »Women in Cyberporn Revolution«. In: *Observer*, 6. 8. 2000.
171 Cherry Norton: »Women take control of Cyberporn«. In: *New York Times*, 7. 8. 2000.
172 McVeigh (wie Anm. 170).
173 Guy Davies und Anthony Wonke: »We want porn«. In: *The Guardian*, 13. 11. 2000.
174 Mike Haynes: »Risqué Business«. In: *The Guardian*, 16. 1. 2001.
175 Mackay (wie Anm. 131), S. 63.
176 Letters from Escorts auf www.worldsexguide.com; Anthony Flint: »Escort has few qualms with $1,500, 2-day work week«. In: *The Boston Globe*, 12. 2. 1996.
177 FAQ auf www.dannivision.com.
178 McVeigh (wie Anm. 170).
179 So erleichtert die Breitbandtechnologie Internet-Sexanbietern den Einstieg in den erotischen Pay-TV-Markt.
180 Jendrosch (wie Anm. 60).
181 Mackay (wie Anm. 131), S. 62.
182 Ebd.
183 David Friedman: *Der ökonomische Code. Wie wirtschaftliches Denken unser Handeln bestimmt*. München: Piper, 1999, S. 455 f.
184 Zit. n. Urteilsbegründung *Café Pssst!* VG 35 A 570.99.
185 Bullough (wie Anm. 14), S. 303.
186 *Stern*, 21. 10. 1993.
187 Zit. n. Fisher (wie Anm. 81), S. 248.
188 Allensbacher Jahrbuch der Demoskopie 1993–1997, Bd. 10, München 1997, S. 770 ff.
189 VG 35 A 570.99, Streitakte Bd. I, Bl. 206–209.
190 Interview in der *BZ*, 2. 12. 2000, S. 5.
191 In der Sendung *Sabine Christiansen*, 13. 5. 2001
192 Peter Gauweiler: »Das Fernsehen und die ehrbare Dirne«. In: *Welt am Sonntag*, 30. Juli 2000.
193 Leopold/Steffan (wie Anm. 28), S. 13
194 Reuters, Amsterdam, 7. 8. 2001 (Melanie Cheary).
195 Elvira Niesner: »Frauenhandel zwischen Tabuisierung, Dramatisierung und Instrumentalisierung – Herausforderungen für die feministische Forschung und Praxis durch ein internationales und tages-

politisch aktuelles Problem«. In: Ursula Hornung, Sedef Gümen, Sabine Weilandt (Hg.): *Zwischen Emanzipationsvision und Gesellschaftskritik – (Re)Konstruktion der Geschlechterordnung*. Münster 2001, S. 251.

196 Bullough (wie Anm. 14), S. 305 ff.

197 Anonymous (wie Anm. 145).

198 Juanita Henning: *Kolumbianische Prostituierte in Frankfurt. Ein Beitrag zur Kritik gängiger Ansichten über Frauenhandel und Prostitution*. Freiburg: Lambertus, 1997, S. 13.

199 Urteilsbegründung *Café Pssst!*, VG 35 A 570.99.

200 Laut Deutscher Presse-Agentur, 19. 10. 2001.

201 Laut Associated Press, 15. 10. 2001.

202 Die vorangegangenen Stellungnahmen der Kirchenvertreter sind zitiert nach der Urteilsbegründung *Café Pssst!*, VG 35 A 570.99.

203 Paglia (wie Anm. 2).

204 Emma Goldman: »The Traffic in Women«. In: *Anarchism and Other Essays*. Dover: New York, 1968 (1911), S. 179.

205 In der Sendung *Sabine Christiansen*, 13. 5. 2001.

206 Camilla Paglia: *Der Krieg der Geschlechter. Sex, Kunst und Medienkultur*. Berlin: Byblos-Verlag, 1993, S. 63.

207 In der Sendung *Mona Lisa* vom 15. 1. 2001.

208 Siehe dazu: Bullough (wie Anm. 14) und Kamala Kempadoo und Jo Doezema (Hg.): *Global Sex Workers: Rights, Resistance, and Redefinition*. New York, 1998.

209 Siehe z. B. Henning (wie Anm. 198).

210 Siehe z. B. Leopold/Steffan (wie Anm. 28); Vanwesenbeek (wie Anm. 25).

211 Evelina Giobbe: »An Analysis of Individual, Institutional, and Cultural Pimping«. In: *Michigan Journal of Gender & Law*, 1993, 1 S. 33–57.

212 Siehe z. B. Silbert, M., und Pines, A.: »Sexual abuse as an antecedent to prostitution«. In: *Child Abuse and Neglect*, 5, S. 407–411.

213 O'Connell Davidson (wie Anm. 128), S. 104.

214 Leopold/Steffan (wie Anm. 28), S. 2

215 Hilary Kinnell: »Sex slaves – The facts and the phantasies«. In: *Guardian*, 2. 6. 2000.

216 KOK Bundesweiter Koordinierungskreis gegen Frauenhandel und Gewalt an Frauen im Migrationsprozeß e. V.: *Schattenbericht unter Art. 6 CEDAW (Frauenhandel) zum Staatenbericht der deutschen Bundesregierung*, Januar 2000, S. 14.

217 Henning (wie Anm. 198). Zu der Thematik siehe auch: Niesner, Elvira: *Frauenhandel in Europa. Strafverfolgung und Opferschutz im europäischen Vergleich*. Kleine Verlag 2001.

218 KOK (wie Anm. 216), S. 14.

219 Wendy Chapkis: *Trafficking in Stigma and Stereotype*. Workshop Sexuality and the State. International Perspectives. 14.–16. 6. 2000.

220 Erwin Haeberle: *Critical dictionary of sexology*. (work in progress) Robert-Koch-Institut, Archiv für Sexualwissenschaft.

221 Z. B. Do you ever feel bad about your sexual behavior?, Do you have trouble stopping your sexual behavior when you know it is inappropriate?, Has anyone been hurt emotionally because of your sexual behavior?

222 Vortrag des Autors beim 15. World Congress of Sexology, 24. bis 28. Juni 2001, Paris.

223 Domenica: *Körper mit Seele. Mein Leben*. Knaur, 1994, S. 197f.

224 Monto (wie Anm. 40), S. 70 f.

225 Siehe Anm. 90.

226 AP-Korrespondent Frank Ellmers am Freitag, 27. Juli 2001, 14:46 Uhr.

227 Siehe dazu: K. M. Beier, U.Hartmann, H. A. G. Bosinski: »Bedarfsanalyse zur sexualmedizinischen Versorgung«. In: *Sexuologie* VII, 2–3 (2000), S. 63–95.

228 Paglia (wie Anm. 2).

229 Zit. n. Sylvia Rizvi: »Die Kampagne ›Männer setzen Zeichen‹ – Eine Aktion gegen den Frauenhandel von Terre des Femmes e. V., Tübingen. In: *Beiträge zur feministischen Theorie und Praxis*, 24. Jg. (2001), Heft 58, S. 145.

230 Siehe: www.angelfire.com/on2/sin/for_clients.html.

231 Baker (wie Anm. 11), S. 398.

232 In der Sendung *Mona Lisa* vom 15. 1. 2001.

233 Bullough (wie Anm. 14), S. 304.

234 So berief sich Eli Coleman, der Präsident der World Association for Sexology, in einem Protestbrief an die schwedische Regierung auf die sexuellen Rechte von Prostitutionskunden.

235 Die Erklärung sexueller Menschenrechte (Declaration of Sexual Rights) wurde von der Generalversammlung der World Association for Sexology (WAS) am 26. 8. 1999 in Hongkong verabschiedet. Die Übersetzung stammt vom Sexualwissenschaftler Dr. Rolf Gindorf.